"十三五"国家重点图书出版规划项目
交通运输科技丛书·公路基础设施建设与养护

JOINTLESS BRIDGES
无伸缩缝桥梁

（第二版）

陈宝春　庄一舟　黄福云　Bruno Briseghella　著

内 容 提 要

本书从桥梁结构的温度变形与伸缩缝、伸缩装置设计入手，介绍了整体桥、半整体桥、延伸桥面板桥等各种无伸缩缝桥梁的基本概念、结构与构造、受力计算、设计、施工及养护，并就无缝桥的特殊结构和专题研究进行了讨论。

本书内容充实、条理清楚、实例丰富、图文并茂；既具有很强的实用性，又具有系统的理论性；既介绍了无伸缩缝桥梁，也对有缝桥梁的伸缩缝设计提出了独到的见解。另外，本书还介绍了国外的无缝桥研究成果，并结合我国的工程实际，融入了作者的理解与国内工程应用经验。有些资料属首次公开发表。

本书可供桥梁设计、施工、管理和科研人员参考，也可作为高等学校桥梁专业师生的教学参考书。

图书在版编目(CIP)数据

无伸缩缝桥梁／陈宝春等著. —2版. —北京：人民交通出版社股份有限公司，2019.6
ISBN 978-7-114-15651-9

Ⅰ.①无… Ⅱ.①陈… Ⅲ.①桥梁工程 Ⅳ.①U448.29

中国版本图书馆 CIP 数据核字(2019)第 128417 号

"十三五"国家重点图书出版规划项目
交通运输科技丛书·公路基础设施建设与养护

书　　　名：	无伸缩缝桥梁(第二版)
著 作 者：	陈宝春　庄一舟　黄福云　Bruno Briseghella
责任编辑：	刘永芬
责任校对：	赵媛媛
责任印制：	张　凯
出版发行：	人民交通出版社股份有限公司
地　　址：	(100011)北京市朝阳区安定门外外馆斜街 3 号
网　　址：	http://www.ccpress.com.cn
销售电话：	(010)59757973
总 经 销：	人民交通出版社股份有限公司发行部
经　　销：	各地新华书店
印　　刷：	北京宇星舟科技印刷有限责任公司
开　　本：	787×1092　1/16
印　　张：	24.5
字　　数：	588 千
版　　次：	2013 年 12 月　第 1 版　第 1 次印刷
印　　次：	2019 年 6 月　第 2 版　第 1 次印刷　总第 2 次印刷
书　　号：	ISBN 978-7-114-15651-9
定　　价：	98.00 元

(有印刷、装订质量问题的图书由本公司负责调换)

交通运输科技丛书编审委员会

（委员排名不分先后）

顾　　问：陈　健　周　伟　成　平　姜明宝

主　　任：庞　松

副 主 任：洪晓枫　袁　鹏

委　　员：石宝林　张劲泉　赵之忠　关昌余　张华庆

　　　　　郑健龙　沙爱民　唐伯明　孙玉清　费维军

　　　　　王　炜　孙立军　蒋树屏　韩　敏　张喜刚

　　　　　吴　澎　刘怀汉　汪双杰　廖朝华　金　凌

　　　　　李爱民　曹　迪　田俊峰　苏权科　严云福

总　　序

科技是国家强盛之基,创新是民族进步之魂。中华民族正处在全面建成小康社会的决胜阶段,比以往任何时候都更加需要强大的科技创新力量。党的十八大以来,以习近平同志为总书记的党中央做出了实施创新驱动发展战略的重大部署。党的十八届五中全会提出必须牢固树立并切实贯彻创新、协调、绿色、开放、共享的发展理念,进一步发挥科技创新在全面创新中的引领作用。在最近召开的全国科技创新大会上,习近平总书记指出要在我国发展新的历史起点上,把科技创新摆在更加重要的位置,吹响了建设世界科技强国的号角。大会强调,实现"两个一百年"奋斗目标,实现中华民族伟大复兴的中国梦,必须坚持走中国特色自主创新道路,面向世界科技前沿、面向经济主战场、面向国家重大需求。这是党中央综合分析国内外大势、立足我国发展全局提出的重大战略目标和战略部署,为加快推进我国科技创新指明了战略方向。

科技创新为我国交通运输事业发展提供了不竭的动力。交通运输部党组坚决贯彻落实中央战略部署,将科技创新摆在交通运输现代化建设全局的突出位置,坚持面向需求、面向世界、面向未来,把智慧交通建设作为主战场,深入实施创新驱动发展战略,以科技创新引领交通运输的全面创新。通过全行业广大科研工作者长期不懈的努力,交通运输科技创新取得了重大进展与突出成效,在黄金水道能力提升、跨海集群工程建设、沥青路面新材料、智能化水面溢油处置、饱和潜水成套技术等方面取得了一系列具有国际领先水平的重大成果,培养了一批高素质的科技创新人才,支撑了行业持续快速发展。同时,通过科技示范工程、科技成果推广计划、专项行动计划、科技成果推广目录等,推广应用了千余项科研成果,有力促进了科研向现实生产力转化。组织出版"交通运输建设科技丛书",是推进科技成果公开、加强科技成果推广应用的一项重要举措。"十二五"期间,该丛书共出版72册,全部列入"十二五"国家重点图书出版规划项目,其中12册获得国家出版基金支持,6册获中华优秀出版物奖图书提名奖,行业影响力和社会知名度不断扩大,逐渐成为交通运输高端学术交流和科技成果公开的重要平台。

"十三五"时期,交通运输改革发展任务更加艰巨繁重,政策制定、基础设施建设、运输管理等领域更加迫切需要科技创新提供有力支撑。为适应形势变化的需要,在以往工作的基础上,我们将组织出版"交通运输科技丛书",其覆盖内容由建设技术扩展到交通运输科学技术各领域,汇集交通运输行业高水平的学术专著,及时集中展示交通运输重大科技成果,将对提升交通运输决策管理水平、促进高层次学术交流、技术传播和专业人才培养发挥积极作用。

当前,全党全国各族人民正在为全面建成小康社会、实现中华民族伟大复兴的中国梦而团结奋斗。交通运输肩负着经济社会发展先行官的政治使命和重大任务,并力争在第二个百年目标实现之前建成世界交通强国,我们迫切需要以科技创新推动转型升级。创新的事业呼唤创新的人才。希望广大科技工作者牢牢抓住科技创新的重要历史机遇,紧密结合交通运输发展的中心任务,锐意进取、锐意创新,以科技创新的丰硕成果为建设综合交通、智慧交通、绿色交通、平安交通贡献新的更大的力量!

2016 年 6 月 24 日

第二版前言

无伸缩缝桥梁建设时免除了伸缩装置的费用，使用中避免了伸缩装置病害问题与养护维修问题，是可持续发展的重要桥梁形式。无缝桥梁已在全世界得到了广泛应用，但在我国起步较晚，发展缓慢。我国仍处于桥梁大建设时期，无伸缩缝桥梁在新建桥梁中的应用仍有迫切的需求与广阔的应用前景。同时，我国作为桥梁大国，大量既有桥梁无缝化改造，任重而道远。为此，作者收集了大量国内外无缝桥的资料，进行了精心的分析整理，并结合自己的研究成果与工程经验，于2013年出版了此书第一版。

无缝桥作为一种少维护的可持续发展的桥梁，符合我国新时期国家发展战略，被列入了交通运输部"十三五"发展规划。本书第一版出版以来，无缝桥在我国得到了进一步的发展。其中，福州大学在无缝桥的应用、研究与学术交流活动方面，又取得了新的成果。

在应用方面，已完成施工的无缝桥有6座，改造和扩建4座，正在施工3座；已完成设计的无缝桥有17座。在科研项目方面，已获6项国家基金项目和1项欧洲地平线计划（HORIZON 2020）项目，也开展了一批省市厅级项目和横向项目。在研究成果方面，2000年以来发表论文46篇，获批发明专利52项。在总结研究成果与工程经验的基础上，负责主编了两本无缝桥地方标准。在人才培养方面，在福州大学开设了硕士研究生课程，培养了硕士生26名，博士生2名。在学术交流方面，成立了国际无缝桥协会，秘书处设在福州大学，召开了四届国际无缝桥学术工作会议（Workshop）和一次学术研讨会（Symposium），并就定义专业术语、编制无缝桥国际指南等进行了卓有成效的工作。

在上述工作的基础上，对本书第一版进行了修订，形成第二版。

在本书编写过程中，福州大学薛俊青博士、黄育凡博士对第三、第四章的桥例做了大量的工作，博士生付矗、许震和硕士生林友炜、王静杰、陈国栋、杨芳芳、陈汉伦、龙腾飞、陈伟、胡晨曦、崔玉龙、马宇以及福建工程学院林上顺副教授等在资料整理、绘图、校对等方面做了大量的工作。此外，苏交科集团股份有限公司贲庆国、云南省交通规划设计研究院王进、东北林业大学于天来教授等提供了部分实桥资料与照片等。谨在此一并表示由衷的感谢!

由于编著时间较紧,加上水平有限,书中难免出现各种缺点和错误。敬请同行专家和读者批评指正。我们愿继续修改和完善本书。来信请寄:福州市大学新区学园路2号福州大学土木工程学院(邮编350116),黄福云收,或通过电子邮件:huangfuyun@fzu.edu.cn联系。

作　者

2019年5月于福州大学

第一版前言

桥梁结构在日照、气温等环境因素影响下会发生胀缩变形以及其他变形,为消除这种变形对结构的影响,常在结构中设置伸缩缝。对于道路桥梁,为使车辆平稳通过桥面并满足桥面变形的需要,在桥面的伸缩缝处就需要设置伸缩装置。然而,在车辆、环境等因素作用下,伸缩装置病害频发,甚至失效,降低了桥梁的服务质量,影响了桥梁结构的安全性与耐久性。维修、更换伸缩装置的费用成为桥梁养护中的重要组成部分,且随着桥梁使用年限的增长而不断增加。目前,普遍认识到取消伸缩缝采用无缝桥梁是解决问题的最佳途径。

无缝桥梁自20世纪20年代在美国出现以来,在多数发达国家得到了较为广泛的应用;目前应用最多的是整体桥、半整体桥和伸缩桥面板无缝桥。在新建的桥梁中尽可能采用无缝桥的同时,对既有的有缝桥梁也开展了大量的无缝化改造。

我国自20世纪80年代起开始取消伸缩装置和无缝桥的研究与应用,无缝桥梁起步较晚,发展较缓慢。目前已建和在建的各种无缝桥仅20多座,没有在近30年修建的大量桥梁中大面积的推广应用,也给今后的养护维修带来极大的问题。我国在今后相当一段时间内,仍有大量的桥梁修建,应当抓紧时间,加大无缝桥梁的研究与推广力度。同时,要重视既有桥梁无缝化改造的研究与应用,为桥梁的可持续发展提供技术支撑。为此,我们收集了国内外无缝桥的资料,进行分析总结,并结合自己的研究成果与工程经验,编写了本书。

作者所在的单位福州大学是我国较早开展无缝桥梁研究与应用的单位之一。负责设计了国内最长的整体桥——永春上坂大桥,并取得了系列的研究成果,获2005年福建省科技进步三等奖。近几年,在福建省重点引智项目、国家自然科学基金、外国专家千人计划项目的资助下,强化了研究力量,在无缝桥梁长期受力性能、半整体桥抗震性能、带微型桩体系的半整体新桥型、简支空心板桥的无缝整体化改造等方面开展了系列的研究。目前有四座整体或半整体新建项目和既有桥梁改造项目正在实施之中,部分研究成果已在书中有所反映。

在本书编写过程中,得到福州大学土木工程学院的大力支持,得到了人民交通出版社的领导和编辑们的关心和通力合作,在此表示衷心的感谢!

在本书编写过程中,福州大学薛俊青博士,博士生付毳、董桔灿和硕士生樊争辉、黄炎准、陈云、傅珠梅、陈欣一和赖焕林等在资料整理、绘图、翻译和校对等方面做了大量的工作。此外,作者们还大量地引用了有关无缝桥梁科研、设计和施工等专业技术人员发表的文献资料。谨在此一并表示由衷的敬意和感谢!

本书得到国家自然科学基金项目(51278126)和福建省自然科学基金(2013J01187)的资助。特此鸣谢!

由于本书编著时间较紧,加上水平有限,书中难免出现各种缺点和错误。敬请同行专家和读者批评指正。我们愿继续修改和完善本书。来信请寄:福州市大学新区学园路2号福州大学土木工程学院(邮编350108),陈宝春,庄一舟,Bruno Briseghella 收,或通过电子邮件:baochunchen@fzu.edu.cn,yizhouzhuang@gmail.com,bruno@fzu.edu.cn 联系。

作　者
2013 年于福州大学

目　　录

| 第1章 | 绪论 | 001 |

1.1　基本概念 …… 001
1.2　无伸缩缝桥梁简介 …… 010
1.3　无缝桥发展概述 …… 018
1.4　本书的主要目的与内容 …… 035

第2章　伸缩缝与伸缩装置 …… 038

2.1　伸缩缝与支座的设计 …… 038
2.2　伸缩装置 …… 056
2.3　伸缩装置病害与防治对策 …… 065

第3章　无缝桥桥型与桥例 …… 078

3.1　单跨无缝桥 …… 078
3.2　无缝桥纵桥向受力特点 …… 084
3.3　多跨无缝桥 …… 086
3.4　结构体系设计 …… 092
3.5　应用实例 …… 100

第4章　无缝桥桥台 …… 115

4.1　整体式桥台 …… 115
4.2　半整体式桥台 …… 130
4.3　延伸桥面板桥台 …… 138
4.4　采用土工结构的轻型桥台 …… 143

第5章　无缝桥接线系统 …… 145

5.1　引板类型 …… 145
5.2　引板设计 …… 150
5.3　引板主要病害与防治 …… 161
5.4　台后填料、排水与挡土结构 …… 165
5.5　无缝桥的缝 …… 170

第6章　多跨无缝桥主梁与桥墩 …… 173

6.1　概述 …… 173

	6.2	连续刚构与整体式桥墩	175
	6.3	连续半刚构与半整体式桥墩	178
	6.4	连续梁结构	181
	6.5	仅桥面连续结构	185

第7章 既有桥梁无缝化改造 … 192

- 7.1 概述 … 192
- 7.2 桥台处无缝化改造 … 193
- 7.3 墩上无缝化改造 … 197
- 7.4 改造实例 … 200

第8章 特殊结构与材料的无缝桥 … 224

- 8.1 弯无缝桥 … 224
- 8.2 斜无缝桥 … 229
- 8.3 钢-混凝土组合梁无缝桥 … 236
- 8.4 新材料无缝桥 … 244
- 8.5 全无缝桥 … 252
- 8.6 高速铁路整体桥 … 255

第9章 无缝桥施工与养护 … 259

- 9.1 无缝桥施工 … 259
- 9.2 无缝桥使用情况 … 277
- 9.3 无缝桥养护 … 286

第10章 无缝桥设计计算 … 289

- 10.1 概述 … 289
- 10.2 作用(荷载) … 292
- 10.3 作用效应计算方法 … 301
- 10.4 桩土相互作用计算 … 306
- 10.5 结构验算 … 311
- 10.6 计算实例 … 316

第11章 无缝桥研究专题 … 329

- 11.1 无缝桥的纵桥向变形 … 329
- 11.2 无缝桥的台后土压力 … 331
- 11.3 纵桥向变形对主梁与桥台受力的影响 … 332
- 11.4 桥台桩基础受力与计算模型 … 334
- 11.5 无缝桥的抗震问题 … 336

| 11.6 台后引板的变形 ……………………………………………………………… 339
| 11.7 整体桥极限长度分析 …………………………………………………………… 344
| 11.8 无缝桥发展方向 ………………………………………………………………… 349
| 附录 我国已建和在建无伸缩缝桥梁一览表 ……………………………………………… 355
| 参考文献 …………………………………………………………………………………… 362

第1章 绪 论

本章首先对本书中的若干名词与概念进行解释,如伸缩缝与伸缩装置、有缝桥梁的种类与特点等;接着对整体桥、半整体桥、延伸桥面板桥以及其他类型的无伸缩缝桥梁进行简介;随后介绍无缝桥的发展概况;最后,对本书的主要内容进行简要的介绍。本章是全书各章的基础。

1.1 基本概念

1.1.1 构件的温度胀缩变形

桥梁暴露于大气环境中,在日照、气温变化等环境因素影响下,桥梁结构的温度场也随之变化。因材料、尺寸、外形、颜色、所处位置与朝向等因素的影响,同一桥梁的不同结构或构件的温度场不尽相同;对于同一结构,由于热传导的滞后效应,截面上的温度场也并不一定是均匀的。因此,桥梁结构的温度场,在空间上呈现非线性分布、在时间上处于不断变化之中。对于细长的桥梁结构,沿长度方向的温度分布较为均匀,空间上的非线性分布主要体现在截面的竖向温度场上。截面的竖向非线性温度场可分解为"等效的非线性温度场"和"等效的线性温度场"。

"等效的非线性温度场"会引起截面上各纤维产生不同的变形,由于各纤维之间对变形的相互约束,而在截面上产生自相平衡的约束力,通常称为温度自应力。大量的工程实践发现,温度自应力是桥梁受力中一个不容忽视的问题,是构成许多混凝土箱梁腹板开裂的一个重要因素。对此,各国均进行了大量的研究,并在相应的规范中提出了截面非线性温差曲线。然而,"等效的非线性温度场"对整个结构不产生内力和变形,与本书涉及的伸缩缝及其装置的设置关系不大,因此不再赘述。

"等效的线性温度场"则引起结构水平方向的线性胀缩(或伸缩)变形。对于细长结构则表现为沿杆长方向的均匀胀缩变形,以 Δl 表示,可按式(1-1)计算。

$$\Delta l = \alpha_c l_t \Delta t \tag{1-1}$$

式中:Δl——杆件(因温度变化引起的)胀缩变形;

α_c——材料线膨胀系数;

l_t——温度计算长度(温度变形覆盖区域的梁体长度);

Δt——有效温度变化值。

《公路桥涵设计通用规范》(JTG D60—2015)(以下简称《公路桥规》)中对材料线膨胀系数的规定见表1-1。

材料线膨胀系数 表1-1

材 料	线膨胀系数 α_c（以℃计）
钢结构	0.000 012
混凝土、钢筋混凝土和预应力混凝土结构	0.000 010
混凝土预制块砌体	0.000 009
石砌体	0.000 008

有效温度变化值 Δt，按式(1-2)计算。

$$\Delta t = t - t_0 \quad (1-2)$$

式中：t——构件截面有效温度；

t_0——构件截面基准温度。

截面有效温度 t 指引起构件长度胀缩时的截面平均温度，它与构件的材料、截面尺寸等有关，还与温度变化历史有关，最主要的是之前一段时间的环境温度。

对于梁体结构《公路桥规》(JTG D60—2015)按钢桥面板钢桥、混凝土桥面板钢桥、混凝土桥和石桥三种结构分类，按严寒地区、寒冷地区和温热地区三个区域划分，给出了最高和最低有效温度标准值，见表1-2。表中的气温划分可见 JTG D60—2015 的附录 A，括号内数值适用于昆明、南宁、广州、福州地区。

公路桥梁结构的有效温度标准值(℃) 表1-2

气 温 分 区	钢桥面板钢桥		混凝土桥面板钢桥		混凝土桥、石桥	
	最高	最低	最高	最低	最高	最低
严寒地区	46	-43	39	-32	34	-23
寒冷地区	46	-21	39	-15	34	-10
温热地区	46	-9(-3)	39	-6(-1)	34	-3(0)

在计算伸缩装置的伸缩量时，考虑的构件主要是桥面板，因其较薄，有效温度可取当地的极值温度。

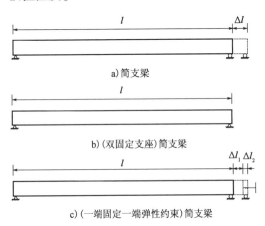

图1-1 简支梁的温度伸缩变形与内力计算示意图

a) 简支梁
b) (双固定支座)简支梁
c) (一端固定一端弹性约束)简支梁

基准温度 t_0 除与构件施工时的环境温度、结构的材料与截面尺寸等有关外，还与计算内容有关。计算杆件自由变形时，基准温度 t_0 指结构达到设计刚度时(如混凝土结构形成强度时)的截面平均温度，如图1-1a)所示；计算伸缩装置的伸缩量时，以安装伸缩装置时的温度为基准温度；计算杆件受到约束变形产生附加内力时，基准温度 t_0 取结构受约束时的截面平均温度，如图1-1b)或图1-1c)所示。

图1-1 中的三根简支梁，从竖向受力来说，都是静定结构。但对于温度变形来说，图1-1a)仍为静定结构，而图1-1b)和图1-1c)为超静定结构，前者为完全约束的具有双固定支座的简支梁，后者为纵向受到弹性约束的简支梁。

当梁受到有效温度变化值 Δt 作用时,对于图1-1a)的简支梁,梁产生了 Δl 的变形,但由于变形没有受到约束,梁体内没有产生附加内力。而对于图1-1b)的双固定支座简支梁,根据材料力学,因温度变形受到约束,会在梁体内产生附加纵向力;当梁为等截面梁时,可按式(1-3)计算。

$$\Delta N = \frac{\Delta l}{l} EA \tag{1-3}$$

式中:ΔN——温度附加内力;
E——梁体材料的弹性模量;
A——梁体的截面积。

应该指出的是,温度变形计算与温度零点有关,但温度附加内力计算结果是相同的。在图1-1a)中,温度变形零点在左端,右端的温度变形值为 $\Delta l = \alpha_c l \Delta t$。如果两端采用的是板式橡胶支座,两端对水平位移的约束相同,则温度零点在跨中,左右端都有温度变形且相等,其值为上述变形的一半。但采用固端支座时,由式(1-3)可知,所产生的温度附加内力是相同的(因为温度约束应变相同),而端部变形为零。

对于图1-1c)的弹性约束梁,温度自由变形量 Δl 由两部分组成:

$$\Delta l = \Delta l_1 + \Delta l_2 \tag{1-4}$$

式中:Δl_1——主梁轴向弹性变形;
Δl_2——弹簧变形。

由材料力学可知:

$$\Delta l_1 = \int \varepsilon dl = \int \frac{\Delta N}{EA} dl \tag{1-5}$$

对于等截面构件 $\Delta l_1 = (\Delta N/EA)/l$,记 EA/l 为梁的线刚度 k_1,则有

$$\Delta l_1 = \Delta N/k_1 \tag{1-6}$$

假定弹簧刚度为 k_2,则

$$\Delta l_2 = \Delta N/k_2 \tag{1-7}$$

联立解式(1-4)~式(1-7),就可求得主梁附加的轴向力 ΔN:

$$\Delta N = \frac{k_1 k_2 \Delta l}{k_1 + k_2} \tag{1-8}$$

式(1-8)中当 k_2 等于零时,转化为静定简支梁(图1-1a)),温度变化不产生附加内力 ΔN;k_2 等于无穷大时,为双固定支座简支梁,温度变化产生附加内力 ΔN 最大,按式(1-3)计算。

【例1-1】 某单跨钢筋混凝土桥,主梁为 $l = 20$m 的简支梁,位于我国南方的温热地区。设结构的安装温度为15℃。由表1-1可知,材料线膨胀系数 α_c 为 10^{-5},由表1-2可知,结构的有效最高与最低温度分别为 -3℃ 和 $+34$℃。

由式(1-1)和式(1-2)可得,温度升高引起的梁体总伸长量为:

$$\Delta l_t^+ = 10^{-5} \times (34 - 15) \times 20 \times 10^3 = 3.80 \text{mm}$$

温度降低引起的梁体总缩短量为:

$$\Delta l_t^- = 10^{-5} \times (15 - (-3)) \times 20 \times 10^3 = 3.60 \text{mm}$$

如果梁体为双固定支座简支梁(图1-1b)),假定单根梁体的面积 A 为 $390.2 \times 10^3 \text{mm}^2$,材

料的弹性模量 E 为 $3.25 \times 10^4 \text{MPa}$，忽略支座对梁体温度变形长度与固结长度的影响，仍以 $l = 20\text{m}$ 计算。

由式(1-3)可得，温度升高时梁体内产生的轴向压力为：

$$\Delta N = \frac{3.80}{20 \times 10^3} \times 3.25 \times 10^4 \times 390.2 \times 10^3 = 2.41 \times 10^3 \text{kN}$$

梁体内产生的压应力为：

$$\Delta \sigma^+ = \frac{\Delta N^+}{A} = \frac{2.41 \times 10^3}{390.2 \times 10^{-3}} = 6.18 \text{MPa}$$

同理可得，温度下降时梁体内产生的轴向拉力 $\Delta N^- = 2.28 \times 10^3 \text{kN}$，拉应力 $\Delta \sigma^- = 5.86 \text{MPa}$。

从例 1-1 的计算可知，梁体受约束时温度变化引起的变形不能自由伸缩，在梁体内产生的内力与应力都是很大的，特别是拉应力(例 1-1 达到了 5.86MPa)，远大于普通混凝土的抗拉强度，主梁将因此而开裂。同时，这个拉力也将在桥台中产生很大的弯矩，导致圬工桥台的开裂甚至破坏。

为了不约束温度变化引起的桥梁结构的胀缩变形，以避免由此在梁体中产生温度附加内力，桥梁可以设置伸缩缝，以适应温度变形的需要。在道路桥梁中，为了使车辆平稳通过桥面并满足桥面变形和保护下部结构免遭腐蚀的需要，就需要在伸缩缝处设置伸缩装置。

1.1.2　伸缩缝与伸缩装置

伸缩缝与伸缩装置是本书所涉及的两个重要的术语，如图 1-2 所示。

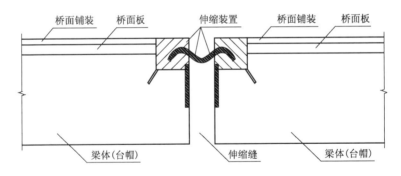

图 1-2　伸缩缝与伸缩装置

《道路工程术语标准》(GBJ 124—88)中的术语和定义如下：

伸缩缝(Expansion joint)：为适应材料胀缩变形对结构的影响而在结构中设置的间隙。

桥面伸缩装置(Bridge floor expansion and contraction installation)：为使车辆平稳通过桥面并满足桥面变形的需要，在桥面伸缩缝处设置的各种装置的总称，简称伸缩装置。

《公路桥梁伸缩装置》(JT/T 327—2004)中的术语和定义如下：

伸缩缝(Expansion and contraction joint)：为适应材料胀缩变形需要而在桥梁上部结构中设置的间隙。

伸缩装置(Composite expansion and contraction installation):为使车辆平稳通过桥面并满足桥梁上部结构变形的需要,在桥梁伸缩缝处设置的由橡胶和钢材等构件组成的各种装置的总称。

《公路桥梁伸缩装置通用技术条件》(JT/T 327—2016)中的术语和定义如下:

伸缩缝(Expansion and contraction joint):为适应桥梁结构变形的需要,在上部结构中设置的间隙。

公路桥梁伸缩装置(Composite expansion and contraction installation for highway bridge):为使车辆平稳通过桥面并符合桥梁上部结构变形的需要,在伸缩缝处设置的各种装置的总称。

上述三本规范中,伸缩缝的名词一致,伸缩装置的名词略有不同。有的前者加了"桥面",有的加了"公路桥梁"。作者认为,可直接称为"伸缩装置"。对于具体解释,各规范相近、略有不同。

在实际工程中,通常将"伸缩缝"与"伸缩装置"混同使用,一般用伸缩缝指代伸缩装置,虽然在实际工作中一般不会产生太大的问题,但本书为了叙述严密起见,还是尽可能地采用规范的说法,分别用"伸缩缝"与"伸缩装置"来表述。

英语中,多以"Deck joint"、"Expansion deck joint"来表示"伸缩装置"。这里的 Deck joint 可理解为将两边断开的桥面联接在一起的关节,能够起桥面的作用,也就是中文里所说的"伸缩装置",没必要将其翻译成"桥面伸缩装置"。"伸缩缝"则用"Deck joint gap"或"Expansion joint"表示。

在我国几本规范中,"伸缩缝"有的译成"Expansion and contraction joint"。其中的"contraction"一词实无必要,能够膨胀的缝,也能够收缩。对于"伸缩装置",各译词均较长,不符合名词术语简洁表达的要求,在英语文献几乎没有看到类似的表达,还是英语中常见的"Deck joint"或"Expansion deck joint"简洁精准。

国际无伸缩缝桥梁协会(International Association for Jointless Bridges,简称 IAJB)建议采用 Martin P Burke 在 *Integral & Semi-integral Bridges* 书中所用的"Movablc joint"和"Movable deck joint"来表示"伸缩缝"与"伸缩装置",不建议采用过时的、不当的或容易混淆的用词"Expansion joint"和"Expansion deck joint"。另外,引板与连接路面处或水泥路面的胀缝也用"Expansion joint",与桥梁的伸缩缝易于混淆。

综上所述,本书建议采用"Deck joint gap"来表示"伸缩缝",用"Movable deck joint"来表示"伸缩缝装置",考虑到习惯性,也可以用"Expansion deck joint"来表示"伸缩缝装置"。相应的定义如下:伸缩缝(Deck joint gap)——为适应材料胀缩变形而在桥梁上部结构中设置的间隙。伸缩装置(Movable deck joint 或 Expansion deck joint)——能发挥桥面功能作用,使车辆平稳通过,且满足结构伸缩变形需要的装置。

1.1.3 桥墩处的伸缩构造

一般的梁式桥,其结构与功能主要由主梁、桥面板和桥面铺装三个层面构成,本小节对桥墩处主梁与桥面板上是否有伸缩缝、是否有伸缩装置,将其分为 5 种,如表 1-3 中第 4 列所示。

多跨桥桥墩处按伸缩构造的分类　　　　表1-3

伸缩缝		伸缩装置	细　　分	
主梁	桥面板			
有	有	有	①经典有缝	有缝结构
		暗缝	②闭口有缝	
		无(开口缝)	③开口有缝	
有	无	无	④仅桥面连续	无缝结构
无	无	无	⑤结构连续	

1.1.3.1　经典有缝

"经典有缝"指主梁、桥面板均有伸缩缝,且有伸缩装置的桥梁,也是典型的有缝桥。

现代通行车辆的桥梁,当结构有伸缩缝时,就需要在伸缩缝处设置伸缩装置,以满足高速行车的要求,这类桥梁属于有缝桥。有缝桥中数量最多、影响最大的当属应用广泛的中、小跨径的简支梁桥,如图1-3所示。

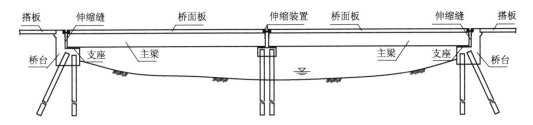

图1-3　简支有缝梁桥示意图

伸缩装置长期暴露在大气中,使用环境恶劣。它一方面承受着来自车辆的磨损和冲击作用,另一方面承受着因热胀冷缩、收缩徐变或基础沉降和土压力引起的连续变形作用,极易造成破损并引起桥面和梁板的破坏。尘埃、垃圾也会逐渐侵入甚至填满伸缩装置的空隙,从而导致伸缩受到约束,功能失效。而伸缩装置的失效与破坏,反过来又增大车辆的冲击作用,进一步恶化行车状况,加剧跳车现象,不仅对行车舒适性带来不利影响,而且对行车安全不利。伸缩装置所在位置往往是桥梁结构中最难修补的部位,成为直接影响桥梁使用性、耐久性和整体性的薄弱环节。桥梁管理养护部门为此投入的维修费用十分惊人,因桥梁修理而造成交通中断等带来的间接损失更大。

人们对伸缩装置的应用研究持续不断地进行着。然而直到今天,仍然没有理想的伸缩装置出现。因此,人们通过采用连续梁等连续结构来减少结构的伸缩缝数量,或通过桥面连续等构造来减少伸缩装置数量。对于多跨桥,最理想的情况是所有桥墩处的伸缩装置(又称内伸缩缝)均被取消,只在一个或两个桥台处留有伸缩缝,这类桥可称之为少缝桥,这个过程可称之为少缝化。本书第2章对桥梁少缝化技术进行介绍。

1.1.3.2　闭口有缝

主梁、桥面板均有伸缩缝,在伸缩缝处通过桥面铺装的处理对其进行封闭,这种缝可称为闭口缝(Covered movable joint,或Covered joint),国内有时也称之为暗缝伸缩缝。

暗缝是一种比较特殊的构造处理,表1-3中在第3列是否有伸缩装置时,把它单独列出。根据《公路桥梁伸缩装置》(JT/T 327—2004)对伸缩装置的定义,这种不是由橡胶和钢材等构件组成的装置,不能称为伸缩装置,那么可以认为采用暗缝时,桥梁结构无伸缩装置。但在《公路桥梁伸缩装置通用技术条件》(JT/T 327—2016)的伸缩装置定义中删除了对材料的规定,并将这种装置列为三种伸缩装置之一,称之为无缝式伸缩装置(具体介绍见第2.2节)。按照这种定义,采用暗缝时,桥梁结构是有伸缩装置的。

本书将采用这种缝的结构称为闭口有缝结构。将伸缩缝封闭,有利于行车平顺,避免雨水等流入支座和下部结构。它仅适用于伸缩量很小的小桥,除新桥外,在既有小桥取消伸缩装置的改造中也常常得到应用。

1.1.3.3 开口有缝

它与"经典有缝"一样,主梁、桥面板均有伸缩缝,但没有安装伸缩装置,这种缝称为开口缝(Open movable joint,或Open joint),采用这种缝的结构称为开口有缝结构。

对于中小跨径人行桥、非交通干线桥梁和古代桥梁,因无高速行车要求,当结构与材料的耐久性能满足要求时,可不设伸缩装置,伸缩缝呈开口缝状态,如图1-4所示的石梁桥和木梁桥。

a)石梁桥　　　　　　　　　　　　　　b)木梁桥

图1-4　带"开口缝"的人行桥

1.1.3.4 仅桥面连续

仅桥面连续指主梁为简支、相邻跨主梁间有伸缩缝,但桥面板采用连续构造(Deck slab continuity),相邻跨桥面板间无伸缩缝,也无伸缩装置。伸缩缝之上、相连两相邻跨的这块桥面板称为连接板(Link slab)。采用桥面连续构造的桥梁,常称之为结构简支、桥面连续桥,这种桥在我国和世界其他地方都有应用,详见2.1节介绍。

由于简支梁梁端不仅有纵桥向的变形,而且还有转角变形,使得桥面连续构造的受力异常复杂。而这种复杂受力状况在许多设计中并没有得到充分的考虑,没有相应的构造措施去应对,加上施工质量难以保证等因素,造成已建简支梁桥面连续结构出现了大量的病害。许多桥在投入使用后不久,桥面连续部分就出现铺装层开裂、主梁梁端边缘混凝土剥落等早期损坏现象,并且随着使用时间的增长,这些早期损坏部位的混凝土会逐渐发展成碎裂、坑洞等病害,加大了行车对桥梁的冲击;周而复始,病害进一步扩大,严重影响桥梁的使用性能,以致危及桥梁

图1-5 某桥桥面连续处破损照片

结构与行车安全。特别是高速公路上的桥梁连续桥面产生上述损害后,对高速行车危害程度更大。图1-5所示是一座简支结构、桥面连续的板梁桥,桥面连续处混凝土出现开裂、压碎的病害,屡修屡坏,难以根治。

1.1.3.5 结构连续

结构连续指相邻跨间的主梁为连续结构,主梁之间没有伸缩缝,自然桥面板也无伸缩缝和伸缩装置。如果主梁与桥墩之间采用支座支承,则为连续梁桥(Continuous girder bridge,图1-6);如果主梁与桥墩之间为固结构造,则为连续刚构桥(Continuous rigid-frame bridge,图1-7)。从行车平顺与维护来说,这种桥在表1-3的五大类桥型中属于最好的一种,连续刚构由于连支座都取消了,维护性能更优于连续梁桥。

图1-6 连续梁桥

图1-7 连续刚构桥

1.1.4 桥台处伸缩构造

桥台为位于桥梁两端与路基相连接,支承上部结构并将荷载传至地基。按桥台主梁、桥面板与桥台之间是否有伸缩缝和伸缩装置,可将桥台分为6种,如表1-4中第4列所示。

桥台处按伸缩构造的分类 表1-4

伸 缩 缝		伸缩装置	细 分	
主梁与桥台	桥面板与桥台			
有	有	有	①经典桥台	有缝桥台
		有(暗缝)	②闭口缝桥台	
		无(开口缝)	③开口缝桥台	
有	无	无	④延伸桥面板桥台	无缝桥台
无	无	无	⑤半整体式桥台	
			⑥整体式桥台	

1.1.4.1 经典桥台

经典桥台是有缝桥台(Jointed abutment)中最主要的一种,主梁通过支座支承于台帽上,主梁与背墙(Back wall)之间有伸缩缝和伸缩装置,台后搭板支承于背墙上,如图1-8所示。主梁纵桥向温度伸缩变形不受桥台的约束,桥台承受的土压力也不传递给主梁,主梁与桥台在纵桥向的受力相互独立。

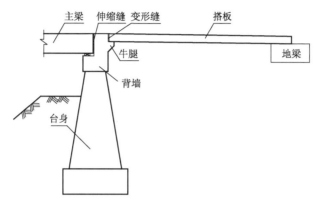

图1-8 常规有缝桥台构造示意图

桥台处的伸缩装置由于台后跳车的问题,较之桥墩处的伸缩装置,更易引发病害。加上现代桥梁更多地采用连续结构从而取消了桥墩处的伸缩装置,使得取消桥台处的伸缩装置越来越受到大家的重视。

1.1.4.2 闭口缝桥台

与多跨桥在桥墩处相似,主梁、桥面板与桥台间均有伸缩缝,在伸缩缝处通过桥面铺装的处理对其进行封闭,即采用闭口缝(或称暗缝,或称无缝式伸缩装置)。它同样仅适用于伸缩量很小的小桥。

1.1.4.3 开口缝桥台

与多跨桥在桥墩处相似,主梁、桥面板与桥台间均有伸缩缝,在伸缩缝处没有安装伸缩装置,即采用了开口缝。同样,它多应用于中小跨径人行桥、非交通干线桥梁和古代桥梁。

1.1.4.4 延伸桥面板桥台

延伸桥面板桥台(Deck-Extension Abutment,简称DEA)是指与主梁之间设有伸缩缝,但该伸缩缝被连成一体的桥面板和引板盖住,不设伸缩装置的桥台,如图1-9所示。与整体式桥台不同,延伸桥面板桥台的主梁与桥台之间有伸缩缝和支座;与半整体式桥台不同的是,它没有主梁端墙而有桥台背墙;与有缝桥台相比,二者的主梁与背墙之间都有伸缩缝,但延伸桥面板桥台的桥面板和引板呈连续结构,没有伸缩缝且没有伸缩装置。

1.1.4.5 半整体式桥台

半整体式桥台(Semi-integral Abutment,简称SIA)是指其上部分(又称端墙)与主梁连成整体且支承于其下部分的桥台。桥台上部分与主梁之间没有伸缩缝和伸缩装置,这一点与整体式桥台相同;但它设有支座支承主梁,所以桥台与主梁并不是完全地连成整体,如图1-10

所示。

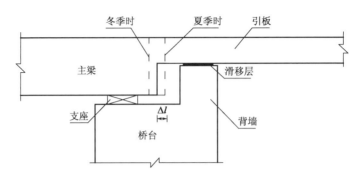

图1-9 延伸桥面板桥台示意图

1.1.4.6 整体式桥台

整体式桥台(Integral Abutment,简称IA)是指与主梁连成整体的桥台。上部结构与桥台之间不设伸缩缝和支座,也无伸缩装置,如图1-11所示。因桥台处无伸缩构造与支座,它是各种桥台中整体性最好、养护与维修工作量最少的一种。

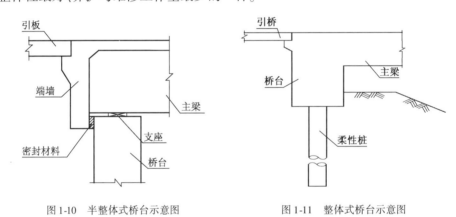

图1-10 半整体式桥台示意图　　图1-11 整体式桥台示意图

1.2 无伸缩缝桥梁简介

1.2.1 无伸缩缝桥梁定义

福建省工程建设地方标准《福建省城市无伸缩缝桥梁技术规程》(DBJ/T 13—265—2017)(以下简称福建省地标)、河北省地方标准《公路无伸缩缝桥梁技术规程》(DBJ/T 2482—2017)(以下简称河北省地标)对"无伸缩缝桥梁"(Jointless bridge)的名词解释为:

两引板末端范围内上部结构为连续结构且无伸缩装置的桥梁,称为无伸缩缝桥梁,简称无缝桥。

它与国际无缝桥协会(IAJB)给出的无伸缩缝桥梁定义相同:Jointless bridge is a bridge with continuous superstructure and without movable deck joint between the outer ends of approach slabs。

在这个定义中,"上部结构"由支承于墩、台上的桥跨结构和支承于路基上的引板组成。

"引板"是指与主梁相接的桥头搭板,参与主梁的纵桥向伸缩变形和受力,并将部分伸缩变形从主梁"引"到搭板与道路接线相接处。采用"引板"一词是为了将其与传统有缝桥的"搭板"相区别,也与英语的"Approach slab"原意相一致。

根据上述的定义,按表1-3和表1-4关于桥墩与桥台处的伸缩缝与伸缩装置情况,常见的无缝桥在桥台和桥墩处要同时采用表1-5的结构。

常见的无缝桥结构与构造　　　　　　　表1-5

桥 台 处				桥 墩 处			
伸缩缝		伸缩装置	细分	伸缩缝		伸缩装置	细分
主梁与桥台	桥面板与桥台			主梁	桥面板		
有	无	无	④延伸桥面板桥台	有	无	无	④仅桥面连续
无	无	无	⑤半整体式桥台	无	无	无	⑤结构连续
			⑥整体式桥台				

根据上述定义,无缝桥在桥台处,主梁与引板应为连续结构,不设伸缩缝,也无伸缩装置。

多跨时,若相邻跨主梁为连续结构(连续梁或连续刚构),桥面板自然为连续结构,相邻跨结构之间无伸缩缝,也无伸缩装置。

若相邻跨主梁不为连续结构(简支结构),桥面板必须为连续结构,桥面板之间无伸缩缝和伸缩装置,但主梁之间有伸缩缝,这种主梁简支、桥面连续的结构可称为"仅桥面连续桥"(Only deck continuous bridge),相应的无缝桥就称为"仅桥面连续无缝桥"(Only deck continuous jointless bridge)。这种类型无缝桥,在我国和美国应用较多,如文献[9]介绍的上海堡镇港桥,为多跨简支空心板、桥面连续构造,通过改造将桥台处的伸缩装置取消(做成延伸桥面板桥台)。这种无缝化方法对于小跨径桥梁和既有桥梁改造,简单易行,因此受到工程技术人员的欢迎。

与"仅桥面连续无缝桥"相对应的是"结构连续无缝桥"(Structural continuous jointless bridge),它是无缝桥的主要形式和应该优先采用的形式,所以不特别指明时,无缝桥指结构连续的无缝桥。结构连续还可以根据上部结构与下部结构之间的连接,分为连续梁和连续刚构,详见第6章的介绍。

相对于无缝桥,传统的桥梁为有伸缩缝桥(有缝桥,Jointed bridge),即两端引板末端范围内上部结构为非连续结构、有伸缩缝和伸缩装置的桥梁。伸缩缝有的是在桥台处有,有的是在桥墩处有,有的是两者都有。若按表1-3和表1-4的分类,无论是在桥台处还是在桥墩处,只要有一处是表1-6中的构造,该桥就是有缝桥。

常见有缝桥的结构与构造　　　　　　　表1-6

桥 台 处				桥 墩 处			
伸缩缝		伸缩装置	细分	伸缩缝		伸缩装置	细分
主梁与桥台	桥面板与桥台			主梁	桥面板		
有	有	有	①经典桥台	有	有	有	①经典有缝
有	无	暗缝	②暗缝桥台	有	有	暗缝	②闭口有缝
		无(开口缝)	③开口缝桥台			无(开口缝)	③开口有缝

对于采用经典桥台或经典有缝结构的桥梁,将其称为有缝桥,并无疑义。但对于采用暗缝桥台或闭口有缝结构的桥梁,有时会将其称为无伸缩缝桥或无缝桥,实质上它与本书所说的无缝桥有本质的区别,应归于有缝桥中。对于开口有缝桥,虽然没有采用伸缩装置,但它也不是无缝桥,因为无缝桥并不是简单地取消伸缩装置,重点是上部结构连续,能使车辆平稳通过,并避免桥面的污物、雨水进入支座和下部结构。

1.2.2　无缝桥 3 种主要桥型

无缝桥可以分成多种不同的类型。根据桥跨结构的主要材料,无缝桥可分为钢筋混凝土无缝桥、预应力混凝土无缝桥、钢无缝桥、钢—混凝土组合无缝桥;根据桥梁的平、纵面线形,无缝桥可分为正交无缝桥、斜交无缝桥(斜无缝桥或无缝桥斜桥)、平面曲线无缝桥(弯无缝桥或无缝桥弯桥);对于多跨桥,由上一小节可知,它可分为结构连续无缝桥和仅桥面连续无缝桥;按照结构分类,可分为无缝梁桥(或无缝桥梁桥)、无缝拱桥(或无缝桥拱桥)等。

由于无缝桥的关键是取消了桥台处的伸缩缝,所以,最常见的无缝桥分类,是按照其所采用的桥台,将其分为整体桥、半整体桥、延伸桥面板桥 3 种主要形式。加上"其他形式",无缝桥可分为 4 种。

1.2.2.1　整体桥

采用整体式桥台的桥梁称为整体式桥台桥梁(Integral Abutment Bridge,简称 IAB)。采用整体式桥台的无伸缩缝桥称为整体桥(Integral Abutment Jointless Bridge,简称 IAJB)。

对于单跨桥,两个桥台均为整体式桥台时,它为整体桥;对于多跨桥,上部结构还应为连续结构。对于某些多跨长桥,虽然采用了整体式桥台,而上部结构分为几联,在联与联之间设置了伸缩缝与伸缩装置,则可称为整体式桥台桥梁,但不能称为整体桥。再如,一座桥中仅一边桥台采用了整体式桥台,而另一桥台仍采用传统的桥台而有伸缩缝和伸缩装置。这些桥可以称为整体式桥台桥梁,但不是整体桥。如湖南长沙市城南路高架桥,为 14m + 2×20m + 25m + 4×20m + 12m 的有缝桥,1998—1999 年进行了改造,东侧采用整体式桥台,西侧仍为常规的重力式桥台。它可以称为整体式桥台桥梁,但根据本书的定义,它不是一座整体桥,它是一座"少缝桥"。

1.2.2.2　半整体桥

采用半整体式桥台的桥梁,称为半整体式桥台桥梁(Semi-integral Abutment Bridge,简称 SIAB)。采用半整体式桥台的无伸缩缝桥称为半整体桥(Semi-integral Jointless Bridge,简称 SIJB)。半整体桥的两个桥台均为半整体式桥台,多跨时主梁应为连续结构,桥墩处两相邻主梁和相邻桥面板之间也不应有伸缩缝与伸缩装置。

与整体桥相同,对于单跨桥,两个桥台均为半整体式桥台时,它为半整体桥;对于多跨桥,上部结构还应为连续结构。云南昆明西南绕城高速公路浸长一号桥,两端采用半整体式桥台,桥跨结构为 6×30m + 5×30m 的两联预应力混凝土 T 形连续梁,两联间设置了一道伸缩缝。因此,它是一座半整体式桥台桥梁,但不是无缝桥,也不能称为半整体桥,仅属于"少缝桥"。

1.2.2.3　延伸桥面板桥

采用延伸桥面板桥台的桥梁,称为延伸桥面板桥台桥梁(Deck-Extension Abutment Bridge,

简称 DEAB)。采用延伸桥面板式桥台的无缝桥称为延伸桥面板桥(Deck-Extension Bridge,简称 DEB)。

延伸桥面板桥因其主梁与桥台连接处仍有伸缩缝,有些国家与地区没有将其纳入无缝桥中。然而,这种桥应用范围广,尤其在既有桥梁改造时,简便易行,工程量小。如忽略引板对主梁的约束,其工作原理可通俗地解释为将桥台处的桥面伸缩缝引至引板与道路接线处,这种解释易为工程师所接受。所以,延伸桥面板桥更易于推广应用,这种桥在美国得到了较多的应用,在我国也有较多的应用。为在我国加速无缝桥的推广应用,两本地方标准和本书均将其归入无缝桥之中。

另外,文献[11]介绍了一种桥梁,它将台帽背墙顶面高程降低,将引板的一端直接搁置在背墙顶面上,同时桥面与路堤路面的铺装混凝土一次浇筑完成,从而使桥头从原来的两条接缝变为一条接缝,这种做法,实际上也是延伸桥面板桥台的一种形式。

1.2.3 其他无缝桥

1.2.3.1 门式刚构桥

门式刚构桥(Portal rigid-frame bridge,图1-12),桥跨结构与桥台连成整体,二者之间没有伸缩缝也没有伸缩装置。它也是一种无缝桥,多应用于跨径不大的通道桥中,我国也有较多的修建,只是没有采用无缝桥的概念而已,常将其归入箱涵中。它可以看成柔性台身(薄壁式桥

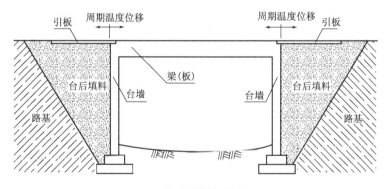

a)门式刚构桥示意图

b)美国华盛顿特区某桥

图1-12 门式刚构桥

台)的整体桥,由桥台挡土结构与上部跨空梁(板)连成整体刚架结构,共同受力,采用柔性桩基础或铰接于刚性扩大基础上。

1.2.3.2 无桥台桥

桥跨上部结构为悬臂梁时,如果将悬臂端直接伸入接线路堤,则桥台结构就可以取消,从而成为无桥台桥。当变形不大,梁端不设伸缩缝与伸缩装置时,它就成为无桥台无缝桥。这种无桥台结构多用于跨线桥梁中。在澳大利亚,有 8 座这类的无桥台无缝桥,最大桥长为 88.7m。图 1-13 是某典型无桥台桥的立面和细部构造。桥端有一个非常规的构造,通过预应力筋,将桥端连至桥墩的基础。

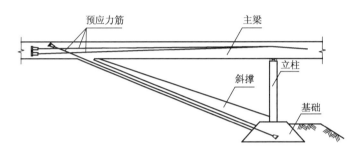

图 1-13 斜撑立柱式无桥台桥示意图

我国也曾采用无桥台式结构,主要形式有两种。一种是桥台处为悬臂端的悬臂梁或悬臂刚构桥,悬臂端部设引板直接与路堤相衔接而不用设置桥台,悬臂处有设置伸缩装置的、也有不设伸缩装置的。这种桥由于接线路堤铺砌边坡的工程量很大,且桥头跳车问题解决不好,一般仅用于跨径不大的跨线桥。

另一种是采用无桥台斜腿刚架桥,如图 1-14 所示。这种桥已在湖北、江西、河南等省建成 300 余座,单孔最大跨度,普通混凝土结构达 43.2m,预应力结构达 56.16m,连续桥长最长达 163m。这种结构无缝无支座,整体性与连续性好,行车平稳性好;结构受力合理且适应性较强。然而,存在台后填土沉陷、路基沉降和桥头脱空等共性病害,因此,应采用有效措施防治。

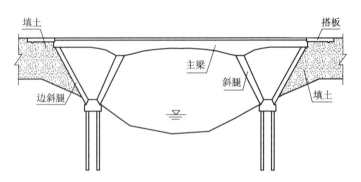

图 1-14 无桥台斜腿刚架桥示意图

1.2.3.3 无缝拱桥

拱桥的主结构为竖向曲线结构,温度引起的结构变形一部分转化为竖向(矢高)的变形,纵桥向的变形相对于梁桥要小;详见 2.1.3 节的介绍。对于超静定拱,拱肋温度变形受到桥墩或桥台的约束,会在拱中产生附加内力。

对于人行拱桥,可将台阶直接置于拱背之上供人通行,不设拱上建筑,如图 1-15a) 所示。当主拱是无铰拱时,全桥无伸缩缝和变形缝,也无支座与伸缩装置,显然是无缝桥。对于跨径不大的圬工拱桥,可采用实腹式,当采用空腹式时可采用拱式拱上建筑。由于桥面是由填料和路面材料组成,相当于桥面与两端的路面连成整体,也可以不设伸缩缝和伸缩装置,如图 1-15b) 所示。这种无缝拱桥在古代可用于马车交通,近代也有用于汽车交通。它也是一种整体式拱桥。

a) 踏步拱桥　　　　　　　　b) 拱式拱上建筑圬工拱桥

图 1-15　古代整体式拱桥

现代的拱梁组合桥,也可以做成无伸缩缝桥梁。对于一般的单跨下承式无推力拱,墩、台及基础的受力同梁式桥相差不大,因此与梁式桥类似,可采用半整体式桥台或延伸桥面板桥台。图 1-16 为文献[14]提出的下承式拱梁组合半整体桥。

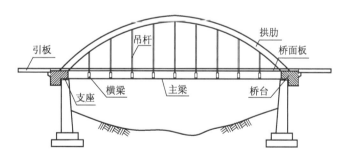

图 1-16　下承式拱梁组合半整体桥示意图

单跨下承式拱梁组合桥也可采用整体式桥台,即在桥台处用支承于桩上的端梁代替桥台,从端梁上接出引板,将主梁伸缩引到路桥接缝处,从而取消伸缩缝和伸缩装置,如图 1-17 所示。但这种结构超静定次数高,温度等变形引起的附加内力,是结构设计中需要重点考虑的问题。

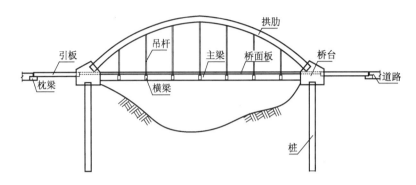

图1-17 下承式拱梁组合整体桥示意图

对于多跨桥,当边跨为梁式桥时,可采用连续梁结构,边梁端部根据实际情况采用整体式桥台、半整体式桥台或延伸桥面板式桥台,如图1-18所示(左半边为半整体式桥台,右半边为整体式桥台,延伸桥面板桥台未画出)。

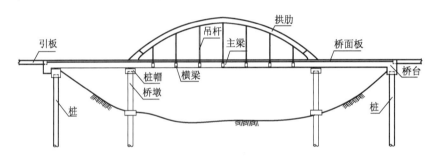

图1-18 多跨下承式拱桥组合无缝拱桥示意图

上承式拱桥中,当拱上建筑采用梁式结构时,早期采用刚性拱上立柱、简支梁板,各梁之间有伸缩缝与伸缩装置。建于20世纪初的美国Ashtabula桥,是一座多跨的上承式空腹式钢筋混凝土拱桥,它采用柔细的拱上立柱来支承连续的桥面板,取消了所有墩上的伸缩缝。虽然这座桥在桥台处还留有一道伸缩缝,但为上承式拱桥的少缝化、无缝化进行了有益的探索。

近现代的上承式拱桥,桥面系多采用连续的结构或桥面连续的结构,若在两端继续取消伸缩缝,也可以做成桥面无伸缩装置的结构,如图1-19所示。拱结构可以看成是桥面系的支承结构或"下部结构",桥面系可按常规多跨连续梁进行无缝化设计。在满足竖向承载力的基础上,可以将立柱设计成上、下铰接和水平柔性柱。

在大跨径拱桥中,桥面系则更多地采用连续结构。当跨径很大时,拱脚处的立柱很高,刚度较小,主梁可以与其刚结,而在跨中附近立柱较低处采用连续梁结构,这样拱上建筑成为连续刚构-连续梁结构,可以大大减少伸缩缝和伸缩装置,甚至成为无缝桥结构。

文献[15]提出了整体式拱桥(Integral Arch Bridge)的概念。对于上承式整体式拱桥,可在拱脚处设置受压混凝土斜杆(撑)与桥面的端梁相接,由桥面的预应力结构来平衡拱的水平推力。桥面与斜撑相交处的端梁,支撑于受拉桩基础之上,并代替传统的桥台。同时,由端梁向外接出引板,与道路相接,取消桥台处的伸缩缝和伸缩装置。这种桥与前述的无桥台无缝桥相似(图1-14)。图1-20为捷克斯图登卡附近一座跨越D1高速公路的跨线桥,主跨为53.70m,矢高6.157m,预应力混凝土实心桥面板仅厚50cm,它与端梁相接,端梁也是桥台,全桥无伸缩缝与伸缩装置。大桥于2009年建成。

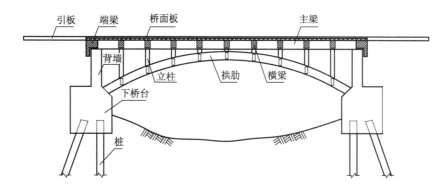

图1-19 上承式拱半整体桥示意图

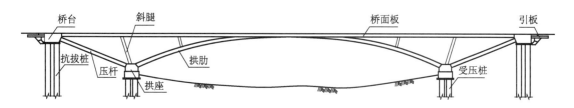

图1-20 上承式整体式拱桥

对于中承式拱,也可采用相似的结构。图1-21所示的是斯洛伐克NITRA地区R1高速公路的一座跨线桥总体布置图。该桥主拱跨径为70.57m,主拱为内填混凝土的钢箱结构,无风撑。组合桥面由边板肋、横梁和桥面板组成,并通过受压的混凝土斜杆与桥面的端梁相接,通过张拉吊杆,得到设计的应力状态。端梁由桩基础支承,以此代替传统的桥台,取消了全桥(包括桥台处)的伸缩缝。大桥于2010年建成。

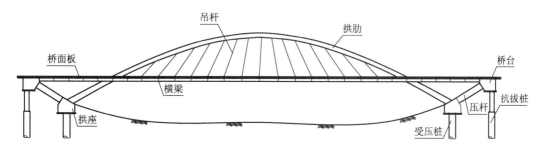

图1-21 中承式整体式拱桥

这类整体式拱桥的桥面还可采用悬带结构。图1-22是福州大学旗山校区卧龙桥的总体布置图。该桥计算跨径25m,宽6m。桥面采用15.6%双向纵坡,竖曲线半径为42m。由于跨径小,将斜撑与桥面板端梁退化为桥台结构的一部分,桥面板与桥台之间不设伸缩缝与伸缩装置。由于伸缩量不大,也不设引板,道路与桥梁直接相接。

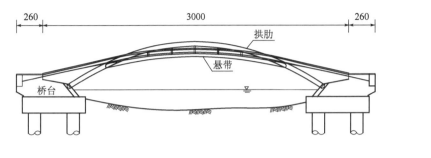
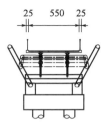

a) 立面图　　　　　　　　　　　　　　　　　　b) 侧面图

c) 照片

图1-22　福州大学卧龙桥(尺寸单位:cm)

1.3　无缝桥发展概述

1.3.1　古代桥梁

伸缩装置是近代因高速行驶的车辆过桥需要而产生和发展的,古代的桥梁,无论是梁桥、拱桥还是索桥,都是无缝或无伸缩装置的桥梁。

整体的天生石梁桥在世界各地都有,它们显然是无缝桥。南京天生桥(图1-23a))虽然名叫天生桥,其实并不是天生的,而是六百多年前,明朱元璋时期在溧水开凿运河而形成的;桥身是一整体石块。这是一座古代的无缝桥,也可能是人类修建最早的无缝桥。古代的许多梁桥,如石梁桥(图1-4a))、木梁桥(图1-4b)),由于跨径小、温度变形不大且没有高速行车的需要,虽然有伸缩缝但也都没有伸缩装置。

古代的拱桥也都是无缝桥。天生拱(图1-23b))浑然一体,显然是无伸缩缝桥梁。一般的拱桥,台阶直接置于拱背之上供人通行,没有拱上建筑(图1-15a)),而主拱是无铰拱,无伸缩缝和变形缝,整座桥也为无缝桥。对有拱上建筑的拱桥,由于桥面是由填料和路面材料组成,相当于路面,与两端的路面连成整体,也没有设置伸缩缝(图1-15b))。这种无缝拱桥在古代可用于马车通行,近代也有用于通行汽车的。

a) 整体梁桥(南京"天生桥")   b) 整体拱桥(天生石拱桥)

图 1-23 古代整体桥

古代的索桥(图 1-24),无悬吊桥面系,主索两端固定,无伸缩缝也无伸缩装置,索在温度变化作用下的变形可通过竖向自由变形来实现。

1.3.2 现代无缝桥的出现

一般认为,现代无缝桥首先出现在美国。20 世纪 30 年代以前,梁桥以简支梁为主,大量的伸缩装置的病害、维修困扰着桥梁工程师和管理人员。随着弯矩分配法的出现,大大方便了超静定梁式桥的计算,连续梁的修建越来越多,多跨梁桥桥墩上的伸缩缝可以被取消。此后,人们考虑

图 1-24 古代索桥

能否取消桥台上的伸缩缝,并开始了无伸缩缝桥梁的实践。据 J. R. Burker 介绍,他在一篇发表于 1926 年的有关公路桥梁最新进展的论文中,提到了对于桥面伸缩缝设计施工的关注和在一座桥(Ashtabula 拱桥)中通过使用柔性柱来取消伸缩装置的构思。Ashtabula 桥取消的是拱上建筑在桥墩立柱上的伸缩缝与伸缩装置。在同一年代,美国的科罗拉多州率先在梁式桥中采用了整体式桥台,修建了整体桥,从而实现了梁式桥的无缝化。此后的三四十年代,俄亥俄州、南达科他州、俄勒冈州也相继开始修建整体式无缝桥,到了 50 年代中期,加利福尼亚州也加入了这个队伍。到了 50 年代末、60 年代初,随着美国州际公路网的建设,无缝桥得到了真正的大发展。到了 60 年代中期,田纳西州和其他 5 个州已经将整体桥作为标准结构使用。此后,无缝桥在欧洲、澳洲和亚洲等地都得到了应用与发展。

1.3.3 无缝桥在国外的发展

无缝桥一般应用于中小桥中,个别桥梁的修建较少见诸文献介绍,全国性的调查只有美国进行过,因此对其在全世界应用情况的了解比较困难。就本书收集到的资料看,无缝桥的应用以经济发达国家为主,以美国和加拿大为主的北美国家最多,随后是欧洲和澳洲,亚洲主要是日本、中国和东南亚、南亚一些国家等,西亚、南美和非洲少有文献报道。

1.3.3.1 美国

无缝桥在美国的应用最多。为了解其状况,促进应用与发展,Soltani,Kunin 和 Najib 等在全美做过有关无缝桥梁的设计、施工和应用等方面的调查统计。美国联邦公路署(FHWA)也分别在 1985 年、1995 年和 2004 年做过全国性的问卷调查。1985 年的调查表明,29 个州使用了整体桥,14 个州还没有计划考虑使用,1 个州正在调查使用的可能性。1995 年的调查表明,尽管各州现有的设计规范和标准不尽相同,80% 以上的公路机构已为无缝桥建立了设计标准。

2004 年的调查总结是目前为止,全美国范围内一份对无缝桥的设计、施工和使用等方面最详细的调查报告。统计数据表明,至少有 40 个州建成了包括弯桥、斜桥在内的整体桥和半整体桥共 13000 余座,其中约 9000 座为整体桥,约 4000 座为半整体桥。此外,还有大约 3900 座为延伸桥面板无缝桥梁,见表 1-7。从 1995 年那次的调查以来,整体桥的数量在不断地增加,归因于整体桥的优越性不断被人们所接受,其设计与施工技术也不断为人们所熟悉。

1995—2004 年美国设计、建造和使用的无缝桥数量表　　表 1-7

类　　型	1995 年以来已设计的	1995 年以来已建造的	至 2004 年在使用的
整体桥	5700	6400	9000
半整体桥	1600	1600	4000
延伸桥面板桥	1100	1100	3900

调查显示,1995—2004 年的十年间,无伸缩缝桥梁得到了迅猛发展,其数量增加了一倍多。现在拥有这种桥梁数量最多的州是密苏里州,拥有 4000 多座,而 1995 年无伸缩缝桥梁最多的是田纳西州,那时拥有 2000 多座;美国北部地区增加最明显,爱荷华州(Iowa)、堪萨斯州(Kansas)、华盛顿州(Washington)正在使用中的无缝桥梁都超过了 1000 座;在 1995 年调查中还没有无伸缩缝桥梁的伊利诺伊州(Illinois)、密歇根州(Michigan)、明尼苏达州(Minnesota)、宾夕法尼亚州(Pennsylvanian)的数量也都超过了 500 座甚至突破 1000 座,充分表明了这种桥梁的受欢迎程度。值得注意的是,在寒冷的阿拉斯加州(Alaska)都有了这种桥梁的身影。

图 1-25 为美国 1995—2004 年设计和建造无缝桥的州数百分比。

从图 1-25 可以看出,1995 年以来,51% 的州设计和建造了超过 50 座的无缝桥,其中 21% 的州建造了 101~500 座,5% 的州建造了 501~1000 座,而另 5% 的州建造了超过 1000 座整体桥。

对于正在使用的无缝桥的数量,超过 50 座的州占了 59%,其中 31% 的州有 101~500 座,3% 的州有 501~1000 座,15% 的州超过 1000 座。

关于各州在无缝桥梁建造的计划和政策上,调查发现,超过 90% 的州计划尽可能建造无伸缩缝桥梁。77% 的州表示,如果条件允许,将设计成整体桥;79% 的州表示,当满足无缝桥设计准则时他们将尽可能地设计无缝桥,见图 1-26。

调查后得出的具有共识性的结论如下:

(1)普遍认为无伸缩缝桥梁目前还没有完整的计算理论或设计方法。

(2)多数州认为采用整体桥可降低成本,如桩基数量少,施工简单,没有昂贵的伸缩装置以及只需很低的维修费用。

(3)几乎所有州都认为在台后应该使用排水性能较好的回填料。回填料要求达到95%的压实度,以消除引板(搭板)可能产生的沉陷。

(4)使用整体式桥台在施工和维修方面还存在一些有待解决的问题。

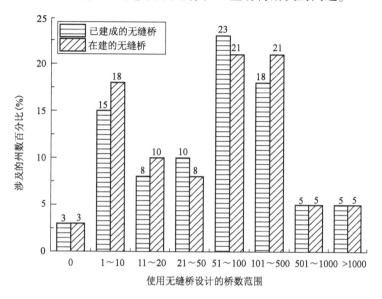

图1-25 1995—2004年设计和建造无缝桥的州数百分比(美国)

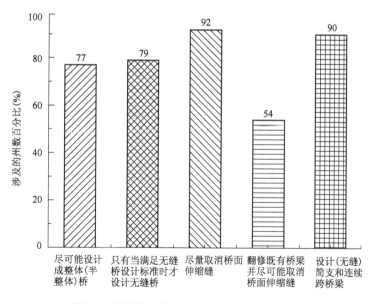

图1-26 同意将来建造无缝桥的州数百分比(美国)

2005年美国马里兰大学专门对整体桥进行了调查,图1-27给出了美国使用整体式桥台无缝桥的州数量随年份增减的关系。调查结果表明,美国有41个州应用整体桥。其中有8个州,即密苏里州(Missouri)、田纳西州(Tennessee)、加利福尼亚州(California)、爱荷华州(Iowa)、伊利诺伊州(Illinois)、堪萨斯州(Kansas)、华盛顿州 Washington 和怀俄明州

(Wyoming),各有超过1000座的整体桥。这8个州中,密苏里州(Missouri)超过4000座而田纳西州(Tennessee)超过2000座。有趣的是华盛顿州在2000年以前建的整体桥超过1000座,但之后他们决定转向修建半整体桥。科罗拉多州不仅是第一个修建整体桥的州,同时也拥有美国最长的钢整体桥(318 m)和最长的现浇混凝土整体桥(290 m)。最长的预制混凝土整体桥则在田纳西州,长度为358 m。余下的9个不应用整体桥的州,有3个州从未使用过整体桥,有3个州虽然没发现问题,但由于经济等考虑已不再修建整体桥,另有3个州因发现严重的问题而不再修建整体桥。

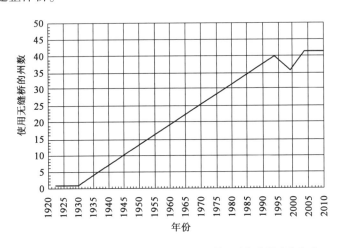

图1-27 美国使用整体式桥台无缝桥的州数量随年份增减的关系

调查结果表明,整体桥无论是使用情况、造价,还是维护费用总体情况良好。这得益于许多州的桥梁设计手册对整体桥的应用参数、斜角、曲率和桩的类型等给出了限定。这些设计限定避免了整体桥被用于特别长的桥梁和一些复杂的结构与地质情况不适合的桥梁。然而,整体桥还需要更多的研究,从理论而不是仅依赖于经验来预测结构的行为。这样有助于各州的桥梁手册中更多地推荐使用整体桥,推广这种经济实用的桥梁建设方法。

有关经济方面和使用过程问题的调查结果,详见3.4节和3.5节。

尽管无缝桥已在美国得到大量的应用,许多州也出版了自己的指南、标准或手册,然而迄今在(AASHTO)规范中仍没有专门的内容用于无缝桥的设计与改造。近期,在美国第二期公路战略研究项目(Second Strategic Highway Research Program,简称SHRP 2)下的R19A项目"超过100年的桥梁使用寿命"中,对无伸缩缝桥梁进行了专题研究。研究报告给出了整体桥、半整体桥等无缝桥的定义,受力性能的影响因素(包括平面曲线、斜角、支座、基础等),给出了几个州交通部的典型案例。

1.3.3.2 加拿大

加拿大从20世纪50年代开始了整体式无缝桥的应用研究,目前已建数量超过10000座。加拿大交通部门的桥梁监测系统监测结果表明,整体式桥梁和半整体式桥梁性能良好。以下介绍几个省在无缝桥应用方面的情况。

安大略省是加拿大较早修建无缝桥的省。预制预应力混凝土桥的长度上限为36.6m(120ft),现浇后张预应力混凝土梁为45.7m(150ft)。近年来,如桥长超过上述限值,只要有可能,仍建议采用连续无缝桥。鉴于经济原因和不想留有桥面伸缩缝,几乎所有在安大略省的新桥都是多跨和连续的。

卑诗省对整体桥的桥长限制为91.4m(300ft),而最长的半整体式桥梁长已达126m。

在阿尔伯塔省,整体桥多用于50~75m的桥梁,并于2003年出版了相应的设计指南,2012年形成了相应的设计规范。目前在建和已建整体桥的数量达几千座,占新建桥梁的60%左右。目前已着手制定将现有旧桥改造为整体桥的计划。

不列颠哥伦比亚省开始使用整体桥的时间是在20世纪80年代。目前已经建造了大约40座整体式和半整体式桥梁。限定最长桥长是91.4m。已建成的斜桥中最大的斜交角是20°,最长的半整体桥长度为126m(413ft)。

新不伦瑞克省从1995年开始使用整体桥,目前已经建成12座,最长预应力混凝土整体桥为68m、半整体桥为113m;最长的半整体式钢桥是65m。该省期望建造更多的整体桥,因为相对于其他桥梁,由于省去伸缩装置和减少桩基用量,它总体上要便宜10%至20%。

1.3.3.3 英国

英国于20世纪70年代开始整体桥的研究。1993年在英国召开的国际桥梁与结构工程协会(IABSE)年会的主题就是"Joint-free bridge(无伸缩缝桥梁)"。1996年英国制定了整体桥的规范(BA42/96),于2003年对其进行了修订;并在《英国道路与桥梁设计手册》(BD 57,路桥设计手册 DMRB 1.3.7)中列有专门的章节介绍无缝桥的设计。该规范规定全长不超过60m、斜交角度不超过30°的桥梁,不应设置伸缩缝,上部结构应与桥台连成整体,即要采用整体式桥。规范还限制了整体桥的桥台纵向位移要控制在+20mm以内。目前跨长在65m以内的公路桥梁广泛使用整体桥。英国认为公路上25mm或铁路上40mm的变形是允许的。因此在100m以内的公路桥梁,120m以内的铁路桥梁可考虑采用无伸缩缝桥梁。

英国整体桥设计指南中将"整体式桥台"分为框架式桥台、埋入式桥台、滑动式桥台、端墙式桥台四种,如图1-28所示。

在这四种桥台中,与本书中的整体式桥台相对应的是前三种,其中框架式桥台(Frame Abutment)和埋入式桥台(Embeded Abutment)又可称为高桥台(Full-height Abutment),其高度一般大于4m。

框架式桥台(图1-28a)和b))与图1-12介绍的门式框架桥相似,它与上部结构连接成一个整体,传递弯矩、剪力和轴力。为了适应温度变形,在台身与基础相接处常采用铰接形式,使其可整体绕其基础转动,见图1-12。

埋入式桥台(图1-28c))一般是在原状黏土中采用地下连续墙或排桩方式建造,然后施工台身并开挖桥台前土体。为适应上部结构的纵桥向伸缩变形,台身为柔性结构,且埋入地基持力层一定深度以限制其摆动。它与将台身埋入锥形护坡中的埋置式桥台有所不同。

滑动式桥台(图1-28d)),原文为Bank Pad Abutment,即路堤垫梁式桥台),相对于高桥台又可称为矮桥台,它适用于路堤填土低、只需要很低挡土结构的桥台。一般是在原地面上完成桥台和桥身施工后,再在桥台后回填粗粒土填料。为保证有足够的透水性,一般选取砂或碎石作为填料。其基础一般为浅基础,为了适应上部结构纵桥向伸缩变形,基底应铺有滑动层,同时它必须具有足够的重量,且边跨应具有足够的柔性,以避免因活载或不均匀沉降导致桥台翘起。

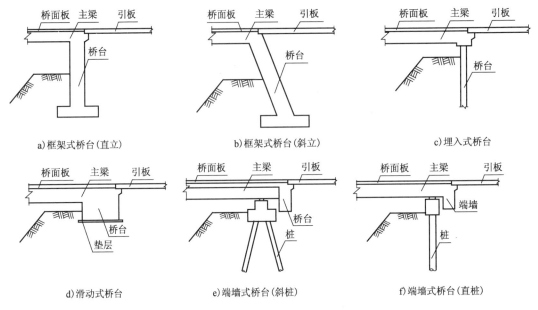

图 1-28　英国无缝桥桥台类型

端墙式桥台(图 1-28e)和 f)),End Screen Abutment)的上部分是与上部结构端部整体浇筑的幕墙式结构,用来抵抗路堤土压力并传递纵桥向荷载,但不能承担垂直荷载。上部结构用支座支承于桥台的下部分及基础之上,支座需位于端墙 2m 范围内,以限制端墙因边跨发生挠曲产生的竖向位移。

端墙式桥台显然是一种半整体式桥台,但在英国的整体桥设计指南中将无缝桥的桥台均称为整体式桥台,不分整体式和半整体式,更不包含延伸桥面板桥台和延伸桥面板桥。

图 1-29 给出了 2000—2003 年英国在桥梁设计时选择无缝桥和有缝桥的发展趋势。可明显看出,整体桥的选择呈上升趋势。

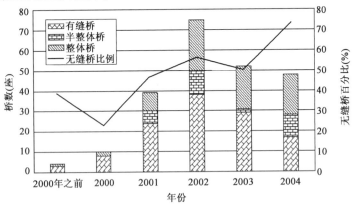

图 1-29　英国在桥型选择上的趋向

1.3.3.4　欧洲其他国家

瑞士对于整体桥和半整体桥有较为深入的研究,并出版了相应规范。瑞士的大部分桥梁建于 1960—1985 年国家公路网的建设时期,以钢筋混凝土与预应力混凝土梁为主,大部分建成框架或刚构式整体桥。几十年的运营证实了这些桥梁具有较好的长期工作性能;而另一方面不断增长的交通量和化冰盐的使用进一步增大了人们对伸缩缝的担忧。1990年瑞士联邦公路局出版了整体桥的设计指南。指南中规定整体桥的应用范围为桥长30~60m,半整体桥的最大长度为100m。目前,整体桥技术在瑞士已相当成熟,现有桥梁中40%以上采用整体桥或半整体桥,而且其应用范围早已突破了上述限制。联邦公路局于2010年重新修订出版了整体桥的设计指南。

在德国,还没有专门关于整体式桥梁的标准,但近年来的研究和实践正在进行中,伸缩缝越少越好的认识不断被桥梁工程师所接受,并建造了一些实桥。

在奥地利,过去修建的无缝桥多限于70m以内的桥梁。近年来已开展了数个项目,以了解无缝桥实际的受力性能,并将其应用范围向更长桥梁发展;同时,正在制定一个带强制性质的无缝桥应用指南。

罗马尼亚在20世纪60年代初就开始采用整体式桥梁,对钢桥的桥长限制为80~160m,对预制混凝土桥的桥长限制为40~80m,对现浇混凝土桥的桥长限制为20~30m。罗马尼亚的整体式桥常用混凝土桩作为基础,桩顶固结于桥台中。计算桩应力时温度和收缩等均被考虑在内。台后填土要求用颗粒状的材料,引板直接搭接于桥台上。罗马尼亚交通技术研究院研究表明,整体桥造价可便宜30%,而且可延长桥梁的寿命。

意大利在简支梁连续化改造中取得了突出的成就,已积累了一定的经验。最成功的例子是在2007年一座长401m的Isola della Scala高架桥的改造。该桥位于意大利北部维罗纳市。原设计为一座预应力混凝土简支梁桥,下部结构修建后因故停工,复建时将其改造为整体式桥台桥梁,取消了桥台处的伸缩缝、伸缩装置和所有桥墩上的支座、伸缩缝和伸缩装置。本书在第7章中有较为详细的介绍。

在北欧,常见的无伸缩缝桥梁是混凝土板梁桥。北欧对允许桥长的要求与英国基本一致。瑞典认为,整体桥可以使全寿命费用降到最低。芬兰在20世纪70年代开始进行整体式桥台桥梁的研究和应用,目前已建成1000多座此类桥梁,跨径一般小于70m。表1-8给出了至2004年芬兰无缝桥修建的情况。

至2004年芬兰修建的无缝桥情况　　　　　表1-8

修 建 时 间	数量(座)	占所有桥梁的比例(%)
1984年及之前	279	3.6
1985—1989年	130	15.3
1990—1994年	201	16.1
1995—1999年	111	14.4
2000—2004年	75	17.6

欧洲国家启动了一个INTAB项目(Economic and Durable Design of Composite Bridges with Integral Abutments)。截至2005年年底参与者有RWTH Aachen(德国)、University of Liege(比利时)、Profil ARBED(卢森堡)、Lulea University of Technology(瑞典)、Ramboll(瑞典)和Schmitt Stumpf Fruehauf und Partner、Munich(德国)等。INTAB项目主要目的是建立欧洲各国间在此

类桥梁的使用经验、理论研究和试验上的比较和交流,并在其最终报告中给出设计规范(Design of Integral Abutment Bridges with Small and Medium Spans),目前该规范还在制定中。另外,文献[43]介绍了欧洲与美国在整体桥设计准则与方法上的异同点。

此外,2017年欧洲地平线计划(HORIZON 2020)的SERA Project批准立项了以中国福州大学牵头、罗马三大等欧洲多个大学参加的"新型整体桥地震响应"研究项目(Seismic Response of Novel Integral Abutment Bridges,简称SERENA)。

1.3.3.5 澳州

澳大利亚早在20世纪60年代就开始采用整体桥等无缝桥。对无缝桥的桥长限制为:钢桥19.2m,预应力混凝土结构100m,钢筋混凝土结构198.1m。

澳大利亚昆士兰道路交通部门(QMRD)自1975年以来一直在建造一种预制预应力混凝土无缝桥。这种桥中,预制简支板或箱梁通过锚固螺栓连接到墩台上。内支座处梁端之间的空隙用水泥砂浆填满,而在梁端与桥台路基连接处则用可压缩材料填实,没有设置任何伸缩装置。QMRD进行的一个调查显示,自1975年以来已建成近200座这种类型的桥梁。这种桥的预制预应力纵梁的设计,在昆士兰已经标准化。一般情况下,这种桥的长度介于39.6~70m之间。QMRD正在考虑将此容许长度增长至100m,前提是要对已有的无缝桥梁的性能进行观察并结合美国无缝桥的使用经验。

自1963年以来,新南威尔士建造了49座这种桥梁。除个别情况外,大部分的无缝桥属于加宽或既有桥梁的重建(建于1930—1960年间的小跨径混凝土桥),其中41座是整体桥,最大长度分别为预制预应力混凝土桥53.6m、连续板桥50m、现浇混凝土桥27m和钢桥19.2m。其他8座无缝桥是无桥台桥梁,长度在88.7m以内。此外,新南威尔士还建成了约400座连续桥面的无伸缩装置桥,最大长度分别为预应力混凝土桥623.6m、钢桥598m、现浇混凝土桥575m和钢—混凝土组合梁桥340m。

新西兰早在20世纪30年代就开始修建无缝桥。开始只建造跨度相对较短的整体桥。到了50年代,整体桥在新西兰已变得十分普遍。混凝土整体桥的标准设计图纸由新西兰劳动发展部(NZMWD)发布,供桥梁工程师使用。Wolde-Tinsae的问卷调查表明,虽然没有得到详细反映使用性能(如桥梁检查报告)方面的信息,但也没有发现有关这类桥梁出现不良问题的记载。NZMWD曾通过施加预应力的办法加固过几座旧混凝土桥梁,以承受更重的荷载。其中的一个例子是位于New Plymouth的Waiwaka Terrace桥。此桥为一混凝土T形梁整体桥,总长度为46.3m。NZMWD认为由于桥台设计简单、施工方便和伸缩装置的取消,整体和半整体式桥具有很好的经济性。虽然在新西兰还没有出现过无缝桥的负面报道,但NZMWD决定在批准设计使用更长的此类桥结构前,先监测建于1986年的Kauaeranga桥(总长136m的半整体桥)的使用性能,以便获得足够的经验。

1.3.3.6 亚洲

亚洲总体上来说无缝桥的应用还不多,目前发展较好的主要是日本、中国、马来西亚、新加坡、印度等国。后面三个国家地处热带,常年气温变化范围小,适合于采用无缝桥。但没有查到全面反映各国应用的情况,本书在后面的章节中有些零星的介绍。

(1)马来西亚4座。第一座是第4.1.1节图4-14介绍的Kampung Paloh整体桥,单跨

55m,桥宽25m;第二座是第6.2.2节图6-3c)和9.2.4节图9-34介绍的Batu Gajah桥,是一座三跨连续刚构整体桥;第三座是第8.1节的图8-7介绍马来西亚吉隆坡国际机场高架桥,是一座弯桥无缝桥;第四座是第8.4.3节图8-47介绍的Batu 6桥,主跨100m,采用整体式桥台,主梁为UHPC预应力梁。

(2)新加坡1座。它是Dualuse桥,是由有缝桥改造而成的无缝桥。在7.4.3节介绍。

(3)印度2座。它们是Kalkaji桥和新德里GT路立交桥,两座都是跨线桥,后者还是弯桥。分别在第10.6.3和10.6.4节介绍。

(4)日本在无缝桥的应用方面,以既有桥梁的无缝化改造为主。在日本所用的"No Joint Bridge"是指主梁连续、墩上无伸缩装置,但桥台处可能设置有伸缩装置的桥梁,它与本书所说的"Jointless Bridge"指整座桥无伸缩装置略有差异。

日本的无伸缩缝桥梁研究始于1983年,日本道路协会、首都高速道路协会以及阪神高速道路协会等充分利用各自的技术力量,开发、实施了桥梁的无缝化改造。主要的方法有两种:一种是采用埋置型伸缩装置,它实际上是闭口有缝或暗缝伸缩缝,仍属于有缝桥;另一种为连接型无伸缩装置,把相邻两跨的主梁、或者桥面板、或者端横梁连接起来,约束相邻主梁间的位移和变形,而使桥面连续化的一种方法。连接型无伸缩装置与通常意义的连续梁并不相同,它是对已建的桥梁通过现场施工进行改造,完成预定目标。它必须根据现有桥梁的具体构造来决定采用连接的施工方法,并确定连接后桥梁上部、下部结构和基础的构造、受力性能以及耐久性等。如果仅连接桥面板,则为桥面连续无缝桥;如果主梁也连接起来,则是连续化改造的(结构连续的)无缝桥。

1991—1993年,日本对无缝化改造的桥梁进行调查,并于1995年编写出版了《已建桥梁无伸缩装置方法的设计施工手册》。

1.3.4 无缝桥在我国的发展

1.3.4.1 发展概况

我国从20世纪80年代开始了取消伸缩装置的研究与应用。为减少多跨简支梁的伸缩装置,提出了两种方法。一是简支梁的桥面连续法,主梁仍为有缝的多跨简支结构,但取消了桥墩上的伸缩装置,仅在桥台两端设置大型的伸缩装置;另一种方法是桥面预切缝法,即将桥面在各桥墩位置处切开,使各孔自行伸缩,不设任何伸缩缝,称为"化整为零"法。

从20世纪90年代开始,我国开始现代无缝桥的研究与应用。1998年,湖南省交通科研所在湖南省益阳至常德高速公路上建造11.4m+33.2m+11.4m的三跨连续梁整体桥,设计荷载为汽车-10级。1999年11月,由湖南大学等单位设计的广东省清远市四九桥建成。该桥全长75.48 m,斜交角15°,为四跨钢筋混凝土连续刚构无伸缩缝桥梁,桥梁两侧均为整体式桥台,设计荷载为汽车-20级。此后,湖南大学在湖南、广东、广西、云南建成多座无伸缩缝桥梁,并发展了全无缝桥梁,并出版了专著《半整体式无缝桥梁新体系》。

福州大学在20世纪末开始无缝桥的研究,2004年1月福建省永春县上坂大桥竣工通车。该桥为预应力混凝土梁整体桥,是我国桥长最大的一座整体桥,总长128.20m。2005年,在中国—加拿大政府合作项目"西部道路发展——桥梁抗震设计"资助下,云南省交通规划勘测设计院等单位修建了楚雄—墨江公路石羊江桥半整体桥改造工程和昆明西南绕城高速公路小海口桥等,此后又与湖南大学合作修建了2座全无缝桥,并编制《无伸缩缝半整体式桥梁设计与施工指南》(已完成送审稿)。2007年起,江苏省交通科研院开始了半整体桥的研究与应用,已修建了7座无缝桥梁。浙江公路水运工程咨询公司等单位于2007年立项开始无缝桥研究,并于2011年8月完成了绍诸高速公路富盛互通连接线2座无缝桥的设计与施工。东北林业大学等单位在我国东北建成了富裕工业园整体桥,该桥为四跨16m的空心板结构,总长70m。

福州大学在2010年重新组织团队开展无缝桥的研究与应用推广,先后获国家外国专家局、福建省外国专家局、国家自然科学基金、福建省自然科学基金等项目和一些横向课题的资助,与浙江省湖州市交通规划设计院、福建省漳州市公路局、河北省高速公路石安改扩建筹建处、福建省泉州市公路局、深圳市市政设计研究院、西安公路研究院、长安大学等,从2012年起先后建成了浙江省湖州贯边桥、湖州息塘桥、河北南三路桥、河北马峦立交桥、福建安溪枷楠一号桥等新桥7座,福建漳州十里桥和锦浦桥既有桥梁无缝化改造与扩建桥梁4座;另有正在施工的无缝桥7座,完成设计14座,成为我国无缝桥推广应用的核心力量。

2014年3月8—12日,由可持续与创新桥梁福建省高校工程研究中心(SIBERC)和国际桥梁抗震协会(IBSC)共同举办了第一届国际无伸缩缝桥梁工作会议(Workshop)。会议决定成立国际无伸缩缝桥梁学会(International Association for Jointless Bridges,简称IAJB),秘书处设在福州大学。学会已建立了国际无缝桥网站(http://ch.jointlessbridges.fzu.edu.cn/),开展了多次学术交流会。

2016年5月12—14日召开了第二次国际无伸缩缝桥梁学会工作会议(Workshop)和第一届国际无伸缩缝桥梁学术研讨会(Symposium),并决定每三年召开一次国际学术研讨会。2017年5月31日至6月2日又在美国西雅图召开了第三次国际无伸缩缝桥梁学会工作会议(Workshop)。

国际无伸缩缝桥梁学会的建立和在我国的落户,为我国无缝桥的高起点发展,奠定了坚实的基础。与此同时,在研究与应用基础上,本书作者于2013年出版了国内首部专著《无伸缩缝桥梁》(即本书的第一版),开始编制福建省和河北省地方标准。其中,由福州大学与河北省高速公路石安改扩建筹建处联合主编的河北省地方标准《公路无伸缩缝桥梁技术规程》DB13/T 2482—2017于2017年3月29日发布,2017年06月01日起实施,成为我国第一本无缝桥技术标准;由福州大学与福建省第一公路工程公司联合主编的福建省工程建设地方标准《福建省城市无伸缩缝桥梁技术规程》DBJ/T13 265—2017于2017年6月26日发布,2017年11月01日起实施。目前正在与苏交科等单位编写CECS无缝桥规程。

人才培养方面,在福州大学开设了硕士研究生课程,培养硕士生30名,博士生2名。在全国各地进行了几十场的讲座。此外,在2016年人力资源和社会保障部委托举办的路桥高级人才培训班和2015年为埃塞俄比亚路桥工程技术人员举办的培训班上均进行了专题培训,并于2018年在越南交通设计院进行了无缝桥的介绍。

虽然我国的无伸缩缝桥梁研究与应用起步较晚,应用数量还有限。然而,应该看到,通过努力已取得了可喜的成就,而且有着良好的发展势头。在当今可持续发展越来越受到重视的大背景下,无伸缩缝甚至无支座这种少维护甚至免维护的无伸缩缝桥梁,必然越来越受到重视。特别是国际无伸缩缝桥梁学会在我国的落户,更有利于我国学习世界各国的先进技术,不断推广,迅速赶超,形成具有中国特色与优势的无伸缩缝桥梁技术。

1.3.4.2 应用数量、时间与地点

截至 2016 年 4 月,调查收集到我国已建和在建的无缝桥共 40 座(表 1-9)。此外,已知目前完成设计的无缝桥梁有 18 座。图 1-30 给出了我国无缝桥数量随时间的增长情况。

我国无缝桥数量　　　　　表 1-9

序　号	省(自治区、直辖市)	数量(座)
1	宁夏	1
2	河北	2
3	河南	2
4	江苏	8
5	上海	1
6	浙江	2
7	福建	5
8	广东	3
9	广西	9
10	湖南	3
11	云南	4
总数		40

据我国交通运输部 2016 年统计资料,全国公路桥梁有 80.53 万座,其中中小桥 68.07 万座,占 89.1%。然而,我国目前已建或在建无缝桥仅 40 座,仅占中小桥梁的 0.006%。据美国联邦公路署 2004 年的调查,美国共建成无缝桥 16900 余座,占全部桥梁的 2.9%。美国 2004 年无缝桥的总数与相对数分别是我国的 422 倍和 467 倍。从上一小节可知,除美国外,欧洲、澳洲、日本等国家与地区,无缝桥均有较多的应用。相比较而言,我国无缝桥无论是总数还是相对数均太少。

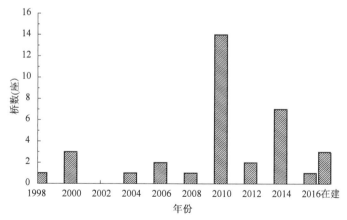

图 1-30　我国无缝桥建设数量与时间

从图 1-30 可以看出,我国无缝桥的修建,总体上呈增长趋势。同时,在时间上呈非连续状,到目前为止可分为 1998—2000、2004—2006、2008—2012 和 2014 至今的多个时间段。具体分析可知,参与无缝桥科研与应用的单位少,应用多以科研项目的依托工程为主,形成明显的时间段。

在地域上,调查结果表明,我国目前仅有11个省、自治区、直辖市有修建无缝桥,普及率极低,仅占34%(表1-9)。据美国2009年的调查,美国共有41个州有修建无缝桥,占州数的82%,普及率较高。我国修建较多的是广西、江苏、福建,最多也才9座。而在美国,据2004年的调查,密苏里州有4000多座,田纳西州有2000多座,爱荷华州、堪萨斯州、华盛顿州等都超过了1000座。

无缝桥除了前言中所指出的在养护、全寿命和可持续发展方面的优势外,还有两个特别明显的优点:一是其结构整体性好、耗能性强、防落梁效果突出,抗震性能(尤其是整体桥)明显优于有缝桥。因此,国外在高烈度地震地区对无缝桥有较多的应用。二是由于无缝桥可避免寒冷地区冬季化冰盐从伸缩缝渗到支座与下部结构而带来的腐蚀问题,因此无缝桥在国外的寒冷地区也得到较多的应用。目前我国无缝桥地域分布与此两个优点无明显相关性,应用地区主要与当地对该技术的重视程度和前瞻性有关,今后应该重视在地震区和北方寒冷地区对无缝桥的研究和应用。

1.3.4.3 无缝桥类型

在40座已建和在建无缝桥中,整体桥4座,占10%;半整体桥13座,占32.5%;延伸桥面板桥23座,占57.5%。图1-31给出了我国三种无缝桥的应用比例与美国2004年调查结果的对比。

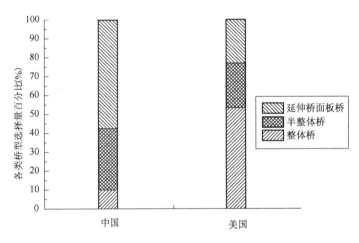

图1-31 中国、美国无缝桥桥型应用比例

从美国2004年的调查结果可知,在16900余座无缝桥中,约9000座为整体桥,占53.3%;约4000座为半整体桥,占23.7%;约3900座延伸桥面板无缝桥,占23.0%。2009年马里兰大学专门对整体桥进行了调查。调查结果表明,美国有41个州应用整体桥。其中有8个州,各有超过1000座的整体桥。

在三种无缝桥中,整体桥整体性最好,不仅取消了伸缩缝和伸缩装置,还取消了支座,可持续性也最好,在美国无缝桥中应用最多,欧洲、澳洲等也基本如此,而在我国则是三类桥中应用最少的。与之相反,我国的无缝桥中应用最多的则是延伸桥面板桥。

整体桥采用整体式桥台,桥台与上部结构连成整体,需要采用柔性基础来吸纳上部结构的温度变形,美国的整体式桥台基础以H型钢桩这种柔性桩为主,而在我国桥台基础以刚性扩大基础或混凝土桩为主,钢桩应用极少,它制约了整体桥在我国的应用与发展。加上整体桥与过去传统的有缝桥设计理念有较大的差异,工程界接受还需要一定的时间,这也影响了其在我国的应用推广。

延伸桥面板桥,可理解为将桥面上的伸缩量引申到引板(搭板)与路面接缝处,其概念易为工程师所理解,且构造简单,施工方便,应用阻力小。目前,无伸缩缝桥梁在我国处于起步阶段,所应用的桥梁总长不长,虽然延伸桥面板桥的整体性、耐久性(有支座、桥台处还是有缝)逊于整体桥,但比起有缝桥来说,优点还是较为突出的,因此设计和科研人员也择易而行,故它的应用在我国较多。

1.3.4.4 总长与跨径

无缝桥与有缝桥主要不同在于纵桥向的温度伸缩变形是否通过伸缩缝释放,所以受温度变形控制的桥梁长度是衡量无缝桥技术水平的一项重要指标,这与一般桥梁以跨径为主要技术水平指标不同。由于无缝桥引板与上部结构连成一体,一些规定将引板长度计入桥长范围内,这与有缝桥的桥长规定也有所不同。此外,各国各地区对无缝桥的规定也不尽相同。为了比较方便,本书采用多孔跨径总长(简称总长)作为统计参数。

我国无缝桥的多孔跨径总长应用范围为 10～160m,平均长度 58.7m,总跨径各区间百分比见图 1-32。按照我国《公路桥涵设计通用规范》中多孔跨径总长的分类规定,大于 100m 小于 1000m 的为大桥。统计结果显示,我国无缝桥中有 35 座为中小桥(小于 100m),占比 87.5%,是我国无缝桥的主要应用对象,而大桥(等于或大于 100m)仅 5 座,占比 12.5%。因此,我国无缝桥的应用以中、小桥为主。

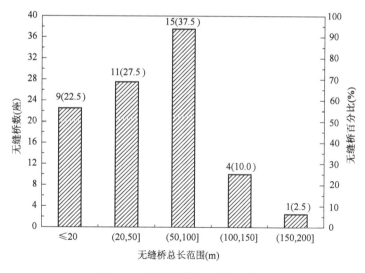

图 1-32 无缝桥多孔跨径总长比例图

图 1-33 为不同类型无缝桥的多孔跨径总长分布图。我国整体桥多孔跨径总长范围为 48～120m,平均 77m;最长的是福建省永春县的上坂大桥,多孔跨径总长 120m。国外最长的是 400.8m 的意大利维罗纳 Isola della Scala 桥,美国最长的是 358.4m 的田纳西州 Happy Hollow Creek 桥。

我国半整体桥的总长范围为 20～160m,平均 61m;最长的是总长 160m 的云南昆明安宁—

晋宁高速公路的小海口桥。我国延伸桥面板桥的总长范围为 10~109m，平均 54m；最长的是 109.25m 的广东清远龙塘桥，为旧桥改造项目。

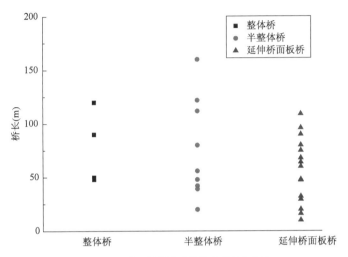

图 1-33　三种无缝桥的多孔跨径总长分布图

我国无缝桥的平均总长从大到小依次为整体桥、半整体桥和延伸桥面板桥。整体桥的桥台与上部结构完全固结，上部结构的伸缩变形全部传递给桥台，其适用长度要小于半整体桥与延伸桥面板桥。统计分析结果表明，半整体桥平均总长为 61m，与延伸桥面板桥平均总长 54m 相近。延伸桥面板桥对上部结构纵桥向变形约束小于半整体桥，但它同时使得引板末端的伸缩量变大，所以综合受力与变形控制，二者的应用范围相近是合理的。

图 1-34、图 1-35 分别为调查到的无缝桥跨径与跨数分布图。在图 1-35 统计中，多孔桥梁的单孔跨径取其最大跨径。由图 1-34 可见，无缝桥的单孔跨径 15~20m 的最多，共有 24 座，占比 60.0%，其余跨径范围只有 1 座到 5 座，占比从 2.5% 到 12.5%，最大单孔跨径为 33.2m，是湖南益阳的益常高速跨线天桥，上部结构为 11.4m + 33.2m + 11.4m 3 跨连续梁。从单孔跨径指标来看，我国所建的桥梁也均属于中、小跨径桥梁。

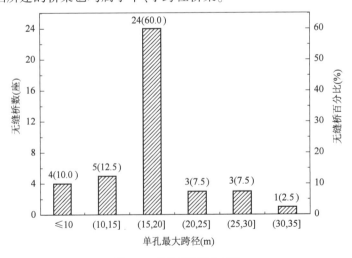

图 1-34　无缝桥跨径分布图

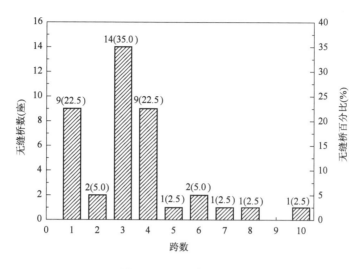

图 1-35　无缝桥跨数分布图

在跨数方面,如图 1-35 所示,单跨、3 跨与 4 跨的无缝桥在我国应用较多,分别为 9 座、14 座和 9 座,占比分别为 22.5%、35.0% 和 22.5%;其次是 2 跨与 6 跨,均有 2 座,各占比 5.0%;另有 5 跨、7 跨、8 跨、10 跨,均有 1 座,各占比 2.5%。跨数最多的是广东清远的龙塘桥,上部结构为 $2 \times 11.4m + 11.1m + 11.65m + 4 \times 9.15m + 2 \times 13.55m$ 钢筋混凝土 I 型梁,相邻两跨梁肋间加设连接钢板,桥面连续。

从总长与跨径的关系来看(图 1-36),二者成明显的正相关。我国总长较长的无缝桥,主要是由其跨数较多形成的,而不是单孔跨径决定的,这与国外的情形相似。

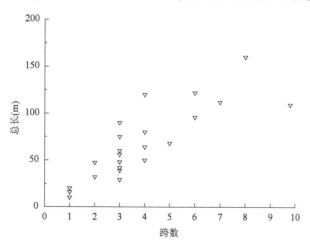

图 1-36　无缝桥跨数与总长关系图

1.3.4.5　上部结构

在已知材料与结构形式的 38 座已建和在建无缝桥中,钢筋混凝土的有 9 座、预应力混凝土的有 28 座,二者占总数的 97.4%,只有 1 座为钢—混凝土组合材料,尚无钢桥无缝桥。无缝桥应用以中小桥为主,其上部结构材料与我国公路中小桥梁以混凝土桥梁为主的现状相适应。浙江湖州的息塘桥是仅有的一座钢—混凝土组合梁无缝桥,其上部结构为 Q235 耐候工字钢和整体现浇混凝土桥面板组成的简支组合梁。随着我国钢桥与钢—混凝土组合桥的应用不断增多,相应的无缝桥修建可能成为未来的一个发展方向。

在结构形式方面,40 座无缝桥中实心板桥 2 座,空心板桥 26 座,梁桥 12 座。空心板桥应用最多,占 65%,这与跨径应用以中小跨径为主有关。

1.3.4.6 弯、坡、斜桥

40 座无缝桥中,直桥 25 座,占 62.5%;弯桥 4 座,斜桥 9 座,弯斜桥 2 座,共占 37.5%。

温度变化作用下,弯桥沿轴线方向的伸缩变形可以转化为径向的变形,但当曲率较小时,要注意对横向变形的控制。我国弯无缝桥的圆曲线半径范围为 109~7000m,曲率较大。根据美国 2005 年调查报告指出,在 40 个州中仅有 21% 的州容许修建弯整体桥,曲率多限制在 10m^{-1} 以内。在调查到我国弯无缝桥中,均为半整体桥和延伸桥面板桥,未见弯整体桥。加拿大建造的一座弯无缝桥,全桥 12 跨,曲率半径为 218~1165m。

对于斜无缝桥,整体桥的上部结构与桥台固结,土压力的作用对桥台桩基础的受力有影响,但由于上部结构的转动要受到桥台的约束,因此对上部结构的受力影响不大;半整体桥与延伸桥面板桥的上部结构与桥台之间没有固结,梁端承受着土压力,会使上部结构发生面内转动。Burke 等在对半整体式斜桥结构进行分析后,提出斜交角超过 30°时,桥台处支座应采用导向支座,美国各州对最大斜交角的上限规定区间为 45°~60°。调查表明,我国斜无缝桥的斜交角在 3.65°~36°,斜角较小。我国还处于无缝桥应用的初期,将其应用控制在斜角较小的桥梁中,是慎重和恰当的。

1.3.4.7 新桥与既有桥梁改造

我国 40 座无缝桥中,36 座为新建桥梁,占总数的 90.0%;4 座为旧桥改造,占总数的 10.0%。近年,福州大学等单位成功进行了两座多跨空心板简支梁桥连续化、无缝化的改造,为我国量大面广的这类桥梁的改造提供了技术支撑和宝贵的经验。

我国仍然处于交通基础建设时期,新建桥梁中应用无缝桥还有大量的机会。同时,随着交通量增大和对安全性要求的提高,对既有有缝桥的无缝化改造的需求会越来越多,有着广阔的应用前景。

1.3.4.8 主梁连续与仅桥面连续无缝桥

所调查的我国无缝桥中,多跨桥有 30 座。在多跨桥中,有 14 座为仅桥面连续无缝桥,占比为 46.7%;其中半整体桥与延伸桥面板桥各有 7 座,整体桥中并无应用。大量工程实践表明,桥面连续处承受复杂的拉、压、弯等内力作用,是主梁简支、桥面连续桥的薄弱环节和病害多发处。无缝桥在纵桥向变形受到约束后,可能加剧桥面连续处病害的发生。所以,从受力原理来说,应尽量避免采用仅桥面连续无缝桥。然而,这种结构简单易行,特别适用于小跨径新桥和既有桥梁改造,所以在实际工程中仍有相当多的应用。当然,在三大类无缝桥中,整体式桥台对主梁纵桥向变形的约束作用最大,所以仅桥面连续结构没有在整体桥中得到应用。

1.4 本书的主要目的与内容

1.4.1 主要目的

从 20 世纪二三十年代的美国开始,现代无缝桥在不断的研究与实践中在全世界得到迅速发展,有了广泛的应用,成为当今世界桥梁的主流趋势。美国结构工程师 Henry Derthick 曾提出的一个哲理性概念"The only good joint is no joint(无缝是最好的伸缩缝)",今天越来越得到桥梁工程师的认可。大量的实践表明,量大面广的中小跨径桥梁和桥长不长的梁式桥,无论是单跨,还是多跨,无论是简支梁、连续梁还是连续刚构,都有做成无缝桥的可能,也应该优先考虑做成无缝桥。

虽然我国对各种无缝桥梁已作了一定的研究,并有一些成功的实践,然而数量偏少,没有在近 30 年修建的大量桥梁中得到大面积的推广应用,错失了良机,也给今后的养护维修带来极大的问题。我国在今后相当一段时间内,仍有大量的桥梁修建,我们要加大无缝桥梁的研究与推广力度。与此同时,要重视既有桥梁无缝化改造的研究与应用,为桥梁的可持续发展提供技术支撑。为此,我们收集了国内外无缝桥的资料,进行分析总结,并结合自己的研究成果与工程经验,编写了本书第一版。

无缝桥梁的发展从一开始就以经验为先导。因各地气候、地质条件和工程师经验的不同,而产生出各种各样的做法。尽管无缝桥的应用历史已不短,然而至今还没有较为公认的统一的标准与做法。即使在无缝桥发展历史最久、应用最多的美国,至今也没有一个统一的设计标准,半数以上的州公路机构制定各自无缝桥梁的设计标准或指南。

相比较而言,我国的无缝桥还处于发展的初期,近期在总结工程经验和科研成果的基础上,编制了福建省工程建设地方标准《福建省城市无伸缩缝桥梁技术规程》、河北省地方标准《公路无伸缩缝桥梁技术规程》和云南省《无伸缩缝半整体式桥梁设计与施工指南》(尚未发布)。这些都将有利于我国无缝桥技术的发展。本书第一版的出版,是这方面工作的一个重要基础。

在本书第一版的基础上,结合福建省与河北省地方规程的编写,总结近年来的研究成果与工程经验,对第一版进行改写,形成了第二版。希望第二版的出版,能进一步推动我国无伸缩缝桥梁的发展。

1.4.2 主要内容

桥梁的分类视其分类标准,有多种分类的方法和相应的类型。

按用途分,可分为公路桥、铁路桥、人行桥等,本书涉及的主要是公路桥,包括公路桥梁、市政桥梁和人行桥。

桥梁按结构形式分,可分为梁桥、拱桥和吊桥 3 种古代桥梁结构形式和梁桥、拱桥、悬索桥、斜拉桥、刚架桥等 5 种现代结构形式,本书涉及的主要是梁桥。第 1.2.3.3 小节介绍了拱桥无缝化的一些实现途径,第 2.1.3 节介绍了拱结构在温度变化引起变形分为拱轴线和矢高两个方向的变形,其余的无缝化原理、构造与梁桥相似,后面各章节不再单独介绍。

按材料分,可分为木桥、圬工桥、钢筋混凝土和预应力混凝土桥、钢桥、钢—混凝土组合桥等,本书主要涉及钢筋混凝土和预应力混凝土桥,而钢—混凝土组合桥在第8章中列了一小节专门介绍。钢桥则基本没有介绍,因为钢桥的伸缩量较大,可做成无缝桥的桥长有限,而钢桥往往又应用于较大的跨径。因此,在无缝桥中钢桥所占的比例不大,在我国钢桥的应用还不多,目前尚无钢桥无缝桥。不过,国外钢桥无缝桥应用较多,将来我国这类桥可能有较多的应用。

本书的正文共11章。

第1章为概述,介绍基本概念,对无缝桥进行了定义,简要给出其发展概况和在各国的应用等基本情况。

第2章介绍有缝桥的温度变形计算、伸缩缝与支座的设计、伸缩装置的类型、主要病害、原因与防治措施。这一章与第一版相近。

第3至第6章由第一版的第3、4章改写、扩展而成,着重介绍无缝桥的结构体系与构造。

第3章介绍无缝桥的桥型与桥例。分别对单跨桥与多跨桥中常用的3种无缝桥的主要类型(即整体桥、半整体桥和延伸桥面桥)进行结构受力特点、设计时体系选择原则等进行介绍,最后结合若干应用实例,为后续构造、施工、养护等提供基础资料。

第4章介绍无缝桥的桥台结构。桥梁结构无缝化的核心与关键是桥台处的无缝化,因此专门列一章来介绍整体式桥台、半整体式桥台、延伸桥面板桥台的结构与构造。本章给出了大量的实例。

第5章介绍无缝桥接线系统,主要内容有引板类型、引板设计、台后填土、排水与翼墙等构造。无缝桥取消了伸缩装置后,上部结构的一部分纵桥向温度变形转移到台后及接线系统中去,因此这部分构造处理是无缝桥在使用过程中不出现或少出现裂缝等病害的关键。无缝桥取消了伸缩装置,但无法改变结构在温度作用下热胀冷缩的自然规律,因此,无缝桥中仍然存在一些缝,本章的最后一节专门介绍了无缝桥的各种缝,如施工缝、变形缝、胀缝、缩缝、锯缝等。

以上第4、第5章介绍的无缝桥主要针对单跨桥梁。

第6章则针对多跨桥梁,着重于多跨无缝桥的桥墩及其结构体系,以及多跨简支、桥面连续的无缝桥。

第7章介绍既有桥梁的无缝化改造,包括桥墩处、桥台处的无缝化和多跨简支梁(板)桥的结构连续化。它与第一版第5章相近。

第8章介绍一些特殊结构与材料的无缝桥,如弯桥、斜桥、钢—混凝土组合梁桥,FRP材料、超高性能混凝土材料在无缝桥中的应用以及高铁高架整体桥等,为无缝桥的应用推广扩大范围服务。本章包括了第一版第6章的部分内容,新增了超高性能混凝土、高铁高架整体桥等内容和一些应用实例。

第9章为无缝桥的施工与养护。针对无缝桥的结构特点,对其有别于有缝桥的施工方法、步骤、工艺等进行了介绍,并给出了若干实例。在介绍现有无缝桥使用过程中出现问题的基础上,提出无缝桥养护要求。本章包含了第一版第4章的有关施工部分的内容,并进行了改写,新增了现状调查、养护等内容。

第 10 章为无缝桥的设计计算,主要介绍无缝桥不同于常规有缝桥计算方面的内容,如温度作用、台后土压力、桩土共同作用等。这一章包括了第一版第 3 章的部分内容。

第 11 章为无缝桥专题研究,包括无缝桥抗震、无缝桥台后引板变形、整体桥极限长度分析等。最后叙述了无缝桥存在的主要问题,并提出了发展方向。本章包含了第一版第 6 章的部分内容。

第 2 章　伸缩缝与伸缩装置

现代的无缝桥是从有缝桥发展过来的,它不是古代无缝桥的简单重复,而是遵循螺旋式上升的规律。为了更好地了解无缝桥,有必要对有缝桥进行介绍。同时,无缝桥也有它的局限性,不可能全部取代有缝桥。因此,有缝桥还将继续存在下去,建设好、管理好有缝桥,也是实际工作中必不可少的。当然,在有缝桥建设与改造中,应尽可能减少伸缩缝与伸缩装置的数量,也即本章所说的少缝化。同时,研究无缝桥的工作机理,也可促进有缝桥的技术进步。

本章首先介绍一般桥梁的伸缩缝设计原则,然后介绍主要的伸缩装置构造、主要适用范围、常见病害以及防治对策。

2.1　伸缩缝与支座的设计

2.1.1　直梁桥

2.1.1.1　支座与伸缩缝的布置

伸缩缝的设计与支座布置有关。支座按纵桥向和横桥向是固定或活动,可分为四种,即双向固定、双向活动、纵桥向固定横桥向活动和纵桥向活动横桥向固定。

对于一座有四个支座的单跨双梁简支梁桥或板桥,纵桥向计算简图一般为一端固定,一端活动(图2-1a)),故支座的布置也基本基于此原则。考虑了桥梁横向的变形约束后,常见的支座布置有四种:

最常见的是图2-1b)的单点固定式,即四个支座中只有一个为双向固定支座,斜对角的为双向活动支座,同一端的相邻支座为横向可动、纵向固定的单向活动支座,而在另一端的同一侧设置一个纵向活动、横向固定的单向活动支座(图中箭头所指表示支座活动方向,无箭头者表示不能活动)。这种布置的好处是纵桥向的水平力(如制动力 H_1)能够由固定端一侧的两个支座共同承担,但如果支座在桥台上没有足够的滑动空间,则横桥向的水平力(如风)与温度变化将会使桥梁产生水平约束力。

如果固定端的另一个支座也为双向活动支座,也即四个支座中只有一个约束纵桥向的变形,则横桥向的变形将不受到约束,见图2-1c)。文献[65]的作者认为,这种"水平向静定"横向活动式布置形式好于常规的单点固定式,虽然纵桥向水平力只有一个固定支座来承担,但实际工程中支座的确切滑动空间是未知的,因此只有单个支座具有纵向约束更能适应实际情况。不过,这种布置的结果是固定端一侧,双向活动支座处也存在纵向胀缩问题,胀缩值与梁的宽度有关。

当顺桥向与横桥向的约束功能分开时,支座的布置见图2-1d)所示。对于很宽的桥,横桥向的支座较多时,横桥向的固定支座一般固定在桥轴线附近。对于铁路桥等宽度较小的桥梁,支座横向变位很小,可只设单向活动支座(纵向活动支座),如图2-1e)所示。

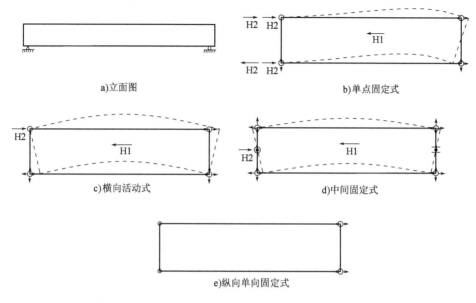

图2-1 简支梁支座布置图

对直线连续主梁,一般在每个桥台和桥墩处各设置两个支座(图2-2a))。如果主梁的抗扭刚度足够(如箱梁),中间墩可采用圆形柱,柱上可只设置一个位于横隔梁轴线正下方的支座,所有桥墩上横桥向的约束支座仍采用常规的做法,如图2-2b)所示。如果水平弯曲刚度很大,可以将水平力只传递至桥台,中间设双向活动的单支座,如图2-2c)所示。以上的处理方法,同样适合于对斜交桥和曲桥的情况。

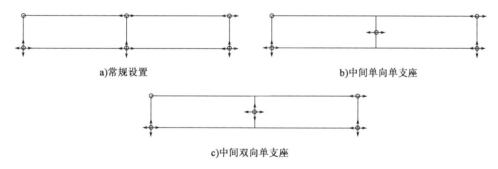

图2-2 连续梁支座布置图

桥梁有效温度变化将会引起结构的收缩和膨胀,它是控制桥梁伸缩缝设计的最主要因素,也是影响支座设计的一个十分重要的因素。以下总结和比较温度变化对不同连接方式的桥梁的影响。

对单跨简支梁桥,如图2-3a)所示,当支座一端为固定,另一端为活动时,伸缩缝一般仅设置一道在活动支座一侧。主梁在温度变化情况下,可以收缩和膨胀,而受到的约束很小,理论上不会在梁体中产生纵向力。当然,实际结构可能会产生支承的摩擦或约束,但它对结构的影响很小,设计中一般可忽略不计,此时温度计算长度为 l_t,即全跨长。当跨径较小时,伸缩量不大,两端均可采用(固定)板式橡胶支座,因为它实际上并非完全固定的,而是可通过橡胶弹性体的变形来适应梁体的胀缩变形的。这样,伸缩装置可在两桥台处均设置,伸缩量也相应减小,如图 2-3b)所示,此时温度计算长度为 $l_t/2$,即半跨长。

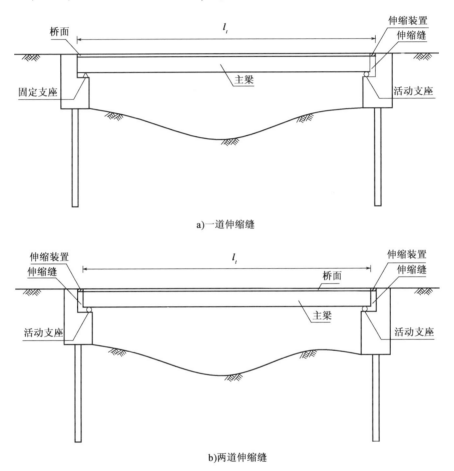

图 2-3 单跨简支梁伸缩缝布置图

对两跨简支梁桥,如图 2-4 所示,伸缩缝的布置方式基本上可分为单缝式、双缝式和三缝式三种。如图 2-4a)所示,将主梁在两桥台处固结,只在桥墩上设置一道伸缩缝。这种设置,伸缩装置数量最少,但过去由于桥台没有采用整体式桥台,工程实践证明其设置效果不好,此时温度计算长度为 $2l_t$。

双缝式设置如图 2-4b)所示,将两跨的固定支座均设置在桥墩上且作为温度变化零点,两跨梁之间不设伸缩缝和伸缩装置,只在两桥台处设置,这种设置方式工程上较为常用,此时温度计算长度为 l_t。

对于小跨径桥,可以在两桥台和桥墩处各设置一道,共三道,如图 2-4c)所示,此时,对两桥台侧的伸缩缝,其温度计算长度为 $l_t/2$,中墩处的则为 l_t。虽然伸缩缝道数多,但每道缝的伸缩量减小了,有时还可以因此而考虑采用暗缝。

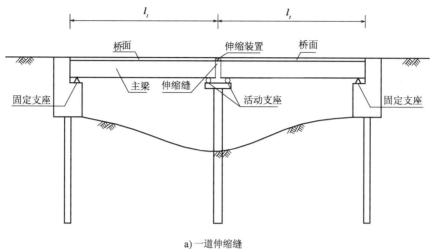

a) 一道伸缩缝

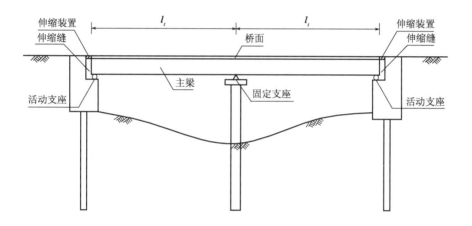

b) 两道伸缩缝

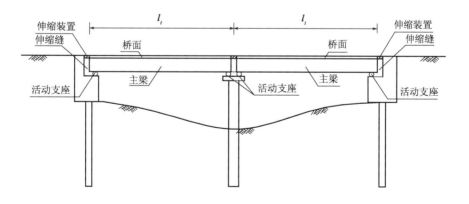

c) 三道伸缩缝

图 2-4 两跨简支梁伸缩缝布置图

对两跨连续梁桥,由于桥墩处结构连续,只有桥台处需设置伸缩缝,因此,其设置类似于单跨简支梁,有两种形式,如图2-5所示。如果桥台的一端固定,不设伸缩缝,则只在另一端设置一道伸缩缝,此时温度计算长度为$2l_t$,如图2-5a)所示。由于其梁长较长,另一端需要较大的伸缩缝和滑动支座,中间滑动支座的变形量也需相应的变大。若桥台处均采用弹性橡胶支座(滑动支座),允许朝伸缩缝的两个相反方向进行纵向运动,则伸缩量减少一半,即在两个桥台均设置伸缩缝与伸缩装置,如图2-5b)所示,此时温度计算长度为l_t。

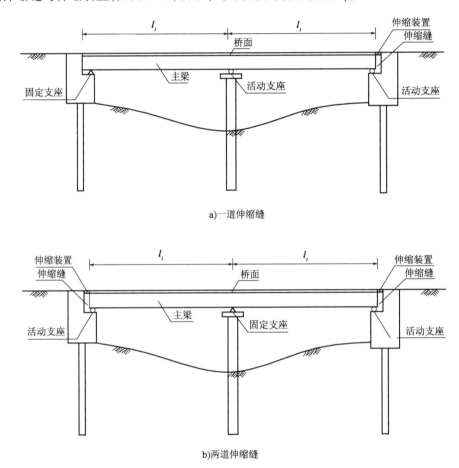

图2-5 两跨连续梁伸缩缝布置图

对于多跨简支梁与连续梁,伸缩缝与支座的设计原理与上述单跨与双跨梁相似,只是变化更多些,本书不再赘述。

2.1.1.2 伸缩量的计算

桥梁伸缩装置目前以采用定型生产的各类伸缩装置为主,桥梁设计时,主要计算伸缩量,并根据需要选择合适的伸缩装置和型号。目前常用的伸缩装置详见本章第2节的介绍。

伸缩装置的伸缩量以桥梁结构温度变化的胀缩量为主,同时还需要考虑其他纵桥向的变形,如混凝土结构的收缩、徐变等。温度变化引起的桥梁接缝处梁体的伸长量和缩短量(接缝的闭口量和开口量),可根据桥梁所在地区的气温条件和施工季节,选择伸缩装置的安装温度分别计算。

(1)温度变化引起的伸缩量,可由式(1-1)、式(1-2)计算。在计算伸缩装置的伸缩量时,所考虑的伸缩结构为桥面结构,由于构件厚度一般不大,因此即使是混凝土结构,也可以将环境的最高与最低温度视为构件的最高、最低有效温度,而式(1-2)中的构件的基准温度 t_0,就是伸缩装置安装时的温度。

$$\Delta_l^+ = \alpha_c l_t (t_{max} - t_{set,u}) \tag{2-1a}$$

$$\Delta_l^- = \alpha_c l_t (t_{set,l} - t_{min}) \tag{2-1b}$$

式中:Δ_l^+、Δ_l^-——温度上升、下降引起的梁体伸长量和缩短量;

t_{max},t_{min}——地区最高、最低有效气温值;

$t_{set,u}$、$t_{set,l}$——预设的安装温度范围的上限值和下限值,取值可以一样。

应用式(2-1)时,温度变形覆盖区域的梁体长度 l_t 是指梁体无温度变形点(或称温度变形固定点)与设置伸缩缝的梁端之间的距离,简称为温度计算长度,其视桥梁长度分段及支座布置情况而定,单跨、两跨的简支梁与连续梁的温度计算梁体长度 l_t 见图2-3~图2-5。梁体材料线膨胀系数 α_c 可按表1-1取用。

(2)对于混凝土(钢筋混凝土和预应力混凝土)桥梁,计算伸缩装置伸缩量时应考虑混凝土收缩引起的梁体缩短量 Δ_s^-。

$$\Delta_s^- = \varepsilon_{cs}(t_u, t_0) l_t \tag{2-2}$$

式中:Δ_s^-——混凝土收缩引起的梁体缩短量;

$\varepsilon_{cs}(t_u, t_0)$——伸缩装置安装完成时梁体混凝土龄期 t_0 至收缩终了时混凝土龄期 t_u 之间的混凝土收缩应变。

混凝土长期收缩应变至少为 200×10^{-6},其中一半发生在混凝土龄期达到100d之前。对于钢桥,没有此项内容。对于预制的预应力或钢筋混凝土梁桥,此项也远小于温度变化值。但对于现浇的钢筋混凝土或预应力混凝土梁,收缩不能忽略不计。如果考虑到伸缩缝安装时,混凝土收缩已完成一半,则可取收缩应变上限值为 100×10^{-6},或10mm(对一座100m长的桥梁)。日本道路桥梁规程规定,整体现浇混凝土结构允许采用一个较为保守的收缩应变值 150×10^{-6} 来设计(前提是纵向配筋率大于0.5%)。基于实际施工过程的收缩递增分析法将会给出更合理的收缩变形值。

(3)对于预应力混凝土桥梁,计算伸缩装置伸缩量时,还应考虑预应力作用下混凝土徐变引起的梁体缩短量 Δ_c^-。

$$\Delta_c^- = \frac{\sigma_{pc}}{E_c} l_t \phi(t_u, t_0) \tag{2-3}$$

式中:Δ_c^-——混凝土徐变引起的梁体缩短量;

σ_{pc}——由预应力(扣除相应阶段预应力损失)引起的截面重心处的法向压应力。当计算的梁为简支梁时,可取跨中截面与1/4跨径截面的平均值;当梁体为连续梁或连续刚构时,可取若干有代表性截面的平均值;

E_c——梁体混凝土弹性模量;

$\phi(t_u, t_0)$——伸缩装置安装完成时梁体混凝土龄期 t_0 至徐变终了时混凝土龄期 t_u 之间的混凝土徐变系数。

(4)由制动力引起的板式橡胶支座剪切变形而导致的伸缩装置开口量 Δl_b^- 或闭口量 Δl_b^-：

$$\Delta l_b^- \quad 或 \quad \Delta l_b^+ = \frac{F_k t_e}{G_e A_g} \tag{2-4}$$

式中：Δl_b^-、Δl_b^+——由制动力引起的板式橡胶支座剪切变形而导致的伸缩装置开口量或闭口量；

F_k——分配给支座的汽车制动力标准值；

t_e——支座橡胶层总厚度；

G_e——支座橡胶剪变模量；

A_g——支座平面毛面积。

(5)按照梁体的伸缩量选用伸缩装置的型号：

①伸缩装置在安装后的闭口量 C^+：

$$C^+ = \beta(\Delta_l^+ + \Delta_b^+) \tag{2-5}$$

②伸缩装置在安装后的开口量 C^-：

$$C^- = \beta(\Delta_l^- + \Delta_s^- + \Delta_c^- + \Delta_b^-) \tag{2-6}$$

式中：β——伸缩装置伸缩增大系数，可取 $\beta = 1.2 \sim 1.4$。

③伸缩装置的伸缩量 C 应满足：

$$C \geq C^+ + C^- \tag{2-7}$$

对于影响伸缩装置伸缩量的其他因素，应视具体情况予以考虑。当施工安装温度在设计规定的安装温度范围以外时，伸缩装置应另行计算。

伸缩装置的安装宽度（或出厂宽度），可按式(2-5)、式(2-6)计算得到的开口量 C^- 和闭口量 C^+ 进行计算，其值可在 $[B_{\min} + (C - C^-)]$ 与 $(B_{\min} + C^+)$ 两者中或两者之间取用，其中 C 为选用的伸缩装置的伸缩量，$B_{\min}$ 为选用的伸缩装置的最小工作宽度。

【例2-1】 某钢筋混凝土桥梁，梁长 $l = 20\text{m}$，温度变化范围为 $-10℃ \sim 45℃$，混凝土的收缩系数 $\varepsilon_{cs} = 20 \times 10^{-5}$，收缩折减系数 $\beta = 0.5$。伸缩装置的安装温度 $T_{set} = 10℃ \sim 15℃$。假设在桥的两端各设一条伸缩缝，则每端的变形量计算如下：

温度升高引起的梁体伸长量，也即伸缩装置的闭口量 Δl_t^+ 为：

$$\Delta l_t^+ = 10^{-5} \times (45 - 10) \times 20/2 \times 10^3 = 3.5\text{mm}$$

温度降低引起的梁体缩短量，也即伸缩装置的开口量 Δl_t^- 为：

$$\Delta l_t^- = 10^{-5} \times (10 - (-10)) \times 20/2 \times 10^3 = 2.0\text{mm}$$

混凝土收缩引起的伸缩装置的开口量 Δl_c^- 为：

$$\Delta l_c^- = 20 \times 10^{-5} \times 20/2 \times 10^3 \times 0.5 = 1.0\text{mm}$$

故基本伸缩量 Δl_0 为：

$$\Delta l_0 = 3.5 + 2.0 + 1.0 = 6.5\text{mm}$$

如果考虑约30%的富裕量，则设计伸缩量 $\Delta l = 1.3 \times 6.5 = 8.45\text{mm}$，相应地伸缩装置的设计闭口量 $1.3 \times 3.5 = 4.55\text{mm}$，设计开口量 $1.3 \times (2.0 + 1.0) = 3.9\text{mm}$。据此可以选择使用有

关型号和规格的伸缩装置,如 GNB-30 型、JB-30 型、TST 弹塑性体或 EPBC 弹性体等的伸缩装置;其安装定位值的确定等,可参考相应规范、标准和规定。

伸缩装置的选择,最主要考虑的因素是伸缩量,它由计算确定,并考虑一定的附加量。例 2-1 只是给出了一个实例,更多有关伸缩装置伸缩量的计算,可参见文献[66]。

2.1.2 平面斜、弯梁桥

平面斜桥和弯桥的支座与伸缩缝设计均比直桥的复杂。

对该类型桥梁的支座来说,除需承受竖向力 V 外,一般还需承受较大的水平力 H。因此,固定支座设置时,需要考虑的是将水平力与竖向力的较大者组合,还是与较小者相组合。就支座的作用来说,将水平力与较大竖向力相组合较为合适,这样更易于传递水平力。此时合力方向更加靠近支座中心,其与竖直方向的夹角更小,从而在桥梁上、下部结构中产生较小的(水平面上)弯矩(图 2-6)。

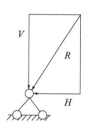

图 2-6 支座合力的方向

水平约束支座应设置在斜桥的钝角处或曲桥的外侧(图 2-7)。

对于单跨简支静定曲梁,常见的双支座布置如图 2-8 所示。

图 2-7 单跨简支斜桥支座布置图

图 2-8 单跨简支静定曲梁双支座布置

伸缩装置的主要变形最好是沿着行车道的方向(曲线的切线方向)。然而,一般来说,这个方向并不刚好与固定支座到桥台活动支座间的放射线方向相一致。为了使梁体在平面上的胀缩变形既不在弯梁内产生附加力,又要沿着行车方向变形而不要引起活动支座处横桥向的变位,需要通过单向活动支座变位方向的合理设置、变位限位与导向支座的合理设计来实现。由图 2-9 可知,当所有放射线方向与活动支座的允许变形方向之间的夹角相一致时,梁体的变形不会受到支座的约束,也即温度或收缩变形只会引起梁体沿着轴线的伸长或缩短。

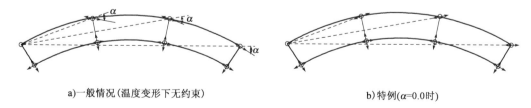

a)一般情况(温度变形下无约束)　　　　　b)特例($\alpha=0.0$时)

图 2-9 连续曲梁胀缩时支座处的变形方向

如图 2-10 所示,因为梁体的伸缩:

$$\Delta_{rl} = k \cdot r_1 \ll r_1 \tag{2-8a}$$

$$\Delta_r = k \cdot r \ll r \tag{2-8b}$$

式中:k——胀缩的比例。

所以,不同墩上的活动转角与固定支座的连线的转角为:

$$\phi_1 = \frac{\Delta_{r1} \cdot \tan\alpha}{r_1 + \Delta_{r1}} \approx \frac{\Delta_{r1} \cdot \tan\alpha}{r_1} = \frac{k \cdot r_1 \cdot \tan\alpha}{r_1} = k \cdot \tan\alpha \qquad (2\text{-}9a)$$

$$\phi = \frac{\Delta_r \cdot \tan\alpha}{r + \Delta_r} \approx \frac{\Delta_r \cdot \tan\alpha}{r} = \frac{k \cdot r \cdot \tan\alpha}{r} = k \cdot \tan\alpha \qquad (2\text{-}9b)$$

显然,由于 $\phi_1 = \phi$,梁体胀缩变形在不同墩上活动支座处没有受到约束,只有刚体的转动。其特例是当活动支座的变形方向与连线方向一致时,也即图 2-9b)所示的夹角为零时。可是,这种布置方式的缺点是伸缩装置的主要变形并不总能与支座的变形相协调。

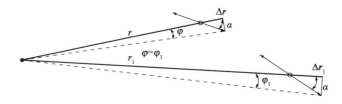

图 2-10　连续曲梁胀缩时支座处的几何变形量

如果单向活动支座处梁体变形引起它与固定支座夹角变化,则梁体的变形就受到约束,将产生约束力。约束力的大小与梁体的抗弯刚度有关,刚度越大,则约束力也越大。

对于平面弯梁桥,引起梁体伸缩变形与位移的因素,可分为两类,且两类位移的方向有很大的差别。

第一类为预应力混凝土弯梁桥由于截面形心处施加预加力和混凝土徐变引起的变形,属于切线方向的位移。假定温度不动点在梁的一端,如图 2-11 所示,位移方向与行车方向是一致的,不会引起曲梁横桥向的位移,这对于设置伸缩装置来说是有利的、不复杂的。此时,圆心角发生了改变,而曲率半径不发生改变,即 $R = R_0, \varphi_0 \to \varphi$,几何关系见式(2-10)。

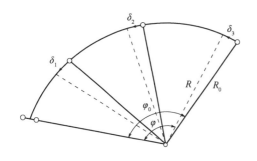

图 2-11　预加力和混凝土徐变引起曲梁的变形

$$\Delta\varphi = \varphi_0 - \varphi \qquad (2\text{-}10a)$$

$$\Delta^- = \Delta_c^- + \Delta_p^- \qquad (2\text{-}10b)$$

$$\Delta^- = R\Delta\varphi \qquad (2\text{-}10c)$$

$$\Delta^- = \delta_1 + \delta_2 + \delta_3 \qquad (2\text{-}10d)$$

式中:Δ_p^-——预应力产生的梁体缩短量。

式(2-10)中的符号意义见图 2-11,Δ_c^- 为徐变引起的梁体收缩量,其计算方法详见第 2.1.1.2 伸缩量的计算,而预应力产生的梁体压缩变形 Δ_p^-,一般在施工阶段已完成。

第二类是由于温度变化和混凝土收缩引起的水平位移,它是双向的。如图 2-12 所示,一个总弧长为 S、跨径为 L、矢高为 h 的曲杆由均匀温度升高引起的变形,沿杆长方向的膨胀量的计算公式与直杆的式 2-1a)相同,沿跨径方向和矢高方向的膨胀增长为:

$$L' = L(1 + \alpha\Delta t) \qquad (2\text{-}11a)$$

$$h' = h(1 + \alpha\Delta t) \qquad (2\text{-}11\text{b})$$

式中:L、h——半跨跨径与矢高;

L'、h'——温度变化后的半跨跨径与矢高。

在弧长方向的几何关系见式(2-12)。

$$\varphi_0 = S_0/R_0 \qquad (2\text{-}12\text{a})$$

$$S = S_0 + \Delta S = S_0(1 + \alpha_c \Delta_t^+) \qquad (2\text{-}12\text{b})$$

式中:S_0——初始弧长,S 为变化后弧长。

显然,弧长增长了,曲率半径也增大了,但圆心角不变。温度下降或混凝土收缩时,则发生与温度上升相反的变形。

对于实际曲梁结构,梁体的平面变形与变形约束边界条件(即支座布置)密切相关。对于单跨圆弧线弯梁,可采用简支静定结构(图 2-13a))和简支超静定(图 2-13b))两种结构。这里所谓的简支超静定结构是指在竖向荷载作用下,支座提供的竖向和切向位移、弯曲变形的约束是静定的,但扭转变形、径向位移的约束是超静定的。

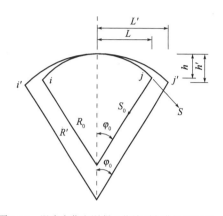

图 2-12 温度变化和混凝土收缩引起曲梁的变形

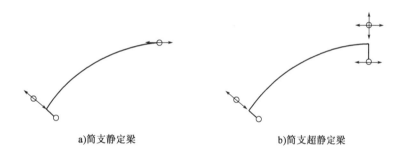

a)简支静定梁　　　　b)简支超静定梁

图 2-13 单跨曲梁的支座布置

对于简支静定梁,温度上升引起梁体的膨胀变形如图 2-14 所示,温度变化引起的梁体的胀缩,除了在弧线方向的变形外,活动端还会有径向的变位($h' - h$)。

当顺桥向(弧长方向)的胀缩变形受到限制时,这种横向的爬移量还会加大,不仅影响到伸缩装置的受力、导致其破坏的加速,也不利于结构的安全与行车的安全。图 2-15 是一座城市立交桥的匝道桥,上部结构为曲线半径 60m 的曲线板梁,接线的刚性路面在长期往复温度变化作用下不断变长,将桥台处的伸缩装置伸缩空间顶死,夏天在高温作用下弯梁板的顺桥向膨胀无法实现,就产生了较大的侧向位移,盆式橡胶支座的内侧橡胶被挤出盆外。

如果对平面曲杆两端的水平位移均进行约束,即采用图 2-13b)所示的简支超静定结构(指支座径向变形受到约束),其温度变化在平面内的作用,相当于二铰拱的受力,温升时曲线的水平向伸长受到约束,一部分由附加压力引起的结构压缩变形吸收,另一部分向矢高方向的变形转化,如图 2-16 所示;结构内产生了附加轴力与弯矩,支座内也会产生很大的反力,因此实际工程中一般也不会采用这样的支座布置。

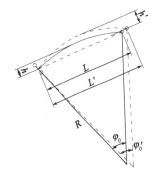
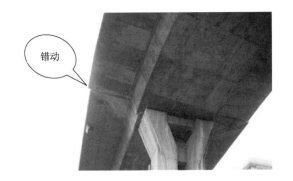

图 2-14　单跨简支静定曲梁的温升变形　　　　　图 2-15　弯桥的侧移情况

对于如图 2-17 所示的 3 跨连续曲梁桥,如果只有左端为双向固定支座,即为连续静定(指平面变形不受约束)的曲线梁,则位于 1、2、3 支座处的桥面会分别产生指向固定支座 0 处的 δ_1、δ_2 和 δ_3 的水平位移。曲率半径发生了改变,而圆心角不变,即 $r_0 \rightarrow r$,φ_0 不变。

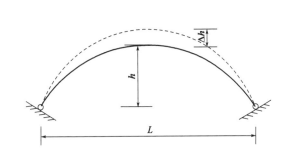
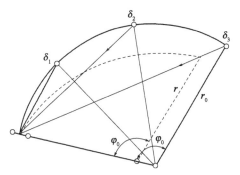

图 2-16　单跨简支超静定曲梁的温升变形　　　　　图 2-17　3 跨连续曲梁桥温升变形

从前述弯梁桥平面内变形特点可知,温度变化和混凝土收缩在各支座处会产生纵桥向和横桥向的位移,给伸缩装置的活动带来困难。因此,平面弯桥的上部结构不宜太宽。太宽则纵桥向的胀缩变形产生的横桥向支座变位较大,且横桥向本身的胀缩也不容忽略。采用较窄的梁体,则横桥向的胀缩变形可以不计,且横向抗弯刚度较小,平面内弯曲变形产生的内力也较小。所以,当桥面较宽时,宜设计成分离的两座窄桥。

对于连续弯梁桥,由于竖向受力的需要,一般在一联的两端设置抗扭支座。对于中间支承,当弯梁曲率半径较大时,可在每个墩上布置抗扭支座,如图 2-18a)所示;也可每隔 2～3 个支墩交替采用,如图 2-18b)所示;当弯梁曲率半径较小,上部结构采用具有较大抗扭刚度的箱梁结构时,可将中间墩全部布置成独柱墩、点铰支承的构造,同时在布置伸缩装置的墩台处设置侧向限位支座,即限制径向位移,允许发生切向位移和平面扭转,来满足因温度、收缩和预应力张拉等因素产生的变位,同时保证伸缩装置免遭破坏,如图 2-18c)所示。然而,无论采用何种支座布置方式,均应保证结构具有足够的抗扭约束,避免结构的扭转破坏,尤其是刚体扭转引起的梁体倾覆落梁破坏。此外,平面弯梁桥的设计除保证足够的安全性外,还应有足够的强健性。

在独柱墩较高的情况下,可以采用墩梁固结的形式,充分利用桥墩的柔性来适应上部结构的变形要求,既省去价格昂贵的支座,又简化了墩梁连接处的施工。但应考虑上部结构对桥墩受力的影响,保证桥墩有足够的强度。

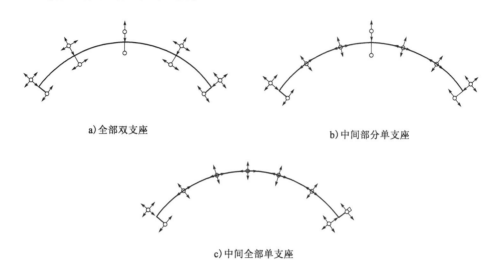

a) 全部双支座　　　　　　　　　b) 中间部分单支座

c) 中间全部单支座

图 2-18　连续弯梁桥支座布置方式

2.1.3　竖向曲线结构桥(拱桥与悬索桥)

拱桥与索桥的主结构均为竖向曲线结构,温度变形与前面的平面弯梁桥的平面变形有相似之处。当弧长方向的变形受到约束时,可能在主结构内产生内力,一部分变形成为结构的弧长方向的伸缩,另一部分变形转化成矢高方向的变形。

2.1.3.1　桥面系伸缩量的计算

由于曲线结构的变形特点,其本身可以做成无伸缩缝的结构,古代的拱桥与索桥均为无缝桥梁。对于现代的拱桥与悬索桥,支承于拱或悬索主结构之上的桥面系,一般需要伸缩缝与伸缩装置。

图 2-19 列出了三种悬索与拱结构的温升变形图。假设桥面系为具有一定矢高的竖曲线,且其曲线变化可以直接以跨中点的变化量作为特征值,由图 2-19 可知,对三种不同结构形式的桥面系,温升引起的桥面系的矢高的变化,可由式(2-13)计算,图中正号表示上升、负号表示下降。

悬索桥:

$$\Delta f_d = -\Delta f_s - \Delta l_m \tag{2-13a}$$

上承式拱:

$$\Delta f_d = \Delta f_s + \Delta l_m \tag{2-13b}$$

下承式拱:

$$\Delta f_d = \Delta f_s - \Delta l_m \tag{2-13c}$$

式中：Δf_d——桥面系矢高变化值；
Δf_s——悬索主缆或主拱矢高变化值；
Δl_m——跨中吊杆或立柱长度变化值。

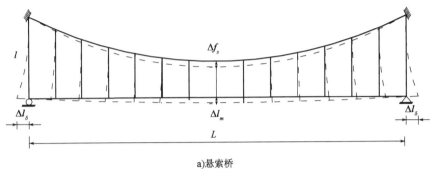

a) 悬索桥

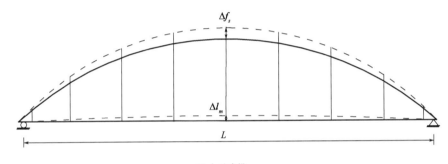

b) 上承式拱

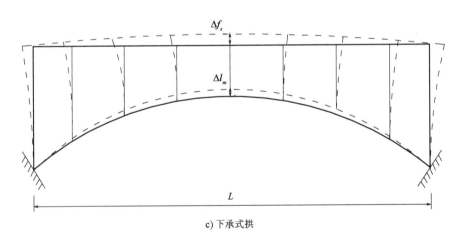

c) 下承式拱

图 2-19　曲线结构支撑的桥面温升变形示意图

式（2-13）计算的桥面矢高的变化，会引起桥面纵桥向长度的变化。拱桥或悬索桥的桥面系伸缩量，按式（2-14）计算：

$$\Delta l = \Delta l_d - \Delta l_\delta \tag{2-14}$$

式中：Δl_d——桥面系本身温度变形胀缩长度变化量，按式（2-1）~式（2-4）计算；

Δl_δ——主结构引起桥面系矢高变化、进而引起桥面系长度变化量。

由式(2-13)可知,对于悬索桥来说,温升时由于主索和吊杆的变形均使得桥面系的矢高变小,桥面水平长度变长,也即温升伸长量增大;而对于温降,主索和吊杆的变形使得桥面系的矢高变大,桥面系的水平长度变短,也即温降的缩短量增大。换言之,如果不考虑主索与吊杆温度变化后杆件的胀缩对桥面系矢高和水平方向胀缩量的影响,则会低估实际结构的温度变形胀缩量,使得伸缩装置的伸缩量预留不够,影响伸缩装置正常使用功能的发挥。

对于上承式拱,当拱上建筑为梁式结构时,其伸缩缝设计与梁桥相似。但从式(2-13)可知,拱的矢高变化对桥面曲线水平长度的影响,会抵消桥面系的胀缩变形。也就是说,同等长度的拱上建筑的桥面系的胀缩量,要小于一般梁式桥桥面系的胀缩量。因此,不考虑此项影响时,计算的桥面系胀缩量较实际发生量稍大。同时,这一现象也为上承式拱取消伸缩缝提供了较为有利的条件。第 1 章中介绍的 Ashtabula 桥,就是通过采用较柔的拱上立柱从而取消了墩上的伸缩缝。

对于下承式拱梁组合桥,拱的矢高方向的变化对梁体伸缩变形的影响很小,温度胀缩量计算可取同等跨径的简支梁的胀缩量。

对于下承式悬吊拱(桥面系与主拱在拱脚处不固结),温度变化时,拱的矢高和吊杆长度的变化对桥面矢高的影响是相反的,所以,它对桥面系曲线水平长度的影响,介于前述的悬索与上承式拱之间,与梁桥相比是大了还是小了,视具体情况而定。

2.1.3.2 中承式拱的伸缩缝设计

对于中承式拱,桥面系一部分悬吊于主拱之下,一部分支承于主拱之上,变形情况较为复杂,因此这里列一小节专门叙述。

目前中承式拱桥的吊杆以采用高强的钢索为主,柔度较大,对桥面系的纵桥向胀缩变形约束很小,所以桥面系的纵桥向胀缩变形可视为自由变形。伸缩缝设计中,(上承部分的)两端一般均需设置伸缩装置,但与拱肋相交处,也即悬吊桥面系与上承桥面系相交处,按是否设置伸缩缝有两种不同的做法。

第一种做法是桥面与拱肋交界处设置一道伸缩缝。这种做法,对于一座单跨中承式拱,除交界处的两道伸缩缝外,还有两端的伸缩缝,共有四道伸缩缝,如图 2-20a)所示。对于多跨中承式拱,每增加一跨,要增加两道伸缩缝,如图 2-20b)所示。

拱肋与桥面交界处的伸缩缝可适应上承式桥面与下承式桥面不同的变形要求,使各伸缩缝的伸缩量减小。对于单跨的中承式拱,上承部分桥面系的温度不动点(固定支座)可设在上承部分的中段,这样桥台处的伸缩装置的伸缩量较小,而交界处的则较大;也可以将温度不动点(固定支座)设在交界点处,则交界点处的伸缩装置只考虑悬吊部分桥面系的伸缩量,上承部分的伸缩量全部由桥台处的伸缩装置来完成;还有一种做法,是将桥台处设为不动点,取消其伸缩缝和伸缩装置,上承部分的伸缩量也全部由交界点处的伸缩装置完成。对于多跨中承式拱,中间部分一般将固定支座设在墩上立柱处。

伸缩缝按这种方式设置时,上承式桥面的部分拱上建筑构造常采用图 2-21 的方式,中间部分桥面梁板、横梁和立柱采用固结连接,不设支座,靠拱上立柱的柔性来适应桥面梁板不大的胀缩变形,既节约投资、方便施工,也利于养护。靠近两端伸缩缝处设置活动支座,以适应伸缩变形,如果温度联长较长,则活动支座的布置还要延伸到靠近伸缩装置处的二、三个立柱墩上。交界处的伸缩量计算时悬吊部分的伸缩量计算按式(2-14)计算。由上小节可知,温度变化时主拱矢高的变化与吊杆长度的变化对桥面系伸缩量计算结果的影响,主要取决于二者在竖直方向伸缩量绝对值的大小,因为二者符号是相反的,一般计算时可认为此项影响相互抵消而忽略不计。

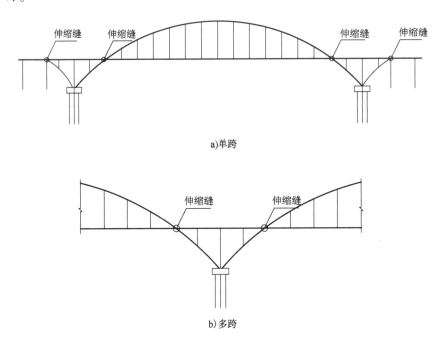

图 2-20 中承式拱交界处设置伸缩缝

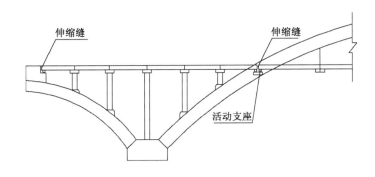

图 2-21 中承式拱交界处设置伸缩缝时上承式拱上建筑构造

上述这种布置的缺点是,伸缩缝与伸缩装置数量成倍增加,给行车和养护带来不利影响,且拱肋与桥面交界处的伸缩装置损坏后对主拱肋的冲击影响较大。因此,出现了另一种做法,即交界处不设置伸缩缝与伸缩装置,上承式与下承式桥面结构联成温度变形的整体。悬吊的桥面系的温度胀缩变形全部传给上承的桥面系,并最终传到两端的伸缩缝处。单跨与多跨的中间部分的结构布置示意,见图 2-22。

伸缩缝采用这种布置形式时,其桥面系上承部分的结构要有适应变形、传递变形的能力。

这部分的构造又有两种方法:一种是桥面系的纵向桥面板(梁)与横梁联成整体,立柱上设置活动支座,可称之为梁板固结式,见图 2-23a)和图 2-24a);另一种是立柱与横梁形成框架,桥面板(梁)支承于设置在横梁之上的支座上,可称之为梁柱固结式,见图 2-23b)和图 2-24b)。然而,这两种设置方式在实际工程中的应用,均出现了各自的问题,现以实际工程为例,简要介绍如下。

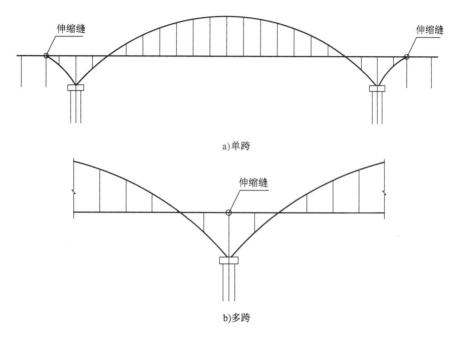

图 2-22 中承式拱交界处不设伸缩缝

某桥主桥为 76m + 360m + 76m 3 跨飞鸟式钢管混凝土中承式拱。桥面结构由钢横梁、混凝土桥面板和钢纵梁组成长约 512m、宽 32.4m 的连续板结构,在拱肋与桥面交界处不设置伸缩缝,见图 2-24a),拱上建筑照片,见图 2-24b)。桥面上承部分的支座布置采用图 2-23a)所示的梁板固结的形式,即钢横梁与立柱间以 KQGZ 型双向活动抗震球形钢支座相连,以释放弯矩及温度力。

该桥运营多年后发现桥面温度等因素引起的沿纵桥向的平面变形量大于上承部分拱上立柱之上的活动支座所预留的位移量,导致纵梁的位移受到约束并使支座遭到破坏,见图 2-24c)。

另一座桥主跨为 5 跨中承式飞鸟拱,跨径布置为 40m + 3×185m + 40m,如图 2-25a)所示。桥面结构同样采用钢横梁-混凝土桥面板组合结构,桥面分别在墩顶和桥台处设置伸缩缝,连续长度的布置与跨径布置一致,在拱肋与桥面相交处均不设置伸缩缝,即采用图 2-22a)和图 2-22b)的形式。该桥是在发现了前述某 3 跨飞鸟式拱的病害后进行建设的(图 2-23)。为避免出现相似的病害,桥面上承部分的结构采用了图 2-23b)所示的梁柱固结式,拱上建筑照片见图 2-25b)。但该桥刚建成不久,便发现钢横梁在温变荷载作用下,墩上立柱横梁上翼缘出现了较大的水平弯曲,下翼缘基本未动,如图 2-25c)所示。为此,对横梁进行了变形矫正,但由于伸缩装置是在已变形的横梁上安装的,因此,横梁变形矫正后,伸缩装置出现了病害,如图 2-25d)所示。

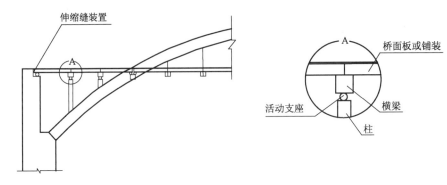

a) 梁板固结式

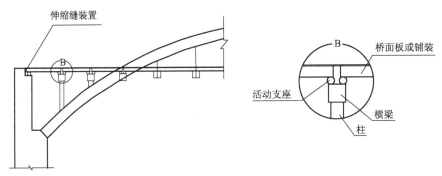

b) 梁柱固结式

图 2-23 中承式拱交界处不设伸缩缝时上承部分的支座布置

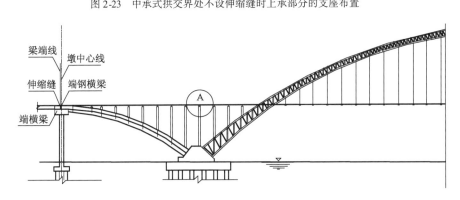

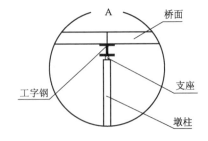

a) 拱上建筑布置图

图 2-24

b)拱上建筑构造照片

c)立柱上支座病害照片

图 2-24 某 3 跨飞鸟式拱桥

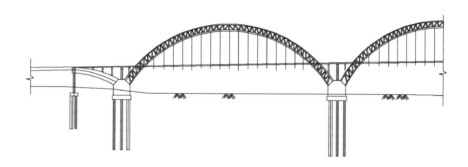
a)总体布置图

b)拱上建筑构造照片

c)横梁变形照片

图 2-25

d) 墩上伸缩装置变形照片
图 2-25 某 5 跨中承式拱桥

从上面介绍的这两个中承式拱的工程实例可以看出,桥梁结构设计时,应对组成结构的各个构件的位移性能与整体结构作为一个整体考虑,这个体系包括所有的构件、支座、节点等。如果各个构件之间的变形不能相互协调,则对变形的约束必然引起约束力;如果设计中没有考虑这个约束力或考虑不充分,则可能在构件或节点的薄弱处发生约束破坏以释放变形,这样就影响到结构的安全或耐久性。尽管实际工程中这样的问题不断地出现,然而人们还是没有给予太多的注意。对单个构件考虑得多,对力考虑得多,而对整个体系、对结构的变形考虑不足、考虑不周的问题,应引起我们的注意。

2.2 伸缩装置

2.2.1 概述

由第 1 章可知,古代的桥梁并没有设置伸缩装置。对于无桥面的拱或索桥,因是整体结构,无需设缝,也就无需设置伸缩装置。对于一些梁板桥,其伸缩量小,且无高速行车需要,虽有伸缩缝,也无需设置伸缩装置。古代桥梁伸缩量小的主要原因有:

(1) 跨径小、梁体短,从式(1-1)可知,伸缩量小;

(2) 古代桥梁中,圬工桥梁体积较大,结构的有效温度变化严重滞后于环境温度,伸缩量也小;有桥面的拱桥,拱上建筑中台后实心填土,可以吸收一定梁的变形,从而也无需伸缩缝和伸缩装置;

(3) 古代桥梁多用木、藤等材料,温度膨胀率小,伸缩量也不大。

伸缩装置的出现是随着现代交通对桥梁的结构与功能需求而产生的。伸缩装置最早出现在铁路桥上。随着交通量的发展与车辆速度的提高,公路桥梁为了安全,应用伸缩装置来封闭结构的伸缩缝就成为必需,特别是在活动支座的一端。最早简单采用钢板覆盖。当桥梁的跨径较大时,钢板覆盖不能满足要求,于是梳齿式和滑板伸缩装置就应运而生。但这些伸缩装置都没有防水功能,桥面的雨水、寒冷地区冬季的化冰盐等会从伸缩装置的空隙流到支座和墩台,对结构的耐久性产生不良的影响,甚至造成桥梁破坏,因此考虑在其下方设置防水排水设施的伸缩装置被开发出来。

20世纪60年代后期,随着橡胶制品的出现及其在桥梁工程中的应用,以橡胶条和橡胶板为主要伸缩体的、具有防水功能的橡胶伸缩装置,开始在桥梁上应用。一开始应用橡胶管。随后,根据这一原理不断研制出具有不同防水措施、采用不同的钢梁支撑、形状各异的橡胶条伸缩装置,并发展成可适应不同伸缩宽度要求、伸缩量大的模数式伸缩缝。

《公路桥涵设计通用规范》JTG D60—2015 第3.6.9条规定,伸缩装置应保证自由伸缩,并应满足承载和变形要求,使车辆平稳通过。伸缩装置应具有良好的密水性和排水性,并易于检查和养护。此外,伸缩装置还应具有较好的耐久性、经济性,且便于施工安装、养护维修与更换。

伸缩装置种类繁多。文献[69]按伸缩量大小将其分为三类,总伸缩量小于等于45 mm 的小型伸缩装置;总伸缩量介于45 mm 和127 mm 的中型伸缩装置;总伸缩量大于127 mm 的大型伸缩装置。

文献[66]按传力方式与构造特点,将其划分为对接式(又分为填塞对接型和嵌固对接型)、钢制支承式、橡胶组合剪切式、模数式和无缝式五种。

文献[66]中,参照欧洲标准《公路桥梁伸缩装置》(ETAG n°32—2013),将伸缩装置按结构形式划分为七种,即埋入式伸缩装置、柔性充填式伸缩装置、板式橡胶伸缩装置、悬臂梳齿板式伸缩装置、单缝式型钢伸缩装置、支承式伸缩装置和模数式伸缩装置。

我国公路桥梁伸缩装置的规范迄今有三个版本,对伸缩装置的分类,也在不断变化之中。

《公路桥梁橡胶伸缩装置》JT/T 327—1997 只针对橡胶伸缩装置,分为四种,即纯橡胶伸缩装置、板式伸缩装置、组合式伸缩装置和模数式伸缩装置。

《公路桥梁伸缩装置》JT/T 327—2004 将1997年的标准扩大到所有伸缩装置,仍分为四种,即模数式伸缩装置、梳齿板式伸缩装置、橡胶式伸缩装置、异型钢单缝式伸缩装置。

《公路桥梁伸缩装置通用技术条件》JT/T 327—2016 对2004年版标准的分类进行了修改,删除了橡胶式伸缩装置,将异型钢单缝式伸缩装置调整为单缝模数式伸缩装置,增加了无缝式伸缩装置,这样将伸缩装置分为三类,即模数式伸缩装置,梳齿板式伸缩装置,无缝式伸缩装置。该标准给出的装置类型及代号、构造示意和伸缩量见表2-1。

伸缩装置的构造示意(JT/T 327—2016) 表2-1

装 置 类 型		构 造 示 意	伸缩量 e(mm)
模数式伸缩装置	单缝 MA	1-桥梁端部或桥台; 2-伸缩缝中心线; 3-边纵梁; 4-橡胶密封带	$20 \leq e \leq 80$
	多缝 MB	1-桥梁端部或桥台; 2-伸缩缝中心线; 3-边纵梁; 4-中纵梁; 5-横梁; 6-弹性支承元件; 7-橡胶密封带	$e \geq 160$

续上表

装置类型		构造示意	伸缩量 e(mm)
梳齿板式伸缩装置	悬臂 SC	1-桥梁端部或桥台；2-伸缩缝中心线；3-悬臂梳齿板；4-导水装置	$60 \leqslant e \leqslant 240$
	简支且活动梳齿板的齿板位于伸缩缝一侧 SSA	1-桥梁端部或桥台；2-伸缩缝中心线；3-固定梳齿板；4-活动梳齿板；5-导水装置；6-不锈钢板	$80 \leqslant e < 1000$
	简支且活动梳齿板的齿板跨越伸缩缝 SSB	1-桥梁端部或桥台；2-伸缩缝中心线；3-固定梳齿板；4-活动梳齿板；5-导水装置；6-不锈钢板	$e \geqslant 1000$
无缝式伸缩装置	无缝式 W	1-桥梁端部或桥台；2-伸缩缝中心线；3-弹性伸缩体；4-隔离膜	$20 \leqslant e \leqslant 100$

本书第一版按文献[71]的分类方法，根据伸缩原理将伸缩装置分为钢板伸缩装置、橡胶伸缩装置和模数式伸缩装置三种进行介绍，这三种属于机械类伸缩装置（Mechanical Movable Joints），而将桥面铺装连续的对接式、暗缝式等非机械类的装置，归入少缝桥的构造中介绍。

本书按照《公路桥梁伸缩装置通用技术条件》JT/T 327—2016，将伸缩装置分为模数式、梳齿板式和无缝式三种主要类型，另加一种其他类型，以考虑既有桥梁中常用的其他伸缩装置。

2.2.2 模数式伸缩装置

由表 2-1 可知,模数式伸缩装置可分为单缝和多缝两种。前者过去也称为异形钢条形橡胶伸缩装置,后者也称为组合伸缩装置。

单缝模数式伸缩装置由热轧整体一次成型的异型钢、密封橡胶条和锚固系统三部分组成,如图 2-26 所示。

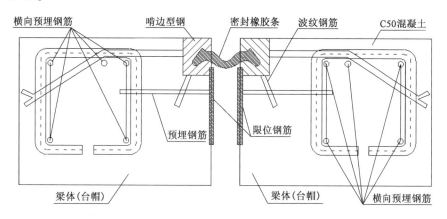

a)示意图

b)实例照片(RG40型)

图 2-26 单缝模数式伸缩装置示意图

多缝模数式伸缩装置是一种伸缩量大、结构较为复杂但功能比较完善的一种伸缩装置,见图 2-27 和图 2-28。它可以看成是将多个单缝式组合起来,以适应较大的伸缩量的伸缩装置。它是高速公路等大交通量桥梁上常用的一种伸缩装置。图 2-29 是这种伸缩装置的一种试验装置。

根据异形钢的形状可分为 C 型、F 型和 E 型等形式,见图 2-30a)。由于其埋入深度较浅,所以特别适合于旧桥伸缩缝的改造,对于伸缩量不大(80mm 以内)的新桥也非常适用。

这种伸缩装置的主体是由异型钢(图 2-30a))与各种截面型式的橡胶条组成的伸缩体,可如手风琴式伸缩。伸缩体加上支承横梁、位移控制系统以及弹簧支承系统,就构成了整个伸缩装置。每个伸缩体的伸缩量为 60 ~ 100mm。伸缩量更大时,可以使用两个以上的伸缩体,中间用若干个中梁隔开。中梁(图 2-30b))支承在下方横梁上,其作用是承受大部分车轮压力。为了保证伸缩时中梁始终处于正确位置,作同步位移,故将中梁底部连接在连杆式或弹簧式的位移控制系统上。

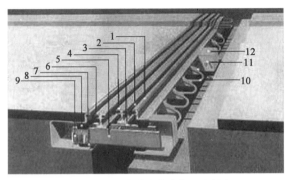

图 2-27　多缝模数式伸缩装置示意图

1-边缝；2-密封带；3-中梁连结块；4-中间梁；5-支撑横梁；6-滑板；7-滑动支承；8-压紧支承；9-控制弹簧；10-车行道锚筋；11-带头锚筋；12-位移控制箱

图 2-28　某桥的组合伸缩装置

图 2-29　组合伸缩装置的试验装置

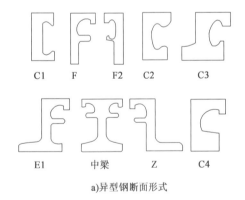

a) 异型钢断面形式

b) 异型钢中梁照片

图 2-30　异型钢断面

多缝模数式伸缩装置中的橡胶条与异型钢为定型产品，可根据伸缩量大小进行模数组合。当伸缩体做成 60mm、80mm、100mm 倍数的三种型号时，视中梁根数不同，可以组合成宽度为 60mm、80mm、100mm 倍数的各种伸缩装置。安装在我国润扬长江大桥的 LR27 型组合伸缩装置，最大位移量可达 2160mm。但这种伸缩装置造价较高，安装复杂，且同样会有橡胶条老化、损坏、拉裂、挤出等现象，有时还会出现异形钢断裂、锚固混凝土开裂、破坏等现象。

2.2.3 梳齿式伸缩装置

梳齿式伸缩装置由分别连接在相邻两个梁端的梳齿形钢板交错咬合而成,利用梳齿的张合来满足桥体的伸缩要求。它可以适应较大的伸缩量,是一种传统的伸缩装置。它的优点是构造简单,伸缩自如,伸缩量大,最大可达 1000mm 以上,缺点是其本身不防水,需要靠钢板下方的防水装置来防水,梁端转角会在齿端形成折角,使路面不平,高速行车时可能引起跳车。常见的病害主要有混凝土开裂和局部剥落、梳齿板松动、局部梳齿缺失、底部混凝土损坏等。梳齿式伸缩装置根据梳齿板的受力特点又可分为悬臂式和简支式(跨越式)。

悬臂式中,两块梳齿板均为固定板。当伸缩缝较宽时,应采用较厚的悬臂板、且要有牢固的锚固构造,如图 2-31a)所示;否则,悬臂的钢板在车辆冲击荷载作用下,焊缝与锚固的根部容易损坏(图 2-31b))。

a)构造照片　　　　　　　　　　　　b)伸缩装置破坏照片

图 2-31　(悬臂)梳齿式伸缩装置

简支梳齿式伸缩装置,两块梳齿板中一块为固定板,另一块为活动板。固定板较窄,没有跨空,整个支撑于一端的梁体上。活动板较宽,跨过伸缩缝,由两侧的梁体支撑,简支受力,如图 2-32 所示。它按活动梳齿板的齿板与伸缩缝的相对位置又可分为活动梳齿板的齿板位于伸缩缝一侧(代号 SSA)和活动梳齿板的齿板跨越伸缩缝(代号 SSB)两种。前者的伸缩量 e 为 80~1000mm,后者可用于伸缩量 e 大于 1000mm

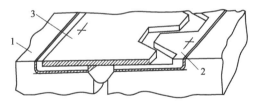

图 2-32　简支梳齿式伸缩装置
1-桥面板;2-固定齿板;3-活动齿板

的伸缩缝中,但由于齿板交错位于伸缩缝的上方,除雨水会直接注入外,污物也易于填塞,对下方的防水设施质量要求和对养护清扫等要求均更高。

简支式比悬臂式能提供更大的竖向刚度,以保证其与路面较为平整的连接。例如,某预应力 T 构桥原采用悬臂式梳齿形伸缩装置,损坏严重且屡修屡坏(图 2-31b)),在交通繁忙的情况下,有时只能用钢板覆盖其上,车辆通过时不仅震动大、冲击力大,而且噪声也很大,对安全也极为不利。后改用跨越式梳齿形伸缩装置,如图 2-33 所示,彻底解决了这一问题。

2.2.4 无缝式伸缩装置

无缝式伸缩装置,也称暗缝或闭口伸缩缝,是指结构不连续、桥面铺装连续的伸缩缝。它是20世纪70年代由英国发展起来的一种以弹性伸缩体来填充桥面铺装层处伸缩缝的做法。其一般构造见图2-34。除改性沥青外,在施工过程中,需要将耐高温海绵背衬条填充到伸缩缝中,塞紧不留空隙,以防止施工中接缝料等填入阻止其伸缩,也防止后期水汽等从下方侵入腐蚀上方的钢板,这个钢板就是表2-1中的隔离膜(伸缩缝很小时用其他材料),用于阻止上面的改性沥青在车辆荷载和伸缩变形作用下落入伸缩缝。

图2-33 某桥简支梳齿式伸缩装置

无缝式伸缩装置的主要优点有:构造简单,不需设专门的机械式伸缩装置,施工方便、快速,铺装冷却后,即可开通交通。对于小跨径的旧桥的伸缩缝维修,可最大限度地减少对交通的中断和干扰。主要缺点有:材料耐久性低;强度与基材不同,会发生沉降或与基材脱开;与路面会有色差等。

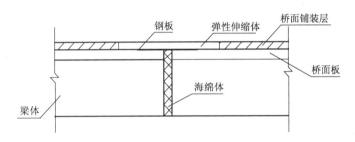

图2-34 无缝式伸缩装置示意图

这种伸缩装置的"关键技术"和"关键材料"是弹性伸缩体,这部分材料除了能吸纳桥梁结构的伸缩量外,还要承受车轮的直接荷载,因而要求这部分材料有较大的硬度、较高的弹性模量、较小的应力、较大的承载力和抗老化能力等;根据《公路桥梁伸缩装置通用技术条件》JT/T 327—2016 的规定,其性能要满足表2-2 的要求。

这种材料一般采用改性沥青(SBS),将它与碎石混合形成TST碎石桥梁弹性接缝,因此有时也称其为TST伸缩缝。梁纵向变形由弹塑性材料TST吸收。目前,TST主要依赖进口,造价高,妨碍了实际应用;国内一些单位自行研发以降低成本,但实际应用后发现材料质量不过关,较早出现了病害,从而妨碍了这项技术的进一步推广。

无缝式伸缩缝弹性伸缩体物理机械性能要求　　　　　表2-2

项　目	要　求
硬度(IRHD)	65±5
拉伸强度(MPa)	≥10

续上表

项　　目		要　　求
拉断伸长率(%)		≥650
撕裂强度(N/mm)		≥15
温度为-20℃~40℃时,与表面经防锈处理钢板的黏结剥离强度(N/mm)		≥8
温度为-20℃~40℃时,与混凝土的黏结拉伸强度(MPa)		≥1.5
脆性温度(℃)		≤-50
人工气候老化 (与未老化前数值相比发生的最大变化)	硬度(IRHD)	±5
	拉伸强度变化率(%)	±20
	拉断伸长率(%)	±20

同时,采用无缝式伸缩装置的桥梁,主梁和桥面板上均还有伸缩缝,由于桥梁两端的伸缩缝依然存在,桥型没有发生根本的变化。《公路桥梁伸缩装置通用技术条件》JT/T 327—2016 规定它的伸缩量为 20~100mm(表 2-1)。应严格限制其使用范围,不能随意推广使用,以免带来不良的使用效果。这种技术一般多应用于中小桥的新建与改造,也有人将采用这种伸缩装置的桥梁称为"无伸缩缝桥梁",它显然与本书所说的无伸缩缝不同,建议不使用这种说法。

2.2.5　其他伸缩装置

《公路桥梁伸缩装置通用技术条件》JT/T 327—2016 只给出了以上三种类型,主要是针对今后新建桥梁的应用。除这三类外,还有其他类型的伸缩装置在现有桥梁中大量存在,在桥梁维修和无缝化改造中均会遇到,这里以其他类进行简要介绍。

橡胶伸缩装置在公路桥梁中经常用到。最简单的是塞入式条形橡胶伸缩装置,如图 2-35 所示。它直接将橡胶条塞进伸缩缝中,用胶粘住,有时还在其下方设限位条防止脱落。橡胶条一般为空心的,便于安装时挤进去。为防止啃边,在伸缩缝的两端一般包有型钢。这种缝构造简单、施工方便,适用于小桥、开口伸缩缝的改造,也适合桥梁维修时临时使用。它最主要的缺点是橡胶条容易蹦脱出来。

为防止橡胶条蹦脱,我国曾采用了一种对橡胶条进行锚固的条形橡胶伸缩装置,如图 2-36 所示。橡胶条的截面可以做成空心板形、M 形、Ω 形及管形等弹性变形较大的型式。这种伸缩装置的主要特点是伸缩量小,只有 20mm 左右,且橡胶老化后更换不便,寿命短,现已很少采用。在桥梁维修中,应考虑进行改造。

板式橡胶伸缩装置也是一种常用的伸缩装置,如图 2-37 所示。它将一整块橡胶板嵌在伸缩装置中,利用橡胶板的弹性和表面的凹槽来达到伸缩的目的,并在橡胶板中设置钢板以加强橡胶的承载能力。早期的板式橡胶伸缩装置,橡胶板下没有钢板,伸缩装置的强度与刚度较小,伸缩量较小(最大为 60mm),也较易损坏。后来加以改进,在橡胶板下增设梳形钢板,一方面用梳形钢板来支承橡胶板,另一方面用橡胶板来防水,二者同时起伸缩的作用,伸缩量可达 200mm,使用效果得到了较大的改善。

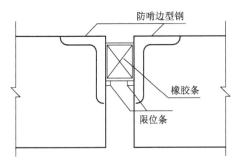

图 2-35 塞入式橡胶伸缩装置

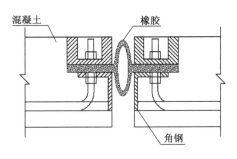

图 2-36 简单锚固条形橡胶伸缩装置

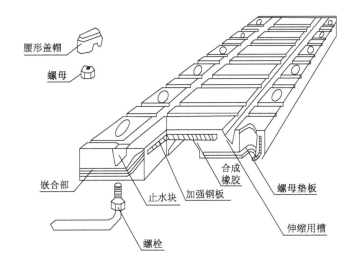

图 2-37 板式橡胶伸缩装置

板式橡胶伸缩装置构造简单,价格便宜,但安装较困难,伸缩时会出现高差变化,伸缩变形时阻力较大,使用时会出现锚固件损坏、橡胶板破损和脱落、伸缩装置整体功能丧失等现象,在大交通量下更易于损坏(图 2-38)。目前在重载和大交通量的新建桥梁中已较少使用。

滑板式伸缩装置也是一种适用于小伸缩量的伸缩装置,其工作原理与前述梳齿式伸缩装置相似,它在伸缩缝间的加劲角钢上加设一块钢板,钢板的一端与角钢焊接,另一端则搭设在另一侧的角钢上,钢板的下方设有排水装置。它的最大缝宽可达到100mm。养护时,最重要的是要防止杂物塞入缝间。另外,由于用钢板盖住桥体

图 2-38 板式橡胶伸缩装置的损坏照片

的伸缩缝,所以要处理好钢板下的排水装置,以防雨水侵蚀到桥面下的支座和下部结构。

对于伸缩量很小的桥梁,早期有的采用一种带锯缝的暗缝,类似于无缝式伸缩装置。如跨径很小的多跨简支梁(桥面板不连续),当伸缩量小于5mm时,可采用连续的桥面铺装,在伸

缩缝处布置锯缝,以防止桥面铺装因梁板伸缩产生不规则的裂缝。正常锯缝宽度为5mm左右,深度为30～50mm,在锯缝内浇灌5～7mm的接缝材料。该材料必须柔软,符合规定的性能指标,且不会使沥青路面发生化学变化,如使用掺有橡胶的沥青,或用由橡胶、塑料、沥青混合而成的 TST 弹塑性材料。

2.3 伸缩装置病害与防治对策

2.3.1 伸缩装置病害调查

伸缩装置直接承受车辆荷载、环境等作用,极易产生病害,甚至失效,降低了桥梁的服务质量,影响了桥梁结构的安全性与耐久性。维修、更换伸缩装置的费用成为桥梁养护中的重要组成部分,且随着桥梁数量增多与使用年限的增长而不断增加。大量调查资料表明,伸缩装置是桥梁结构最容易遭到破坏而又较难修补的部位。

我国在 20 世纪 90 年代对 13 个城市的 2490 座桥梁中的 556 座桥梁(占桥梁总数的 22.3%)进行调查,发现伸缩装置破坏的桥梁数为 271 座,占被调查桥梁总数的 48.7%。山西省1994抽样调查的 104 座公路桥梁中,伸缩装置出现问题的就有86座,占其总数的83%。辽宁省早期建成通车的多条高速公路上的桥梁也普遍存在伸缩装置破坏,进而造成桥面水下渗,导致梁体、墩台帽受盐蚀破损的问题,通车不到 10 年就开始全面进行桥梁伸缩装置的更换和桥面铺装的加铺。文献[73]据不完全统计认为,我国的公路桥梁中70%以上都存在桥梁伸缩装置破坏和桥上、桥头跳车等问题,高速公路上的桥梁接缝损坏的尤其严重。

2004 年台湾朝阳科技大学调查台湾中部地区总长 400 多 km 的高速公路(共有伸缩缝 2800 多条)。总结发现橡胶伸缩缝最容易损坏,超过 41.4%;且桥台处的伸缩缝损坏比例(63.4%)远高于桥墩处(4.7%)。

2005 年,长安大学与河南省各公路管理局共同对河南省内 4 条道路的桥梁伸缩缝使用现状进行调查。从调查结果可以看出,各种类型的伸缩缝都有不同程度的损坏,其中填塞对接式伸缩缝和橡胶板式伸缩缝的完好率分别仅有18%和25%,调查汇总如表2-3所示。

河南省桥梁伸缩缝装置抽样调查汇总表　　表 2-3

调查结果		调查路段				使用状况		
		G107	G310	S103	S206	完好	一般	失效
调查桥梁个数		226	15	33	39	—	—	—
伸缩缝个数		321	32	82	44			
伸缩装置类型	无缝式	170	8	12	29	33%	49%	18%
	填塞对接式	77	4	18	7	18%	30%	52%
	嵌固对接式	41	20	36	3	66%	18%	16%
	橡胶板式	28	0	16	3	25%	40%	35%
	钢制支撑式	4	0	0	1	0	80%	20%
	模数式	1	0	0	1	100%	0	0

2011年上海市城市桥梁技术状况分析报告中指出,23.3%的既有桥梁存在伸缩装置损坏的情况。2011年,重庆交通大学根据不同时间对6条路线以及4座独立大桥的桥梁伸缩装置进行观测与记录,并统计了不同类型的伸缩装置损坏情况。从统计结果可以发现,所有类型的伸缩装置均超过50%出现破损,波形伸缩装置损坏率达到82.1%;异型钢单缝式和梳齿板式达到52.6%和50%。

2011年,本书作者同某检测有限公司等单位一起,对某高速公路既有桥涵进行了全面的调查。该高速公路伸缩缝主要类型为简易伸缩缝、TST伸缩缝和异型钢梁伸缩缝。全线165.01km长的公路上614座桥梁中,共有75座桥梁伸缩装置堵塞,286座桥梁伸缩装置渗漏,102座桥梁异型钢梁伸缩缝存在杂物堵塞,52座桥梁安装混凝土存在裂缝和坑槽,15座桥梁橡胶止水带损坏等,7座桥梁异型钢梁变形大甚至断裂等。其中以某互通桥的右幅伸缩缝损坏最为严重,其1号伸缩缝两侧存在8mm高差,安装混凝土损坏严重,车辆通过时震动明显,对桥台背墙形成冲击,伴有异响,存在钢梁变形、断裂等病害。伸缩装置的病害往往与其他病害相伴,如伸缩装置处桥面开裂、接线路面沉降、桥头跳车、主梁底板处的渗水和碱蚀(包括来自伸缩装置和板间铰缝)。该路段典型的伸缩装置病害照片如图2-39所示。

a) 伸缩装置处混凝土坑槽

b) 伸缩装置处混凝土破损、开裂

c) 橡胶条脱落

d) 伸缩装置异型钢梁断裂

图2-39 某高速公路桥梁伸缩装置病害照片

此外，近年来我国许多高速公路进行了拓宽。对于两侧拓宽的桥梁，由于新旧桥梁之间混凝土收缩等变形不协调等因素，使得拼接后的伸缩缝破损现象更加严重。某高速公路由四车道拓宽到八车道后，在很短的时间内伸缩装置出现大量的病害（图 2-40），以混凝土出现纵桥向裂缝、混凝土被压碎等现象为主。

a) 混凝土压碎、钢梁断裂

b) 钢板锚固松脱

c) 混凝土啃边

d) 混凝土压碎、沥青路面下陷

图 2-40 某拓宽的高速公路桥梁伸缩装置病害照片

国外也有许多学者针对伸缩装置问题进行了调查。例如日本学者针对东名高速公路通车后 8 年间的维护情况进行调查，发现全部伸缩装置的平均修补次数为 1.6 次/缝。1986 年美国全国统计发现，全美 570000 座桥梁中，有 248500 座存在耐久性问题，其中超过 50% 都是由于伸缩装置损坏造成的。英国交通部针对高速公路上的大约 200 座混凝土桥梁统计发现，伸缩装置损坏带来了繁重的养护问题并产生了大量的维护费用。

法国高速公路技术研究部门 1987 年度发表的一份报告指出，伸缩缝维修费用占桥梁所有养护费用的 7%~8%，而在葡萄牙 Brisa 公路网中，这个比例高达 25%。这些只是直接费用，实际上伸缩缝损坏维修时占用道路对交通的影响、伸缩缝病害对桥梁耐久性的影响等间接费用则更高。

文献[81]对葡萄牙 Brisa 公路网中 71 座桥梁 150 条伸缩缝进行了调查分析。调查中将伸缩装置分为开口缝、暗缝、橡胶条伸缩缝、异形橡胶伸缩缝、钢滑板伸缩缝、板式橡胶伸缩缝、悬臂梳齿形伸缩缝、加强型板式橡胶伸缩缝、转动式伸缩缝、模数式伸缩缝等。一般伸缩装置的寿命少于10年,远小于桥梁的设计寿命。调查时,伸缩装置的使用平均年限为12.5年。调查主要结论有:

(1)一些伸缩装置,如开口缝、暗缝、钢滑板伸缩,已被系统性地更换为橡胶伸缩缝。桥梁设计中也不再采用定制伸缩装置,设计人员设计时基本从产品质量手册中选取伸缩装置;

(2)伸缩装置中的转换构件和锚固处较之其他部位需要更经常的养护与维修;

(3)伸缩装置的病害种类、频率与其使用年限密切相关;

(4)从病理学角度而言,安装误差和缺乏养护是伸缩装置病害的最主要原因(约占66%),其次是使用条件的改变和制作误差;

(5)直接或间接的肉眼观察仍然是最主要的检查方法,在许多情况下也推荐采用听声音与闻味道的方法进行观察;

(6)特殊种类的伸缩装置需要特别的养护与维修;

(7)病害的重要性很大程度上取决于伸缩装置的类型与病害的类型;经常进行养护的伸缩装置很少会出现需要紧急或非常紧急维护的病害。

调查表明,伸缩装置性能在近些年有了很大的改善,很大程度上是专业公司的研发和商业化推广的结果,多功能材料(特别是弹性材料)在其中的应用也起到很大的作用。然而,调查也表明,没有绝对理想的伸缩装置,养护是永远需要的。要不断研究和改进伸缩装置系统与材料,特别是密封、锚固材料和传动装置。大量实践表明,具有简单体系、较少移动构件的伸缩装置,一般可靠性更高,需要的维修更少,耐久性也更好。

2.3.2 病害原因分析

造成伸缩装置破坏的原因是多种多样的。以下列出一些主要原因。

2.3.2.1 伸缩装置固有的问题

合格的桥梁伸缩装置,要满足前述提到的自由伸缩、行车平稳、足够的承载力等功能方面的要求,同时还应耐久、方便施工和经济。然而,伸缩装置由于其自身的特点,上述的要求难以很好地满足,这是造成病害的根本原因。

桥梁是一种三维的空间结构,梁体的变形也是三维的,伸缩装置一般仅考虑满足纵桥向的主要变形。对于竖桥向的变形,如梁端转角引起的伸缩装置两端桥体的竖向变形差,坡桥纵桥向伸缩引起的纵向变形差,一般的伸缩装置都难以适应,在车辆荷载的冲击作用下,容易引起破坏。同样,横桥向的变形,一般的伸缩装置都难以适应,尤其是弯桥与斜桥的横桥向变形较大,易造成伸缩体的剪切错动变形。此外,即便是纵桥向的位移,也存在着横桥向的位移差,导致伸缩装置呈扇形的张合,也易于造成伸缩装置的损伤。

伸缩装置的材料与构造,与梁体有较大的差异,在高速车辆通过时,由于刚度差异不可避免地产生较大的冲击,使伸缩装置构造承受反复的冲击荷载,结构损伤远大于梁体结构。昼夜、季节循环反复的温度变化,引起结构相应的变形,有时甚至是高频率、大位移、不均匀的,使得伸缩装置处于复杂的受力状态,难以在设计中完全考虑到。

伸缩装置暴露于大气环境中,受风吹、日晒、雨淋,材料损伤严重,橡胶材料的老化、钢材的锈蚀,也是造成伸缩装置容易出现病害的重要原因。

伸缩装置无法与桥梁主体结构同寿命。《公路桥梁伸缩装置通用技术条件》JT/T 327—2016 规定"在正常设计、生产、安装、运营养护条件下,伸缩装置设计使用年限不应低于 15 年。当公路桥梁处于重要路段或伸缩装置结构特殊时,伸缩装置设计使用年限宜适当提高"。因此,伸缩装置在使用过程中除维修外,还免不了更换。受交通压力的影响、既有结构的限制,更换后的伸缩装置往往还不如初装的质量,寿命一般也会更短。

大量的工程实践证明,迄今为止人们还没有生产出既能满足桥梁结构伸缩间隙的要求和调节要求,又能像桥面其余部分那样不透水和耐久的伸缩装置。同时,桥梁伸缩装置的老化和损坏也是不可避免的,其寿命往往比桥体本身要短很多。因此,伸缩装置的病害也是不可避免的,这才有了"没有伸缩缝是最好的伸缩缝"(No joint is the best joint)这样的说法。

2.3.2.2 设计方面的原因

目前伸缩装置以采用成品为主。伸缩装置的主要类型见第二节的介绍,伸缩装置选择时最主要的考虑因素是伸缩量,其计算在第 1 节中已有介绍。选择伸缩装置时,其材料及其成品的技术要求应符合相关标准,对于公路桥梁应符合《公路桥梁伸缩装置通用技术条件》JT/T 327—2016 的有关规定。自行设计伸缩装置时,对于承受汽车荷载的钢构件,应考虑冲击作用及重复作用引起的疲劳问题。

在选择伸缩装置的类型时,要考虑桥梁的伸缩量和车辆荷载、交通量和车速。对于含有橡胶材料的伸缩装置,要注意它损坏时是否会产生碎片,如果产生碎片是否会阻碍变形。对于梳齿板式伸缩装置,要注意钢板是否容易弯曲或变形,使得滑动面滑动条件变坏、变形受到阻碍。要特别注意雨水和尘土从伸缩装置泄漏对桥梁支座的损害和对功能正常发挥的影响。

设计时,根据伸缩装置的安装宽度,绘制桥梁接缝处的结构图,标明安装伸缩装置所必需的槽口尺寸(深度及上、下口宽度)、伸缩装置连接所需的预埋件及其位置。同时,图纸上还应标明下列内容:槽口内填筑的材料种类及其强度等级;安装伸缩装置的温度范围,在该范围内安装伸缩装置,可保证在安装后伸缩装置工作正常;伸缩装置的类型和型号,该装置的最大及最小工作宽度(B_{max} 及 B_{min});伸缩装置的安装宽度或出厂宽度(板式伸缩装置为压缩后的宽度)以及伸缩装置施工时应注意的事项。

伸缩装置设计中存在的主要问题有:伸缩量计算不准确,伸缩装置选型不当,设计图纸交待不清等。

除伸缩装置本身的设计外,与其相接处的梁体端部结构未能慎重考虑,在反复荷载作用下,梁端破损是引起伸缩装置失灵的重要原因之一。有些桥梁结构,当桥面板受到汽车荷载作用时,因翼板较薄,横向联系较弱,桥面板端部刚度不足,导致桥面板反复变形过大,进而引发伸缩装置破坏。

有些设计,将伸缩装置的锚固件置于桥面铺装层中,与主梁(板)连接的部分很少,使用一段时间后出现锚固失效;使用黏结或橡胶材料等制造的新型伸缩装置,材料和结构选择不当,防水、排水设施不完善,造成锚固件受腐蚀,梁端和支座侵蚀严重,或黏结剂失效;伸缩装置两侧的后浇混凝土和铺装层材料的选择、配合比、密实度和强度有些设计未严格规定或规定不恰当,致使伸缩装置营运质量下降。这些也是导致伸缩装置较早出现病害或严重病害在设计方面的原因。

对于有一定纵坡的桥梁,有些设计没有统一考虑桥面排水系统与伸缩装置的布置,机械地按固定距离设置排水口,导致伸缩装置出现在排水口的上方,使伸缩缝的缝隙成为桥面雨水的出口,对伸缩装置造成侵蚀损害,并影响支座和桥梁结构的耐久性。

2.3.2.3 施工方面的原因

施工时,要合理安排桥梁梁体与伸缩装置安装的工序,控制预留槽两侧高程和过渡段混凝土的质量,严格按照安装程序与要求进行。安装后的外观要求,伸缩装置缝隙两端之间的局部坡度不要大于3%,也不要形成大于8mm的台阶,如图2-41所示。

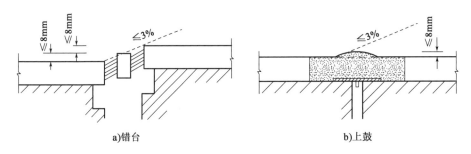

图2-41 伸缩装置安装外观要求

伸缩装置施工中存在的主要问题是对施工工艺重视不够,未能严格掌握施工工艺和标准,未按安装程序及有关操作要求施工,施工质量不能满足规范要求,甚至伸缩装置从一开始就不能正常工作。施工中常见的质量问题有:①伸缩装置两侧后浇混凝土浇筑不密实,达不到设计强度;②与沥青混凝土铺装层结合不好,碾压不密实;③提前开放交通,使混凝土产生早期损伤;④伸缩装置锚固钢筋焊接质量差、甚至遗漏预埋钢筋;⑤梁端伸缩装置间距人为地放大和缩小;⑥定位角钢位置不正确,等等。

伸缩装置的施工质量要符合设计、厂家和《公路桥涵施工技术规范》(JTG T F50—2016)的相关要求。

2.3.2.4 刚性路面顶胀

对于桥头两边接线为混凝土刚性路面的桥梁,刚性路面顶胀也是导致桥梁伸缩装置失效的一个重要原因。

混凝土面层是由一定厚度的混凝土板所组成,它具有热胀冷缩的性质。由于一年四季气温的变化,混凝土板会产生不同程度的膨胀和收缩。这些变形在约束和荷载作用下致使板内产生过大的应力,造成板的断裂或拱胀等破坏。为避免这些缺陷,混凝土路面不得不在纵横两个方向设置许多接缝,把整个路面分割成许多板块。

横向接缝是垂直于行车方向的接缝,主要有缩缝和胀缝。缩缝保证路面板因温度和湿度的降低而收缩时沿该薄弱断面张开,从而避免产生不规则的裂缝。胀缝保证板在温度升高时能部分伸张,从而避免产生路面板在热天的拱胀和折断破坏,同时胀缝也能起到缩缝的作用。锯缝(缩缝)一般不贯穿,胀缝才完全贯穿。

许多研究表明,由于路面层与基层之间存在着摩阻力,因此胀缝对于吸收路面在高温时膨胀的作用并不理想,因此可以取消。胀缝的破坏主要是因传力杆失效、杂物塞住缝隙等引起,极少因为胀缝宽度设置不够而引起。一般情况下,我国南方地区的胀缝在200～500m设置一道,每道2～2.5cm。冬季施工时,胀缝间距可以短些,如350m;春夏两季可以长些,如500m;

而夏季施工当日平均气温高于30°时,间距可以更大,如1000m,甚至可以取消。

如图2-42所示的刚性路面,每相隔L_s有一条缩缝(锯缝),设路面基准温度为20℃,气温变化范围为-5℃~40℃。水泥混凝土路面在硬化过程中最大的收缩量将达到长度的0.0005倍,这种干缩是可恢复的,在浸水的情况下将会重新变长。对于实际的路面,其基层具有相当大的含水量,所以收缩率一般可考虑为0.0003,主要发生在混凝土施工后的4~5个月内。路面浇筑后随着水分的蒸发、水化热之后的冷却,环境温度的下降,路面将会产生收缩。对于靠近胀缝处的路面,收缩变形将直接发生在胀缝处,将导致胀缝的缝宽加大。由于胀缝的距离较长,所以对于一般的路面结构,这种收缩位移受到混凝土路面板的约束,收缩变形将在路面中产生拉应力。当拉应力大于混凝土的抗拉强度时,将导致锯缝处未切断的截面(横断面最小、应力最大)处开裂,使锯缝成为贯穿的透缝。

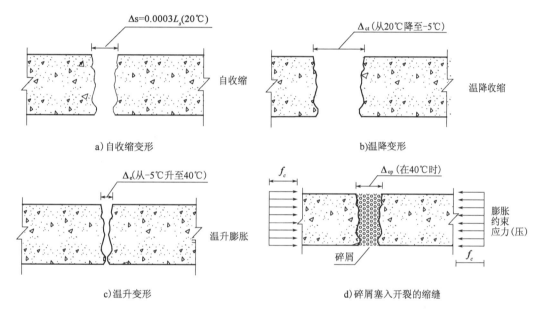

图2-42 刚性路面缩缝的循环位移

若不计混凝土的水化热作用、路面配筋作用和基层的摩阻力等影响,收缩引起的初始裂缝宽度将达到$0.0003L_s$,如图2-42a)所示。当环境温度小于20℃(路面基准温度)时,此裂缝张大,如图2-42b)所示。当环境温度大于20℃(路面基准温度)时,裂缝宽度减小,如图2-42c)所示。然而,实际的道路中,路面细小的碎屑会塞入开裂的缩缝中,见图2-42d),使得路面在环境温度大于基准温度时,无法像图2-42c)那样自由地膨胀,在路面中就产生了压应力。假设混凝土自重为23.20kg/m³,28天棱柱体抗压强度为27.57MPa,单位应变为0.0003,则混凝土路面中的压应力为7MPa。大量的现场测试也证实,刚性路面的这种顶胀现象会在路面中产生超过7MPa的压应力。

路面在这种压应力的作用下,将向阻力小的方向移动,与路面相接的桥梁(桥台处)伸缩装置处,就是阻力小的地方。随着温度的季节性变化,缩缝不断地开合,碎屑也不断地塞入,缩缝压缩空间不断变小,路面板往桥梁伸缩缝处不断挤压,缩小其可伸缩的变形量,最终使桥梁伸缩装置的功能丧失，并引起桥梁的损坏。

图2-43a）为某公路桥在2012年夏天的某一天中午，桥面上突然隆起约30cm高的照片。一辆小车经过时，发现了突然隆起后紧急刹车，导致后面一辆车与其追尾，一人受伤被送往医院。图2-43b）为加拿大某桥桥面隆起的照片。

a）福建某路段

b）加拿大某桥

图2-43 刚性路面顶胀病害照片

如果桥梁是弯桥，相接的刚性路面顶胀的现象，还可能因为弯桥的变形特点，而出现弯桥侧移问题。

刚性路面的这种顶胀伸长现象早已被人们认识。美国在20世纪六七十年代，一个夏天会有上千起这种情况出现。这种现象在我国的南方地区时有发生，但并没有引起道路和桥梁工程师足够的重视。这种现象对桥梁伸缩装置的影响，迄今未见深入系统的研究，有待今后的努力。

2.3.2.5 养护与使用原因

伸缩装置从被安装在桥上的那一刻起，就开始受到各种自然条件（雨、雪、臭氧、温度变化、潮湿、二氧化碳、紫外线等）和人为因素（除冰剂、清雪铲、工业污染物、汽车活载等）的作用，导致了其不可避免的老化和损坏。如果伸缩装置的伸缩性不能得到保证，温度和其他荷载将可能在结构中产生很大的附加内力，在伸缩装置及其附近区域产生很大的应力，引起结构的损坏甚至破坏，从而严重影响伸缩装置的功能发挥。所以，对桥梁伸缩装置进行适时的养护，保证其处于良好的工作状态与服务水平，延长其使用寿命，降低维修成本是桥梁养护的重要内容之一。

伸缩装置的清扫是养护中最重要、也是最基本、最有效的方式之一，它比其他部位的保洁更为重要。同时，应注意除了伸缩装置本身的清扫外，还要将伸缩装置下方的防水设施内的尘土杂物清除干净。

落入伸缩装置的砂土、杂物若未能及时认真地清扫，则不能保证原设计的伸缩量；原有桥梁铺装层会逐渐老化，若得不到及时维修则会产生破损，并破损面不断扩展，将加剧伸缩装置的病害。同时，车辆荷载增大，交通量增加，车辆的冲击作用也随之明显变大；若桥梁超载情况不能得到有效控制，超载车辆自行上桥，会对桥梁伸缩装置的有效使用和耐久性带来严重威胁，也将加速伸缩装置破坏与失效的进程。

2.3.3 防治对策

2.3.3.1 提高伸缩装置质量

为了减少伸缩装置的病害,应该从伸缩装置与桥梁结构的设计、施工、养护与管理等多方面,进行综合治理,如:

(1)在对现有的伸缩装置功能与结构调查研究的基础上,改进与研发各种高效、耐久的伸缩装置产品。桥梁设计部门应积极参与产品的研发,积极采用高性能的新产品。

(2)在与伸缩装置相接的区域采用高强、耐腐蚀的混凝土或纤维混凝土,提高其抗冲击和抗裂能力。对容易遭受盐水腐蚀的桥梁结构,应该采用抗渗性、抗腐蚀性和耐久性好的混凝土材料。

(3)作好桥梁结构的排水、防水措施。对于桥面,在设置必要的排水纵横坡的同时,适当加密横向泄水管,保证尽快排除桥面水。在桥面混凝土铺装上铺设必要的防水层,以防止桥面渗水对主梁和支座的侵蚀。当采用透水沥青混凝土铺装时,排水管的顶面应低于透水层的底面,以发挥排水系统的作用;集水口要有强大的集水功能,特别是对于有纵坡的长桥,应避免雨水沿纵坡向台后汇流;在伸缩缝前要有集水装置,以免伸缩缝的缝隙成为桥面雨水的出口而受到侵蚀;雨水还影响支座和桥梁结构的耐久性。此外,要做好桥头的排水处理,在桥头台后设置搭板,以防止台后水的渗入;桥头锥坡安设置硬防护,防止坡面渗水对桥梁结构的影响。

(4)采取必要的措施,防止桥头跳车,减小车辆对伸缩装置的冲击。要压实台后土,尽量减少台后搭板的沉降。

(5)加强对伸缩装置产品的质量检验,严格按照产品要求和《公路桥梁伸缩装置通用技术条件》(JT/T 327—2016)选购产品。

(6)严格按照《公路桥涵施工技术规范》(JTGT F50—2016)进行施工,确保伸缩装置的施工质量,保证现有伸缩装置产品的功能得到正常发挥。

(7)严格按照现行《公路桥涵养护规范》(JTGH11)和《城市桥梁养护技术规范》(CJJ 99)进行伸缩装置的日常养护。

伸缩装置轻微损坏时应立即修复,使其正常发挥作用;若任其发展将引起伸缩装置的严重损坏或功能丧失,甚至引起桥体结构的损坏,将会大大增加维修与改造的费用。伸缩装置修复时,一般的工作顺序是先清除伸缩装置缝隙中的杂物,清理外露的桥面板和钢筋表面,并在钢筋表面涂上环氧涂层,然后维修伸缩装置垫层,保证伸缩装置的支撑和锚固结实可靠。最后拆除和更换伸缩装置中损坏的部分。

(8)伸缩装置出现以下这些情况时应考虑更换,如梳齿式伸缩装置中钢板变形、螺栓脱落、伸缩不能正常进行,模数式伸缩装置中橡胶老化、脱落、固定角钢变形、松动、缺失等。

(9)在伸缩装置维修与改造中,应加强施工质量控制。注意伸缩装置垫层的施工,尤其是当桥面板存在许多裂缝和含有大量的氯化物时。如果对垫层没有进行改进,现有桥面板状况的继续恶化,会在短期内使新修的伸缩装置的支撑遭到破坏,甚至需要更大规模的维修。另一方面,更换伸缩装置往往涉及清除伸缩装置周围的部分或全部桥面板顶缘并重新浇筑。这样,更换后的伸缩装置能更好地锚固在桥面板垫层上,比修复伸缩装置更持久耐用,其性能也更好。

在修复前,工作人员应该事先阅读设计和施工文件,了解伸缩装置的支撑结构,以保证在清除混凝土时不会对其产生破坏。对密封橡胶应检查防水性能,对受损部位的修复应按照相应规范的规定进行,保证伸缩装置的正常功能。维修或更换伸缩装置时,应采取相应措施维持交通。如分两半幅施工,应在伸缩装置上架设跨缝设施等。

（10）发现刚性路面顶胀问题,要及时处理。

（11）加强对桥梁交通的管理,严禁超载超限车辆。

2.3.3.2 减少伸缩装置数量

尽管人们在不断地努力,然而,迄今为止还没有理想的伸缩装置出现。因此,人们在不断改进伸缩装置功能的同时,也在尽可能地减少桥面伸缩装置的数量,通俗地以伸缩缝指代伸缩装置,也可以称之为少缝化。少缝化包括二种做法。第一种做法是在不减少结构接缝数量的前提下,减少桥面伸缩装置的数量。第二种做法是减少结构的接缝数量,从而减少伸缩缝及桥面伸缩装置的数量。以下介绍的填充式暗缝伸缩缝、桥面预切缝和桥面连续属于第一种做法；多跨结构桥墩处连续以及采用整体式桥台或半整体式桥台,则属于第二种做法。

（1）闭口伸缩缝

闭口伸缩缝,也称暗缝伸缩缝,是指结构不连续、桥面铺装连续的伸缩缝。它有锯缝和特殊弹性材料两种。

对于伸缩量很小的有缝桥,如跨径很小的多跨简支梁（桥面板不连续）,当伸缩量小于5mm时,可采用连续的桥面铺装,在伸缩缝处布置锯缝,以防止桥面铺装因梁板伸缩产生不规则的裂缝,如图2-44a)所示。正常锯缝宽度为5mm左右,深度为30mm~50mm,在锯缝内浇灌5mm~7mm的接缝材料。该材料必须柔软,符合规定的性能指标,且不会使沥青路面发生化学变化,如使用掺有橡胶的沥青,或用由橡胶、塑料、沥青混合而成的TST弹塑性材料。

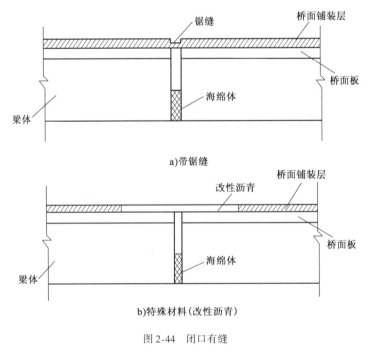

图2-44 闭口有缝

当伸缩量稍大时,可在伸缩缝处的铺装层中采用伸缩性能较好的改性沥青等材料,并与前后桥面铺装形成连续体,如图2-44b)所示。这种伸缩装置的"关键技术"和"关键材料"是黏结料,一般用改性沥青(SBS),将它与碎石混合形成TST碎石桥梁弹性接缝,简称TST伸缩缝。梁纵向变形由弹塑性材料TST吸收。这种方法一般只能用于窄缝的物理填缝作用,它不能使桥面连成整体、共同抗力。

TST填缝法的主要优点有:构造简单,不需设专门的伸缩装置,施工方便、快速,铺装冷却后,即可开通交通。对于小跨径的旧桥的伸缩缝维修,可最大限度地减少对交通的中断和干扰。主要缺点有:材料耐久性低;强度与基材不同,会发生沉降或与基材脱开;与路面会有色差等;无详细的设计和施工技术标准和规程(范),导致施工质量无法保证。另外,桥面平整度差,填缝并没有大幅度地提高桥梁的整体性。同时,桥梁两端的伸缩缝依然存在,桥型没有发生根本的变化。有应用实践表明,它只适宜用于水平位移<5mm,竖向位移<1.5mm的伸缩缝处。

采用闭口伸缩缝构造的桥梁,主梁和桥面板上均还有伸缩缝,其伸缩量完全依赖伸缩缝处桥面铺装材料的性能,因而要求这部分材料有较大的变形量、较小的应力和较高的弹性模量,显然有些指标是相互矛盾的,难以达到;此外,还要求这部分材料的指标能长期保持不变,这就更加困难了。因此,它只能适应于伸缩量小的桥梁,应严格限制其使用范围,不能随意推广使用,以免带来不良的使用效果。这种技术一般仅局限于中小跨径旧桥的改造,在实际工程应用中也有将其称为"无伸缩缝",它显然与本书所说的无伸缩缝不同,建议不使用这种说法。

(2)桥面预切缝

桥面预切缝法,主要是用于多跨简支梁桥,即将桥面在各桥墩位置处切缝,使各孔自行伸缩,不设任何伸缩装置。该方法是我国1988年提出,并首次应用在沈大高速公路的宫家立交桥上。后经营口市熊岳大桥试验,进一步推广应用。已实施的有锦州市大凌河桥(18m×6+22.2m×52+18m=1283.6m),沈阳市柳河桥(跨径22m,总长600m)等。

采用预切缝法处理的桥梁总长度也可不受限制,施工方法简便,也无需大型伸缩装置,但其主要适用于较小跨径的桥梁。最大的问题是桥面存在的切缝,会导致桥面不平整,且随时间的推延,在自然环境作用和车辆荷载的冲击下,切缝极易遭到损坏,并由此带来一系列常规伸缩装置可能带来的诸多问题。

桥台采用无伸缩缝桥台,多跨桥采用连续梁、连续刚构或桥面连续的简支梁,均能有效地减少伸缩装置在一座桥中的使用数量,从而从根本上消除伸缩装置带来的病害与养护问题。当整座桥的所有伸缩装置均取消时,它就成为无缝桥,这也是本书介绍的主要内容,详见各章节。当无法全部取消时,可尽可能多地取消伸缩装置,也就是所谓桥梁的少缝化。

当无法两个桥台均进行无缝化处理而使其成为无缝桥梁时,可将其中一个采用整体式桥台、半整体式桥台或延伸桥面板桥台,以减少一条伸缩缝和伸缩装置。如湖南长沙市城南路高架桥,为14m+2×20m+25m+4×20m+12m的有缝桥,1998—1999年进行了改造,东侧采用整体式桥台,西侧仍为常规的重力式桥台。

又如,2010年建成的云南昆明西南绕城高速浸长一号桥,总长330m,如图2-45所示。上部结构为预应力混凝土T形连续梁桥,下部结构为桩柱式桥墩和桩柱式桥台,钻孔桩基础。

该桥将上部结构的连续分为两联(6×30m 和 5×30m),二联之间设置了一道伸缩缝。这座桥属于长联跨、半整体式桥台少缝桥。2016 年 5 月份考察时,中间伸缩缝发现伸缩缝混凝土有开裂等病害。该桥桥台处的病害见 9.2.4 节图 9-28 的介绍。

a)全桥侧面

b)全桥桥头

c)二联间的伸缩装置

图 2-45　云南昆明西南绕城高速的浸长一号桥

再如,2017 年建成的马来西亚 KT-KB 桥,总长 420m,由 10 跨 42 m 的预应力箱梁连续刚构组成,整体式桥墩,整体式桥台,0.6m 直径的钻孔桩基础,如图 2-46 所示。该桥将上部每 5 跨分为一联,共二联,二联之间设置了一道伸缩缝。这座桥属于长联跨、整体式桥台少缝桥。2018 年 6 月份考察时,发现中间伸缩缝橡胶破裂、人行道和防护栏的混凝土开裂等病害。

虽然按本书的定义这些桥并不是无缝桥,而只是整体式桥台桥梁和半整体式桥台桥梁,但其伸缩缝与伸缩装置明显减少,显然对提高桥梁的行车平稳性能和减少伸缩缝的维修养护是有好处的;在无法全部取消伸缩缝与伸缩装置时,少缝化也是值得提倡的桥梁可持续发展技术。但作者考察的两座桥均发现伸缩缝处有病害,桥台处无缝化和长联后,伸缩量集中到少量的伸缩缝处,这可能是这类桥伸缩缝易出现病害的主要原因。因此,这类桥的设计、施工和养护等方面均有待进一步的研究与经济积累。

a)全桥侧面

b)整体式桥台

c)二联间的伸缩装置

图 2-46　马来西亚 KT-KB 桥

第 3 章　无缝桥桥型与桥例

本章的主要内容是无缝桥的结构体系。首先介绍以桥台结构为特征的单跨无缝桥(整体桥、半整体桥和延伸桥面板桥)结构体系;接着从无缝桥与常规有缝桥的最主要不同点出发,介绍它的纵桥向受力特点;然后,以桥墩结构及相邻跨上部结构连接构造为重点,介绍多跨无缝桥(连续刚构桥、连续半刚构桥、连续梁桥和仅桥面连续桥)结构体系;接着,简要介绍无缝桥的结构体系设计;最后给出了四座整体桥、三座半整体桥、两座延伸桥面板桥的结构体系设计实例。

3.1　单跨无缝桥

对于单跨桥,若两桥台均采用无缝桥台,取消两桥台处的伸缩装置,它就成为一座无缝桥。根据桥台结构形式,它主要可分为整体桥、半整体桥和延伸桥面板桥。

3.1.1　整体桥

采用整体式桥台的无缝桥为整体桥。从第 1 章可知,整体式桥台与上部结构连成整体,二者之间不设伸缩缝和支座,也无伸缩装置。

3.1.1.1　组成部分

图 3-1a)是一座典型的单跨整体桥结构模型图。图 3-1b)是一座整体桥的桥梁结构部分与接线部分的组成示意图。从大的方面看,一座整体桥可分为三个主要部分,一是桥梁结构部分,包括桥梁的上部结构、下部结构与基础;二是接线部分,包括台后填土、引板、引板下的枕梁以及路面的接缝;三是其他,包括翼墙、排水系统等(图 3-1b))中未全部示出)。其中桥台是整体桥中的关键构造,它既连接了上部结构、桥台基础、台后引板、翼墙等各组成部分,又是台后填土的挡土结构。

整体式桥台根据功能构造与施工顺序分为桩帽与端墙两部分。桩帽部分(图 3-1b)中"A"以下部分)将桩基础连接成整体,在主梁与桥台连成整体前起临时支撑作用。端梁(图 3-1b)中"D"部分)将主梁与桩帽连成整体,并支撑引板。端梁的划分与施工中桥面板的施工方法有关,如果桥面板在梁端留了一段给端梁,二者的相接处(施工缝)位于图 3-1b)中的"C"位置,则端墙的范围就大些;如果桥面板是在端梁施工完成后从跨中直接浇筑到与引板相接处,则其与端梁的连接处(施工缝)位于图 3-1b)中的"B"位置,因而端梁的范围就小些。桩帽与端梁共同组成挡土结构,亦即桥台台身,其靠路堤方向的一面称为台背,是与台后土共同作用的界面。

应该指出,整体式桥台将桥台与上部结构连成整体,因此端墙部分既是上部结构的一个部分,相当于主梁梁端的横隔板,同时也是桥台的部分,相当于桥台的背墙,有的专业书上仅将此部分称为桥台,有的则是将端墙与桩帽合称桥台,本书采用后者。

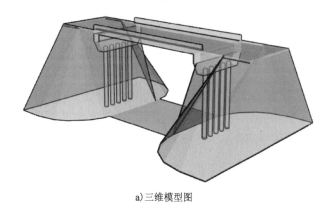

a) 三维模型图

b) 桥梁结构与接线部分组成示意图

图 3-1　整体桥组成示意图

当路面高程较高时,可以在台前做一个压堤(bench),以降低台后土压力作用的高度差,并缩短翼墙的长度,如图 3-1b) 所示。

与有缝桥一样,整体式桥台后也需要设引(搭)板,防止台后填土下沉引起的桥头跳车现象。整体桥的接线部分与有缝桥的相应构造最大的不同在于它要适应主梁传来的伸缩变形。在整体桥中,引板与主梁直接相连,除了起竖向受力作用外,非常重要的是它还起到将部分主梁变形引到引板末端的作用,从第 1 章可知无缝桥的搭板称为引板。

至于其他部分,它与有缝桥的构造与设计要求基本相同,但需要引起注意的是要像考虑机械运动一样,考虑到主梁在温度变化等作用下纵桥向的变形,并处理好该变形与这些结构构造之间的关系。

3.1.1.2　柔性基础整体式桥台

桥台台身一般为刚性结构,多为钢筋混凝土结构(其变形能力较小),主要承受主梁传递的竖直荷载与自重,还要承受台后土压力。采用刚性台身的整体式桥台的变形能力主要由基础提供,典型的整体式桥台是下设柔性桩基础(在美国主要是单排 H 型钢桩)的桥台。

在这种桥台中,当桩基础水平抗推刚度足够柔,能适应无缝桥上部结构纵桥向变形时,桩帽与端墙之间只留施工缝,它们之间采用连续配筋,共同承受竖向力、水平剪力和弯矩。这种桥台可称为刚接整体式桥台,如图 3-2a)所示。在本书中,有时将此施工缝画出来,有时则略去。它是整体式桥台采用最多的结构形式,因此,一般不特别指明时,整体式桥台均指这种结构形式。

而当这种桥台中的桩基础柔性稍差时,为减小桩基和梁端的弯矩,则可让桩帽与端墙之间的缝做成变形缝,如图 3-2b)所示。二者独立配筋,并设置水平限位装置(如钢棒),共同承受竖向力和水平剪力,但不传递弯矩,本书将其称为半刚接整体式桥台。

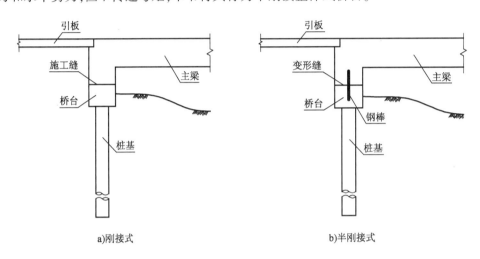

图 3-2　柔性基础整体式桥台示意图

3.1.1.3　柔性台身整体式桥台

与上述的刚性台身相对应,若桥梁纵向变形由桥台本身的弯曲变形来适应时,台身具有较大的柔性,称之为柔性台身整体式桥台,如门式刚架桥(图 3-3)的桥台,英国也称之为框架式桥台。这类桥梁的基础一般为刚性扩大基础,设计时应将桥台与上部结构作为整体,考虑台身的弯曲变形,并计算桥台结构的受力与变形。

柔性台身桥台的基础也可以采用桩基础,以增大结构的柔性。湖南大学在清远四九桥整体桥设计中就采用了这种桥台结构,使梁体纵向变形由薄壁台身与桩共同分担,并满足竖向承载力和水平变形的要求,如图 3-4 所示。

3.1.1.4　滑动式(整体式)桥台

整体式桥台除采用柔性基础外,也有个别采用刚性扩大基础,桥梁上部结构的伸缩变形主要通过基底的滑动来实现,如图 3-5 所示。主梁直接与刚性台帽相连,在保证路基有足够的承载力

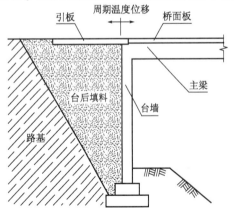

图 3-3　柔性台身整体式桥台示意图

和土体稳定性的前提下,刚性台帽又与垫梁(扩大基础)固结,然后置于颗粒状填土地基上。上部结构的变形通过在颗粒状填土上滑动来实现,且桥台与路堤同时变形和沉降,借此达到消除桥头跳车的目的。美国加州规定扩大基础上的整体式桥台要与路堤起坡点之间至少有1.52m(5ft)的水平距离。

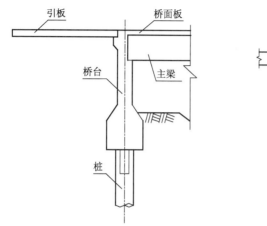

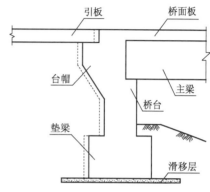

图3-4 柔性台身—桩基础的整体式桥台示意图　　图3-5 滑动式桥台示意图

滑动式桥台的应用主要在英国(图1-29d)。它的基础,既需要承受竖向荷载又能够滑动,英国规程规定其基底压力不应大于地基承载力(用于承受同样荷载的非滑动基础)的50%,以防止滑动过程中产生沉陷。这种桥台在主梁伸缩变形时会发生水平移动,故必须具有足够的重量,同时边跨应具有足够的柔性,以避免因活载或不均匀沉降导致桥台翘起。福建省工程建设地方标准 DBJ/T13-265—2017 第5.2.1条规定,桥梁总长不大于30m的整体桥可采用滑动式桥台,其基础底面应设置滑动层。滑动层厚度应根据地基承载力要求确定,且应不小于50cm。

滑动式桥台要特别注意台后的排水措施,要避免滑移层被水冲蚀而导致滑动能力的丧失。浇筑刚性扩大基础混凝土时,应在滑移层上盖一层油毛毡等作为底模,以免滑移层材料(如砂)被浇入混凝土中,影响使用效果。

应该指出的是,滑动式桥台除在英国有少量的应用外,美国等其他国家应用很少,我国也没有任何应用的实例。在缺乏经验的情况下,采用这种桥台,宜先从桥梁总长较短、纵桥向伸缩变形较小的桥梁开始应用,不断积累经验。

3.1.2　半整体桥

采用半整体式桥台的无缝桥为半整体桥。由第1章可知,半整体式桥台是指上部分(端墙)与主梁刚接、下部分与上部结构通过支座连接的桥台。半整体桥同整体桥一样,也可以分为桥梁结构、接线和其他三个部分,前两个部分见图3-6。

与整体式桥台不同,在半整体式桥台中,主梁与桥台不再全部连成整体,只有上部分与主梁连成整体,并通过滑动支座支撑在桥台的下部分上。

与整体式桥台一样,在半整体式桥台中,端墙既是上部结构的一个部分,相当于主梁梁端的横隔板(梁),也同时是桥台的一部分,起挡土作用,相当于桥台的背墙。有的专业书将此部分归入上部结构,仅将支座下面的部分称为桥台;有的则是将上、下两部分合称桥台,本书采用后者。

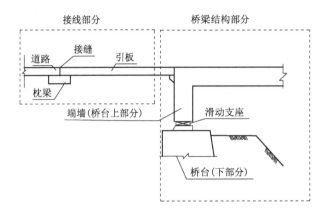

图 3-6　半整体桥组成示意图

半整体式桥台中,主梁可以相对于桥台发生水平位移和转动。桥台受梁体水平附加力的影响很小,受力接近于普通有缝桥的桥台,主要承受上部竖向力和台后土压力。不过,由于端梁起了挡土作用,所以这种结构中的桥台(下部分)高度明显要小于普通有缝桥的桥台高度,所受土压力也明显减小了。

同时,半整体桥桥台的上半部分与主梁连成整体,与路堤相接,并起到挡土作用,桥台与主梁之间并没有伸缩缝和伸缩装置。主梁纵桥向可以有一定量的变形,但并不完全自由,而是受到台后土压力、引板与路基的摩阻力等抵抗作用。而一般的桥台,主梁与桥台之间是完全独立的,二者之间设有伸缩缝与伸缩装置,与路堤相接且起挡土作用的只有桥台本身,而半整体式桥台的端梁与主梁一起共同起到挡土作用。这一点与整体桥相似,但半整体式桥台的主梁与桥台间设有支座,主梁与桥台(下部分)之间既不传递弯矩,也不传递剪力,是完全独立的,这是它与整体桥不同之处。因此,温度变化、混凝土收缩徐变以及墩台差异沉降等因素对桥梁结构的附加力远较整体桥的小,当然其整体性和抗震性能也会相应降低。

另外,半整体桥的接线和其他部分与整体桥相似,但引板末端的伸缩量相比于整体桥要大些。

半整体式桥台的主要结构形式有悬挂式和支承式两种,如图 3-7 所示。二者在适应上部结构纵桥向变形方面没有根本性的不同,构造细节与设计施工方面的不同与注意事项见第 4 章等后续相关部分的介绍。

3.1.3　延伸桥面板桥

采用延伸桥面板桥台的无缝桥称为延伸桥面板桥。由第 1 章介绍可知,延伸桥面板桥台是桥面板与引板形成整体、盖住并跨越主梁与背墙之间伸缩缝的桥台。与半整体桥、整体桥一样,它也可以分为桥梁、接线和其他三个部分,前两个部分见图 3-8。

与整体式桥台、半整体式桥台不同,延伸桥面板桥台和主梁之间的构造与有缝桥一样,设有伸缩缝,主梁不承担土压力,温度变形所受约束较小(主要受引板基底摩阻力的约束)。但与有缝桥梁不同的是,桥台处的伸缩缝被延伸的桥面板盖住,且不设伸缩装置。它与半整体式桥台相同的是主梁与桥台之间设有支座。此外,桥台的受力与有缝桥桥台相似。

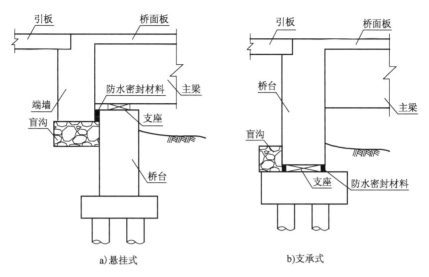

图 3-7　半整体式桥台结构形式示意图

延伸桥面板桥的接线和其他部分与整体桥和半整体桥的相似,只是主梁吸纳的伸缩量很小,引板末端的伸缩量在三种无缝桥中最大。

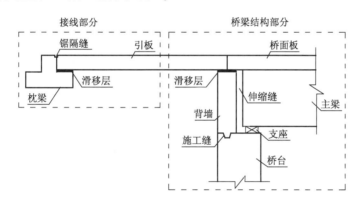

图 3-8　延伸桥面板桥组成示意图

延伸桥面板桥台的主要结构形式有外包式和外伸式两种,分别如图 3-9a)和图 3-9b)所示。

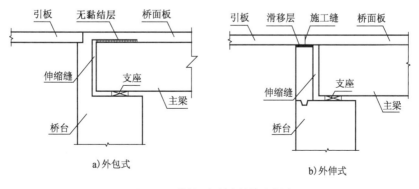

图 3-9　延伸桥面板桥台结构示意图

二者在适应上部结构纵桥向变形方面没有根本性的不同,构造细节与设计施工方面的不同与注意事项见第 4 章等后续相关部分的介绍。

3.2 无缝桥纵桥向受力特点

3.2.1 概况

第 1 章第 1 节介绍了在梁体胀缩变形时,静定简支梁、超静定双固定支座简支梁和弹簧约束简支梁的力学行为。在静定简支梁中,梁体可以自由胀缩,梁体胀缩不产生附加力。在超静定双固定支座简支梁中,梁体胀缩变形受到约束,因此将产生内力。从例 1-1 可知,此附加内力和附加应力比较大。当然,实际桥梁结构中"绝对固定"与"绝对自由"的边界约束是不存在的。因此,一般的桥梁可视为弹性约束的超静定简支梁。超静定弹簧约束的简支梁的附加内力介于二者之间,弹簧刚度 k_2 越大附加内力也越大。因此,合理地确定 k_2 的数值,对减小结构的附加内力就显得非常重要,特别是对于混凝土结构,要防止此附加内力引起混凝土梁体的开裂。

无缝桥显然也属于弹簧约束的超静定简支梁,梁体纵桥向自由变形可视为由主梁受附加轴向力产生的梁体弹性变形 Δl_1 和梁体末端的变形 Δl_2(既弹簧的变形)组成,如图 3-10 所示(图中未计引板的变形)。由式(1-7)可知,主梁的轴向刚度与桥台系统的水平刚度越小,附加轴力也越小。主梁的截面通常是由竖向的受力来决定的。竖向受力以抗弯为主,工程上经济合理的设计是以较小的面积换取较大的抗弯刚度,面积小则轴向刚度也小,这与无缝桥减小轴向刚度从而减小附加轴力的要求相一致。

3.2.2 整体桥

如图 3-10a)所示,整体桥主梁与桥台连接在一起,梁体伸缩等变形受到桥台和接线部分的约束作用,可视为图 1-1c)的弹簧约束简支梁。这些约束作用(力)施加于主梁使梁体产生变形 Δl_1,余下的变形 Δl_2(既弹簧的变形)传给桥台系统(包括台身、桥台基础和台后的土体),并在引板的末端体现。

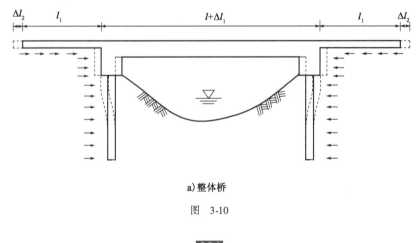

a) 整体桥

图 3-10

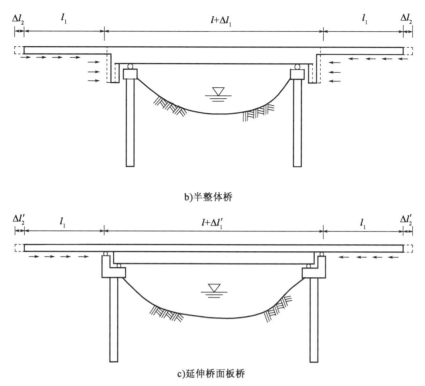

图 3-10 无缝桥纵桥向受力示意图

整体桥在所有无缝桥中对主梁的约束最大,主要有台身和台后土抗力、桩基础和桩周土抗力、引板与基层的摩擦力。其中,桩基础的影响最大。桩的刚度大,主梁所受的温度附加轴向力也大,同时桩基本身所受的水平力和弯矩也大。因此,一般要采用柔性桩。此外,整体桥由于桥台与主梁连成整体,受力分析时应上、下部结构一起考虑,按刚架(框架)模型计算。

上、下部结构连成整体,不设伸缩缝与支座,并且桥台采用柔性基础,是整体桥的结构特点;上部结构的纵桥向变形由下部结构与基础来接纳,是整体桥的变形特点;上、下部结构和土相互作用(包括台土相互作用、桩土相互作用)则是这类桥结构计算的要点与难点。

3.2.3 半整体桥

对于图 3-10b)的半整体桥,由于主梁与桥台之间通过支座联系,所以支座以下的结构对主梁不起约束作用;反过来,温度变形也不会对支座下的桥台结构产生附加力。所以,桥台基础不必采用柔性桩,可以采用刚度较大的混凝土桩或者刚性扩大基础。然而,其主梁与桥台上部分(端梁)连接在一起,温度变化引起的梁体伸缩受到台后土以及引板与土体摩阻力等约束作用,与整体桥相似,可归于图 1-1c)的受力模式中。这些约束作用(力)施加于主梁使梁体产生的变形 Δl_1 要小于整体桥的,而余下的变形 Δl_2(既弹簧的变形)由引板传递到其末端,其值要大于整体桥中的 Δl_2,只有极小部分通过支座摩阻力传给半整体桥桥台下部分。

与有缝桥不同的是,半整体桥主梁两端接有较高的端横梁,此端横梁起挡土作用(也被视为桥台的上部分)。主梁受到端横梁后面的土体约束作用,土压力和引板与其下土体之间的摩阻力会约束主梁的温度变形。相对于整体桥来说,主梁的附加轴向力小,桥台下部分与基础也不受主梁伸缩变形影响,因此,半整体桥可应用于总长大于整体桥的桥梁中。

主梁与桥台的上部分连成整体,不设伸缩缝和伸缩装置,主梁与桥台之间设支座,桥台采用刚性基础,是半整体桥的结构特点;上部结构的纵桥向变形通过桥台处的支座的变形来适应,是半整体桥的变形特点;端墙与其后的土相互作用(台土相互作用)并影响到主梁的受力,是这类桥结构计算的要点与难点。

3.2.4 延伸桥面板桥

图3-10c)为延伸桥面板无缝桥的受力特点,主梁温度变化时所受的约束主要来自于引板与其下土体的摩阻力。研究表明,该摩阻力很小,几乎可以忽略不计。因此,主梁轴向弹性变形 Δl_1 很小,所以纵桥向受力与变形特点与有缝桥相近,可归于图1-1a)的受力模式中。通俗一点来说,它可看成是将有缝桥的伸缩装置从桥台与主梁相接处后移到引板与接线道路相接处的一种无缝桥。

延伸桥面板桥在构造上,主梁与桥台分离,二者之间设有伸缩缝,这是它与整体桥和半整体桥结构上最显著的区别;而主梁与桥台之间不设伸缩装置,这是它与有缝桥最主要的不同。

主梁纵桥向变形主要通过引板传到引板的末端(与引道相接处,也称路桥接缝),这是它的变形特点。在受力上,台后土压力不参与主梁受力,土压力由桥台独自承担,与有缝桥基本一致。

由式(1-1)可知,对于相同梁长的桥梁,相同均匀温度变化产生的自由胀缩量 Δl 是相同的。无缝桥可视为纵向受弹性约束的梁(图1-1c)),由式(1-4)可知,温度自由变形 Δl 由主梁轴向弹性变形 Δl_1 和弹簧变形 Δl_2 组成,其中弹簧变形 Δl_2 经引板传递到引板末端。三种无缝桥的两个变形存在如下关系:

主梁轴向弹性变形 Δl_1:整体桥≥半整体桥≥延伸桥面板桥($\Delta l_1 \approx 0$);

弹簧变形 $\Delta l_2 (= \Delta l - \Delta l_1)$:延伸桥面板桥($\Delta l_2 \approx \Delta l$)≥半整体桥≥整体桥。

3.3 多跨无缝桥

对于多跨梁桥,若采用简支结构,则伸缩缝与伸缩装置的数量较多,最有效的减少方法是采用主梁连续结构(或桥面连续结构)。然而,若桥台仍有伸缩缝,它们仍是有缝桥。连续结构桥只有同时取消了两桥台处的伸缩缝与伸缩装置后,才能成为无缝桥。

当多跨桥采用连续结构后,桥台处的伸缩量变大,对伸缩装置的要求更高,病害也更突出,采用无缝桥的意义更大。当然,技术要求也更高。

结构连续无缝桥可根据上部结构与桥墩之间的关系,分为连续刚构无缝桥、连续半刚构无缝桥和连续梁无缝桥;另外还有仅桥面连续无缝桥。以下对这四种多跨无缝桥桥型分别予以简介。对于它们主梁与桥墩的连接构造,将在第6章中介绍。由于桥墩处构造形式对无缝桥受力的影响相对小于桥台结构形式的影响,所以,有时不太关注其主梁与桥墩的连接是有支座还是刚接,而是根据桥台形式称其为多跨整体桥、多跨半整体桥、多跨延伸桥面板无缝桥。

3.3.1 连续刚构无缝桥

连续刚构桥(Continuous rigid frame bridge)是现代预应力混凝土桥梁中常用的一种桥型。

它可以看成是由 T 型刚构与连续梁组合而成，数跨相连，相邻跨间不设伸缩缝与伸缩装置，结构连续、行车舒适；主梁与桥墩固结，不设支座，施工方便，维护费用小。由于具有 T 型刚构桥和连续梁桥的优点，从而使其跨径适用范围从连续梁桥的 150m 以下，发展到 300m 以下。这种桥型尤其适用于大跨度、高桥墩的情况。高桥墩一般采用双柱柔性薄壁墩，作用如同摆柱，利用它的柔性以适应各种外力所引起的纵向位移，尤其是可减少温降产生的拉应力。此外，桥墩柔性大，对梁的嵌固作用小，梁的受力情况就接近于连续梁桥。柔性墩需考虑主梁纵向变形与转动的影响以及墩身偏心受压时的稳定性。我国已建成的具有代表意义的预应力混凝土连续刚构桥有 1988 年建成的跨径布置 125m + 180m + 125m 的广东洛溪大桥，1997 年建成的跨径布置 150m + 270m + 150m 的广东虎门辅航道桥，2007 年建成的跨径布置 140m + 268m + 140m 的苏通大桥辅航道桥等。

连续刚构桥由于其整体性好的特点，受到多跨无缝桥设计者的青睐。在无缝桥中，与整体式桥台相对应，将连续刚构桥中与主梁固结的桥墩称为整体式桥墩（Integral Pier，简称 IP）。因此，主梁与桥墩及它们之间的连接构造、施工方法等与有缝桥并无大的区别，其主要区别在于上部结构在桥台处无伸缩缝和伸缩装置。根据桥台形式，连续刚构无缝桥可进一步分为整体桥（有时也叫全整体无缝桥，Fully integral abutment bridge）、半整体桥和延伸桥面板桥，如图 3-11 所示。图 3-11a) 称为连续刚构整体桥，图 3-11b) 称为连续刚构半整体桥，图 3-11c) 称为连续刚构延伸桥面板桥。图 3-12 是加拿大某座连续刚构无缝桥的照片。

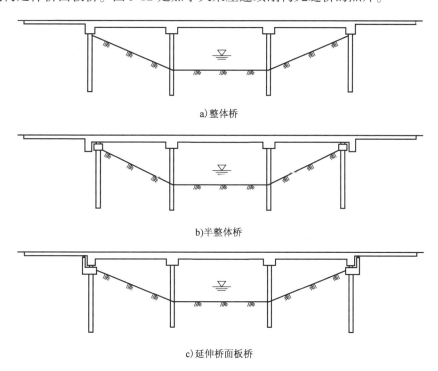

a) 整体桥

b) 半整体桥

c) 延伸桥面板桥

图 3-11 连续刚构无缝桥结构体系示意图

连续刚构无缝桥的主梁与桥墩是全固结的，不设内支座，上、下部结构连成整体，桥墩为柔性墩，基础一般为单排竖直桩，以减小墩的抗推刚度，适应温度变化等引起的变形。

a)正面　　　　　　　　　　　　　　　　b)桥下

图 3-12　加拿大某连续刚构桥无缝桥照片

在设计中,多跨连续刚构无缝桥的桥跨结构温度变形零点宜设在桥梁中部,使主梁在两桥台处和引板末端的纵桥向变形量相近,使构造简单。不过,若两端桥台或两侧桥墩地质条件差异较大而导致桥台或桥墩的水平抗推刚度相差较大时,易引起主梁温度伸缩变形及其约束力的不同,不利于结构的受力,在设计时应考虑采取措施使其相近。如当墩、台桩基础长度不同而导致其水平刚度不同时,可通过对短桩上部扩孔的方式适当调整,即在桥墩较短的桩基础中设置套管,以增大其柔度,如图 3-13 所示。也可通过在刚度较大一侧的台后设置水平抗推刚度较小的 Z 形引板或普通面板式引板、而在另一端设置水平抗推刚度较大的 Z 形引板来调整,如图 3-14 所示。

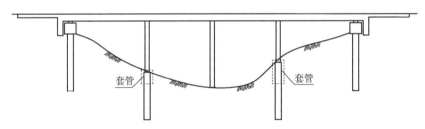

图 3-13　多跨连续梁无缝桥桥墩刚度调整示意图

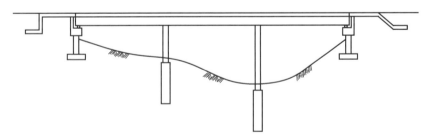

图 3-14　多跨连续梁无缝桥 Z 形引板刚度调整示意图

3.3.2　连续半刚构无缝桥

连续刚构桥是上、下部结构连成整体的高次超静定结构,要求桥墩具有足够的柔性,否则桥墩与基础分配到的弯矩将较大,结构(含上部与下部结构)受温度、收缩、徐变、基础沉降等作用产生的次内力也很大。连续刚构桥应用于整体桥和半整体桥时,对桥墩的柔度要求进一步提高,因为无缝桥的超静定约束次数更高,温度变化引起的主梁胀缩变形在桥台处受到约束,对桥墩的抗推刚度更为敏感。为了在这种桥型中能够继续应用无缝桥技术,一种方法是将主梁与桥墩处的转角约束降低甚至解除,但仍保留水平向变形约束,即采用半刚接,以减小结构的超静定次数。这种桥墩称为半整体式桥墩(Semi-Integral Pier,简称SIP),如图3-15所示,其上、下部结构之间设变形缝和水平位移约束,但允许转动。相应的无缝桥称为连续半刚构无缝桥。如同连续刚构桥,它也可应用于整体桥、半整体桥和延伸桥面板桥中,成为连续半刚构整体桥、连续半刚构半整体桥和连续半刚构延伸桥面板桥(图3-15)。不过,连续半刚构桥在有缝桥中较为少见。

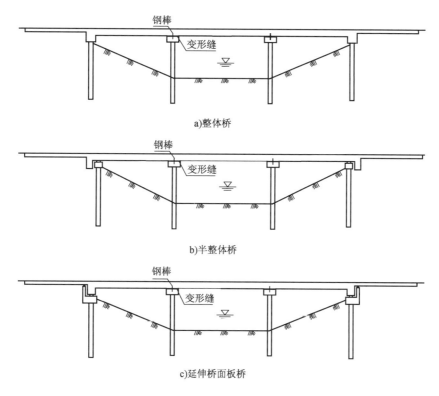

图 3-15　连续半刚构无缝桥结构体系示意图

3.3.3　连续梁无缝桥

连续梁桥是现代桥梁的主要形式之一。我国已建成的具有代表意义的预应力混凝土连续梁桥有1991年建成的跨径布置85m+154m+85m的云南六库怒江大桥,2001年建成的跨径布置90m+3×165m+90m的南京长江二桥北汊桥——我国目前跨径最大的预应力混凝土连续梁桥。

连续梁桥也是多跨无缝桥常用的结构形式之一。它的相邻跨主梁结构连续,无伸缩缝和伸缩装置,但其主梁与桥墩之间设有支座,较之连续刚构超静定次数低,受温度、收缩、徐变、基础沉降等影响的次内力小,适用于桥墩刚度较大的桥梁。由于支座是寿命小于主结构的易损性构件,所以需要考虑使用过程中的维修、更换问题。对于无缝桥,主梁在桥台处不设置伸缩缝而采用某种形式与桥台连接,增加了将来支座更换的难度,这种难度从大到小依次是整体式桥台、半整体式桥台和延伸桥面板桥台。

在整体式桥台中,主梁与桥台连成整体、二者之间没有支座。因为在更换支座时,将梁顶起必然受到两端桥台的约束,尤其是边墩上的支座,所以在多跨整体桥中,不宜采用有支座的连续梁结构。福建省地方标准 DBJ/T13 265—2017 第5.1.3条规定"多跨整体桥应采用结构连续,主梁与桥墩之间宜采用刚接或半刚接",本书不特别指明时所说的整体桥也均指图 3-11a)所示的连续刚构整体桥或图 3-15a)所示的连续半刚构整体桥。

对于有缝桥改造为整体桥时,如果桥梁的使用期已较长,改造后的寿命期内可不更换支座,则也可以采用有支座的形式,即多跨间采用连续梁结构,或称之为连续梁整体桥,如图 3-16 所示。从全寿命设计观点出发,采用连续梁整体桥时,宜考虑将来支座更换的顶起力和顶起空间。

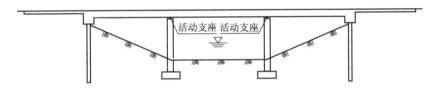

图 3-16 多跨连续梁整体桥结构体系示意图

连续梁整体桥在我国有所应用。如福建永春上坂大桥,为 4 跨 30m 预应力混凝土连续梁桥,采用整体式桥台,2004 年建成,详见文献[51]和 3.5.1.1 的介绍。再如,湖南益阳至常德高速公路某桥,为 11.4m + 33.2m + 11.4m 3 跨连续梁桥,在改造时,将梁端通过交叉钢筋与桥台固结,形成整体式桥台,取消全桥的伸缩装置,详见文献[48]的介绍。

多跨半整体桥、延伸桥面板桥宜采用连续刚构或连续半刚构结构,但也可采用连续梁桥。采用连续梁时,墩台上的支座宜为滑动支座,只有靠近温度变形零点的桥墩上可布置固定支座。对于弯桥等难以确定温度变形零点的,则全桥均采用滑动支座。

多跨半整体桥、延伸桥面板桥采用连续梁结构时,支座更换的困难比之整体桥要小很多。因为这两种结构在桥台处本来就有支座,设计中需要考虑将来桥台处支座更换的问题,既然桥台上的支座可以更换,桥墩上的支座更换难度就更小了。所以,DBJ/T13 265—2017 对多跨半整体桥、延伸桥面板桥,则规定宜采用连续结构,主梁与桥墩之间可采用刚接、半刚接或支座连接;这两种结构也可以相应地称为连续刚构半整体桥和连续梁半整体桥,分别如图 3-17a)和图 3-17b)所示。图 3-18a)和图 3-18b)分别是美国底特律某连续梁桥无缝桥和瑞士苏黎世某铁路连续梁无缝桥。

3.3.4 仅桥面连续梁无缝桥

实际工程中,采用延伸桥面板桥台的多跨桥梁中,也有在相邻主梁之间采用主梁简支、桥面连续的结构,墩顶上连续的结构也称为连接板(link slab),这种桥称为仅桥面连续桥(Deck-Only Continuous Bridge),如图 3-19 所示。

然而,这种桥与前述的主梁简支、桥面连续的有缝桥存在相似的问题,即连接板如果处理不好,容易出现病害,因而一般在新建无缝桥中不提倡,但在一些既有桥梁的无缝化改造时有所应用。

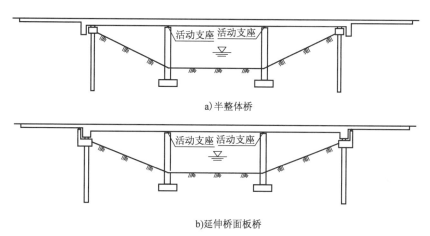

图 3-17 多跨连续半整体桥和延伸桥面板桥

a)美国某公路桥

b)瑞士苏黎士某铁路无缝桥

图 3-18 两座连续梁无缝桥照片

图 3-19 仅桥面板连续延伸桥面板桥

对于多跨结构简支、桥面连续(仅桥面连续)的无缝桥,相邻跨主梁之间设有伸缩缝,所以宜将各跨跨中视为温度变形零点,按有缝桥设置伸缩缝和滑动支座。在有缝桥中,多跨简支梁的支座设置有多种方式,第 2 章以双跨简支梁为例,给出了三种方式。其中,将相邻两跨的固定支座放在同一桥墩上(相邻桥墩上则同为活动支座),可免去此处的伸缩装置。

在整体桥中,桥台与上部结构连成整体,桥台对主梁纵向变形的约束在三种无缝桥中最大,如果将其用于仅桥面连续的多跨无缝桥中,在温度变化等因素作用下的变形因在桥台处所受的约束很大,势必将变形集中于桥墩上的桥面连续处,这样桥面板连续部分的受力较之有缝桥的要大许多,所以整体式桥台不宜应用于仅桥面连续的多跨简支结构。换言之,仅桥面连续梁不宜做成整体桥。在实际应用过程中,也未发现仅桥面连续结构的整体桥。

在三种无缝桥中,延伸桥面板桥的结构与受力行为与有缝桥最为接近,桥台对上部结构的纵桥向变形约束也最小,因此,仅桥面连续的多跨简支梁桥可采用延伸桥面板桥台,从而形成仅桥面连续延伸桥面板桥,如图 3-19 所示。由于在既有桥梁中,有许多仅桥面连续的有缝桥,在将其改造成无缝桥时,常将其桥台改造成延伸桥面板桥台,这样工程量小,施工方便,也能达到较好的效果。上海崇明北沿公路堡镇港桥,为 2×12m+20m+2×12m 空心板简支梁、连续桥面桥,1999 年将其改造成延伸桥面板桥。

仅桥面连续桥也被用于半整体桥中。由第 1 章调查可知,在 30 座多跨桥中,有 14 座为仅桥面连续无缝桥,其中有 7 座为半整体桥,与延伸桥面板的数量一样。半整体式桥台对主梁纵向变形的约束介于整体桥和延伸桥面板桥之间,应用时要特别注意连续桥面板的结构细节设计和施工质量控制。本书作者认为仅桥面连续半整体桥不值得提倡,但也不反对。

3.4　结构体系设计

3.4.1　无缝桥的应用范围

3.4.1.1　全长与跨径总长

DBJ/T13 265—2017 第 1.0.3 条对无伸缩缝桥的全长和多孔跨径总长进行了定义:无伸缩缝桥梁全长为桥梁两端引板末端范围内上部连续结构的长度,多孔跨径总长为多孔标准跨径的总长。

一般桥梁的桥长按《公路桥涵设计通用规范》JTG D60—2015 第 3.3.5 条规定:有桥台桥梁为两岸桥台的侧墙或八字墙后端点之间的距离,无桥台的桥梁为桥面系长度。对于无伸缩缝桥梁,台后引板与上部结构连成一体,且台后引板末端一般伸出侧墙或八字墙后端点,故应计入桥长的计算范围。桥梁全长实际也是上部结构温度变化计算时的结构长度。

上述定义中,无伸缩缝桥梁多孔跨径总长的取值与《公路工程技术标准》JTG B01—2015 表 6.0.2 的取值相同,其中标准跨径是指两桥墩中线间距离或桥墩中线与台背前缘间距离。

无缝桥主要应用于中小跨径桥梁中,当然比跨径更重要的是桥梁的总长或全长。对所修建的桥梁的总长是否合适修建无缝桥(整体桥或半整体桥),要综合考虑现有的技术水平与经验。由于各国各地对无缝桥桥长的定义不尽相同,所收集资料中也以多孔跨径总长为主,所以后面不特别指出时,均以多孔跨径总长为对象进行介绍。

由于地理和气候等原因,各国对最大桥长作了限制,但标准各不相同,甚至美国各州对无缝桥梁最大桥长限制的规定也不同。2004年美国的调查表明,对于无缝桥的使用准则,美国多数州没有限定单跨的最大跨径,但是大多数州对全长作了限制:对于预应力混凝土梁桥,整体式结构适用的最大全长为45~358m,半整体式结构适用的最大全长为27~1000m;对于钢梁桥,整体式结构适用的最大全长为45~198m,半整体式结构适用的最大全长为27~152m。

表3-1归纳了美国各州对无缝桥的选用准则,包括预应力混凝土(PC)梁桥和钢桥对最大跨径、桥梁总长、桥梁最大斜度及曲率的限制。美国部分州的交通运输部门认为钢筋混凝土和预应力混凝土结构的最大允许桥长为240m,钢-混凝土组合结构的最大允许桥长为150m(现在均已突破)。美国AASHTO还特别推荐在地震地区采用整体桥,前提是将桥台在温度及地震力影响下的位移严格控制在91mm或更小的范围内,以避免地震导致落梁等灾难性后果的发生。

美国各州选用无缝桥跨径与总长的设计准则(单位:m)　　　表3-1

结构限制	结构形式	PC 梁	钢 梁
跨径	全整体式	18.3~61.0	19.8~91.5
	半整体式	27.5~61.0	19.8~61.0
	延伸桥面板	27.5~61.0	24.4~61.0
总长	全整体式	45.8~358.4	45.8~198.3
	半整体式	27.5~1000.0	27.5~152.5
	延伸桥面板	61.0~228.8	61.0~137.3

澳大利亚某些州认为钢结构的无缝桥的桥长限制为19.2m,预应力混凝土结构为100.0m,钢筋混凝土结构为198.1m;英国则认为公路桥梁纵向产生20mm的变形是容许的,故目前在英国65m以内的公路桥广泛采用整体桥。

文献[93]等通过对H型钢桩的受力性能、温度、桩-土共同作用和整体式桥台-土共同作用等系列研究,指出当采用H钢桩和黏土时,整体式混凝土无缝桥梁在寒冷气候下的桥长限制为210m、温暖气候下的为260m,而无缝钢桥的桥长限制分别为120m和180m。

文献[94]对台后接线路面在季节性温度荷载作用下桥台位移的影响进行了有限元分析,指出采用轻质混凝土桥面的无缝桥可以扩大其长度,考虑接线路面铺装层的水平刚度约束作用时,无缝桥桥长可以扩大15%。

文献[40,95]以意大利Isola della Scala桥为背景工程,提出了整体桥极限长度的计算公式,对该桥的分析认为理想的极限长度可达500m,本书第11章第7节对此研究有较为详细的介绍。

实际上,无缝桥的长度限制与桥位处的环境条件(主要是气候与日照条件)、地基与基础类型、结构形式等有关,同一分析方法下不同桥梁的极限长度也相差极大。因此,对所修建的桥梁总长是否合适修建无缝桥或对于超出现有最大长度的无缝桥,应采用何种技术来实现,这是设计人员与业主决定是否修建无缝桥时需要考虑的。

3.4.1.2　斜桥的斜交角

斜桥是指桥梁上部结构的轴线与桥台、桥墩的支承线不垂直的桥梁。表征斜桥偏斜程度的方法有两种:一种是用梁轴中心线与支承线构成的小于90°的角α表示;另一种是用梁轴中

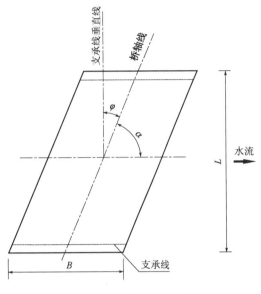

图 3-20 斜桥斜交角示意图

心线与支承线的垂线构成的角 φ 表示,如图 3-20 所示。显然,角 α 和角 φ 互为余角。角 φ 越大,表示斜交的程度越大。因此,我国公路桥梁中是用支承线的垂直线与桥纵轴线的夹角(即 φ)来定义斜桥的斜交角。后面的斜交角统一用 φ 表示。

一般认为,斜交角大于 20°的斜桥,纵向位移无法全部由整体式桥台来吸纳。不过,关于这个角度的上限值,各国间甚至美国各州之间都有不同的观点,目前尚未有定论。因此,对无缝斜交桥的修建,需要评估此斜交角的影响。

斜桥产生纵向位移的同时会产生一定量的扭转。此扭转效应会导致整体式桥台下的柔性桩随之扭转并产生内力。当斜交角度增加到某一上限值后,这种附加内力和变形变得不可接受。对于半整体桥,由于上部结构与桥台之间有支座,此扭转变形将导致桥梁的刚体位移,并导致引板和接线路面的破坏。因此,对斜交角的限值一般要严于整体桥。本书第 8 章第 2 节对斜桥无缝桥还有更多的讨论。

1982 年至 1992 年间,全美范围内的几次调查发现,5 个州采用 30°作为斜交整体式桥台梁的斜角上限。2004 年的调查,美国各州的规定是:对于预应力混凝土梁整体桥,最大斜交角为 15°~70°,半整体桥最大斜交角为 20°~45°;对于钢梁桥最大斜交角为 15°~70°,半整体桥最大斜交角为 30°~40°,见表 3-2。可见,各州的取用角度相差很大,到底哪一个合适,需要结合当地的气候、地基和桥型因地制宜地取值。

美国各州选用无缝斜桥的设计准则　　　　　　表 3-2

结构限制	结构形式	PC 梁	钢 梁
斜角(°)	全整体式	15~70	15~70
	半整体式	20~45	30~40
	延伸桥面板	20~45	20~45

日本 Nexco 公司设计指南规定此最大斜交角度为 75°;英国对全整体式桥台梁,此斜交角可取为 60°或稍微大于 60°;对半整体式桥台桥梁,很少采用大于 70°,英国(BD57,路桥设计手册 DMRB 1.3.7)耐久性设计指南规定此角不应超 60°。

3.4.1.3 平面弯桥的圆心角

根据 2004 年美国的调查显示,平面弯桥无缝桥还没有得到广泛认可。其中有 4 个州允许使用平面弯桥整体桥,而另外有 3 个州允许用"以直(纵梁)代曲"的方法建造平面弯桥整体桥。

实际上,弯桥在温度等因素作用下的变形较直桥复杂,但从第 2 章的分析可知径向的变形也会吸收相当部分弧长方向的变形,这使得弯桥整体桥的总长可以建得比直桥更长。美国的田纳西州 Happy Hollow Creek 桥,全长 358.2m,其中曲线部分的长度为 297m,为预应力混凝土 T 梁结构。表 3-3 列出的是 2004 年美国调查的结果。

美国各州选用无缝曲桥时对曲率的设计准则　　　　表 3-3

结构限制	结构形式	PC 梁	钢 梁
曲率(m^{-1})	全整体式	0~10	0~10
	半整体式	0~10	0~10
	延伸桥面板	0~10	0~10

3.4.1.4　福建省地方标准适用范围

第 1.0.2 条规定,该规程的适用范围为:上部结构为钢筋混凝土和预应力混凝土梁(板)的整体桥、半整体桥和延伸桥面板桥,桥面纵向坡度不大于 4%,且满足以下条件:

(1)整体桥:桥梁多孔跨径总长不超过 120m;直桥、具有相互平行直梁的曲桥和斜交角不大于 30°的斜桥。

(2)半整体桥:桥梁多孔跨径总长不超过 150m;直桥、具有相互平行直梁的曲桥和斜交角不大于 20°的斜桥。

(3)延伸桥面板桥:桥梁全长不超过 150m;直桥、具有相互平行直梁的曲桥和斜交角不大于 30°的斜桥。

由于纵坡太大也会影响上部结构向两端温度变形的对称性,所以规程对无伸缩缝桥梁的纵坡最大值进行了限制,其值略小于一般的桥梁的纵坡。

无伸缩缝桥梁随着桥长的增长,温度效应增大,因此,世界各国各地对不同形式的无伸缩缝桥梁均提出桥长的限制。对于整体桥和半整体桥,采用多孔跨径总长,没有采用全长(不包含引板的长度);对于延伸桥面板桥,主梁和引板的纵桥向伸缩变形全部集中到引板末端与道路接线外,因此采用桥梁全长(包含了引板的长度)。各国各地对无伸缩缝桥梁桥长的限制范围变化很大,但一般认为半整体桥和延伸桥面板桥的适用长度会大于整体桥。在我国现有的工程实践中,已建最长的整体桥的多孔跨径总长是 120m(2004 年建成的福建永春上坂大桥)且经过十余年的运营桥梁技术状况良好,所以规程规定整体桥的适用范围限制在 120m 以内,半整体桥和延伸桥面板桥适当扩大到 150m。

弯桥在温度变化作用下主梁沿轴线方向的变形,可以转化为径向方向的变形,即存在拱效应(Arch effect),可以减小温差、徐变等沿纵桥向的位移,这使得建造无伸缩缝弯桥桥梁的长度远大于无伸缩缝直桥成为可能。然而,这要求支座能适应矢高方向的变形,桥墩也能承受这个变化(着力点变化引起的弯矩,或由于固结在桥墩中产生的横桥向弯矩)。

斜桥中土压力是垂直作用在挡土结构上的,它使梁体产生向着锐角方向转动的趋势。对于整体桥,上部结构与桥台完全固结,虽土压力的作用方向对桥台桩基础的受力有影响,但对上部结构的受力影响不是很大。对于延伸桥面板桥,主梁没有受到土压力的作用,影响较小。对于半整体桥,因为上部结构与桥台之间没有固结,梁端承受着土压力,就会使上部结构发生面内转动,研究表明斜交角超过 20°后这种影响较大,易引起桥面端部的铺装层开裂。根据国内外的实践情况,斜整体桥和斜延伸桥面板桥的斜限制在 30°内,而对于斜半整体桥的斜角则限制在 20°内。

该条文适用范围的规定,并不意味着在这些范围外桥梁无缝化是不可行的。事实上,国内外已有大量成功的无缝桥超出该条文限制的范围。只是为了在我国的现阶段,采用慎重的态度,从简单的不断向前推进,稳打稳扎。这是值得提倡的。

3.4.2 桥台类型选择

无缝桥设计的关键在于桥型的选择,特别是无缝桥台类型的选择。当然,首先应确认地基条件是否适合于建设无缝桥。当桥址存在土层易液化、滑动、坍陷或出现管涌等现象时,不宜建设无缝桥。

从第9章第3节既有无缝桥的使用情况调查可知,无缝桥的主要病害是从有缝桥的伸缩装置转移到了引板及其与道路接缝处。对台后填土较高、地质较软弱的无缝桥可能出现台后跳车问题。此外,由于引板纵桥向随桥梁上部结构温度伸缩变形的位移,可能导致引板与主梁、引板与接线道路相接处的开裂等病害。因此,无缝桥在台后填土较高、地质较软弱时,应慎重考虑。如决定修建无缝桥,则应精心设计,精心施工,认真管养。

当适合修建无缝桥时,无缝桥的类型应根据桥位处的气候、地形地貌、地质条件、上部与下部结构、地基与基础、道路接线、施工条件等合理选择。选择的优先顺序依次为整体桥、半整体桥和延伸桥面板桥。这是因为从桥梁整体性、使用功能与耐久性来说,整体桥优于半整体桥,半整体桥优于延伸桥面板桥。国外在无缝桥应用中,也多优先推荐整体桥。

3.4.2.1 整体式桥台

由于不存在接缝,整体桥具有平整的桥面,大大地提高了行车质量,减少了机动车辆制动带来的水平冲击力。整体桥在建造中无需支付伸缩装置与支座的材料费与安装费,从而节约投资。更为重要的是在全寿命过程中,彻底免除了伸缩装置与支座的养护、维修和更换的费用,具有极好的全寿命经济性。同时,整体桥由于免除了伸缩装置与支座易损给桥梁结构带来的不利影响,可明显地改善结构的耐久性,提高服务质量和使用寿命。

关于整体桥的造价,2009年美国马里兰大学的调查发现,有27个州表示整体桥较之一般的有缝桥造价要低;有5个州认为造价要高,而另有3个州认为二者造价相当。另外15个州或没有建造整体桥或对此调查没有回应。

关于整体桥维护费用与一般有缝桥对比的调查,有32个州认为维护费用减小,3个州认为二者相当。没有1个州认为维护费用会更高。另外15个州或没有建造整体桥或对此调查没有回应。

在造价上,佛罗里达州认为整体桥没什么优势,虽然在桥台处取消了伸缩缝,但引板后面仍然有缝,且有时还要采用两块带枕梁的引板,所以自1989年后没有再建整体桥。得克萨斯州同样认为经济上没什么优势,而不再修建整体桥。此外,得克萨斯州的地质通常需要挖孔桩或预应力混凝土桩,极少数(少于10%)的地方才适用于钢桩,而钢桩由于造价原因在该州很少使用,所以该州现在不修建整体桥。此外,华盛顿州认为半整体桥比整体桥更经济,因此2000年以后不再建整体桥。他们允许结构在地震时发生位移,以减小地震力。

文献[98]对无缝桥的造价优势进行了分析,认为它不仅初始工程造价低,而且全寿命造价因养护费用减小的造价优势更为突出,尤其是整体桥。无缝桥与有缝桥的许多结构与构造及其工程造价是相似的(如桥面板、主梁、横梁)。二者的造价差异比较可集中到不同的部分,如桥台、伸缩装置等。当然,工程造价因时因地变化,因此分析比较以相对值进行。

以桥台为例,整体式桥台与有缝桥桥台的主要区别在于,整体式桥台没有支座和伸缩装置,可能减小桩的排数(由于与桥台相连的主梁能够为桥台提供抵抗台背土压力的支撑),可减小混凝土浇筑次数(有缝桥背墙需要单独浇筑一次,无缝桥的背墙与上部结构的端横梁合二为一)。因此,整体式桥台的造价明显要低于有缝桥桥台。采用 Ohio 州 2010 的预算,对一座 10m 宽的桥梁进行比较分析,无缝桥的造价比有缝桥可减小 40% 以上。以 100 年使用周期计算,有缝桥的伸缩装置中的伸缩构件(橡胶)正常每 8 到 12 年要更换一次(平均以 10 年计),桥面板、支座与伸缩装置在生命周期内每 30~50 年要更换一次(平均以 40 年计);整体桥无支座、伸缩装置、伸缩构件更换的问题,只有桥面板的更换问题。此外,如果在引板与路面相接处设置了胀缝,可能每 10 年要更换一次。图 3-21 给出了无缝桥与有缝桥的建设费用、养护费用和总费用的比较结果。从图中可以看出,整体桥相比于有缝桥,无论是初始造价、养护费用,还是总成本,均有显著地降低。

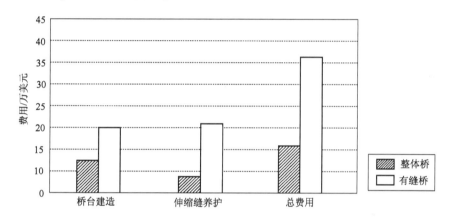

图 3-21　有缝桥与无缝桥生命周期费用分析

图 3-22 是文献[25]提供的欧洲几种桥型的建设费用比较,显然,整体桥费用最低。

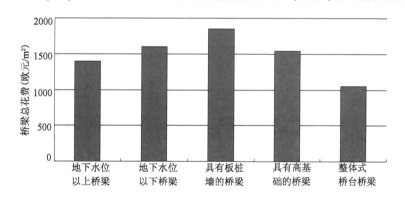

图 3-22　欧洲几种桥型工程造价比较

此外,整体式桥台具有较大的抗扭刚度,这样中间桥墩可以用柔性的独柱墩,如图 3-23 所示。我国曾因在个别弯梁出现刚体转动倒塌,使独柱墩受到质疑而在近期的工程建设中几乎

图 3-23 采用独柱墩的某整体桥照片

绝迹。对于许多跨线桥,独柱墩可以取得较好的通透视觉效果,也可省工程量,对于采用整体桥技术是一个有效可行的途径。

整体桥的受力构件均会因荷载的不同组合而发生受力性能的改变(特别是构件拉、压性能的改变);各构件受力复杂,多为轴力、剪力、弯矩共同作用;而且力的数值也比有伸缩缝结构的大。精确计算时,要考虑结构与土的共同作用,而土的性质变化较大,计算复杂。

典型的整体式桥台支承在单排的柔性桩基上。如果持力层靠近地表而采用刚性扩大基础,或桩长较短(适合于整体桥的最短为 3m,最好要在 5m 及以上),应确认是否可通过其他措施使基础满足主梁长度方向的变形,如采用扩孔桩、包布隔离法,或采用柔性台身的整体桥以及半刚接整体式桥台等。

无论是从经济性还是使用性能方面,整体桥在三种无缝桥中都是最优的,然而,整体桥在我国的应用却不多。从 1.3.4 节可知,在我国 40 座已建和在建的无缝桥中,采用整体式桥台的仅有 4 座,占 10%,且均为混凝土桩基,没有采用 H 型钢桩的。

3.4.2.2 半整体式桥台

半整体桥与整体桥一样,也取消了桥梁的伸缩装置,结构整体刚度好,桥面平整无缝,服务质量高,耐久性好,全寿命费用低。因此,同样具有上述整体桥中的许多优点。但它与整体桥还是有所差别,以下着重对这些差异进行简要的对比分析。

(1) 半整体桥对桥台基础的柔度要求相对较低,可应用于刚度较大的混凝土桩。由于经济与工程经验和习惯的原因,我国桥梁基础中极少采用钢桩,而更多地采用钢筋混凝土桩,因此半整体桥更适合于我国的国情。

(2) 当不考虑温度荷载时,整体桥冗余度大,结构受力均衡合理;但当计入温度荷载时,整体桥的温度次内力因其约束度高而大于半整体桥,而半整体桥温度次内力因桥台处转角约束的解除,在很大程度上得到缓解,各构件受力较整体桥更加均衡合理。可见半整体桥较之整体桥具有相对较好的温度适应性,对主梁的胀缩变形吸收能力较强,在相同的温度差作用下,桥长限值比整体桥的大。

(3) 半整体桥主梁具有活动支座,桥台与主梁的连接不是完全固结,而更接近于一般的有缝桥,因此更适用于既有桥梁的无缝化改造。当然,半整体桥也增加了支座的构造和全寿命过程支座更换的直接费用以及由此带来的间接费用。

(4) 整体桥主梁与桥台刚接,结构整体刚度大,但也导致了该节点应力值较高,因而限制了整体桥的桥长。当该节点因过高的复杂应力集中而导致开裂时,将形成塑性铰或完全破坏,整体桥就在某种意义上转化为半整体桥。而半整体桥节点受力较小,节点开裂问题不突出。

(5) 整体桥中主梁与桥台采取全弯矩连接方式,取消了支座和伸缩装置。半整体桥中主梁与桥台采用零弯矩连接,只取消伸缩装置,保留了桥台处的滑动支座,上部结构与下部刚性基础相互独立,梁体可以在支座上进行水平位移和转动。因此,整体桥的桥台桩基础应考虑大变形下的稳定,而半整体桥的桥台桩基础一般不考虑大变形的稳定问题。

(6)半整体桥斜桥在台后土压力作用下,有向锐角方向转动的趋势,需要采用导向支座,而整体桥因为主梁与桥台固结,这个问题不突出。因此,斜桥采用半整体桥时,斜交角度的限值要严于整体桥。

(7)整体桥的整体性较之半整体桥好,对横桥向位移具有很强的约束,结构在地震、洪水等极端环境荷载作用下的适应能力强,更适合于强震区和洪水区的推广应用。半整体桥虽然比有缝桥的抗震性能更好,但在强震区和洪水频发区应用时,还需要通过验算来确定。

整体桥和半整体桥作为两种应用最为广泛的无缝桥,各有优缺点和适用范围,在各地均有不同程度的应用。除了结构自身的特点外,各地的应用情况,还与当地的实际要求与工程经验有关。以美国为例,华盛顿州和内布拉斯加州内80%~90%桥梁采用半整体桥;加利福尼亚州和俄亥俄州,却更偏向于采用整体桥,当然根据实际工程情况也有采用半整体式桥台结构的。田纳西州与加利福尼亚和俄亥俄州相类似,要求尽量采用整体桥。明尼苏达州对桥型的选择原则为:先考虑整体桥,然后半整体桥,最后才是有缝桥。

半整体式桥台在我国的应用要多于整体式桥台,但少于延伸桥面板桥台。在1.3.4节统计的我国40座已建和在建的无缝桥中,采用半整体式桥台的有13座,占32.5%。顺便指出,在现有文献资料中,许多称为半整体式桥台的,按照本书的定义则属于延伸桥面板桥台。

3.4.2.3 延伸桥面板桥台

在结构上,延伸桥面板桥台与桥梁上部结构仍然分离,二者之间设有伸缩缝,上部结构可以接近自由伸缩(受到台后引板摩擦力的约束,但此阻力很小),只不过这个伸缩缝上面的桥面板处不设置伸缩装置,而是用延伸的桥面板跨越过去。

延伸桥面板桥台本身是独立受力的,与有缝桥的桥台一样,除了承受竖向作用力外,还要单独承受台后土压力作用,因而要进行抗倾覆和抗滑移计算。它不像整体式桥台和半整体式桥台那样,上部结构与桥台全部或部分连成整体,共同受力。

延伸桥面板桥台的台后填土、材料和施工要求与有缝桥桥台一样。由于桥台与主梁之间设有伸缩装置,所以主梁纵桥向伸缩变形对桥台不产生作用,填土也就不会受到桥台在季节温差作用下的往复变形作用,台后土压力的计算与普通有缝桥桥台计算相同,抗震计算也相同。

延伸桥面板桥台的上述特点,使延伸桥面板桥对应用条件的要求大大放宽,不像整体桥和半整体桥那样,有较多的应用条件要求。对于多跨桥梁,它既可以是结构连续的,也可以是仅桥面连续的。这不仅在新建桥梁中,尤其是在小跨径桥梁中,有着较多的应用;在既有桥梁改造中,也发挥着重要的作用。延伸桥面板桥台在我国的应用最多,在40座已建和在建无缝桥中,有23座采用了这种桥台,占总数的57.5%。

当然,延伸桥面板桥的整体性要差于整体桥与半整体桥,在高烈度抗震区应用时,对防落梁的作用有限,桥梁也还有易损性和需要较多维修费用的支座,其全寿命的经济性效益不如整体桥和半整体桥。因此,在无缝桥新桥建设中,根据可持续发展的原则选择桥梁形式的优先顺序应该是整体桥、半整体桥和延伸桥面板桥。当整体桥、半整体桥无法满足特殊设计条件(如桥长或斜交角度超出了整体或半整体桥的上限)时,可以考虑延伸桥面板无缝桥。延伸桥面板桥由于构造简单,更多地被应用于既有桥梁的无缝化改造,因为它对既有桥台的改造量相对小些,又能取消伸缩装置,当其抗震能力或台后沉降差超出要求时,可以在引板端部的枕梁下设置微型桩。本书在第 7 章的既有桥梁无缝化改造中还会对延伸桥面板桥进一步介绍。

3.5 应用实例

本节将综合介绍四座整体桥、四座半整体桥和两座延伸桥面板桥实例,以供我国工程技术人员对整体桥、半整体桥和延伸桥面板无缝桥的应用参考。本节介绍的均为新建桥梁,而既有桥梁的无缝化改造实例见第 7 章。另外,本节的桥例以介绍总体结构的选择为主,细部构造、钢筋图等将在各章中作为实例再详细介绍。

3.5.1 整体桥

3.5.1.1 福建永春县上坂大桥

上坂大桥是一座整体桥,位于福建省永春县,全长 137.1m,桥面宽 8.5m(净 7.5m + 2m × 0.5m),设计荷载为汽 – 20,挂 – 100。该桥上部采用 4 × 30m 预应力混凝土 T 梁连续梁,梁高 1.8m,采用先简支后连续法施工。桥墩为双柱式钢筋混凝土结构,由于墩底地质情况良好,采用扩大基础。桥台为钢筋混凝土整体式桥台,矩形扩孔桩基础。上坂大桥总体布置如图 3-24 所示,建成后的桥梁如图 3-25 所示。

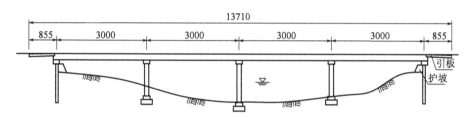

图 3-24 上坂大桥总体布置图(尺寸单位:cm)

图 3-25 上板大桥照片

该桥的主梁、桥墩以及基础与一般有缝桥相似,以下主要介绍桥台、基础和台后引板等无缝桥的关键结构。

上板大桥桥台的构造示意图如图 3-26 所示。为了避免上部结构与桥台现浇时,上部结构自重在台顶产生弯矩造成桩基础的不利受力,上板大桥的主梁先通过临时支座简支在桥台上,然后再浇筑图 3-26 中的阴影部分混凝土,将上部结构和下部结构连成整体。在荷载组合作用下,桥台与上部结构连接处的内外缘均有可能受拉。为了保证桥台与上部结构的连接强度,与广东清远四九桥采用的柔性桥台不一样,上板大桥的桥台采用较大宽度(台宽 65cm + 50cm + 65cm = 180cm)的刚性台。为了减少台后填土对主梁温度变形的抑制作用,减少因上部结构温度变化而在结构内部引起的内力,上板大桥在满足构造要求的前提下尽量减少桥台的高度(桩帽高度仅为 1.2m)。

出于经济的考虑,我国的桥梁桩基础极少采用 H 型钢桩,而以混凝土桩为主。对于整体桥,混凝土桩刚度较大,变形能力较差。为此,上坂大桥桥台的桩基础采用单排四根沿弱轴弯曲的矩形柱桩,柱桩尺寸为 70cm×50cm,在桩顶 1m 范围内柱桩的尺寸由 70cm×50cm 变化到 70cm×70cm,以提高接头处桩的抗弯能力,同时使桩、台连接处的刚度变化不致过大。由于上板大桥总长达 137.1m,上部结构的温度变化会在柱桩顶产生很大的剪力。虽然与圆形桩相比,矩形桩的施工比较困难,但采用矩形柱桩可以通过配置斜筋增大桩基础的抗剪

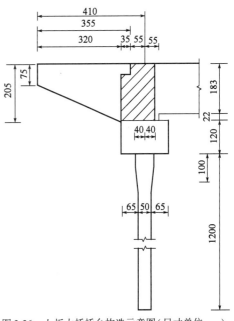

图 3-26 上板大桥桥台构造示意图(尺寸单位:cm)

承载力,其抗剪强度要比同样面积的圆形桩大得多,因此设计时上坂大桥桥台基础采用矩形柱桩。

该桥的桩基埋入凝灰岩层长达 6m,采用人工挖孔法施工。为增大桩基的柔度以减小上部结构因温度变化而在结构内部引起的内力,挖孔尺寸比桩的尺寸稍大,在桩基混凝土浇筑完达一定强度后,在孔内填入松散砂性土。桥台与柱桩连接处也是桥台桩基础设计的关键,为了保证桥台与柱桩的刚性连接,设计时将桩的主筋埋入桥台 1m。

取消伸缩缝后,如何处理桥梁上部结构因温度变化而产生的变形是台后结构设计的关键。为此,台后设计了一块引板和一块过渡板,如图 3-27 所示。通过枕梁上的两道 2cm 宽的沥青填充缝,可以容纳上部结构传来的温度变形。此外,由于上坂大桥采用混凝土桥面铺装层,为

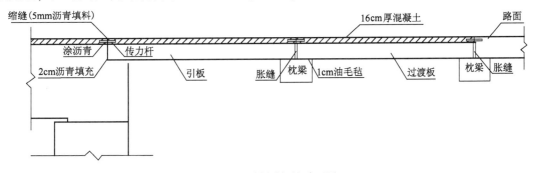

图 3-27 上坂大桥引板布置图

避免桥面出现裂缝,在引板与桥台连接处以及枕梁上方的混凝土路面上各设置了一道混凝土路面结构常用的5mm宽的缩缝。

这样设计的另一个目的是通过减小引板的长度以解决一般桥梁存在的通病——台后填料的自然沉降及桥台反复位移造成的引板悬空而发生破坏。为了减小台后填料的沉降同时保证排水顺畅,上板大桥的后台填料采用透水性较好的砂砾土,与桥台同步分层填充并夯实,夯实度要求不小于95%。同步分层填充时还要求两侧台后填料的最大高度差不超过0.5m,以保证结构的对称受力。

永春县上坂大桥于2004年1月建成,通车前由福州大学进行了全桥的静动载试验。通车以来使用状况良好,桥面行车平顺,行车感觉良好,桥台和混凝土桥面铺装层没有发现任何开裂现象。实践证明,这座整体式桥台桥梁的设计是可行的。该桥已运行10多年,福州大学对其进行了长期的跟踪观察,到目前为止,总体情况良好,充分体现了整体桥的优越性。

3.5.1.2 广东深圳马峦山大桥

该桥原设计为有缝桥,左、右幅均采用3×30m 3跨连续梁桥,全长90m。总体布置如图3-28所示。主梁宽度为$B=17$m,采用单箱三室等高箱梁,箱梁两侧翼缘悬臂板均为2.25m,梁高为1.60m。主梁采用预应力结构,纵向预应力钢束均布置在腹板内,采用两端张拉。桥墩采用双柱式墩柱,标准断面采用双柱,单柱尺寸1.5m×1.5m。墩柱顶部设置系梁,增加墩柱的稳定性。墩柱下接承台,承台间设置系梁,桥墩基础为双排四根直径为150cm的钻孔灌注桩。桥台采用重力式桥台,桥台基础为双排10根直径为120cm的钻孔灌注桩。设计荷载为公路Ⅰ级。

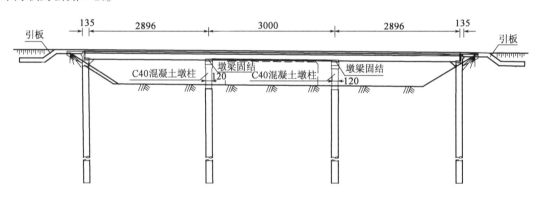

图3-28 马峦山大桥立面布置图(尺寸单位:cm)

该桥变更为无缝桥时,采用整体式桥台,混凝土桩基。桥梁上部结构保持不变。整体桥通过把主梁梁端、桥台和台后引板连接在一起,取消桥台处所有的伸缩缝、伸缩装置及支座,取消桥墩处的所有支座。梁体由于温度变形产生的伸缩量主要通过下部结构传递到台后填土和桩周土予以吸收。马峦山大桥的引板第一次采用了Z形引板,有关Z形引板的构造与受力机理详见第5章。该桥的桥台构造见第4.1.3节介绍,桥墩构造见第6.2.2节介绍。

对比整体桥与原有缝桥可知,整体桥桥台配筋增多,但桥台与桥墩桩基、承台的尺寸和工程数量显著减少。综合来看,整体桥的造价低于原有缝桥的造价。如果从全寿命的角度出发,整体桥还将大量减少后期养护和维修费用,经济社会效益更佳。

3.5.1.3 加拿大驼鹿溪桥

驼鹿溪桥(Moose Creek Bridge)位于安大略省北部。由于原桥材料老化、功能退化,新建了一座整体桥取代原桥。

新桥跨径为22m,桥面总宽14.64m。新桥原先考虑的施工方法为标准预制先张预应力梁和现浇桥台的结构,在安装好预制梁后现浇混凝土桥面。这种施工方法中现浇混凝土部分,至少需要一个月的施工与养护时间,而且其施工质量难保证,尤其是该桥位于边远地区。

鉴于此,该桥最终采用6根高1.2m的预制I型先张预应力混凝土梁,与预制的桥面板通过现浇带连接成整体,形成组合T形梁板结构,主梁中心轴到中心轴距离为2.45m。两边安全护栏为现浇钢筋混凝土。桥梁的横断面布置见图3-29a),主梁施工时的照片见图3-29b)。桥面板表面由防水膜保护,沥青铺装层作为磨耗面。

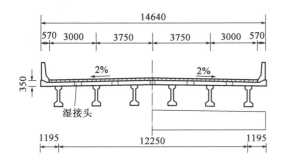
a)桥梁横断面(尺寸单位:mm)

b)主梁施工时的照片

图3-29 驼鹿溪桥上部结构

对预制组装结构来说,构件和系统间的节点能否有效传递荷载和内力,关系到整个结构的整体性和耐久性。为此,提出了两种连接方式:

预制桥梁体系A:由预制T型复合梁(钢或预应力混凝土)构件运到现场,并通过现场浇筑桥面板的后浇带组装在一起,如图3-30所示。

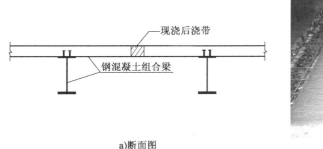
a)断面图

b)施工照片

图3-30 驼鹿溪桥预制桥梁体系A

预制桥梁体系B:(全高的)预制混凝土桥面板搭设在I型预应力混凝土纵梁上,并在纵梁顶板间现场浇筑后浇带,将它们连成整体,如图 3-31 所示。

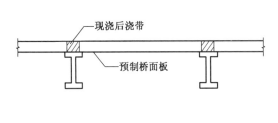
a)断面图

b)施工照片

图 3-31 驼鹿溪桥预制桥梁体系 B

为了验证设计假定,进行了室内缩尺模型试验研究。试验内容包括正常使用荷载下整桥体系的结构特性,长期荷载效应对纵向后浇连接缝的影响和混凝土桥面系在重复荷载作用下的极限承载能力。在桥面的两个位置上施加了 700 万次循环荷载后发现没有出现损伤,也没有明显的对结构性能或使用性的影响。循环荷载试验后的极限破坏试验结果表明,桥面系具有强大的抵抗车轮荷载的强度。预制桥梁体系 A 比 B 具有更优良结构性能和接缝整体性,故最后决定采用体系 A 并在实桥应用中继续开展相关的研究。建成后的加拿大驼鹿溪桥见图 3-32。

图 3-32 建成后的驼鹿溪桥

3.5.1.4 广东清远四九桥

四九桥位于广东省清远市,省道 S354 线上,全长 75.48m,桥面宽 8.50m,全桥纵坡为 0.756%,斜交角 15°。该桥为 4 跨连续刚构无缝桥,全桥不设支座和伸缩装置。桥梁主跨跨径为 16m,边跨为 9.35m。主梁为钢筋混凝土实心板,梁高 0.75m,沥青混凝土桥面铺装。下部结构采用双柱式轻型桥墩,挖孔桩基础。桥台为整体式桥台。桥梁总体布置图如图 3-33 所示。设计荷载为汽 – 20,挂 – 100。桥位所处地层由上而下分为 7 层:素填土、亚填土、砾砂、圆砾、残积砾质亚黏土、残积亚黏土和强风化花岗岩(可作为桩基础持力层)。

该桥温度计算总长度 51.48m。桥位处为亚热带海洋性季风区,气候湿热多雨,全年最高温为 36℃,平均最低温为 2℃。该桥于 1999 年 11 月合龙,合龙时温度为 8℃,因接线路面的原因,2001 年 9 月铺设桥面铺装。

整体式桥台是整体桥设计的关键。四九桥合龙温度为 8℃,属于低温时期;因此该桥主要的温度变形为温度上升时的膨胀变形,而混凝土的收缩以及桥墩、桥台、台后填土的约束作用均有利于减少变形量。假定最大正温差为 30℃,根据式(1-1),变形对称分布时,梁体两端变形量最大为 7.7mm。由于桥两端约束不一致,变形向约束较小一侧变形,则梁端变形量最大值为 15.4mm。因此,该整体式桥台及基础必须能满足大变形前提下的承载力及稳定性的要求。

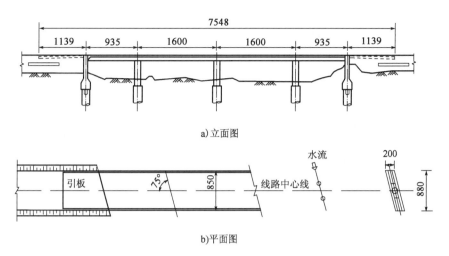

图 3-33 四九桥总体布置图(尺寸单位:cm)

四九桥的台后填土较高,桥台较高、柔度较大,而地质条件决定了必须采用桩基,而我国主要应用的是钢筋混凝土桩。这使设计者遇到了一个难题:如果完全照搬国外的设计方法,例如梁体变形完全由柔性墙来承担,则因桩的刚度太大使台与桩结合部易产生裂缝;如果变形完全由柔性桩来承担,则因台的刚度太大,台梁结合部也易产生裂缝。为此经过多次试算,提出了柔性墙和桩基相结合的新型整体式桥台,这样从上部梁体传递来的变形可以由两部分承担,对台身和桩基础均有利。该整体式桥台台身设计高 3.8m,厚 0.7m,台下设计为桩径 1.5m 的独桩基础,如图 3-34 所示。

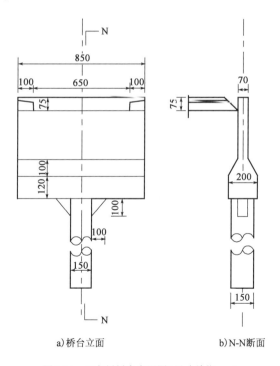

图 3-34 四九桥桥台布置图(尺寸单位:cm)

台后填土也是整体式桥台设计的关键之一。清远市处于雨量集中区,若台后填料的排水不顺畅,易加重二次沉降。因此该桥的台后填料选用透水性好的砂砾石,要求夯实度不小于95%,以期减少工后沉降,保证排水顺畅。

整体桥台后应设置引板,它与主梁、整体式桥台通过主筋相连接,随梁、台一起变形。为免除引板与接线道路的接缝,该桥将引板埋入台后填土之中,在其上直接铺设路面与桥台相接。

该桥建立了空间模型,研究引板坡度对变形传递和结构受力的影响。结果表明,对于接线路面而言,采用较长、较陡坡度设置的引板较为有利;对于结构而言,采用较缓坡度设置的引板对台梁结合部较为有利。结合四九桥桥位所处的实际情况,对该桥的台后设计了 11m 长的三段斜埋入式板与接线路面过渡,引板的斜坡良口一侧为 3%,汤塘一侧为 5%,并进行了分析比较。对于路面应力较为集中的引板末端和铰缝位置,易发生裂缝,为此在引板上方设置了两层土工格栅,防止反射裂缝的发展,如图 3-35 所示。

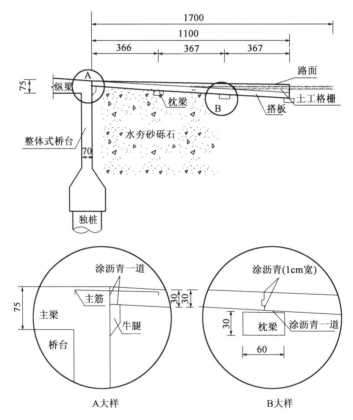

图 3-35　四九桥台后引板构造图(尺寸单位:cm)

四九桥建成通车以来,经过多年的运行,桥台使用情况良好,桥面平顺,未发现任何开裂和跳车现象,行驶感觉良好,且免除了伸缩装置维护、更换的烦扰。

3.5.2　半整体桥

3.5.2.1　浙江湖江贯边桥

浙江湖州贯边桥建成于 2012 年,全长 117.08m、总跨径为 112m,设计跨径采用 7×16m,

斜交角30°。桥梁上部结构采用后张预应力混凝土空心板、先简支后连续结构体系,下部采用桩柱式墩台。桥下净空满足泄洪断面要求。贯边桥的纵向立面图如图3-36所示。桥台构造见第4.2.2节。

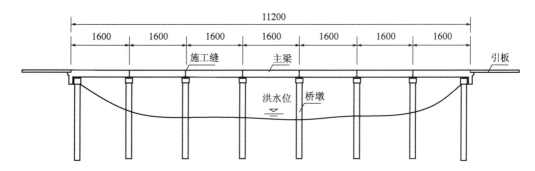

图3-36 湖州贯边桥立面(尺寸单位:cm)

引板结构形式是一端支承在台背上,另一端支撑在路基枕梁上,防止或减少引板的非均匀沉降。引板通过连接钢筋与主梁连接,保证引板不脱离桥端,同时取消了伸缩缝装置。具体的构造如图3-37所示。

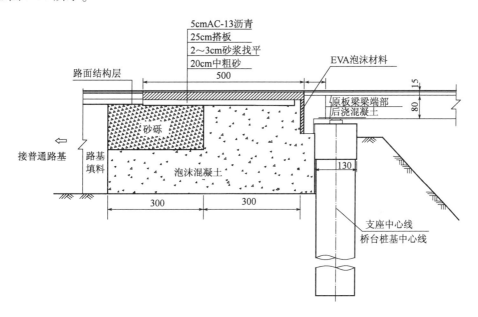

图3-37 湖州贯边桥桥台与引板构造(尺寸单位:cm)

这个桥台设计有两个特点:

(1)引板与桥端处用X形钢筋将梁端和引板联系起来,在温度引起的纵向位移作用下上部能形成一个铰,保证轴力和剪力的传递,同时可防止引板与桥端的脱离;

(2)台后用阶梯式泡沫混凝土,使梁端传来的纵向变形可被有效地吸收,并可减少汽车荷载对路基材料刚度突变的负面影响。

为了研究引板在温度变形下板底材料种类的影响,通过埋入振型式应变片进行了现场实测,具体布筋及测点等如图 3-38 所示,同时,进行了有限元参数分析。研究结果表明,无论斜交角为多少(0°除外),引板的最大应力都发生在近桥端上层钝角处,故在对引板的设计时,该位置的角部钢筋的配筋率大于其他角部的加强钢筋,保证引板使用的耐久性。另外,基层为沥青碎石基和水泥碎石的引板在温度荷载作用下最大应力差别不大,从经济性考虑,对于浙江湖州贯边桥,使用水泥稳定碎石基层是较为合理的选择。当选用砂土作为垫层时,引板应力能较大程度地减小,故在进行半整体无缝斜桥的设计时,宜在引板下方选用砂土作为其垫层。

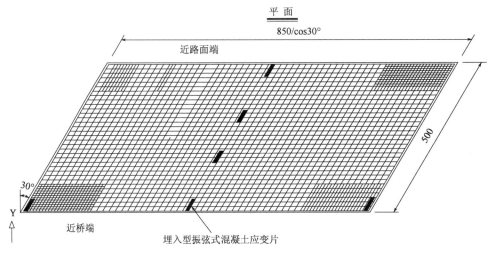

图 3-38 引板钢筋及应变计布置图(尺寸单位:cm)

3.5.2.2 江苏苏州钱泾河桥

江苏苏州钱泾河桥为一座半整体桥,于 2010 年改造建设完成。该桥为 $3 \times 13\text{m}$ 混凝土空心板梁,桥梁全长为 42m、桥宽为 26m,设计荷载为公路 I 级。桥梁上部结构采用后张法预应力混凝土空心板、先简支后连续结构体系,下部采用桩柱式墩台。桥台采用组合式半整体桥台,如图 3-39 所示。

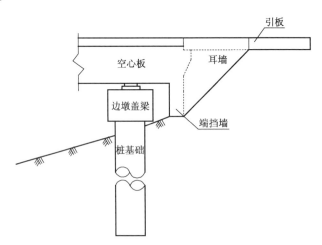

图 3-39 钱泾河桥桥台示意图

该桥台结构相比常规桥台结构,主要特点如下:

(1) 取消常规桥台背墙,在主梁端部设置端梁,主梁与端梁刚性连接;
(2) 与常规桥台将耳墙设置于台帽两侧不同,耳墙设置于端挡墙两侧;
(3) 引板以一定斜率斜置于台后填料中;
(4) 主梁支点到端挡墙边缘的距离与主梁跨径及汽车荷载有关,主要依据主梁端部在荷载作用下的位移量确定。

上述的端挡墙的尺寸、引板长度及倾斜角度跟桥位处的年温差、桥梁长度、台后填料类型相关,总趋势为桥梁长度越长、温差越大,则端挡墙高度、宽度及引板长度相应增大。

钱泾河桥的主要施工流程如下:
(1) 基础和桥墩、台的施工;
(2) 架设主梁;
(3) 浇筑桥面板,现浇主梁端挡墙;
(4) 完成台后填土,引板浇筑。

该类桥梁总体施工流程、施工方法与常规桥梁基本一致,其与常规桥梁施工方案不同之处主要如下:
(1) 桥台处在台后路基填筑预压完成后,需要开挖施工端挡墙;
(2) 引板采用倾斜设置,与常规引板平放布置也有不同;
(3) 桥面连续在桥台端墙施工前完成。

图 3-40 为钱泾河桥施工过程照片。

a) 耳墙施工

b) 端挡墙施工

c) 台后填土施工

d) 桥面现浇层施工

图 3-40 钱泾河桥施工过程

目前该桥在运营阶段总体情况良好,如图 3-41 所示,这表明半整体式桥台无缝桥是一种具有良好应用前景的桥梁。

3.5.2.3 美国 Belt 大道新桥

Belt 大道桥是纽约 Brooklyn 南边的 Belt 大道跨越海洋公园大道的一座桥。原桥因病害以及相连的四个环路都不符合标准而需要重建。为了提高桥梁的整体质量和耐久性,新建桥梁采用半整体桥。桥梁为 3 跨结构,跨径布置为 18.874m + 32.804m + 14.058m,宽 40.714m。桥梁的总体布置图如图 3-42 所示。

图 3-41 钱泾河桥照片

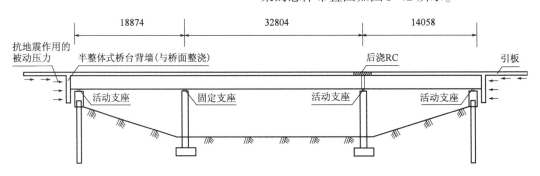

图 3-42 Belt 大道新桥总体布置图(尺寸单位:mm)

由于属于重建桥梁,为了减少对现有交通的影响,纽约市交通局在合同中规定了该桥施工对 Belt 大道交通影响的期限,超过该期限,承包商每天要支付 85,000 美元的违约赔偿金条款,以促进该项目尽快交付使用。为此,该桥大量地采用了预制构件。

上部结构采用一种称为 INVERSET™ 的结构,它先在预制场将两根钢梁和混凝土桥面板浇成一个 π 形组合梁,架设好后通过现浇桥面板间的接缝形成整体结构。主梁之间的间距通常是 1.82~2.44m,两边悬臂出 0.46~0.61m。考虑到桥梁的总宽度,设计时选择合适的主梁间距以保证桥面板单元易于施工。另外,应选择合适的主梁宽度,使接缝与固有的车道、桥梁维修、交通维护和两阶段施工所需的中心分界线对齐。为满足该桥有效使用寿命至少为 50 年的要求,纽约交通局指定桥面使用不锈钢钢筋。主梁和预制桥面板架设好后,将附加的纵向钢筋穿过预制桥面板两侧伸出的预留箍筋,现场浇筑纵向后浇带连成整体。采用现浇混凝土连接,可以减小相邻桥面单元的高差,使行车桥面平整,如图 3-43a)所示。

在常规的钢—混凝土组合梁中,先架设钢纵梁并在纵向连接成连续梁后,现浇混凝土桥面板,以实现墩上桥面的无缝化。但采用 INVERSET™ 的上部结构,因为桥面板与钢梁为预制结构,如果实际桥面板的长度超过了跨长,那么现场拼接钢纵梁是行不通的。因此,混凝土桥面板的长度要小于实际跨长,而钢纵梁要有足够的长度跨越整个跨度并延伸到墩上。所以纵桥向的连续化是在钢纵梁现场拼接后,绑扎附加钢筋并浇筑桥面板的横向后浇带混凝土,实现桥面的连续整体化,见图 3-43b)。

a) 纵向接缝　　　　　　　　　　　　　b) 横向接缝

图 3-43　Belt 大道新桥桥面板现浇带

该桥由于施工工期非常紧张,施工时采用了快速施工技术(Accelerated Bridge Construction,简称 ABC)。为了节省预制梁板装配与调整的时间,在 Fort Miller 预制构件加工厂进行了上部结构足尺实体试拼装,如图 3-44 所示,大大加快了施工进度,减少了施工可能出现的问题。

Belt 大道新桥桥墩为多柱排架。桥台为全高桥台,将锥形管桩与盖梁浇筑在一起作为支撑。采用直径为 406.4mm 的锥形管桩基础,是为了解决土层中可压缩有机层的低承载力和不稳定性问题。在盖梁周围建造 T 形翼墙以维护

图 3-44　Belt 大道新桥在预制场进行试拼装

桥台周围的路基。T 形翼墙施工快速,每个的建造时间大约为 5 天,且适于分阶段施工,具有灵活性,能适应现场的非均质岩土工程条件。桥台管桩必须精确定位以防止 T 形翼墙偏位。

上部结构在活载作用下按连续结构设计,固定支座的桥墩需用斜桩来抵抗地震力。西边桥墩选用固定支座,因为在新桩和旧桩之间存在较大间隙,故最适合于斜桩。

为了减轻施加在这个桥墩的高地震力,采用了跨越式节点的半整体桥台。这种构造可使端横梁(背墙)经受来自其后的被动土抗力,可抵消部分地震力,从而减少作用在固定支座桥墩上的地震力。端横梁与跨越台帽的桥面板浇筑在一起。桥头引板搁置在外伸桥面与端横梁交界处的牛腿上,见图 3-45。这样就可以消除常规桥梁此处的伸缩缝和伸缩装置,避免渗漏带来的桥梁支座严重破坏和纵梁位置的偏离。施工完成后的 Belt 大道新桥见图 3-46。

图3-45 美国Belt大道新桥背墙和桥面板整体浇筑

图3-46 建成的美国Belt大道新桥

3.5.3 延伸桥面板桥

3.5.3.1 河北柳儿营(马义线)立交桥

河北省石安高速改扩建项目第KJ-8标段高庾互通CRK35+571柳儿营(马义线)分离式立交桥(简称柳儿营无缝桥),上部采用3×20m预应力混凝土组合箱梁;下部采用柱式桥墩、柱式台,钻孔灌注桩基础。设计荷载:公路-Ⅰ级;桥面宽度:2×净-17.25m(34.5);设计洪水频率:1/100;环境类别:Ⅰ类,地震动峰值加速度系数:0.15g(地震烈度Ⅶ度)。柳儿营无缝桥总体布置图如图3-47所示。

该桥原设计为有缝桥。由于工期紧,将其改为无缝桥时,尽可能保持原设计,主梁预制部分、桥墩及其基础部分、桥台基础部分均保持原设计,桥梁仍为连续梁。无缝桥设计的主要变化是将桥台改为外伸式延伸桥面板桥台,桥台搭板改为引板。该桥设置了引板和过渡板及其相应的两道枕梁,所接道路为沥青混凝土路面。桥台处无缝化构造与南三路相似,详见第4.3.2节介绍(图4-53)。

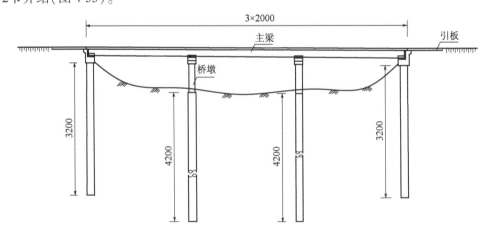

a)立面布置图

图 3-47

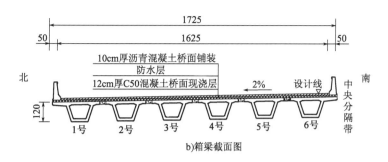

图 3-47 柳儿营无缝桥总体布置图(尺寸单位:cm)

桥台为埋置式桥台,为了减小台后填料的沉降同时保证排水顺畅,在台前护坡及台后 10m 范围内的填料采用砾砂土填充。

建成后的柳儿营无缝桥照片见图 3-48。该桥是河北省石安高速改扩建项目的两座无缝桥之一。两座桥的桥台与引板设计相似。另一座桥——南三路桥,在建设期间与建成后一段时间内,福州大学对该桥进行了监测与观测,对所获得的数据开展了分析,详见文献[105]的介绍。

图 3-48 柳儿营无缝桥建成后的照片

3.5.3.2 云南李和村桥

李和村桥位于云南省安宁至晋宁高速公路第 8 合同昆阳段,桥梁中心桩号为 K32 + 500,斜交角为 20°。原设计为 4×20m 预应力简支空心板简支、桥面连续桥,按常规方法设计。下部结构为桩柱式桥台、桥墩,钻孔桩基础;设计荷载为公路 - Ⅰ级;桥梁全长 86.68m。

定为无伸缩缝试验桥后,在原提交的施工图设计基础上做了局部修改。主要技术指标中,桥面连续改为结构连续,预制空心板的构造长度、预应力筋长度、纵向预留钢筋长度及直径等均做了相应的调整。搭板改为引板,跨过桥台,板长 8m。

李和村桥的全桥布置如图 3-49 所示,桥台及台后构造如图 3-50 所示,建成之后的桥梁如图 3-51 所示。该桥在文献[33]中称之为半整体(无缝)桥,根据本书的定义,它应是一座延伸桥面板(无缝)桥。

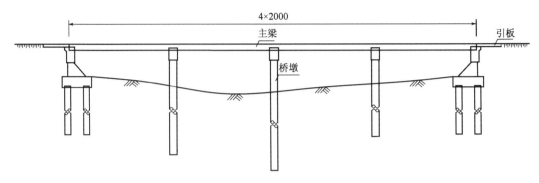

图3-49 李和村桥立面布置图(尺寸单位:cm)

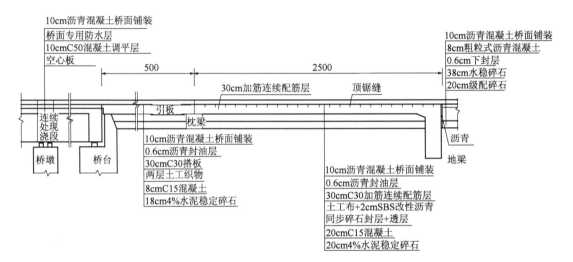

图3-50 桥台及台后构造(尺寸单位:cm)

图3-51 李和村桥照片

第4章 无缝桥桥台

无缝桥的关键是取消桥台处的伸缩装置,因而桥台的结构设计与构造处理非常重要。本章分别对整体式桥台、半整体式桥台和延伸桥面板桥台的结构与构造进行介绍。台后填土、挡墙、排水系统等也是桥台的重要组成部分,放在下一章介绍。无缝桥的桥台、桥墩多采用钢筋混凝土结构,桥台、桥墩基础可采用刚性扩大基础、桩基础等,其细部构造要求与设计验算与一般有缝桥的相关结构相同,本书不作详细介绍。

4.1 整体式桥台

桥台或者说桥台节点是整体桥中最关键的构造。这一部分的构造目前并没有标准化的设计图样。自整体桥应用以来,已出现了各种各样的桥台节点。目前有些地方根据自己的实践与工程经验,总结推荐了一些节点的形式,列入指南或标准中,供当地修建整体桥时采用或参考。

整体式桥台主要有三种结构形式。第一种是采用柔性(桩)基础、刚性台身的形式,这种形式采用单排柔性桩,水平变形能力强;第二种是刚性基础,柔性台身,在城市通道桥或箱涵中有所应用;第三种是低矮刚性基础、刚性台身的桥台,通过在基底设置滑动层来实现主梁的伸缩。第一种形式应用最多,是本节介绍的主要内容。

由3.1节可知,整体式桥台根据端墙与桩帽之间的连接方式可分为刚接式和半刚接式两种,绝大多数采用的是刚接式,如图3-2所示。以下在给出国内外的应用情况时,除非特别说明,均为刚接整体式桥台。

4.1.1 国外桥台构造

4.1.1.1 美国加州

美国加州常用的整体式桥台的设计细节和标准尺寸如图4-1所示。路堤边坡与梁底间的最小净空距离为0.613m(2ft),通常取0.914m(3ft),给检查人员以足够的检查空间。与桩相连的整体式桥台底部需要嵌入路堤至少1.067m(3.5ft)。连续铺设透水回填材料与排水系统(透水材料和穿孔排水管)要安置在桥台背后。设置排水孔和采用土工复合材料的排水方法可用于无结构性引道层的整体式桥台中。桥台处路堤边坡通常限制在1:1~1.5:1,或更平缓。

4.1.1.2 美国纽约州

纽约州的整体桥要求桥台必须由单排桩支承,以适应因温度变化而产生的上部结构的平动位移和桥台底部产生的旋转位移。当桥长为50m(165ft)以上时,要使H型钢桩的弱轴与桥梁的纵向中心线垂直。观察发现,就使用性能而言,现浇混凝土桩和钢桩区别不大。另外,纽约州对整体桥桥长的上限值为140m(460ft)。图4-2是典型的预应力混凝土主梁和钢梁的整体式桥台构造详图。

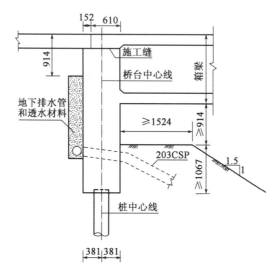

图4-1 美国加利福尼亚州整体式桥台构造图(尺寸单位:mm)

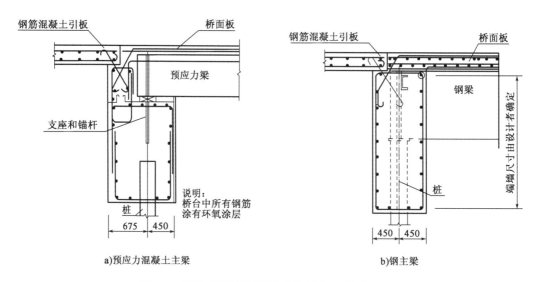

图4-2 美国纽约州整体式桥台的构造图(尺寸单位:mm)

4.1.1.3 美国宾夕法尼亚州

图4-3是宾夕法尼亚州的典型整体式桥台构造图。桥面板上的纵筋要求尽量延伸进入至背墙,最小762mm(30in)。主梁纵筋没有要求穿越背墙,除非是斜桥。桥台背墙是在竖向荷载和水平荷载共同作用下进行设计的。要求设计箍筋来抵抗作用在桥台上的竖向剪力。L形钢筋用来传递桥台与上部结构的连接弯矩。

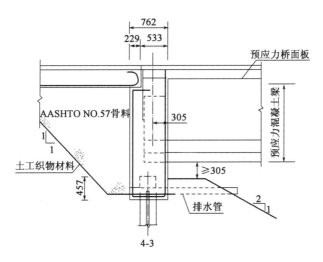

图4-3 美国宾夕法尼亚州整体式桥台构造图(尺寸单位:mm)

4.1.1.4 美国田纳西州

田纳西交通部建议采用矮柱式或桩帽式的桥台(图4-4),因为这种结构具有足够的柔度和抵抗循环温度位移的能力。同时,强烈建议采用单排竖向桩,以便获得足够的柔度来适应温度循环位移。

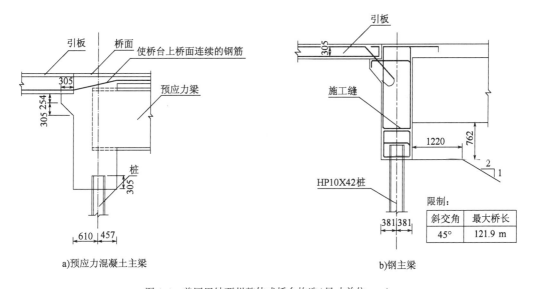

a)预应力混凝土主梁   b)钢主梁

图4-4 美国田纳西州整体式桥台构造(尺寸单位:mm)

对桩头固结的情况,桩的弱轴受弯有利于桩头的弯曲变形和减小翼缘屈曲的可能性。如果用桩的强轴受弯,也可以限制桩的横向总位移。若细部构造设计得合理,无论桩是弱轴受弯或还是强轴受弯,都可以满足要求。

对于钢桥或钢-混凝土组合桥,在浇筑混凝土将上部结构和桥台连成整体前,钢梁的下翼缘先要用螺栓与桩帽连接。通常用双螺母(翼缘的上方和下方)螺栓锚接,因为它能较好地控制梁的水平度,从而可降低桩帽上支座位置的安装精度。由于钢结构比混凝土结构对温度更敏感,故建议桥台前排钢筋应贯穿纵梁的腹板。

4.1.1.5 美国其他州的一些整体式桥台节点构造

图4-5~图4-10所示的是美国其他一些州提出的整体式桥台节点的构造,具体可到美国各州的交通部(DOT)网站上查询。

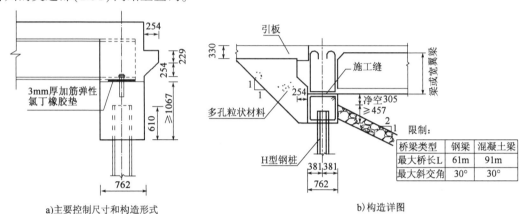

图4-5 美国伊利诺伊州整体式桥台构造图(尺寸单位:mm)

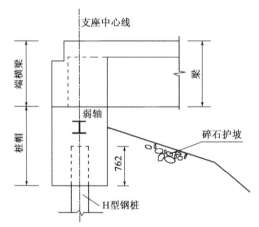

图4-6 美国明尼苏达州整体式桥台构造图

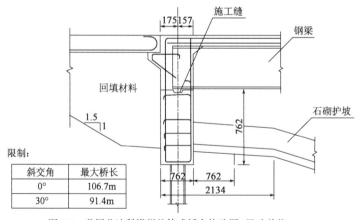

图4-7 美国北达科塔州整体式桥台构造图(尺寸单位:mm)

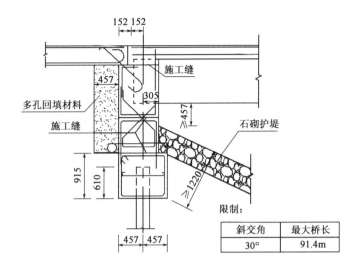

图 4-8 美国俄亥俄州整体式桥台构造详图(尺寸单位:mm)

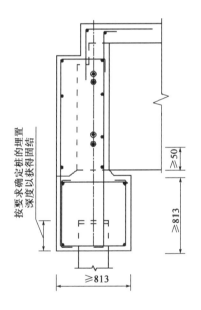

图 4-9 美国俄勒冈州整体式桥台构造图
(尺寸单位:mm)

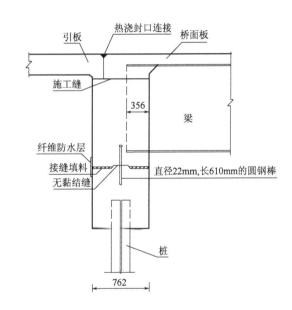

图 4-10 美国弗吉尼亚州钢桥整体式桥台构造图
(尺寸单位:mm)

4.1.1.6 其他国家部分整体式桥台构造

加拿大安大略省要求选用钢或者预应力混凝土纵梁,长度要在150m以内。目前正在使用的最长整体桥为149m。该省规定桥台桩基础只能用H型钢桩。长度小于25m的桥梁可以采用刚性基础,条件是在桥台与基础的交界面需要设置一个铰。因此,这种桥台属半刚接整体式桥台。

台背回填要求采用颗粒状材料。桥台引板直接搁在桥台上。图4-11为安大略省的整体式桥台图。

图4-12、图4-13分别列出了罗马尼亚和澳大利亚整体式桥台的构造示例,其中图4-12所示的为半刚接桥台。

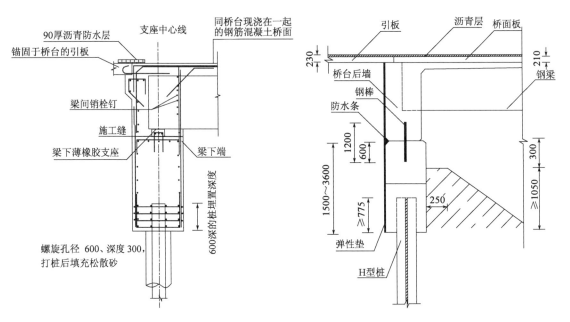

图4-11 加拿大安大略省整体式桥台构造图(尺寸单位:mm)　　图4-12 罗马尼亚整体式桥台构造图(尺寸单位:mm)

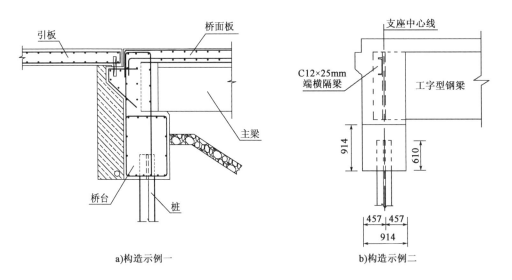

a)构造示例一　　　　　　　　　　b)构造示例二

图4-13 澳大利亚整体式桥台构造图(尺寸单位:mm)

图4-14是马来西亚Kampung Paloh整体桥桥台背墙钢筋的照片。该桥位于怡保的Jalan Leong Boon Swee,是一座城市桥梁,单跨,跨径55m,桥宽25m。采用了10片预制U字形UHPC梁(Dura UBG2000-55m)。整体式桥台,基础为30cm微型桩。钢筋笼碎石护岸。该桥为旧桥拓宽、重建项目。2018年在建。先建拓宽部分的半幅,既有桥梁维持交通。再拆除旧桥,修建另半幅,新建的半幅维持交通(http://dura.com.my/completed-projects/)。

图 4-14 马来西亚 Kampung Paloh 整体桥桥台背墙钢筋照片

4.1.2 桥台桩基础

4.1.2.1 概述

(1) 桩基础设计原则

在整体桥设计中,为减小上部结构纵桥向伸缩变形受到桥台及其基础约束而在结构中产生较大的附加应力,设计中采用的主要措施有:①使用柔性桩;②将桩置于扩孔或套管内;③桩与桩帽采用钢棒(销)接;④桩的端部通过构造细节处理成可以滑动;⑤在台后放置柔性可压缩材料。采用半刚接桥台或销接桩是减小桩身弯矩的最有效方法。

整体桥两端桥台及其基础设计一般采用对称结构。然而,当两端地形地质条件变化较大时,也可以采用非对称结构,并通过结构的设计协调两端的抗推刚度,如基础较深一端采用刚度较大的桥台与基础,基础较浅一端采用柔度较大的桥台与基础。桥梁两端桥宽不同,也会影响桥梁上部结构变形在两端的分配,台后填土的密实度、含水量等,也会影响。除了通过桥台及其基础非对称设计加以协调外,还可以利用引板的不同刚度进行协调,详见下一节介绍的 Z 形引板。

(2) 桩按受力分类

从受力性能来说,美国整体式桥台的基础主要有(桩头)固定桩(Fixed-head pile)、(桩头)销接桩(Pinned-head pile)、铰接桥台(Hinged abutment)、嵌固套管桩(Fixed-base and sleeved pile)、嵌固预钻孔桩(Fixed-base and prebored hole)等。

固定桩最为常见,前面介绍的桥台示例以固定桩为主;当桩抗弯刚度较大时,可采用铰接桥台(图 4-10、图 4-12),上部结构的弯曲变形不传递给桩,桩也不约束其转角变形,减小了上部与基础的弯矩次内力。当桥台较低难以在桩帽与台身间设铰时,可在桩顶与桩帽间设铰,称为桩头铰接桩。

铰接桩在桩顶提供了转动能力,会降低桩的刚度,但桩在横向变位作用下的弯曲曲线由两段曲线减小到一段曲线,桩身的弯矩也相应下降。桩在横向变位作用下的受力是无缝桥应用中的主要问题,所以采用桩顶铰接桩,可以扩大无缝桥应用于桩较短或桥更长的桥梁中,对于弯桥、斜桥无缝桥,其受力性能也会得到改善。

铰接桩的具体构造,以图4-15所示的钢管混凝土桩为例予以说明,它也可应用于H型钢桩。在埋入桩帽的范围内,在桩周设置弹性材料包住桩身。桩顶上设置两块可相互滑动的钢板,以减小桩在转动时的应力集中。一块焊在桩顶,另一块通过预埋件预埋在桩帽中。在设计中,桩周的弹性圈的弹性模量要低,以提供转动能力,同时由于应变较大,它还应有在反复变形作用下适应这些大应变的能力;可采用用于支座的弹性材料,如橡胶。此外,弹性圈还应有一定的厚度,初步研究表明,最小厚度不应小于2cm。

文献[109]给出了美国爱荷华州一个铰接木桩的构造(图4-16)。在切桩头后,桩顶向下的1m范围内用二层毡布包裹住,桩顶上垫有至少25mm厚的氨基甲酸乙酯或泡沫塑料并延续到桩顶往下75mm。销(铰)接预应力混凝土桩的构造与铰接木桩相似,只不过桩顶上的柔性材料可能会更厚些,如50mm。

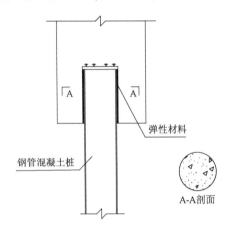

图4-15 铰接钢管混凝土桩构造示例图

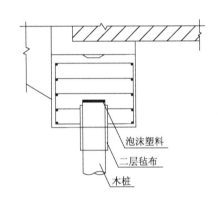

图4-16 铰接木桩构造示例图

当桩的水平抗推刚度较大时,可通过套管、预钻孔等方法进行弱化,这方面的做法将在后续的介绍中给出。

(3)桩按材料分类

美国应用于整体式桥台中的基础从材料与构造形式来说,主要有H型钢桩(Steel H-pile)、预制预应力混凝土桩(Precast prestressed-concrete pile)、钢管混凝土桩(Concrete-filled steel tube pile, Steel encased concrete pipe)、薄壁钢桩(Metal shell pile)、复合型H型钢桩(或W型钢桩)桩(Combined H-pile or W-section drilled shaft)以及木桩、板桩和浅基础(Timber pile, sheet pile and spread footing)等。

美国的整体式桥台基础以单排柔性的H型钢桩为主,美国与欧洲等也有采用预制预应力混凝土桩的,我国则以钢筋混凝土桩(尤其是钻孔灌注桩)为主,后面这两种都可归入混凝土桩,基本工作原理相近。所以本节后面将按H型钢桩和混凝土桩进行介绍。这里仅对其他较少采用的基础进行简介。另外,随着超高性能混凝土(UHPC)材料应用的发展,UHPC桩将来也可能会得到应用,本书的第8章第4节将会对其进行介绍。

在保证竖向承载力的前提下,弱化基础刚度的一种方法是采用高强度的小截面桩插入下部大截面桩(图4-17),国外称为Stabbed-Shaft Foundation,这里暂称为插杆复合桩或阶梯桩。当桥梁周边的建筑物对振动敏感,或无法用H型钢打桩时,可采用这种方法。先施工钻孔灌注桩,在桩顶段用 H 型钢或 W 型钢桩插入灌注桩,形成插杆复合桩基础,能为整体式桥台提供足够的柔性而又不要用打入桩。在这种基础中,H 型钢或 W 型钢桩被视为框架柱。

钢管混凝土在我国建筑结构的柱子、拱桥的拱肋、桥墩等得到了广泛的应用,但用于桩基础还较少,在国外也不多见。它较之 H 型钢桩刚度大,所以在整体桥中应用也不多。我国浙江的绍诸高速公路富盛互通连接线金家岭河 2 号桥为整体桥,上部结构为 3 跨 20m 预应力空心板,斜交角 15°,整体式桥台采用 4 个 $\phi 80cm$ 的钻孔灌注桩,其中桩顶部分约 10m 长范围内外包 Q235 薄壁钢管,形成钢管混凝土桩,以适应这部分弯矩较大的需要,避免混凝土桩开裂带来对耐久性的不利影响[8]。木桩在国内外现代桥梁中应用均不多,薄壁钢桩在欧洲有所应用,但在美国应用较少,我国也几乎没有应用,浅基础的整体式桥台仅在英国等少数国家有所应用(见第 3 章介绍)。

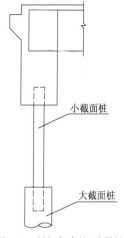

图 4-17 插杆复合桩(阶梯桩)构造示例图

4.1.2.2 H 型钢桩基础

美国 2004 年对无缝桥的调查显示,整体式桥台中采用钢桩的达到 70%,内华达州和夏威夷州表示,除了钢支承桩(H 型钢桩、钢管桩)、摩擦桩和刚性扩大基础外,他们正在使用钻孔桩作为整体式桥台的支承桩。

值得注意的是,即使钢支承桩是整体式桥台最常用的基础形式,但对钢桩的朝向(图 4-18a))并没有达成共识:33% 的州选择使桩绕强轴弯曲,46% 的州选择绕弱轴弯曲,8% 的州则取决于工程师的判断,而 13% 的州没有提供信息或者由于选用的是完全对称截面的桩而认为不存在朝向问题,见图 4-18b)。这种桩方向的不一致性表明进一步研究的必要性。

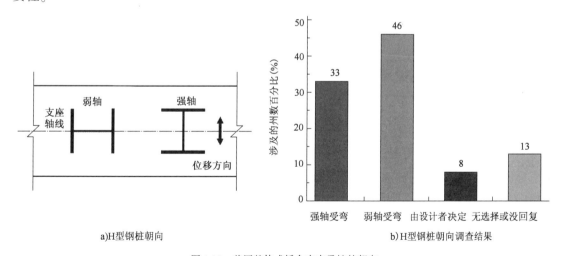

图 4-18 美国整体式桥台中支承桩的朝向

之所以桩的朝向问题并没有取得统一的看法,是因为二者各有其优缺点,主要是看实际桥梁的情形与工程师的考虑。当桩的弱轴方向与桥轴线垂直(弱轴受弯)时,其抗弯刚度小,变形能力强,主梁所受的轴向约束就弱,所产生的附加轴力就小,但其抗弯和稳定承载力也小;反之,当桩的强轴方向与桥轴线垂直(强轴受弯)时,其抗弯刚度大,变形能力小,主梁所受的轴向约束就强,所产生的附加轴力就大,但其抗弯和稳定承载力也相应较大。因此,桩朝向的选择,应视桥梁设计中的控制因素而定。当桩较短刚度较大、梁的附加轴力起控制作用时,应选择弱轴方向与桥轴线相垂直;而当桩较长、桩的承载力起控制作用时,应选择强轴方向与桥轴线相垂直。对于整体式斜桥,许多地方均采用强轴方向与桥轴线垂直(强轴受弯),因为桩的受力较大,且要控制梁体在土压力作用下的水平转动倾向,具体见第8章第2节的介绍。

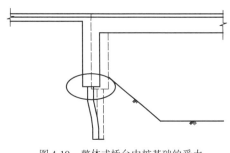

图4-19 整体式桥台中桩基础的受力

整体桥中的桩基础除了要承受竖向力外,还要承受主梁纵桥向变形产生的弯曲作用,这将在桩中产生很大的弯曲应力,最大的弯矩应力将在桩顶与桥台的固结处,如图4-19所示。

英国桥梁设计手册认为,桩应能适应支承有轴向荷载的桥台的侧向位移和转动,同时能支承因桩运动和地面运动产生的水平力。斜桩不能用在有水平位移的基础中。

美国伊利诺伊州桥梁设计手册提出,桥长小于61m(200ft)的桥梁建议用钢桩,桥长在61m(200ft)至137m(450ft)之间的桥梁,则要求用钢桩,同时要求桩埋入承台至少0.61m(2ft)。带有金属外套的非预应力混凝土桩(直径0.305m或1ft)可用在长度小于27.4m(90ft)的桥梁中。当桥长大于61m(200ft)时,直径为0.305m(1ft)的预制桩或直径为0.356m(14in)带有金属外套的非预应力混凝土桩就足够了。如果存在硬土层,那么在H型桩护壁周围或在带金属外套桩的0.914m(3ft)范围内必须填以0.152m(6in)厚的颗粒状材料。

美国新泽西州认为,整体式桥台宜由单排桩支承;跨径不大于50m(165ft)的整体式桥台结构可以采用现浇混凝土桩、空心钢管桩(最小壁厚6mm)、预应力混凝土桩或者H型钢桩。跨径超过50m(165ft)时,应以H型桩弱轴抗弯。基础(桥台)底部下2.5m(8ft)深度范围内要预扩孔,以适应桥跨30m(100ft)以上桥梁的温度膨胀变形需要。桩的入土深度取决于温度变形大小、埋置于混凝土台帽内桩的塑性抗弯能力、桩承载能力和背墙的抵抗被动土压力能力等。有效长度小于5m(16ft)的桩不一定具有足够的柔度来吸纳上部结构的纵向位移。

美国纽约州规定当整体桥长度超过30.5m(100ft)时,每根桩都必须插入桥台底部下2.5m(8ft)深度范围内的预扩孔内,以适应桥梁的温度膨胀变形需要。所有的桩要求打入至少6m(20ft)深,以提供冲刷保护和横向支承。钢结构整体桥要求每根纵梁的一端最少要有一根桩支承,而且通过焊接承载板将所有纵梁互相连接起来。如果混凝土灌注流程符合要求,现浇混凝土桩也可以使用。桩设计承受正常的竖向荷载,忽略上部结构与桩顶之间的任何固结效应,同样,假设上部结构简支于桥台上,并可按常规方法设计。

当岩石基础较浅采用嵌固桩时,基岩需预钻入一定的深度,用混凝土将H型钢桩锚固于基岩中。在整体桥中,嵌层深度应满足上部结构伸缩变形产生桩底弯矩的承载力需要。当桩长较短时,设计者要考虑桩的延性是否能满足塑性变形的要求。

嵌固桩的桩长一般较摩擦桩短,刚度也大,在整体桥中可通过套管、预钻孔等方法进行弱化。当桥台较低时,可能桥台本身不设挡土结构,而采用加筋土(Mechanically stabilized earth,简称MSE)挡墙,这样无法采用预钻孔法,可以采用套管法,将其置于波形金属管(Corrugated-metal pipe，简称 CMP)内，这一段的长度至少要大于二倍的桩径，以防止桩的变形对加筋土施加压力，图 4-20 为一个套管桩整体桥的施工照片。

图 4-20 套管桩施工照片

美国佛蒙特州要求钢桩采用 50 级钢材(相当于我国 Q345 钢)。桩的自由长度应当不大于 6.7m (22ft)，而且梁端的非组合截面恒载旋转角应限制在 0.02rad 以内。对通常的梁-板系统，每个桥台的桩数应与主梁根数一样，桩距与梁距相同。设计者可以使用数目少但承载力高的桩，以节省建设成本。对于作为单桩设计的 H 型桩，最小的桩间距应不小于 127～254mm。桩距较小的桩要当作群桩来设计。每个桥台应至少有 4 根桩。

在打桩困难或土质较硬时，可采用预钻孔(Prebored-hole)法施工和扩孔桩构造，见图 4-21。施工时，先预挖或预钻到桩帽底以下一定深度(如 2.5m)。预挖或预钻的孔大于实际的桩尺寸，美国 Iowa 州常采用两倍于桩截面宽的孔，孔深约 3m 左右。桩成型后在桩周边的孔内填入可变形材料，以避免空孔中塞入硬物和杂物而影响长期性能。

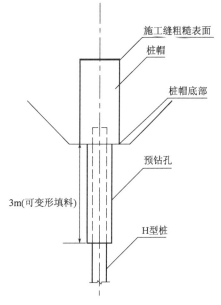

图 4-21 预钻孔桩

当桥台基础因竖向承载力需要采用多排桩时，也可以做成整体式桥台。它的工作原理与单排桩支承时一样，只是水平变形能力有所降低，设计时应按计算确定。

4.1.2.3 混凝土桩基础

地质条件差或出于经济考虑，国外整体式桥台也采用混凝土（钢筋混凝土桩或预应力混凝土）桩，我国则以混凝土桩为主。混凝土桩的刚度较大，相对于柔性钢桩，也可称之为刚性桩。为了增加混凝土桩的侧向柔度，可采用包布隔离法，即在浇筑桥台混凝土之前，在桩的顶部包以双层厚布，为桩顶和桩帽之间的竖向平面内提供一定程度的转动自由度。图4-22给出了一个实桥应用中的这种构造。然而，从实测得到的应变分布发现，这种连接方式并没有形成很大的转动自由度，因而它对混凝土桩侧向柔度增大的幅度有限，不能根本解决混凝土桩侧向刚度太大的问题。

另一种方法是扩孔法（图4-23），做法与钢桩中的扩孔法相似。对于打入桩，则称之为预扩孔法；对于钻孔桩，则称为扩孔钻孔法，即在桩上段的一定范围内钻孔的直径大于桩身的直径，待桩就位后，将桩周空隙填以可变形材料，如松散砂子、豆粒砾石、膨润土泥浆等。这样做的目的是减少土对桩的水平运动的约束，也即增加入土桩的水平柔度。美国阿肯色州交通部常采用这种方法。采用扩孔法的桩有更大的柔度和更小的应力，但由于扩孔部分不能考虑摩擦力的作用，因而桩长可能因竖向受力的需要而加长，引起造价的增加。因此，它较适用于基岩埋置较深的情况。总之，整体式桥台中采用混凝土桩，需要从性能与经济性两方面综合考虑，其水平刚度较大从而影响水平变形吸收的问题至今仍没有得到根本的解决。

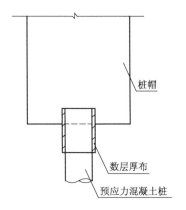

图4-22 某预应力混凝土桩包布隔离法构造

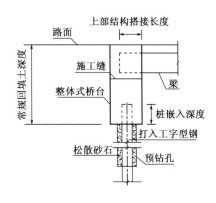

图4-23 预钻扩孔法构造

福州大学设计的上坂大桥采用的钢筋混凝土扩孔桩，见下一小节介绍。最近，福州大学又提出在扩孔中填入橡胶颗粒或高弹沥青等阻尼材料，以增加基础的柔性和耗能能力，提高抗震性能，形成扩孔减震桩。文献[115]对这种构造进行了模型桩试验和有限元分析，结果表明是可行的。

4.1.3 我国应用实例

4.1.3.1 福建永春上坂大桥

上坂大桥为整体桥，总体设计见第3.5.1.1节介绍，整体式桥台结构见图3-26，上桥台（端墙)与下桥台(桩帽)固结,中间留有施工缝,桩帽与桩头固结。图 4-24 所示为该桥桩帽的钢筋构造图。桩帽施工完成后,架设主梁。然后浇筑桥台与主梁之间的接头混凝土。在这之前,应先将预制梁体表面混凝土凿毛、洗净,主梁纵向主钢筋应伸入现浇混凝土内部。

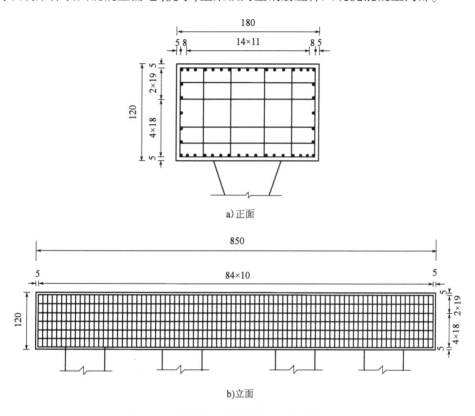

图 4-24 上坂大桥台帽钢筋构造图(尺寸单位:cm)

4.1.3.2 福建漳州锦浦桥

锦浦桥位于省道 208K250 + 040(中心桩号)处,是连接龙海与漳州的重要交通干道,桥长 52.8m,桥宽 2 × 0.20m(护栏) + 2 × 1.50m(人行道) + 26.60m(行车道) = 30.00m。上部结构为 3 孔钢筋混凝土空心板梁,标准跨径 16m。桥墩采用钢筋混凝土双柱式桥墩连接灌注桩基础,桥台采用埋置式桥台。设计荷载为汽 – 20 级、挂 – 100 级。经检测,该桥需进行加固改造。

由于锦浦桥的桥台为桩柱式埋置桥台,因此,决定采用整体式桥台进行桥台处的无缝化改造,桥台改造设计的配筋图如图 4-25 所示。

改造时,为保证主梁与桥台有效连接,桥台处主梁预制时,将梁端预留 30cm 作为现浇段,如图 4-26a)所示;同时主梁与桥台连接也考虑采用铰接形式。具体做法是去除下部支座及垫石,采用钢棒将上部结构与下部

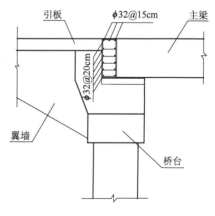

图 4-25 桥台处无缝化改造配筋示意图

桥台盖梁连接;在浇筑主梁现浇段前,先将钢棒植入桥台盖梁;并浇筑因支座及垫石取消而产生高差的混凝土,同时在梁底与盖梁顶设置一层4cm厚的橡胶衬垫,并在钢棒插入主梁范围内套一层4cm厚的橡胶套,从而实现钢棒与主梁间的转动,如图4-26b)所示。

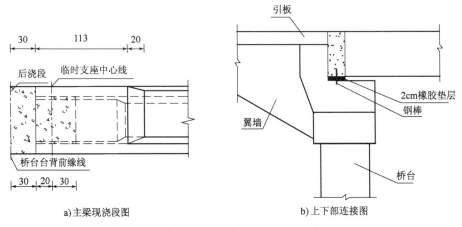

图4-26 桥台处无缝化连接示意图(尺寸单位:cm)

4.1.3.3 广东深圳马峦山大桥

马峦山大桥为新建整体桥,总体设计详见3.5.1.2的介绍。原设计的有缝桥桥台下接较大尺寸(5.2m×2m×17m)的承台,承台下布置双排共10根钻孔灌注混凝土桩(桩径120cm),如图4-27a)所示。变更为整体式桥台后,自上而下为台身过渡段、后浇段及支撑段,桥台下接

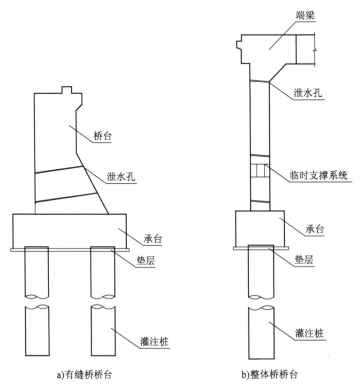

图4-27 马峦山大桥桥台构造图

较小尺寸(2.7m×2m×17m)的承台,承台下仅布置单排4根钻孔灌注混凝土桩(桩径150cm),并将桥台与上部结构浇筑一起形成整体结构,如图4-27b)所示。

4.1.3.4 湖南益阳至常德(益常)高速跨线天桥

益常高速跨线天桥采用11.4m+33.2m+11.4m3跨连续梁整体桥,边跨与中跨跨径之比为0.34,远小于一般连续梁的边中跨比。对于常规有缝桥,边跨与中跨跨径之比不能太小,以避免在端支座设置构造复杂、造价高、维护困难的拉力支座;当边跨跨径无法增大时,需要通过边跨压重等措施来解决。该桥由于采用的是整体式桥台,利用了桥台本身的重量克服端支座拉力,在取消伸缩装置的同时,还避免了加长边跨、压重等措施,降低了造价。

设计时选定桥台与梁铰接,桥台与基础则为刚接。端梁同时具有台帽的功能,设有耳墙、外露端横梁。台身为柔性拉压结构,为了不增加台背面积,又能选定台身合理刚度,台身设计为分离的薄壁。台身与梁端采用铰接,如图4-28所示。将台身向端梁伸入,以增加水分入侵的难度;通过交叉的钢筋,保护端梁与桩帽的竖向受力;在端梁与桩帽之间设置一层沥青砂,以允许梁相对于桩帽的转动。

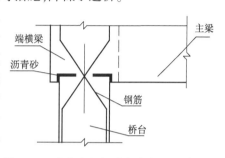

图4-28 益常高速跨线天桥桥台与梁铰接构造图

4.1.4 构造要求

整体式桥台采用混凝土桩时,基岩顶面至桩帽底的桩长与其直径或边长之比宜大于12,且宜在桩顶段不小于3.0m深度范围内采用包布隔离或扩孔填充等刚度弱化构造措施。

根据国外(特别是美国)的经验,整体式桥台采用H型钢桩时,可将钢桩弱轴垂直于纵桥向。从桩帽底算起,钢桩的埋置深度不宜小于3.5m或12倍长边的边长,自由长度不宜大于6.0m或20倍长边的边长。桩埋入桩帽的深度不应小于2倍长边的边长。

桩帽的平面一般为四边形,总宽度为路面宽+路肩宽+翼墙厚度(考虑斜交角和翼墙的具体构造)。桩的设计首先应满足竖向受力要求,然后考虑整体桥在温度变化作用下的受弯问题。对于桩数、桩长、桩帽等要求,应满足JTG D63相应的规定。虽然整体桥不设支座,但梁端处仍然是检修的重点,各州或各国对此采用不同的方法和细部构造。为了检修方便,一般要求台前路堤坡顶与主梁底的净空不小于0.60m。同时,为了边坡稳定,路堤边坡坡率宜缓于1:1.5。桥台底部嵌入路堤不宜小于1.1m,以避免桩基受到单侧土压力的作用。整体式桥台台背可设置盲沟,还可在台背设置一层透水性衬背。半刚接整体式桥台端墙与桩帽等接缝处宜采用密封止水措施。

整体式桥台的桥面板纵筋伸入桥台端墙的锚固长度应不短于35d(d为钢筋直径),钢筋的锚固构造应满足JTG 3362的要求。主梁为T形截面或箱形截面时,伸入端墙的锚固钢筋宜布置在腹板处,不宜布置在翼缘板中。端墙应设计箍筋来抵抗作用在桥台上的竖向剪力。

虽然假定桥面板简支受力并按简支板进行设计,但整体桥桥台处的桥面板要承受一定的端部弯矩。端部弯矩是通过在后续恒载和活载作用下的框架分析得到的。对整体桥上部结构钢筋在桥台端墙中锚固的规定,是为保证二者形成整体结构的需要。对于T梁或箱梁,锚固钢筋布置在腹板处而不是在翼缘板中,则是为了减小此处刚结的刚度,减小梁顶的负弯矩。

整体式桥台的端墙应完全包住主梁。端墙与桩帽之间可采用刚接或半刚接。刚接时,二者之间应按受弯需要采用连续配筋(图4-29a))。半刚接时,二者之间应设置变形缝和水平变形限位构造,限位构造可采用钢棒(图4-29b))。整体式桥台应进行施工时主梁临时支撑构造的设计。

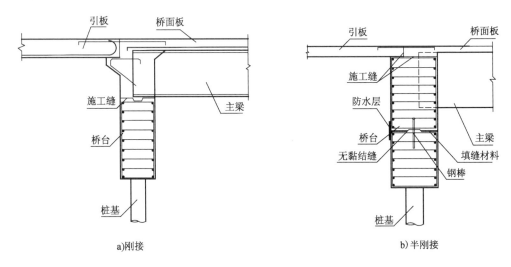

图4-29 整体式桥台连接构造

整体式桥台上部结构(端墙)与桥台(桩帽)及基础之间采用刚接时,因承受弯矩需要,二者之间应采用连续配筋。半刚接时,二者之间基本不传递弯矩,故不应进行连续配筋,也不应像传统有缝桥一样设置支座,但可设置变形缝以适应转角变形需要。铰接时,应有水平变形限位构造措施,否则此处的位移太大,就不是整体式桥台,而是半整体式桥台了。一般用销钉或锚栓进行水平限位,也常用钢棒。

整体式桥台采用桩基础时,施工步骤可分为先施工的桩帽和后施工的端墙。桩帽形成后安装主梁,再通过现浇的端梁将桩帽与主梁联成整体。施工时,主梁需要临时支撑,此支撑将埋入端梁中,故应进行设计。

4.2 半整体式桥台

由于半整体式桥台的主梁相对于桥台可以有转角,也可以有一定的水平位移,因此可以应用于桥台及其基础刚度较大的情况。但由于主梁与桥台之间均存在着缝隙,土体和水易侵入支座,影响支座功能的正常发挥和耐久性,再加上支座检查、维修与更换较之于常规的有缝桥更加不方便,所以这个问题成为半整体桥的关键。因此在端梁与桥台之间的缝隙要进行密封,密封的性能要能经受住周期性变化的温度作用下的往复变形和自然老化的考验。同时,为防止水分侵入,一般在台后填土中还要设置盲沟等排水系统。盲沟应设置于缝隙的下方,并从两侧引出桥台,排入路堤边沟中。

半整体式桥台下半部分及其基础的构造与一般桥台无大的差异,这里不再介绍。

4.2.1 国外桥台构造

与整体桥一样,半整体桥中桥台或者说桥台节点也是其关键的构造且目前并无标准化的设计。在半整体式桥台节点中,根据端梁与桥台的关系,可分为端墙悬挂式和平移式(支承式)两种。一般来说,悬挂式适用于伸缩量较大、总长较长的无缝桥,抗震性能也较好,但端墙悬出台帽使得附近台背回填土压实机械操作难度大,压实度较难保证。支承式适用于伸缩量较小、总长较短的无缝桥,同时在耐久性方面,水分较容易进入支座或滑移层,且要特别注意端墙底模不要在使用过程中起支座作用,使真正的支座被架空,从而结构出现病害。

在半整体桥设计时,具体采用何种形式、何种构造,需要结合工程实际情况进行多方面的评估分析,进行选择,并根据实际工程进行必要的改进。本节将介绍一些较为成熟的节点构造。

4.2.1.1 悬挂式

悬挂式节点中,端横梁跨越桥台结构,在与桥台结构之间留有一定的缝隙,使梁体在此处的水平位移不受约束或少受约束。端梁外伸下垂的部分对阻止台后水分进入支座部位起到很大的作用,对防止落梁也有利,对于提高半整体桥在地震与洪水灾害频发区的防灾能力有利。

图 4-30 ~ 图 4-32 是几个地区半整体式桥台常用的悬挂式节点构造,在端梁与桥台间隙中一般均须填塞可压缩的泡沫类材料,起防水作用,又能适应主梁一定的变形。端梁下方一般设置盲沟排水装置,有的还在桥台的后背粘贴复合排水构造。

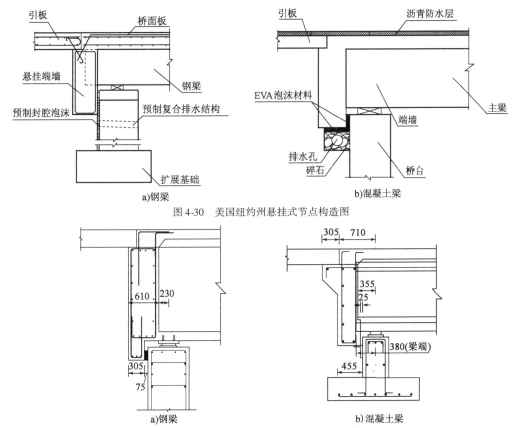

图 4-30 美国纽约州悬挂式节点构造图

图 4-31 美国华盛顿州悬挂式节点构造图(尺寸单位:mm)

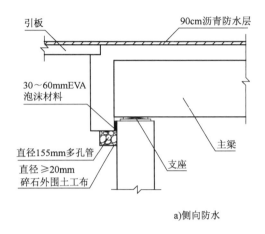

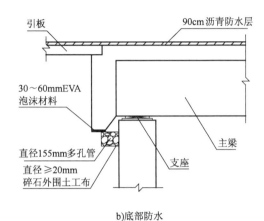

a) 侧向防水　　　　　　　　　　　b) 底部防水

图 4-32　加拿大悬挂式节点构造图

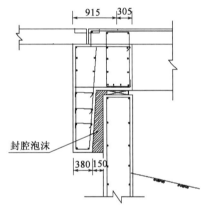

图 4-33　美国内华达州悬挂式节点构造图
（尺寸单位：mm）

图 4-31 和图 4-32 中，端梁向桥台下面伸出的长度均较小；而图 4-33 美国内华达州的半整体桥台节点的构造中，端梁向桥台下伸出的长度就比较长了。这样做的原因可能是为了更好地防止桥台后的渗水倒灌进入支座区，但很明显，这种做法同时加大了梁端在温升时产生的土压力，故不宜用于桥长较长的桥梁。

英国的无缝桥梁设计手册（BA 42/96, 2003）中还提到了一种带端挡墙的半整体式桥台（End Screen Abutment）。该挡墙仅起到抵抗土压力和传递纵向荷载的作用，竖向荷载则由离它较近（距离 2m 以内）的独立桥台支承，如图 1-29e)、f) 所示，它可以看成是此类滑移式节点的特例。

4.2.1.2　支承式

支承式节点中，端墙（端横梁）底在桥台台面之上而不跨越，端墙梁与桥台的背面在同一个竖直平面上。这种节点做法简单，受力明确，但止水和防落梁效果，较悬挂式的差，不适用于强地震区。现浇端梁时的底模在混凝土形成强度后要移除，不能让其起到支座作用，否则将影响主梁支座的正常发挥。台背处有时也设置盲沟排水装置，该装置有位于水平缝的上方，也有位于水平缝的下方，视端墙的高度与桥台的高度而定。

端墙与桥台之间的缝为水平缝，应在台背处进行封缝。由于主梁变形时端墙与桥台将形成错台，此封缝材料将受到反复的水平剪切变形，因而应具有很好的柔韧性且与台背和端墙背有良好的黏贴性。该封缝性能是此类半整体桥台的关键技术，常见的病害之一就是封缝的损坏引起的。由于封缝构造是否完好检测困难，所以封缝材料的耐久性和构造可靠性显得尤为重要。

支承式半整体式桥台可分为支座支承式（图 4-34a)）或滑移层支承式（图 4-34b)）。前者因支座滑动量大,适用于变形量稍大(桥长较长)的半整体桥;后者因滑移层滑动量较小,所以仅适用于变形量较小(桥长较短)的半整体桥。

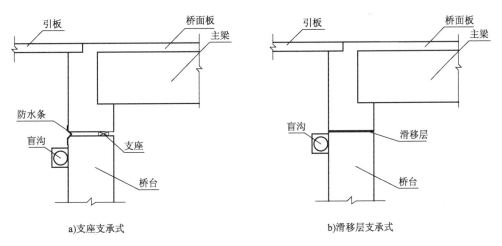

图 4-34　支承式半整体式桥台构造

图 4-35 和图 4-36 的节点构造中,端梁底面与桥台顶面均为平面,二者之间为主梁支座。端墙的宽度若比支座大,则周边宜用其他材料进行保护,但不能影响支座功能的发挥。由于支座均具有相当的高度,所以封缝材料的密封性、强度、可靠性均受到严峻的考验。图 4-37 中的封缝构造是通过密封条两端嵌入端墙背和台背的预留槽中,如能采用类似于第 2 章介绍的单缝模数式伸缩装置的镶嵌构造,则会有比较好的效果。

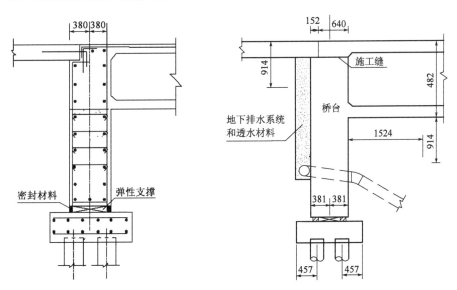

图 4-35　美国加利福尼亚州支承式节点构造图（尺寸单位:mm）

为了避免台后水直接进入支座,在一些支承式节点中,有意地将靠近台背一侧的端梁下伸或桥台上凸形成台阶状,有些类似于前述的悬挂式节点,如图 4-38～4-40 所示。对于这种构造,在端横梁与桥台相接处可采用弹性材料进行水平封缝,但一定要避免起到支座的作用。

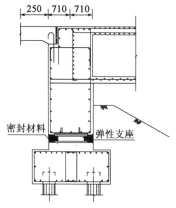
图 4-36 美国俄勒冈州支承式节点构造图(尺寸单位:mm)

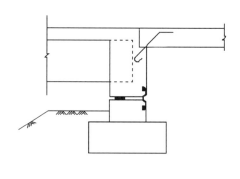
图 4-37 支承式半整体式桥台节点封缝构造图

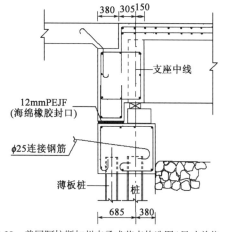
图 4-38 美国阿拉斯加州支承式节点构造图(尺寸单位:mm)

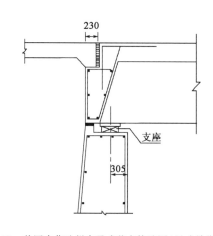
图 4-39 美国内华达州支承式节点构造图(尺寸单位:mm)

为了让梁体的转角变形时所受的阻力更小,图 4-41 所示的澳大利亚的半整体桥台中采用了弧形板扩展支座,同时在端横梁下支座凸形台阶之间加设了一道密封层,以加强节点的防水功能。

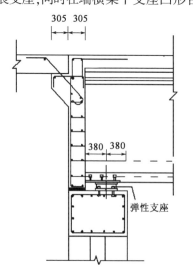
图 4-40 美国田纳西州支承式节点构造图(尺寸单位:mm)

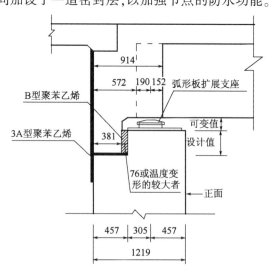
图 4-41 澳大利亚支承式节点构造图(尺寸单位:mm)

图 4-42 所示的英国半整体式桥台细部构造的一个实例,在排水及止水措施方面考虑得比较仔细,除了台背的密封外,在支座前方的桥台顶面上还设置了排水槽。

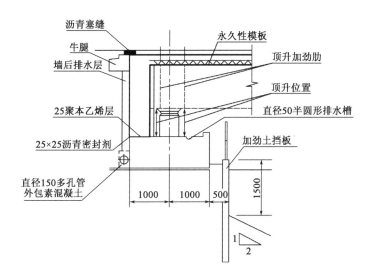

图 4-42 英国支承式节点构造图(尺寸单位:mm)

图 4-43 所示的是加拿大一种简易的半整体式桥台构造,端墙背面与桥台背面不在一个竖平面上,没有进行竖向的密封,而只是在端梁与桥台面之间用海绵橡胶封口。显然,它适用的水平位移量很有限,且海绵橡胶易老化、拉裂,从而降低或甚至失去止水的作用。因此,这种桥台仅适用于干旱地区、小位移量的半整体无缝桥。

还有一种无缝桥的桥台结构,介于整体式桥台与半整体式桥台之间,本书将其放在半整体式桥台这一节。这种桥台置于柔性基础(薄壁柔性台或桩基础)之上,但与主梁之间用弹性支承垫完全隔开,成为带有密封条和连接缝的独立台背墙的结构,如

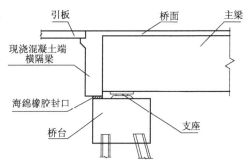

图 4-43 加拿大简易半整体式桥台

图 4-44 所示。弹性支承垫可以看成是上部结构的支座,有时置于端墙下端(图 4-44a));有时直接置于梁的下端,此时主梁无端墙(但有端横隔板)构造(图 4-44b))。弹性支承垫能传递一定的剪力,又可以有部分的滑移,所以,主梁变形较小时由弹性支承垫将水平力传递给桩使其变形;如果变形较大,则支承垫本身可以有部分变形来满足。美国阿拉斯加州就常用这样一种结构。

从这个构造可以看出,无缝桥的结构与构造富于变化,下一节的延伸桥面板桥台中也存在着介于延伸桥面板桥台与半整体式桥台的结构。因此,无缝桥的设计很难用几种概念给结构定出条条框框,工程师的才智与经验有着很大的发挥空间,需要根据其原理,结合实际项目,开展创造性的工作。

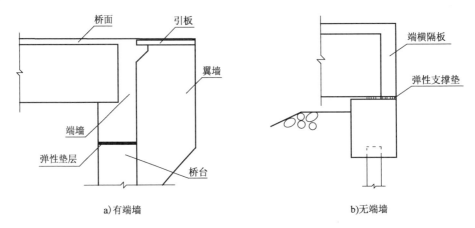

图 4-44 柔性基础上的半整体桥台

4.2.2 我国应用实例

4.2.2.1 浙江湖州贯边桥

浙江湖州贯边桥为 7m×16m 连续空心板半整体桥,斜交角 30°,下部采用桩柱式墩台,总体布置见第 3.5.2.1 节介绍。该桥桥台为悬挂式半整体桥台,空心板主梁纵向钢筋完全延伸入桥台,此外,在桥台处沿高度方向布置了 6 根 $\phi 22mm$ 的纵向钢筋伸入主梁,加劲纵向钢筋伸入主梁 75cm,从而使桥台端墙和主梁固结在一起。图 4-45 为该桥桥台配筋示意图,由端墙立面图中可知,分别均匀布置了 7 根和 9 根 $\phi 20mm$ 的横向钢筋。

4.2.2.2 江苏苏州钱泾河桥

江苏苏州钱泾河桥为 3×13m 混凝土空心板简支梁半整体桥,总体结构详见第 3.5.2.3 节介绍。半整体式桥台构造配筋示意图如图 4-46 所示。

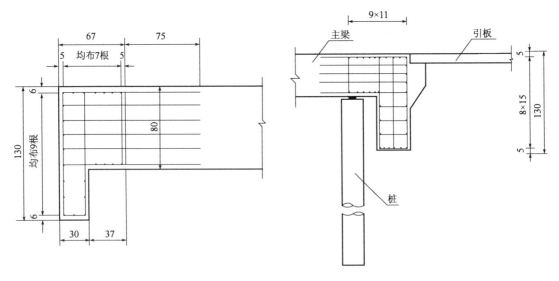

图 4-45 贯边桥半整体桥台配筋示意图(尺寸单位:cm) 图 4-46 钱泾河桥桥台钢筋布置示意图(尺寸单位:cm)

4.2.3 构造要求

半整体式桥台上的支座应采用滑动支座,且应能满足桥梁纵桥向位移的需要。其端墙与主梁联为一体,台前路堤、端墙与主梁的连接构造的要求与整体式桥台相同。

半整体桥的抗震能力总体上较全整体桥和整体桥差。在半整体桥中,悬挂式桥台,端横梁跨越桥台结构,对防止落梁有利,故在强震区应用半整体桥时推荐采用悬挂式。

悬挂式半整体式桥台,端墙与桥台结构之间留有一定的缝隙,要防止台后土和水进入支座,因此端墙下垂的部分应有一定的高度,要求端墙底面低于台顶,其高差应不小于30cm。端墙背面与支座的水平距离不宜大于1.5m,以防止端墙因边跨发生挠曲产生的向上竖向位移太大。端墙与台身之间间隙应满足上部结构纵桥向伸缩位移的要求,同时应采用防水密封措施、端墙后背粘贴排水材料和盲沟排水措施。防水密封可采用 EVA 泡沫等材料,可采用 L 型、竖向和水平向设置,如图 4-47 所示。盲沟设在悬挂部分的下端,向两边排水,将台后填土中的水排到两侧边沟内。

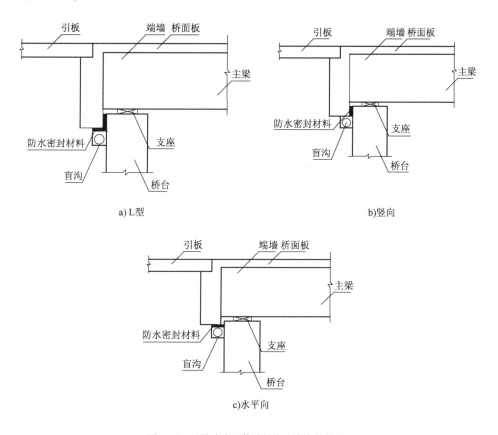

图 4-47 悬挂式半整体式桥台防水密封构造

支承式半整体式桥台(图 4-37),其端墙底支承在桥台台面上,而不是跨越过去,端墙与桥台的背面在同一个竖直平面上。构造要求端墙高度应比主梁梁高 30cm 及以上,这样能通过一定的转动来减小主梁伸缩变形时的端墙滑动量。由于不像悬挂式有下垂部分,台后土和水到支座的路径更短、更直接,因此其防水的要求更高。密封的性能要能经受住周期性变化的温度作用下的往复变形和自然老化的考验。密封构造位于台后,检查困难,所以要求防水材料应耐久可靠。同样,为防止水分侵入,一般在台后填土中还要设置盲沟等排水系统,盲沟应设置于缝隙的下方,并从两侧引出桥台,排入路堤边沟中。

4.3　延伸桥面板桥台

与半整体式桥台相似,在延伸桥面板桥台上,主梁相对于桥台也可以转动和水平移动。不同的是,延伸桥面板桥台保留了主梁与桥台间的伸缩缝,桥台有完好的背墙,不存在土体和水通过二者之间的缝隙侵入支座的问题。

4.3.1　国外桥台构造

延伸桥面板桥台的构造,类似于多跨简支梁桥墩处桥面连续的构造,主梁与桥台之间有支座和伸缩缝,以适应主梁的伸缩变形需要,台后土压力均由桥台(背墙)承担而主梁不承担;桥面板向台后延伸与引板相连,跨过伸缩缝,从而取消了伸缩装置。根据桥面板与桥台背墙之间的关系,它又可分为外伸式和外包式两种。外伸式的桥面板与引板连成整体,相当于连续梁结构;而外包式则是桥面板与背墙固结成整体,相当于固端梁结构。

4.3.1.1　外伸式延伸桥面板

外伸式的桥面板向台后延伸,与引板联成整体,盖住桥台处的伸缩缝,取消了伸缩装置。为适应引板(或延伸桥面板)伸缩变形需要,背墙顶设有滑移层。为避免滑移层阻力使背墙受力太大而使其底部开裂,背墙底部常设置一条施工缝或变形缝。

美国密歇根州和纽约州的延伸桥面板桥台典型构造如图4-48所示,桥面板和背墙之间均采用了隔离层(bond breaker),前者采用膨胀性聚苯乙烯(Expanded Polystyrene,EPS),如图4-48a)所示。

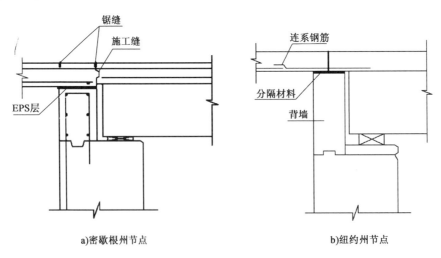

图4-48　外伸式延伸桥面板节点构造

两个州的施工缝设置位置不同。前者设置在近梁端,并与背墙内侧对齐,见图 4-48a);而后者设置于背墙的中心线位置上,见图 4-48b)。

同时,桥面板与引板间连接筋布置方式也不同。前者采用上层钢筋,能抵抗负弯矩,即允许弯矩在接缝处传递。而后者为下层钢筋,不传递弯矩,使接缝只传递轴力。当然,还有一种做法是将连接筋置于中性轴位置。

文献[118]赞成采用密歇根州将接缝置于梁端的构造。图 4-49 是密歇根州内一座采用图 4-48a)构造建造的无缝桥的照片。但对于连接钢筋置于上层的做法,文献[118]认为不合理,此处不应该传递弯矩,而应该采用下层钢筋,见图 4-50。也就是采用密歇根州的接缝位置,采用纽约州的连接钢筋。

图 4-49 密歇根州分离式延伸桥面无缝桥照片

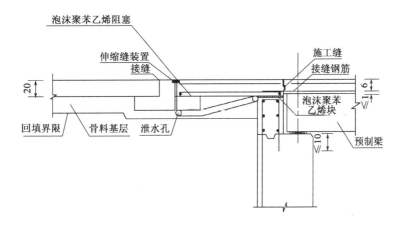

图 4-50 Aktan 等建议的分离式背墙构造(尺寸单位:cm)

文献[120]认为将接缝设于背墙中心的纽约州做法存在概念性的缺陷。这种设缝法的初衷是除去上部结构和背墙间的竖向可变形的缝,从而保护主梁免受通过该缝渗入的化冰盐的侵蚀。但是,必须注意到:搁在背墙上的 RC 延伸桥面板的支承物是背墙,而主梁通常是支承在橡胶弹性支座上。很明显,当车辆活荷载施加到边跨时主梁反力将会压缩弹性支座,引起主梁下沉,但此时延伸桥面板支承在压缩刚度很大的背墙上。如果桥长较长,支座较厚且压缩性强,那么活载引起的大部分端反力由相对较刚的桥面板承担,结果是主梁好像悬挂于桥面板上,而不是支承于支座上。这样桥面板与纵梁的连接部位或主梁的腹板,可能因拉应力太大而产生纵桥向裂缝。

恒载也会缓慢地产生相似的效应。按桥面混凝土的浇筑方向、浇筑速度和混凝土凝固时间的不同,弹性支座很可能充当所有或大部分上部结构恒载的临时支承,而由背墙承担的部分占很小的比例,甚至可以忽略不计。但是随着时间的推移,在恒定荷载作用下,弹性支座的主体材料的分子结构会进行重新排列,支座会以递减的速率连续发生压缩变形。据估计,这种恒压下的压缩量(即徐变)可以达到初始压缩量的 25% ~ 35%。徐变的结果是端反力的重新分布,弹性支座将部分受力转嫁到延伸(悬臂)桥面板上。这种现象尤其在较长桥梁中更加明显。

弗吉尼亚交通部采用类似于纽约州的桥面延伸构造。但为了缓解悬臂桥面板和弹性支座间端反力的重分布问题,用一层 1.77cm(0.5in)厚膨胀聚苯乙烯(EPS)隔离层放置于背墙和延伸桥面间,以提供竖向柔度和允许发生纵向位移。弗吉尼亚州建议使用松软材料如 EPS,以减少分担到悬挑部分桥面板上的荷载。类似的构造文献[121]也有提出。

还有一种无缝桥的桥台结构,介于外伸式延伸桥面板桥台与悬挂式半整体式桥台之间,本书将其放在延伸桥面板桥台这一节。这种桥台在加拿大的钢桥中出现,如图 4-51 所示,它们是图 4-32 的姊妹构造(图 4-32 为混凝土桥的半整体式桥台)。它类似于悬挂式半整体式桥台,但没有端墙,主梁与桥台之间有伸缩缝;它又类似于外伸式延伸桥面板桥台,桥面板外伸后与引板联成一体,盖住伸缩缝,但它不是简单地延伸,而是加厚且越过背墙后下垂了一小段,使得主梁的伸缩变形受到一定的台后土压力作用。

为了防止台后土和水进入延伸桥面与背墙间的滑动面,在背墙后侧一定位置处由延伸桥面下垂 300mm 的牛腿式挡块,吸收了悬挂式半整体式桥台的优点,这是它最显著的特点。挡块与背墙间防水密封措施为填入 30 ~ 60mm 厚的 EVA 泡沫材料,有时置于背墙后(图 4-51a));有时置于下垂延伸板的下端与背部(图 4-51b))。挡块下侧都应设置碎石外围土工布和排水盲沟,防止土颗粒和水的倒灌,让水迅速排出。

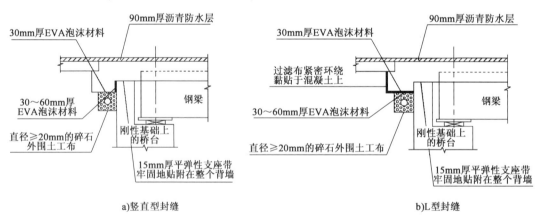

a) 竖直型封缝　　　　　　　　　　　　b) L 型封缝

图 4-51　加拿大特殊外伸式延伸桥面式桥台构造

4.3.1.2　外包式延伸桥面板

外包式的桥面板向台后延伸,与背墙固结联成整体,盖住桥台处的伸缩缝,取消了伸缩装置。为适应负弯矩受力,背墙一般为刚度较小的钢筋混凝土结构,引板的设置与整体桥和半整体桥相似,如图 3-9a)所示。它需要在梁顶设置一定长度的无黏结层,允许梁的转动,传递很小的弯矩。外包式延伸桥面板桥台在澳大利亚的无缝桥得到了应用,其构造示意图与配筋剖面图见图 4-52。

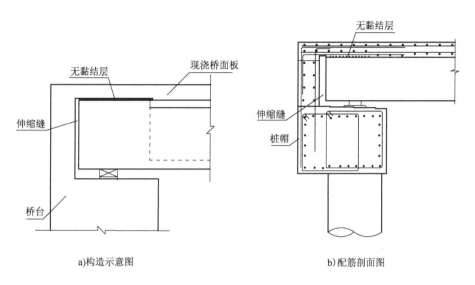

图 4-52 外包式半整体式桥台

4.3.2 我国应用实例

4.3.2.1 河北南三路分离式立交桥

河北南三路分离式立交桥设计荷载:公路-Ⅰ级;设计洪水频率:1/100。上部采用 3×30.1m 预应力混凝土小箱梁;下部采用柱式桥墩,柱式台,钻孔灌注桩基础。该桥为斜交桥,斜交角为 25°;桥梁方位角为北偏东 30°。桥面宽度:双幅 2×净-21m,单幅 7 片小箱梁。主梁混凝土设计标号为 C50,桥面铺装层为 12cm 厚 C50 混凝土现浇层+防水层+10cm 厚沥青铺装层。该桥为延伸桥面板无缝桥,桥台构造见图 4-53。

原设计桥为有缝桥。无缝化设计的桥台背墙材料、尺寸和与主梁所留的伸缩缝与原设计相同,但背墙高度降低了 30cm,以便引板通过。背墙顶上设 2cm 厚的油毛毡,以减小引板纵桥向运动时的摩阻力;在背墙与桥台相接处留一施工缝,以适应引板运动时,通过摩阻力施加给背墙的水平力在该处产生的弯矩,导致不规则开裂。

为了防止路面反射裂缝的形成,在主梁和引板接缝处顶部,引板与过渡板间胀缝处顶部以及过渡板与接线路面间胀缝顶部均设置一层具有一定的柔性和韧性的加筋格栅。铺设沥青面层时,沥青面层在台后胀缝处断开,以胀缝为中心前后各 15cm,换铺相同厚度的沥青玛蹄脂,玛蹄脂应具有一定的柔韧性,以保证在结构发生变形时不致被拉裂。

为保证引板底部承载力的要求,在开挖底部基坑后,板底下面均匀铺了 25cm 厚的水泥稳定碎石层,用以增强引板基础强度。具体施工时,在水泥稳定碎石层上面铺设了一层素混凝土垫层,确保了浇筑引板时不漏浆。

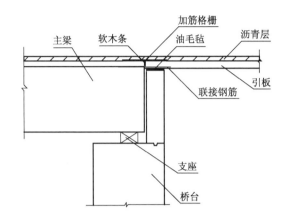

图 4-53 南三路分离式立交桥桥台构造

在引板底均匀铺设一层2cm厚的细砂,来减小引板与素混凝土垫层的摩阻力,使引板能更好传递主梁的伸缩变形。为了防止现浇引板与桥台耳墙浇筑在一起,减少引板与桥台耳墙间的摩阻力,在引板侧面与桥台耳墙间采用3cm厚聚苯乙烯泡沫板隔开,同时聚苯乙烯泡沫板也充当现浇混凝土引板的侧模。

该桥引板、枕梁和胀缝的构造,与河北柳儿营无缝桥相同,见5.2.3节介绍。

4.3.2.2 福建漳州十里桥

十里桥原为6跨简支、桥面连续有缝桥,后改造为连续板无缝桥,采用延伸桥面板桥台,改造方案见第7.4.3.1节的介绍。桥台处改造时,保留原来的桥台和支座设置,凿除原桥台后搭板和桥台侧墙范围内搭板下约31cm的台后回填土;将原油毛毡支座更换为不锈钢四氟板式橡胶支座;同时凿低旧桥桥台背墙高度以便台后引板通过,并在背墙顶设置一层1cm油毛毡的滑动面。

梁端与引板间需预留下部连接钢筋来传递轴向力,待桥台处主梁混凝土浇筑完毕后,再进行台后引板的浇筑。与背墙内侧对齐处设置一道施工缝,涂一层沥青二度,并在其上缘填塞软木条,以防止主梁转角变形向引板传递,减小连接处的负弯矩、控制裂缝的产生。该桥的桥台构造,见图4-54所示。

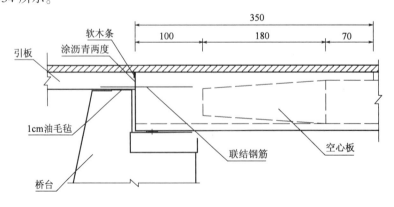

图 4-54 十里桥延伸桥面板桥台构造(尺寸单位:cm)

4.3.3 构造要求

延伸桥面板桥台背墙与主梁之间应设置伸缩缝。由于在延伸桥面板桥中,主梁在纵桥向所受的约束刚度较小,主梁轴向受约束的弹性变形很小,梁体的伸缩主要通过引板引向引板与引道相接处,所以桥台处的伸缩缝宽度设计,除应与有缝桥相同满足桥梁纵桥向伸缩变形(温度、混凝土收缩、徐变和制动力等)外,由于端墙刚度较小,伸缩缝宽度还需要考虑台背土压力产生的变形。台上支座应采用滑动支座,并应满足桥梁纵桥向伸缩变形的需要。

如前所述,延伸桥面板桥台可以看成是多跨简支桥梁墩上桥面连续构造在台上的应用,因此,盖住伸缩缝的延伸桥面板部分,也可以看成是第 2 章介绍的桥面连续构造中的连接板(Link slab),因此为减小其因与主梁绷得太紧而受力不利,同样应采用将其与主梁通过无黏结层进行隔离的措施,使主梁一定的转动不会带动延伸桥面板的受力,减小桥面板的弯矩。无黏结层的长度取墩上连接板长度 $0.05L$(L 为跨径)的一半,即 $0.025L$。

外伸式延伸桥面板桥台还应在背墙与引板之间设置滑移层,且宜在背墙与桥台台身之间设施工缝,以减小引板伸缩变形所受到的阻力,避免引板或端墙因受力太大而开裂。此外,当梁端支座下沉时,桥面板在跨过桥台处将承受着很大的弯矩,极易出现破坏,滑动桥面板的滑动功能也可能失效。

延伸桥面板式桥台台后排水要求同一般有缝桥桥台,台后土不参与上部结构的伸缩变形,对盲沟与排水管的设置没有提出特殊要求。当然,如果采用的桥台类似于图 4-51 的形式,则封缝与盲沟排水的措施就必不可少了。由于主梁不承担土压力,主梁温度伸缩约束主要来自于引板与土体的摩擦力,因此要求引板与板下填土间应具有较好的滑动性能,以减小其摩擦力对主梁变形的约束作用和引板的自身受力。

4.4 采用土工结构的轻型桥台

如果桥位处填土较高,采用传统桥台使桥梁长度明显增长而不经济时,可以采用加筋土(Mechanically stabilized earth,简称 MSE)桥台。它既可用多种无缝桥中,所以单独列为一节进行介绍。它应用于整体式和半整体式桥台时,要采取措施防止桥台纵桥向的变形给加筋土挡墙和桩基础施加额外的土压力。

对于整体式桥台,水平力及其沿深度的分配可以根据桩的荷载－挠度曲线(p-y 曲线)求得,附加的水平力由加筋土挡墙中的钢筋承担。这个力与水平荷载、桩的直径、间距以及桩与锚碇板之间的距离有关。实践表明,桩的前端与加筋锚碇之间的水平净距需要不小于 $0.5\mathrm{m}$;对于预期会出现负摩擦力的桩,需要对穿过加筋土区的桩段加套管;如果桩与钢筋有冲突,需要采用特殊的处理措施,不能简单地将加筋剪断。对于采用桩基的整体式桥台,为了避免桩的水平变形对加筋土的不利影响,无论是否出现负摩擦力,桩身穿过加筋土区域时均要采用套管法,将其与土体隔离。

如果加筋土可以直接作为桥台,既挡土又能够支撑桥梁的上部结构,则它也可以用于修建半整体式桥台(图 4-55)或滑动地基整体式桥台。相对于有缝桥桥台,加筋土半整体式桥台要考虑支座活动摩阻力的作用,加筋土滑动地基整体式桥台(矮桥台)要考虑基层的滑动力作用。加筋土在修建桥梁与引道之前应完成大部分的沉降变形。

加筋土桥台在我国的应用,主要是与桩柱式桥台组合而成的组合式桥台,根据桩柱位置可分为内置组合式和外置组合式两种。

加筋土内置组合式和外置组合式桥台也可以用于整体式桥台中。图4-56a)为内置组合式整体式桥台,桩置于隔离土压力的(波纹)套管中,管内填充砂子。图4-56b)是外置式半整体式桥台,桩柱在加筋土外。在这种桥台中,加筋土应在端墙的下方,这样通过支座变形发生的端墙纵桥向位移,与加筋土无关,所以设计中不需要特别的考虑,与有缝桥的桥台类似。文献[124]对整体式桥台台后建立在软黏土地基上的路堤进行了长期监测,研究了桥台与台后路堤的相互作用,以及沉降差预测,建议对台后路堤进行预压,或采用加筋和打桩进行加固。

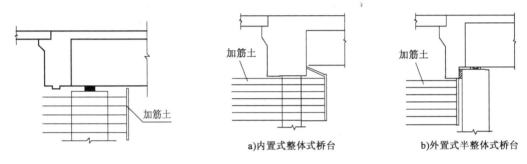

图4-55 加筋土半整体式桥台　　　　图4-56 加筋土组合式无缝桥桥台

台后弹性材料的应用(5.4.2节)可以与台后抗拉土工布的应用组合起来,以期同时解决台后土的弹性变形问题和桥台土的沉降问题,见图4-57。此法适合于路堤下原土的抗压和/或稳定性较好的场地。利用人造土工抗拉筋(像土工格栅或土工布),在每个桥台周围形成一块具有力学稳定性加筋土。这块加筋土本身在桥梁的设计生命期内是自我稳定的。此外,用一层相对较薄(150mm)的弹性EPS土工泡沫,置于桥台和加筋土之间,用作可压缩内嵌层。此经久耐用的内嵌层具有高压缩能力,是理想的伸缩缝装置。另外,此可压缩层还可用作隔热保温层;冬天可以防止台后土的冰冻,夏天可以防止人造土工抗拉筋因高温而产生徐变。除此之外,还可设计为路面排水道。从功能上讲,这一压缩层允许土内的加筋发生拉伸应变(从而防止一到冬天填土就朝桥台方向向下变位);同时容许桥台几乎自由地发生季节性运动。这样,夏季产生的水平土压力增加程度减少到相对低的水平。总体上说,作用在桥台上的水平土压力,与现有的设计方法相比较,大为降低,从而节约了桥台结构的造价。

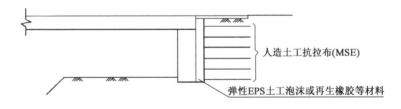

图4-57 弹性材料与台后人造抗拉土工布组合应用

第5章　无缝桥接线系统

由第3章可知,一座无缝桥一般由桥梁结构、接线及其他三个部分组成。在第4章介绍了桥台结构后,本章接着介绍接线和其他部分的构造,其中以引板的内容最多,包括引板类型、引板设计、引板主要病害与防治。除引板外,还介绍台后填料、排水与挡土结构。本章最后还对无缝桥中各种缝进行简要的说明。

桥台处桥面伸缩装置取消后,桥梁结构的纵桥向变形向台后转移,桥梁使用过程中的常见病害也向后转移,即主要病害为台后填土、引板与桥梁相接处、引板与接线道路相接处的开裂等。所以,接线部分也成为无缝桥的关键构造部分,尤其是引板与台后填土。

5.1　引板类型

由第1章可知,无缝桥的引板由有缝桥的搭板发展而来。有缝桥的搭板设置的主要目的,是在桥梁与接线道路之间提供一个平稳的过渡,减小桥头台后不均匀沉降的不良影响。无缝桥的引板除了上述功能外,还要把主梁除弹性变形外的伸缩变形传递到它与接线道路相接处。由5.3.1节可知,引板是无缝桥必不可少的重要组成部分。

5.1.1　引板分类

引板的类型按施工方法,可分为整体现浇式、装配式和装配—现浇整体式三种。整体现浇式在我国应用最多。装配式引板为预制板,板间多做成铰缝,通过铰缝将装配板连成一体;也有装配板不设铰缝的,直接在其上浇筑铺装层。装配—整体式桥采用宽度为1m左右、带有螺旋钢筋的预制薄板为模板,将其连成整体后,在其上现浇一定厚度的混凝土,形成整体式引板,再浇筑铺装层。

引板从其与台后填土的位置与形式来看,主要有面板式(图5-1a))、平埋入式(图5-1b))、斜埋入式(图5-1c))和Z形(图5-1d))。

引板一般为钢筋混凝土实心板,当接线道路为水泥混凝土路面时,宜采用面板式引板,同时兼作路面,经济合理。当接线道路为沥青混凝土路面时,宜采用埋入式引板(含平埋入式和斜埋入式),沥青混凝土路面可直接铺到桥头,以减少车辆荷载对引板的冲击影响,从而减少引板的破损和沉降,取消引板与路面之间的接缝。Z形引板是上述四种引板的综合,可同时适用于水泥混凝土接线路面和沥青混凝土接线路面。

5.1.2　面板式引板

面板式引板(图5-1a),Grade Flat Approach Slab)是与接线路面标高同高,并作为路面结构的引板。它是引板最常见的一种形式,有时直接称其为引板。它由有缝桥的台后搭板演变而来,只不过不是支撑于台后,而是直接与上部结构(主梁)相连。图5-2是美国某无缝桥面板式引板的照片。

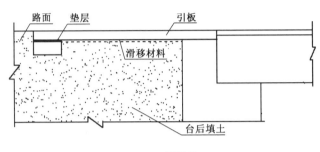

a)面板式

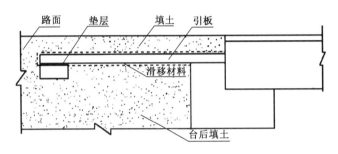

b)平埋入式

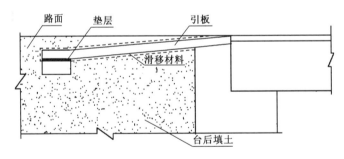

c)斜置埋入式

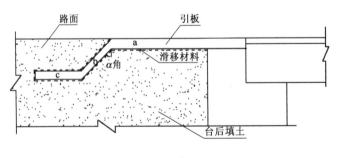

d)Z式

图5-1 引板类型

图 5-2 美国某无缝桥面板式引板照片

面板式引板可应用于整体式桥台、半整体式桥台和延伸桥面板桥台。对于前二者，引板与端墙相接，可通过端墙下缺角(图 5-3a))或设牛腿(图 5-3b))来支撑。引板可以采用等厚(图 5-3)，也可以在端部支撑处采用变厚(图 5-4)，以增大抗剪能力。

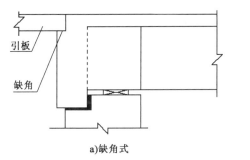
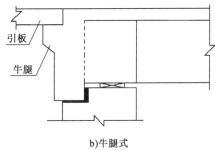

a)缺角式　　　　　　　　　b)牛腿式

图 5-3 端墙支撑面板式引板的构造

面板式引板更是延伸桥面板桥台免设伸缩装置的关键构造措施，具体的构造视其为外伸式和外包式有所不同，详见 4.3 节的介绍。

5.1.3 平埋入式引板

平埋入式引板(图 5-1b)，Buried Flat Approach Slab)是一种埋在低于桥面、路面标高一定深度处、基本平置的引板。主要应用于沥青混凝土路面，因为水泥混凝土路面即使采用了这样的引板，仍然还需在面层上设置一块配筋路面(也就是引板)，造成浪费。

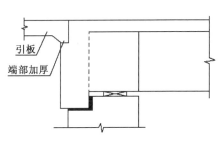

图 5-4 面板式引板端部加厚构造

埋在路面下的引板对于其上的沥青混凝土路面提供了较大的刚度，为路面与桥梁之间提供了刚度过渡段，且有利于缓解台后填土沉降引起的跳车问题。在施工方面，采用埋入式引板,不影响沥青路面的现代化连续施工,而如果采用面板式引板,则在桥台引板处的沥青混凝土施工只能采用人工施工,给施工带来麻烦。图 5-5 所示的是平埋入式引板的一种做法。

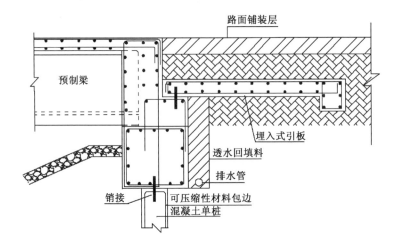

图 5-5　平埋入式引板构造示例

5.1.4　斜埋入式引板

斜埋入式(图 5-1c),Buried Inclined Approach Slab 或 Slopped Approach Slab)是一种从与桥梁相接一端向接线端逐渐向下倾斜放置的引板。它的主要优点与前述的平埋入式引板相近,由于向下斜置,刚度的过渡更为平缓。

斜埋入式引板,根据靠近桥梁处的埋置深度,又可分为浅埋式和深埋式。图 5-1c)为斜浅埋入式,在与桥梁相接处,它靠近路面,然后随着斜度逐步向下埋深。图 5-6 所示的是斜深埋

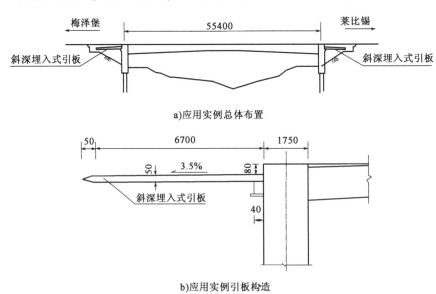

图 5-6　斜深埋入式引板(尺寸单位:mm)

入式引板在德国某无缝桥中的应用。它一方面可以减小台后填土沉降量和可能的台后空洞尺寸,另一方面可以更有效地抵抗水平荷载作用。较之浅埋式,斜深埋入式引板本身受到车辆荷载的冲击作用小,结构不易损坏,耐久性好,但不利之处是检查与修复困难。

斜埋入式引板的纵坡一般不大于5%,为避免引板向下滑脱,它与桥梁连接处需要采用栓锚或拉结筋等较强的联系。

5.1.5 Z形引板

Z形(图5-1d),Z-shape Approach Slab)是由面板、斜板和底板组成Z字形的引板。它是本书作者在摆梁式引板基础上,综合常用的面板式、平埋入式和斜埋入式引板的性能,提出的又一种新型引板。

摆梁式引板在面板末端设置一刚度较小的竖板(摆梁),下端连着埋入式板作为支撑,从桥梁到接线道路,比常规的面板式引板增加了类似埋入式引板的一个刚度过渡段,并通过摆梁实现面板的纵桥向变形需求。福建省泉州市安溪县枷楠一号桥是第一座应用摆梁式引板的半整体桥。

在摆梁式引板的基础上,将竖板改为斜板,以增大其适应范围,则成为Z形引板,见图5-7。Z形引板中斜板与竖直线的夹角称为斜板倾角$\alpha(0 \leq \alpha \leq 90°)$。当斜板倾角为0时,斜板变为竖直板,则回到摆梁式引板;当斜板倾角为90°或斜板与底板长度为零时,它成为面板式引板;如果面板、底板的长度均为零,它成为斜埋入式引板;如果面板、斜板长度为零,它成为平埋入式引板。在研究方面,探明Z形引板的受力性能,通过参数分析,可同时了解到面板式、平埋入式、斜埋入式以及摆梁式引板的受力性能。

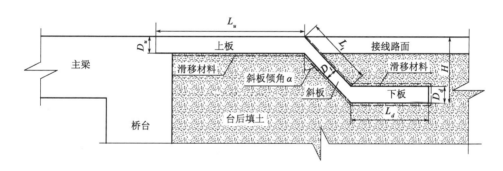

图5-7 Z形引板构造示意图

Z形引板的刚度从主梁、上板、斜板、下板到接线路面刚度逐渐变化,较之摆梁式更加缓和,有助于解决现有引板因刚度突变而产生的一些问题。对于混凝土桥无缝桥,温升时引板受压的刚度较大,能充分利用主梁混凝土抗压性能好的优势;温降时引板受拉刚度较小,能规避混凝土抗拉性能差的劣势。同时,斜板和下板对上板的支撑面积大,能有效减小上板的应力,避免引板末端过大的沉降。

多跨无缝桥当沿纵桥向的地形、地质变化较大从而造成桥墩、桥台水平抗推刚度差异较大时,将导致温度变形零点远离桥梁中心,使上部结构纵桥向变形不对称,结构受力与变形复杂。此时,若可采用Z形引板,则可通过调整引板的抗推刚度,予以协调。

5.2 引板设计

5.2.1 引板布置

5.2.1.1 纵桥向布置

(1)引板长度

引板末端宜位于桥台位移影响区之外,这样台后土的位移对其末端或枕梁的下沉影响较小。当台高较小时,引板可跨过填土区。参照《公路桥涵设计通用规范》JTG D60—2015 对桥头搭板的规定,面板式引板长度不宜短于 5m;桥台高度不低于 5m 时,其长度不宜短于 8m。

引板长度是引板设计的重要参数,它与许多因素有关。首先,它与有缝桥搭板一样,要有足够的长度跨越台后填土沉降区。研究表明,台后填土沉降从距台背 6m 处开始急剧减小,所以 6m 也成为引板常用的长度。无缝桥台背填土的运动发生在水平与竖向比例为 1.5∶1.0 的范围内,所以,偏保守地建议引板的长度按填土坡度 2∶1 的比例确定,如图 5-8 所示。文献[11]则认为,地表从桥台延伸的变形区距离等于两倍的桥台高度,所以桥头引板要制造成桥台高度的 2 倍或者 3 倍。

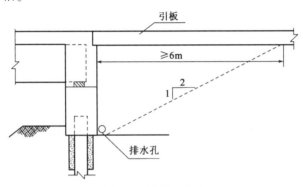

图 5-8 引板长度建议

引板长度设计可以依据国外普遍采用的工后沉降差(剩余沉降差)分析计算,通过分析设置引板后路桥结合部工后沉降差的关系,按引板下土体容许工后沉降差值来确定引板长度。实际工程中,引板厚度一般为 25~35cm。文献[11]给出有缝桥搭板长度的设计计算方法,可供无缝桥引板长度设计参考。

引(搭)板长度 L_{as} 一般是根据土体的容许工后沉降值 $[S_{rs}]$ 计算确定。由图 5-9 所示的沉

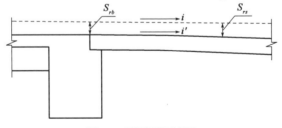

图 5-9 引板沉降示意图

降值和纵坡变化值,可以写出引板长度的表达式,见式(5-1)。

$$L_{as} = \frac{[S_{rs}] - S_{rb}}{[\Delta i]} \tag{5-1}$$

式中符号分述如下:

① $[S_{rs}]$

土体的容许工后沉降值,若无实测值可取 10cm。

② $[\Delta i]$

这是指道路竣工时路桥结合段的纵坡 i 与土体沉降趋于稳定时的纵坡 i' 二者之间的容许变化值,可用下式表达:

$$[\Delta i] = i' - i \tag{5-2}$$

根据国内一些高速公路上桥梁的调查分析资料,当汽车速度在 100km/h 以上(引道的设计纵坡低于3‰)时,以道路竣工时的纵坡为准,纵坡的变化量若在4‰以内,就不会引起跳车感觉。因此,可以取此值作为确定引板长度的依据。

③ S_{rb}

它表示桥台的预期工后沉降值。根据 JTJ 023—85 可以算得桥台基础预期的总沉降值 S_{tb};再根据工地试验资料或者参考类似地质的试验资料,可以预估出在施工期间桥台基础将完成的沉降值 S_{cb},于是 S_{rb} 可表示为:

$$S_{rb} = S_{tb} - S_{cb} \tag{5-3}$$

或

$$S_{rb} = a_1 S_{tb} \tag{5-4}$$

当缺乏直接试验的资料时,a_1 可以参考下列数据取用:

对于低压缩性饱和黏土,$a_1 = 0.40$;

对于中压缩性饱和黏土,$a_1 = 0.70$;

对于高压缩性饱和黏土,$a_1 = 0.85$。

其次,对于边跨为简支体系的钢筋混凝土梁桥,S_{tb} 还可表示为:

$$S_{tb} = a_2 L \tag{5-5}$$

式中的 L 为桥梁边跨跨径,a_2 为考虑桥台基础形式的系数:对于桩基础,$a_2 = \frac{1}{500}$,对于扩大基础,$a_2 = \frac{1}{300}$。

此外,引板长度还应结合以下两个因素确定:(a)引板长度宜跨越破坏棱体的长度;(b)引板长度宜跨越填土前预留缺口的上口长度。但从受力角度考虑,一块引板长度不宜超过 8~10m,再长则可将引板分为两段或三段。常用的引板长度可参照下表5-1所示。

常用引板长度表(m)　　　　表 5-1

引板长度	3.0	6.0	8.0	10.0
大桥			√	√
中桥		√	√	
小桥,明涵	√	√		

(2)过渡板

面板式引板当其长度大于 8 m 时,可在引板与路面之间设置过渡板(Transition Slab),如图 5-10 所示。过渡板是连接引板和接线道路的板。引板与过渡板之间设有伸缩缝(或称胀缝),支承于枕梁之上。过渡板与道路之间也有一条胀缝。过渡板一般应用于接线道路为水泥混凝土路面的无缝桥。

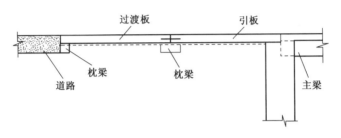

图 5-10　过渡板

设有过渡板时,无缝桥与接线道路之间有两条胀缝。前面一条胀缝主要适应于桥梁上部结构的伸缩变形,后面一条主要用于吸收刚性路面的顶胀位移。由于有两条胀缝,能适应桥长较长的无缝桥。福建省永春上坂大桥、河北省柳儿营(马义线)分离式立交桥均有过渡板。

过渡板的受力性能、构造与引板相似。过渡板与引板及其枕梁的受力、构造,与引板与刚性路面相接的相似。

全无缝桥在引桥与接线道路之间还插入一段过渡区,将主梁的伸缩变形在过渡区内吸纳,以取消桥梁与接线路面处的胀缝,详见 7.4 节介绍。

5.2.1.2　横桥向布置

面板式引板或 Z 形引板的面板部分,在横桥向有两种布置方式。

一种是全幅宽布置,将路缘石或护栏于引板之上,路缘石高度按照 JTG D60—2015 要求为 0.25～0.35 m。这种布置,可避免雨水顺着横坡从引板两侧进入其下的路基。桥梁两端的引道一般有一定的纵坡,这种布置使雨水顺着纵坡而下,但要在枕梁之前将其排出引板,以免从枕梁处进入路堤。

等宽布置一般不适用于引板下有挡土结构的情况,如图 5-11a)所示。当引板较窄时,车辆行驶在边缘的位置,引板受力较为不利。同时,引板伸缩变形受下方挡土结构的约束,将产生拉压应力。虽然通过设置滑移层可以缓解,但还是可能出现开裂。

另一种是行车道宽布置,两侧不设或独立设置路缘石。引板两侧应设置滑移层,以免其变形受到约束而引起开裂破坏,滑移层的厚度一般取 3～5 cm,斜桥与弯桥应根据实际变形需要取较大的值,以避免适应其横桥向变形受到约束而将结构(挡墙等)剪裂。滑移层应采取防水密封措施,以避免雨水从隔离构造处进入引板下的路基,见图 5-11b)。

U 形桥台采用平埋入式引板、斜埋入式引板或 Z 形引板时,引板的宽度应小于桥台侧墙内侧面间距,这样引板纵桥向位移才不会被 U 形桥台的侧墙内壁阻碍。

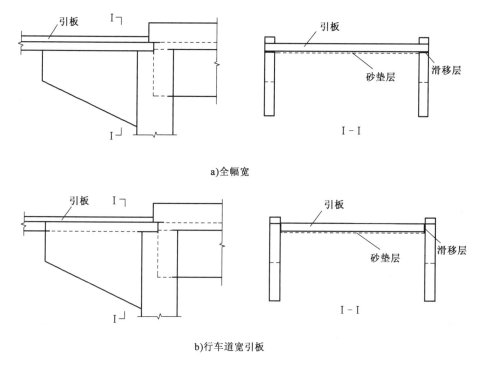

a) 全幅宽

b) 行车道宽引板

图 5-11 面板式引板横桥向布置

5.2.1.3 竖向布置

与搭板的前端支承于桥台上相似,引板的前端支承于端墙上,与主梁或桥面板直接相连。引板的末端与搭板也相似,支承于枕梁上或直接支承于路基上。与搭板不同的是,引板要受到主梁纵桥向伸缩等变位的作用,产生纵桥向(向桥跨方向和向路堤方向)变位,承受一定的拉、压力作用,因此,在前端应加强纵桥向的连接。这些将在后面构造中介绍。

由于引板要与主梁一起发生纵桥向的变位,面板式引板、Z式引板面板部分的板底与路基之间宜设置砂层等滑移层,以减小板下土体的摩擦力。埋入式引板、Z式引板埋入台后土中的部分,宜在板的四周与端部设置砂层等滑动层。另一种办法是当偶然出现的裂缝后,可采用封闭剂来处理,这是一种经济实用的方法,但其耐久性受到质疑,不建议采用,滑动层的造价相对于全桥和桥梁全寿命造价来说,一般来说是一个小数值。

文献[130]选取砂、油毛毡、镀锌铁皮和聚苯乙烯泡沫板作为引板下的滑动层,开展了不同竖向荷载作用下,面板式引板与滑移材料摩阻系数的试验研究。其中油毛毡和镀锌铁皮置于砂垫层与引板底面之间,作为现浇引板的底模。试验结果表明,竖向荷载对于摩阻系数的影响很小。2cm厚的砂垫层和5cm厚的砂垫层与混凝土引板的摩阻系数基本一致。几种材料的系数相差不大(见第5章),从施工和经济角度考虑,建议采用约5cm厚的砂垫层。当采用整体式现浇引板时,需要在砂垫层上铺油毛毡,以免现浇时将砂垫层吸入湿混凝土中。这层油毛毡还起到防水层的作用,可以防止雨水从引板进入台后填土中。

当设置有枕梁时,枕梁下的路基应力集中现象明显,尤其是有过渡板时,过渡板与引板间的枕梁应力集中现象更为突出,因此应对枕梁下的地基进行加固处理,如采用碎石桩、水泥石灰桩等。当台后填土高度较高、土质较软弱时或处于强震区时,无伸缩缝桥面板式引板,还可设置微型桩基础,以减小台后填土对引板下沉的不利影响和提高抗震性能。

如图5-12所示的一座半整体桥,台后填土较高、且地基土较软弱,采用微型桩支承引板,能有效减小引板的沉降。对于地处高烈度震区的桥梁,可以对微型桩进行扩孔,在孔内填塞能够耗能的材料,以提高其抗震性能。同时,微型桩还能起到防止主梁纵桥向和横桥向落梁的作用。在日常温度变化时,为延伸桥面板桥增加了纵桥向的约束,使主梁能够吸纳一小部分胀缩变形,减小变位向引板末端的传递量。

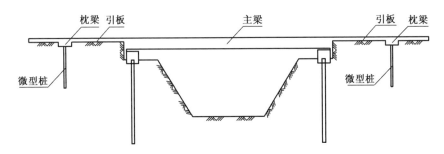

图 5-12　带微型桩的引板构造示意图

5.2.2　引板构造

5.2.2.1　引板前端构造(与桥梁的连接)

引板与主梁或桥面板施工时间不同,二者之间存在施工缝。面板式引板、斜埋入式引板和Z形引板与桥梁相接,早期曾有一种简单搁置、设置伸缩缝的做法(图5-13),由于这道缝仍给行车、养护等带来不利因素,没有达到无缝的效果,现已基本不用。

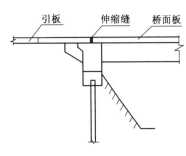

图 5-13　引板与主梁之间设置
伸缩缝示意图

目前无缝桥中引板与桥梁的连接,多采用直接连接。一般不建议采用全弯矩连接,而采用可传递拉力的铰接或销接。如果采用全弯矩连接,则应有足够的构造措施保证其能够承受此处的弯矩,而不引起不允许的裂缝。全弯矩连接在全无缝桥中有应用,详见第7章介绍。连接的构造措施主要是通过水平拉结筋(图5-14a))或斜向拉结筋(图5-14b))将二者联系在一起,这样可防止引板在反复位移过程中与桥梁结构脱离,形成病害。当路面发生沉降时,水平拉结筋可以使引板以悬臂板的形式工作,但应允许在拉结筋的端部出现裂缝。

斜向拉结筋将引板与端墙连接在一起,允许引板发生不可避免的转动,在引板与桥面连接处设置柔性连接。目前采用斜向配筋法的较多,它使桥面和引板的连接刚度降低,减少了弯矩,降低了出现裂缝的可能性。连接钢筋采用带弯钩的不小于16号的钢筋,如图5-14b)所示。我国有缝桥中的引板一般采用直径22mm的钢筋,间距75～80cm,无缝桥引板的拉结筋采用的钢筋直径与间距与此相近。

无缝桥中引板前端的构造在其延性和旋转能力方面扮演着重要的角色。引板的支承处一一般铺设厚 1~2cm 的油毛毡,以减小活载作用下引板受到的冲击力,并适当增加引板的转动能力。引板与主梁之间一般会有施工缝。可将此施工缝做成具有一定深度的变形缝,有时还填塞软木条或锯缝。在这条缝的上面还应设置隔离层,以防止裂缝反射到铺装层中。但即使如此,在铺装层上还应在相应位置再设置锯缝,以防止不规则开裂。

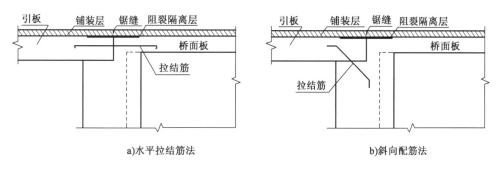

图 5-14 引板与桥面、桥台的连接方法

面板式或 Z 形引板面板部分还应注意与桥面板在厚度方面的连接。特别是对于预制空心板,如果仍采用有缝桥的空心板,没有预留与引板相接的钢筋的话,则引板只能与现浇桥面板相接,从而会在铺装层上出现较大的裂缝(图 5-15)。

引板与桥台连接处加厚(加腋)并做成倒角(图 5-16),是为了避免引板变形时,引起支承处的掉块。当背墙留给引板的支承面有限时,也可通过设置牛腿来支承引板,牛腿一般也要设置倒角。

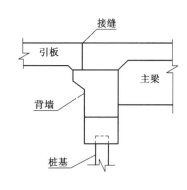

图 5-15 引板与桥面板厚度方向连接不足导致开裂的照片　　图 5-16 引板与桥面板相接处加腋构造

平埋入式引板一般置于台后的牛腿上,采用销钉或拉结筋连接,以使引板能跟随桥梁上部结构的伸缩变形而相应运动,但引板具有自由的转动能力,以适应周边填土的沉降。

5.2.2.2 引板末端构造(与道路或过渡板的连接)

无缝桥在使用了引板后,桥头跳车就被转移到了引板的末端。引板的末端有设置枕梁和不设置枕梁两种做法。2004 年美国的无缝桥调查表明,31% 的州在引板的末端使用了枕梁;26% 的州直接把引板搁放在板下填料之上;30% 的州对这两种方法均有采用。

为避免应力集中现象,枕梁梁长应比引板宽度略大,一般大60cm以上,枕梁的宽度视其上的结构支承需要而定,一般其支承面为被支承结构(如引板、过渡板、刚性路面)厚度的1~2倍。枕梁下的地基容许承载力一般要求不小于250kPa,枕梁下的地基应力应不大于此值。枕梁的厚度一般不小于引板的厚度,具体可由计算确定。计算时可视其为弹性地基短梁,用初始参数法进行分析,按此法算得在车轮荷载作用枕梁最大竖向挠度宜控制在容许错台高差(1.5cm)以内,以防止二次跳车。

无缝桥温度变形中,一部分由主梁的弹性变形吸收,另一部分通过引板引到引板与接线道路相接处,因此,面板式引板与过渡板之间、引板或过渡板与水泥混凝土路面相接处,宜设置胀缝,以适应引板的伸缩位移需要,同时还起释放水泥混凝土路面热胀压应力的作用,如图5-17所示。此胀缝可采用水泥混凝土路面的胀缝构造。胀缝的宽度要能满足引板胀缩位移的需要,否则将使路面顶胀破坏或主梁(特别是钢桥)顶胀失稳。但胀缝宽度也不能太宽,否则行车平稳性下降、防水渗水处理难度增加。

胀缝应具备防渗水功能,能防止雨水进入缝中浸湿路基。在我国的无缝桥中,当接线道路为水泥混凝土路面时,引板或过渡板末端多设置了枕梁。引板或过渡板与枕梁之间宜设置两层的聚乙烯或纤维布等滑移层。

引板或过渡板与沥青混凝土路面相接处,可设置变形构造,其上与铺装层之间宜设置阻裂隔离层,其下可不设枕梁,铺装层相应位置处可设置锯缝,如图5-17所示。

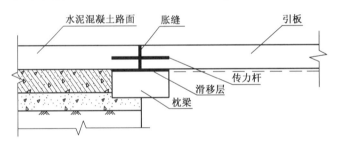

a)水泥混凝土接线路面

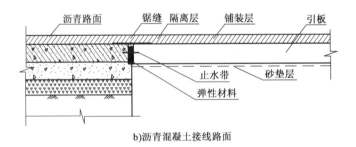

b)沥青混凝土接线路面

图5-17 引板、过渡板末端接缝

美国密歇根州交通部要求所有无缝桥均要设置引板,引板端部设置枕梁。早期引板与接线路面的连接处没有设枕梁,而是直接放置可压缩的热沥青混合物(HMA)铺装层上,在循环温度变形作用下,交界面处出现了非规则裂缝并产生了路面和引板的沉降。

图 5-18 给出了二种接线道路为水泥混凝土路面时的枕梁构造。图 5-18a)为美国密歇根州交通部建议的构造,它采用矩形枕梁,引板与接线路面均支撑其上,二者之间设置胀缝。枕梁与接线路面通过剪力筋相接,二者不产生相对运动;引板与枕梁之间设有滑动层,以满足引板伸缩变位需要。图 5-18b)为美国纽约州交通部建议的构造,枕梁为类 Z 形,引板仍置于枕梁之上,枕梁与引板间设接缝;接线路面与枕梁之间做成凹凸形剪力键相接的胀缝(有传力杆),二者之间只设施工缝,不设胀缝。

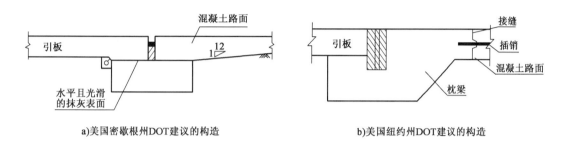

图 5-18 引板与水泥混凝土路面的连接构造

图 5-19a)的枕梁设计,是 Wasserman 和 Walker 提出来的。缝上方的泡沫棒是一种闭孔、无气体逸出的泡沫材料,高温作用下不会被挤出来。这种构造,由于接线路面通过倒 T 梁的肋时截面变薄,在突然变薄处可能会出现开裂。改进的设计是接线路面在进入枕梁时,厚度不发生突变。

纽约州在这种枕梁基础上,考虑了路面类型加以改进。图 5-19b)的枕梁是一个 L 形的,低的一边支撑引板,高的一边直接与沥青混凝土路面相接,沥青路面不置于引板上。这样无论是引板还是接线路面,高度均没有减薄。枕梁应置于台背填土破裂面之外,它与引板的长度有关,详见前面的相关介绍。

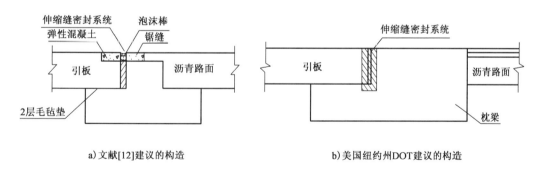

图 5-19 引板与沥青路面的连接构造

从前面介绍可知,枕梁有矩形梁、倒 T 梁、L 形、Z 形等。采用倒 T 形枕梁时,可以只有一条缝(图 5-19a)),也可以有两条缝(图 5-19b))和图 5-20)。

5.2.2.3 引板本身构造

面板式引板和 Z 形引板的面板部分,其竖向受力与搭板相似。引板一般为钢筋混凝土结构。影响引板厚度的主要因素有板长、板宽、可能的脱空长度、所受的荷载、支承条件。若为斜引板时,除上述因素外,还有斜角等。美国常用的引板长度为 6～16m(20～40ft.),其中 5～10m(15～30ft.)、厚度为 23～43cm(9～17in.)应用最多。我国常用引板的厚度见表 5-2。JTG D60—2015 规定,引板板厚不宜小于 25cm;长度不短于 6m 的引板,板厚不宜小于 30cm。

图 5-20　(二条缝)倒 T 形枕梁照片

常用引板厚度表　　　　　　　　　　　　　　　　表 5-2

L_{as}(cm)	t_{as}(cm)	t_{as}/L_{as}	L_{as}(cm)	t_{as}(cm)	t_{as}/L_{as}
300～400	22～25	1/18～1/16	800	30～32	1/26～1/25
500	25～28	1/20～1/18	1000	32～35	1/31～1/28
600	28～30	1/21～1/20	—	—	—

文献[14]的研究表明,无缝桥引板的竖向受力与有缝桥的引板相差不大,所以对于无缝桥引板的厚度可参照有缝桥的有关规定执行,既引板板厚不宜小于 25cm;长度不短于 6m 的引板,板厚不宜小于 30cm。

面板式引板和 Z 式引板的面板部分支承条件复杂,要承受活载、结构温度伸缩变化和板底摩阻力等作用,所以应该进行配筋设计。面板式引板和 Z 式引板的面板部分应按双向、上下双层钢筋网配筋,钢筋最小直径和钢筋网间距最小值等,应满足桥梁钢筋混凝土结构的最低要求。

5.2.3　设计实例

以河北柳儿营无缝桥引板为例,对引板设计进行介绍。柳儿营无缝桥为延伸桥面板桥,详见 3.5 节介绍。

柳儿营无缝桥采用面板式引板。根据参考文献[11]的建议(表 5-1)和 JTG D60—2004 的相关规定,设计时取引板高度为 0.25m,引板长度 6m。

柳儿营无缝桥跨径总长 60.0m,取温度变化零点位于桥梁中间,则温度作用下桥梁胀缩变形计算,取一端的跨长为 30.0m,加上一侧的 6m 引板,温度变化的结构计算长度为 36.0m。以北方温差 60℃计,若假定桥梁结构合龙温度为中间温度,升、降温差均为 30℃。按式(2-1)计算该桥温升温降的变形量均为:

$$\Delta_L = \alpha c L t \Delta_t = 10^5 \times 36.0 \times 30 \times 10^3 = 10.8\text{mm}$$

因此,一侧引板后所需的胀缝宽度应不小于10.8mm。设计时考虑富裕量后,在引板末端设置20mm的胀缝。实际设计时,将6m引板设计成各3m的引板和过渡板,在两块板间设置了枕梁,在过渡板与接线道路间也设置了枕梁,且各设置一条2cm的道路胀缝。它与河北南三路分离式立交桥的引板相同,见图4-53。因此,胀缝总宽度为40mm,完全满足其温度作用下的胀缩变形需求。

引板与过渡板间设置了传力杆,使其共同承受竖直力,并防止两块板的不均匀沉降。传力杆采用直径32mm的光圆钢筋,长度为600mm。传力杆的一端固定在混凝土内,另一端涂上沥青后套在内径较传力杆直径约大5mm的铁质套管内。套管长150mm,套管底与传力杆端部之间留出与伸缝宽度相同的空隙,其中填充弹性材料——泡沫塑料碎块,使传力杆能自由伸缩。传力杆布置间距为300mm,设置于引板截面的中心部位。为保证传力杆位置正确,施工时,胀缝边的侧模板上按传力杆的间距设置穿放传力杆的圆孔。传力杆穿放好后,应作适当支垫,保证在浇筑混凝土后在引板内的位置正确。引板胀缝构造和传力杆构造分别见图5-21和图5-22。柳儿营无缝桥胀缝和传力杆布置见图5-23。

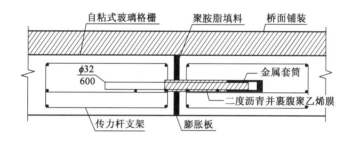

图5-21 柳儿营无缝桥引板胀缝构造图(尺寸单位:mm)

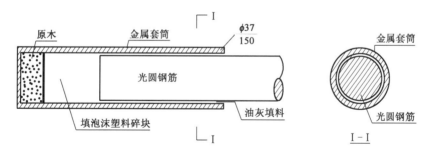

图5-22 柳儿营无缝桥传力杆构造图(尺寸单位:mm)

该桥的引板为多车道引板,故把引板划分为四个板块,每个板块均略大于一个车道宽度,并设置缝宽为1cm的纵向接缝。为了防止板块错动和纵缝间隙扩大,在板块厚中部设置拉杆。拉杆采用长为90cm,直径为20mm的螺纹钢筋,布置间距为60cm。引板分块和拉力杆布置见图5-24。

柳儿营无缝桥上部结构为小箱梁,引板越过背墙与其相接,二者之间有一道施工缝。为减小相接之处的负弯矩,将相接处的施工缝作为变形缝,在顶部设置一根软木条。接缝处下部采用直径25mm的钢筋(长130mm)、间距20cm连续穿过施工缝,进入引板中,以保证引板与主梁纵桥向变形一致,见图5-25。

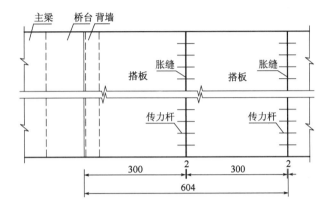

图5-23　柳儿营无缝桥引板胀缝和传力杆布置(尺寸单位:cm)

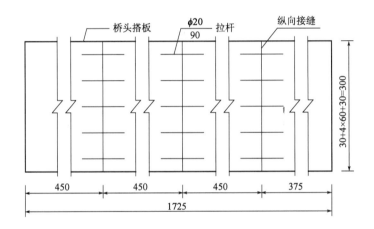

图5-24　柳儿营分无缝桥引板纵向接缝缝和拉杆布置(尺寸单位:cm)

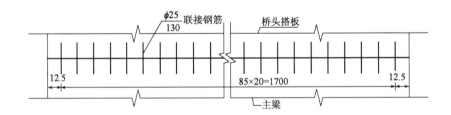

图5-25　柳儿营无缝桥主梁与引板间连接钢筋布置(尺寸单位:cm)

该桥的引板和过渡板仅为3m长,参照常规桥梁的搭板进行配筋设计,详见图5-26。

浙江湖州贯边桥为半整体桥,总体布置见第3.5.2.1节的介绍。引板一端支承在台背上,另一端支撑在路基枕梁上,这种结构形式可防止或减少引板的非均匀沉降。引板通过钢筋与主梁连接,保证引板不脱离桥端,同时取消了伸缩缝装置。引板配筋示意图见图5-27。

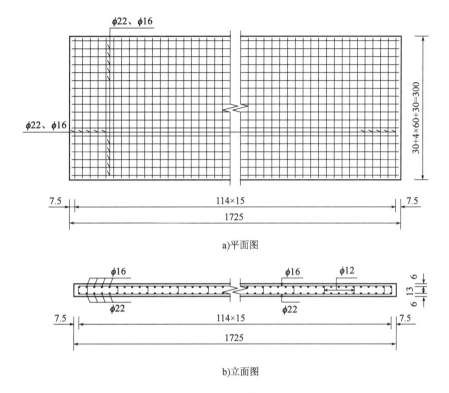

图 5-26 柳儿营无缝桥引板配筋图(尺寸单位:cm)

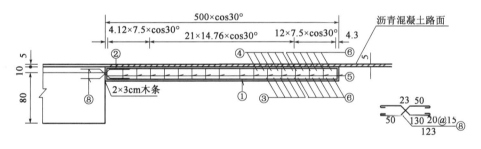

图 5-27 贯边桥引板配筋示意图(尺寸单位:cm)

5.3 引板主要病害与防治

5.3.1 引板设置的必要性

一般来说,与桥梁相接的路基由荷载引起的压缩量和随时间发展的沉降量均大于桥梁相应的量。这样,接线道路与桥梁在相接处就会产生竖向的高差,纵向线型也不平顺,造成桥头跳车问题的出现。这一问题在施工周期要求紧、行车速度快的道路中,显得尤其突出。采用桥头搭板被认为是一种较为有效的解决办法,在我国和美国等国家得到广泛的应用。有缝桥的搭板一端支承于桥台处,另一端支承于路基或枕梁上,为桥面与路面提供平滑的过渡,并尽可能减小桥台和路基间的沉降差。

在无伸缩缝桥梁中,同样需要搭板(引板)解决台后填土沉降产生的桥头跳车问题。无缝桥、整体桥和半整体桥取消了伸缩缝,引板的设置更为必要;对于延伸桥面板桥,引板与桥面板联成整体才能盖住伸缩缝,从而取消伸缩装置,引板也是不可或缺的组成部分。因此,无缝桥中设置引板是必要的。2016年的调查表明,我国的无伸缩缝桥梁均采用了引板。

图5-28是有无引板的整体式桥台温度变化时的变形比较图。当温度下降时,梁体收缩会导致台身与台后填土之间产生间隙,又由于台后车辆荷载的推挤作用,使得该间隙被填土填充,使梁端受到主动土压力;待到温度上升时,梁体产生膨胀,台后土压力变为强度较大的土抗力,使整个结构不能完全复位。这种温度周期性的往复作用,将产生两种不良的后果:一是桥台最终位置不能复原的温差变形,结构内产生很大的附加内力,可能会导致结构产生损伤和桥台破坏;二是台后会产生空洞或填土的凹陷(降温收缩时)和起鼓(升温膨胀时)。

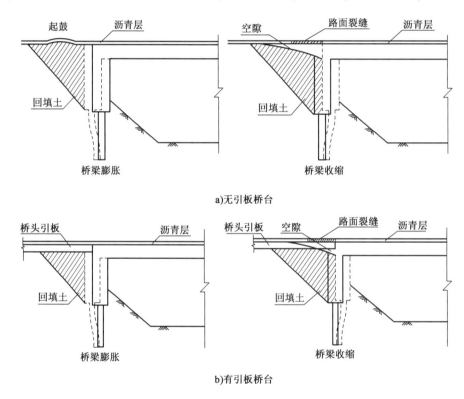

图5-28 有无引板的整体式桥台温度变化时的变形比较

对于柔性路面,当台后无引板时,填土的凹陷与起鼓直接反映到路面,造成行车不平顺,在雨水作用下,这种情况会进一步加剧,导致路面的破坏。所以,应采用台后引板。对于刚性路面,由于这块板受力很大,应该采用配筋结构,也就是采用引板。总之,对于无缝桥来说,由于桥台温度变化下台后路面或引板的凹陷和鼓胀,使桥头更易出现跳车现象,进一步加剧了台后路面的损伤与破坏,因此,较之有缝桥更需要桥头搭板即引板。

无缝桥中,引板前端与桥台或上部结构连成整体,后端一般支承在枕梁上。它的主要作用有:

(1) 承受车辆荷载,减小台后填土的局部受力;
(2) 跨过台后可能的填土沉降区,提供平顺的线型,使行驶平稳;
(3) 减小对主梁的冲击;
(4) 防止雨水直接流入台后填料;
(5) 为桥梁端部提供更均匀的荷载分布,减小对桥台的损坏,特别是超载车辆;
(6) 与桥面板连成整体,盖住伸缩缝,取消桥台处的伸缩装置(延伸桥面板桥)。

5.3.2 引板主要病害与原因

无缝桥所要解决的问题主要是如何不设置伸缩装置而能适应桥梁纵桥向的温度变化等引起的伸缩变位问题,即纵桥向变形问题;它本身并不能解决台后不均匀沉降等引起的桥头跳车问题,即竖向变形问题。所以,如果处理不好,无缝桥仍存在着桥头跳车问题。此外,它还有引板前端脱离桥台、板身开裂等病害。这些病害的主要原因有:
(1) 引板与桥台的锚固构造不当;
(2) 引板厚度不足、配筋不够;
(3) 地基土固结下沉;
(4) 台背填土压实度不够,在车辆荷载作用和震动下填料沉降,从而造成板底脱空;
(5) 排水处理不当,接缝不密实,雨水流入,填料流失;
(6) 桥台选型不合理;
(7) 交通量太大,车辆超载;
(8) 引板使用年限太长;
(9) 引板太短等设计不合理;
(10) 桥梁斜角;
(11) 季节温度变化。

5.3.3 防治措施

许多地方对引板都有一些构造规定,引板设计时应按照这些规定执行。美国密歇根州交通部要求所有无缝桥均要设置引板。引板的长度分不同的情况:对整体或半整体式桥,取6.1m(20ft)。引板端部应设置枕梁,一侧用来支承引板,另一侧与接线路面相连。枕梁上引板端设置一条胀缝以吸纳桥梁上部结构的位移,同时缓解刚性路面约束膨胀引起的纵向压力。早期引板与接线路面的连接没有下设枕梁,而是直接放置于可压缩的热沥青混合物(HMA)铺装层上,在循环温度变形作用下,交界面处出现非规则裂缝并产生路面和引板的沉降。

美国宾夕法尼亚州交通部要求桥台每侧有一块长7.5m(25ft)、宽度等于桥梁端部两侧排水沟之间距离的引板。引板底部要求平铺两层0.1mm厚的聚氯乙烯薄层。引板端部与桥台背墙连接的地方要求设置一道缩缝(Contraction joint)。引板通过外涂环氧树脂销子与桥面连接在一起。这种连接构造的目的是为了消除桥台引板中的负弯矩,允许引板沉降而不会开裂。当桥梁长度超过45m(150ft)或者存在混凝土路面铺装层时,在引板的另一端需要设置胀缝(带状密封膨胀条)。胀缝下同时还要放置一块枕梁,以保证板的合理运动和伸缩缝的正常工作。

针对上一小节引板病害及其原因,可采取如下措施进行防治:

(1) 引板应通过槽口或牛腿支承于桥台上,并通过销钉或拉结筋牢固地连在一起,否则在温度反复变化的变形作用下,引板可能脱离桥台,产生较大的缝隙甚至台阶。拉结筋应起销接作用,不应传递弯矩,引板在连接处弯矩应等于零或尽可能小。

(2) 引板要有足够的厚度和配筋。

(3) 引板的末端应与桥台前墙平行,对于斜桥也应如此。

(4) 引板的纵桥向位移、沉降不应受到路缘石、翼墙的约束。

(5) 引板不能太短,其长度要跨过台后填土范围,长度宜为 3.0m 到 8.0m,最常用的是 6.0 到 8.0m。

(6) 采用 Z 形引板或埋入式引板(包括平埋入式和斜埋入式),缓和接线道路与桥梁的刚度变化,减小活载冲击力。

(7) 加强台后填料选择、施工压实度控制。台后填料设置预拱度,以抵消部分沉降变形。台后地基土施工前进行超载预压,以减少工后沉降。

(8) 采取有效的排水措施,避免填土被冲蚀流失。桥面排水应在枕梁之前排出路面,以免从枕梁处的伸缩缝流入,使枕梁出现较大的沉降。

(9) 如果接线路面为刚性路面,在引板和接线之间插入一段柔性路面过渡区。过渡区的长度与引板长度相当。它能适应枕梁沉降,并释放刚性路面热胀的顶压力。

(10) 加强引板末端的支承。引板应采用枕梁支承,或采用桩基支承的引板。

前面介绍延伸桥面板无缝桥引板时,曾介绍采用微型桩以增强抗震性能的做法(图 5-12)。这里最后一条,采用桩基支承引板,主要是为了减小引板的下沉,可以用微型桩,也可以用常规的桩,视具体需要而定;引板可以采用连续结构,如图 5-29a)所示,也可以采用分块的简支结构,如图 5-29b)所示,靠桥台一端支承于桥台上,靠路堤一端支承于枕梁上。

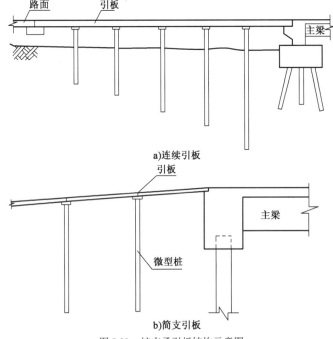

图 5-29 桩支承引板结构示意图

5.4 台后填料、排水与挡土结构

无缝桥中，延伸桥面板桥台的受力性能与有缝桥相似，台后填土的设计与施工，可按有缝桥的进行。因此，本节主要介绍整体式和半整体式桥台的台后填土。

5.4.1 台后填料

整体式和半整体式桥台的台后填土在温度上升时随桥台向台的方面运动而受到压缩，而在温度下降时，由于台后填土并非弹性体，不一定能完全回到原位。如此往复作用后，台背土体中出现沉降和空洞（图5-28），引板可能因脱空而受力太大出现开裂等病害。台后土处理得好，能减缓或避免这些不利因素的发生。

台后土在往复运动作用下，水平土压力（主要是被动土压力）会增加。比起水平土压力的增加，台后填土下沉的现象，更令人担心。因为台后填土下沉问题在桥梁使用几年后就会出现，且难以处理、非常棘手，而水平土压力增加现象，需要经过几十年才会成为严重的问题。文献[133]对南达科塔州（美国）的140座带引板的整体式桥台桥梁进行了调查发现，几乎每一块引板下面都有空穴。空穴的深度介于13mm到360mm之间，范围可达3m（自台后开始）。

台后填土处理的要求，对整体式和半整体式桥台是一样的。美国AASHTO[134]认为，台后为密实砂时，达到最小主动土压力条件及最大被动土压力条件所要求的墙顶位移Δ与墙高H的比值分别为0.001和0.01，即当桥台离开土体时，Δ超过$0.001H$后土体下陷；桥台接近土体时，Δ超过$0.01H$后土体上拱，使路面破坏。采用何种有效的台后填土处理方法才能保证土体在设计年限内不会破坏，避免影响至路面，是一个相当复杂的问题。同时，土体是否破坏，是否影响至路面，还与路面铺装层刚度有关，在无缝桥中，也与引板刚度有关。

上述台后土沉降产生的原因是土的塑性，或土的不可恢复性。对于这个问题，目前普遍的看法是台后填土材料应选用级配良好的颗粒状土，便于压密（压实度要求大于80%~90%）和排水。2004年美国调查得出的答案和建议（图5-30）表明，大多数州（69%）对台后填料要求压实，而15%的州不要求压实。有些州除了使用压实的填料外还要求同时使用膨胀聚苯乙烯（EPS）、其他台后可压缩性填料、轻质填料以及额外的施工阶段监测等来减少或者控制胀缩循环过程内施加在整体式桥台上的土压力。此外，只有31%的州对台后填料最小铺设长度/桥台高度做出了限制，其他大多数州没有这方面的要求，且认为台高限制仅针对整体式桥台。华盛顿州已经使用了9.15m（30ft）高的半整体式桥台。还有的州规定在台后应设置一排水层，使填土保持无水状态。

美国田纳西州规定，台背回填只能用颗粒状材料。它容易压实和便于将水排出。如果引道是混凝土路面，或者预计的桥台位移超过12.7mm（0.5in），则应在引道的端头（与道路相连）设置伸缩缝。美国伊利诺伊州要求填土采用等级为CA-5或CA-7的经压实的多孔颗粒状材料。

英国桥梁设计手册规定整体式桥台的填料必须采用经过精心选择过的、具有良好排水性能的颗粒状材料。回填材料应该按公路工程规程中的有关规定进行压实，以限制由结构温度伸缩产生的沉降量。一般情况下,由压实的圆形粒子组成的级配均匀的颗粒状材料,其峰值内摩擦角可低至35°,并且可以吸纳温度膨胀而不至于产生高土压应力。然而,它们易产生沉降。经过压实的级配较好、质地坚硬、外形带棱角的填料,其峰值内摩擦角可大到55°,同时具有很高的抵抗温度膨胀的能力且较不容易产生沉降。按公路工程规程试验后,超过40m长的整体桥的颗粒状回填材料的峰值内摩擦角不能超过45°。颗粒状材料回填区应该从桥台墙底部开始,以至少与墙成45°角扩展至顶部。

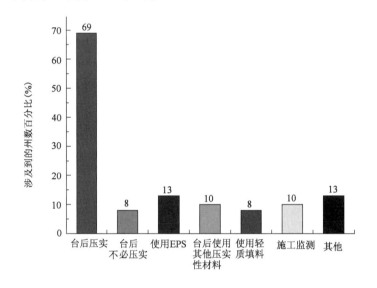

图5-30 美国各州对台后填料的要求

加拿大新不伦瑞克省指定台背用1~1.5m(3~5ft)厚、非密实(自然堆积)、自由排水的填料填充。有时候,也用200mm(8in)厚的可压缩泡沫置于台后。桥台引板直接搁在桥台上。

5.4.2 台后弹性材料

整体桥和半整体桥的台后填土要有适应桥台纵桥向反复位移的能力。除采用可变形填土材料外,还可以使用各种可压缩弹性材料如EPS土工泡沫、橡胶轮胎碎片等作为台后填料。这些可压缩材料作为刚性挡土结构和周围土之间的缓冲体,可减小水平土压力。文献[136]对用于交通工程的挡土结构中使用可压缩材料的概念做了一个文献综述。

文献[137]对一座长100m、墙上粘贴了一层0.25m厚弹性聚苯乙烯(EPS)的整体桥,在完工后进行了长达5年的监控,记录了后墙上水平土压力大幅降低的现象。除此之外,测得台后路面的沉降不大,处在可接受的范围内。现场检测数据显示,弹性EPS层在协调上部结构同相邻台后填充材料相互作用上十分有效。并建议:

(1)弹性EPS土工泡沫层应安装在整体桥的后墙和翼墙上,因为那里的高土压力和接线路面的沉降,是大家所关心的地方;

(2)设计指定的后填材料应沿着EPS覆盖的墙堆放;

(3)应采用中—重级滚筒式压路机压实上述的后填材料。设计弹性内嵌层(即EPS层)时应考虑压实路面时产生的附加应变。

但文献[133]和[138]认为,以上的研究和尝试,只是朝着解决问题的方向迈出了第一步。他们的研究显示,可压缩材料只在减少夏季水平土压力的增加上非常有效,但对控制台后路面的沉降上完全无效,甚至有害(如在冬季)。

图5-31采用一种自稳定的由土工泡沫(如EPS块)或土工梳(Geocomb)组成的楔形块,用作固体轻质填充材料,取代第一种方法中的加筋土。一薄层高压缩弹性EPS土工泡沫可用来发挥如下几个功能:压缩内嵌层,保温隔热层和竖向排水道。这一方法特别适合于引道路堤下可压缩软土的情况。轻质材料的使用可以使路面沉降量极小化并同时提高桥周围地面的稳定性,大大减少作用在桥台上和在支承桥台的深基础中的荷载。固体轻填料如各种土工梳,因其具有自稳定的性能(即使有竖向边坡的情况),故特别受欢迎。虽然从严格意义上比较,单位体积土工梳材料比普通填土费钱,但工程总的节约费用大于上述两种材料因差价而造成的额外支出。另外,采用土工梳材料后,施工工期的缩短也应归入经济效益的核算之中。

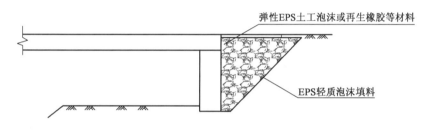

图5-31 EPS块泡沫轻质填料

爱尔兰的Curly河桥将轻质聚苯乙烯块用作整体桥台后的填充料,以减少路面荷载对桥梁桥台和翼墙的作用,见图5-32。

a)EPS填料施工　　　　　　　　　　　　　b)台后局部

图5-32 台后轻质聚苯乙烯填料

文献[87]等则通过土体的离心模型试验研究,认为桥台-土的相互作用非常复杂,弹性计算方法模拟效果不佳,同时整体式桥台的较大长期往复变形,将导致桥台弯矩增大。为此美国北达科塔州Fargo城的莫尔工程公司设计了特殊的台后填料系统,即紧贴台后放置了一块波纹金属板,其间嵌入了若干英寸厚的特殊伸缩材料。设计这种装置的目的是为了减少温升膨胀时台后的被动土压力,同时也有助于减少温降时由于上部结构的收缩而造成的孔隙,如图 5-33 所示。

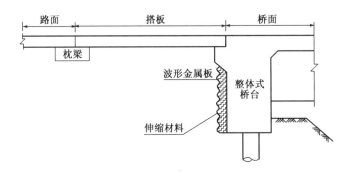

图 5-33　莫尔工程公司设计的台后系统

5.4.3　台后排水

排水问题是桥梁耐久性的一个关键问题,然而在桥梁建设中往往被忽视。实际上,排水不仅在一般有缝桥中应引起足够的重视,而且在无缝桥中也应如此。关于排水的设计要求,在前面桥梁系统与接线系统设计中分别进行了介绍,这里为了强调再一次集中提一下。

在无缝桥的桥台中,集水沟应设在上坡侧,以收集可能流过路面与桥台交接口的地表水。柔性路面应有一个位于面层下方、沿着路面与桥台交接口的地下排水系统。它应有不小于 2% 的坡度,并应易于清理。

整体式桥台可像普通挡土结构一样具有一层可渗透衬背(图 5-28b))。可渗透衬背必须用一根直径至少 150mm 的管来排水,这个管要求有大于 2% 的斜度且较容易清理。半整体式桥中,要认真做好台后填土中靠近桥台与端墙之间接缝的排水系统。无缝桥桥台台后填土中的排水系统,可采用盲沟,排向两侧边沟,如图 4-30、图 4-32 等所示;也可以采用排水管,向台前(图 4-1、图 4-3)排出,或向两侧边沟排出(图 4-4、图 4-8 等),排水管直径不宜小于 150mm,排水管坡度不应小于 2%。

整体式半刚接桥台、半整体式桥台,由于端墙与桩帽部分可以转动甚至水平相对位移,端墙与桩帽之间应进行封缝处理、设置止水装置和具有足够的水平位移变形能力。由于封缝与止水装置位于台后隐蔽部位,日常检查困难,因此应具有较好的耐久性,设计要注意构造细节,施工要确保质量,以使适应反复转动或伸缩位移的需要。

引板应与桥梁等宽,并带有路缘石或人行道,以将桥面上的雨水排到台后,而不是横向流到引板与两侧路肩的相接处。引板下最好设置一层防水层,以防雨水直接进入台后填土中。

桥面上的排水与一般桥梁相同,这里不再赘述。

5.4.4　挡土结构(翼墙)

翼墙(Wing wall)是桥台两侧向外扩展的挡土结构,整体式、半整体式桥台翼墙可与端墙连成整体,也可独立设置。延伸桥面板桥台挡土结构可采用有缝桥桥台的挡土结构。根据墙土结构与桥台或桩帽的关系,常见的有三种布置方式,即 U 形(U-Wall)、斜置式(也称八字式,

Flared Wall)和直墙式(也称一字形,In-line Wall),如图 5-34 所示。

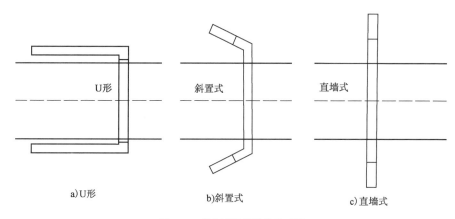

图 5-34 独立设置的翼墙平面图

英国桥梁设计手册认为与桥台相连的翼墙要尽可能地小,以减小当桥面发生温度膨胀时与桥台一起运动的结构或者土的质量。在较长整体桥中采用大翼墙时,应允许桥台可单独转动或者滑动,不受翼墙的约束。美国北达科塔州交通部规定翼墙的斜度可为 4∶1~2∶1。翼墙的长度可为 1.82~3.66m,底部是平的;翼墙形式最好采用直墙式;如果翼墙没有桩基础,可容许的最大角度是 30°;翼墙端部应有 0.31m(1 英尺)的转折(扩口)。

一般认为,为适应整体桥或半整体桥的桥台变形需要,翼墙与桥台之间应设置变形缝,否则相接处会开裂。然而,美国田纳西州交通部则不同意整体桥中翼墙不能有效地与桥台相连的说法。该州从上世纪 60 年代以来一直将翼墙与桥台整体连接,包括高达 3.05m、长达 6.1m 的悬臂翼墙。该州交通部建议:整体式翼墙应与桥梁纵轴平行,以充分发挥其抗弯强度并尽量减少温度膨胀阶段的被动土压力面积。

美国佛蒙特州交通部认为采用简化设计方法时应该使用 U 形翼墙。对斜置式翼墙,设计师应酌情取用。如果翼墙很短,也可采用直墙式翼墙。

无缝桥允许整个上部结构体系(包括引板)纵向是可动的,对于整体式与半整体式桥台,桥台与上部结构连在一起,故如果挡土结构与桥台连成整体时,挡土结构也要跟着纵向运动,设计时要考虑台后的土压力作用,在翼墙和桥台交接处需设计水平钢筋以抵抗翼墙背后土压力产生的悬臂力。挡土结构与端墙连成整体时,宜采用 U 形翼墙(图 5-35)。因为 U 形桥台两侧翼墙向后插入路堤,翼墙高度低、纵桥向运动时与土正面接触的面积小,所受的土压力也较

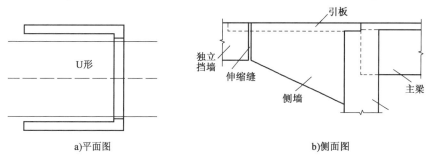

图 5-35 无缝桥悬臂 U 形桥台挡土结构

小。一字形翼墙和八字形翼墙,若与桥台连接在一起,则纵桥向运动时与土正面接触的面积大,所受的土压力也较大,所以尽量避免采用。

U形翼墙应为悬臂结构,不应设置基础。在端墙和翼墙交接处应设计水平钢筋以抵抗土侧压力产生的悬臂弯矩。因翼墙与桥台整体相连,属于悬臂结构,它的下面不应设置桩或基础,以免引起复杂的受力,增加桥台纵桥向的刚度,影响桥梁纵桥向的胀缩变形。当悬挑端较长或受荷过大时,翼墙可分段设置。一般固定的一段不宜大于3m(从台背算起),超出3m的部分按独立挡墙设计,并在悬臂翼墙与独立挡墙之间设置能满足桥梁纵桥向位移需要的伸缩缝,如图5-35b)所示。

独立设置的翼墙,应按一般的挡土结构设置基础。翼墙及其基础应与桥台结构分离,二者之间需设置不约束桥台纵桥向运动的变形缝,变形缝宜与桥轴线平行,如图5-36所示。翼墙与桥台之间若无变形缝,则相接处会因阻碍上部与桥台的温度位移而开裂。

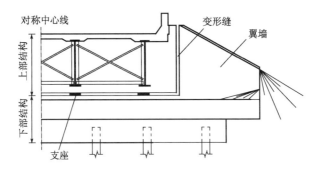

图5-36 独立设置的一字或八字翼墙与桥台之间变形缝示意图

5.5 无缝桥的缝

传统桥梁的设计以结构力学为理论基础,设计计算建立在结构不发生刚体位移而只发生弹(塑)性变形的基本假定上。在无缝桥设计中,除了继续遵循上述方法外,设计者应树立起结构运动的概念。

桥梁上部结构在温度变化、收缩、徐变和刹车等作用下的梁体变形,在有缝桥中通过伸缩缝得到释放,不产生附加内力。对于无缝桥,这种变形受到一定的约束,主梁中会产生一定的弹性拉压变形(deformation)。但是,这种约束不是完全约束,对于整体桥和半整体桥,它带动端墙在纵桥向变位(displacement),也带动与其连在一起的引板刚体位移。因此,要将这部分的桥梁结构想像成机械的机构一样,是可以运动的。设计中,要特别注意区分运动结构与不动结构,采取措施将二者完全隔离开,设置变形缝,保证运动机构的运动不受到约束,这是无缝桥设计的关键。无缝桥的病害,许多是因为没有处理好可动结构与不动结构之间关系引起的。

无缝桥取消了行车道上桥面伸缩装置,但人行道、栏杆还是要与有缝桥一样,采取构造措施,让其自由伸缩。当人行道从桥上延伸到台后的桥梁,更应注意人行道连接处的伸缩问题,应该留有满足伸缩要求的伸缩缝,如图5-37所示。如果开放式的伸缩缝不可行,则可采用盖板式伸缩缝。

桥梁作为跨长的结构物,在温度变化等作用下,上部结构的胀缩变形是客观存在的。无缝桥无法消除这种胀缩变形,而只是取消了伸缩装置,有时是通过取消伸缩缝来取消伸缩装置(如整体桥),有时则只是用桥面板盖住伸缩缝从而取消伸缩装置(如延伸桥面板桥),伸缩缝仍还在。图 5-38 给出的是悬挂式半整体桥和延伸桥面板桥的伸缩缝。这些伸缩缝的伸缩量既要考虑主梁温度变化、收缩徐变和汽车制动力的伸缩

图 5-37　某无缝桥人行道上的伸缩缝

量,还要考虑台后土压力作用下的变形量。当然,无论用哪种方式取消桥面伸缩装置,多少都有一部分伸缩量通过引板刚体运动传到引板的末端,它与接线道路相连处也需要设置伸缩缝。即使是第 7 章介绍的全无缝桥,上部结构的伸缩变形也需要通过过渡段中的微裂缝来吸纳。

总的来说,无缝化的主要途径有:①主梁变形(整体与半整体桥);②明缝转暗缝(悬挂式半整体桥和延伸桥面板桥,图 5-38);③引板传到接线道路相接处(除全无缝桥外的所有无缝桥);④将一条缝转化成多条细小的缝(全无缝桥);⑤其他(如混凝土桩采用的扩孔法、半刚接式钢棒周边的橡胶)。

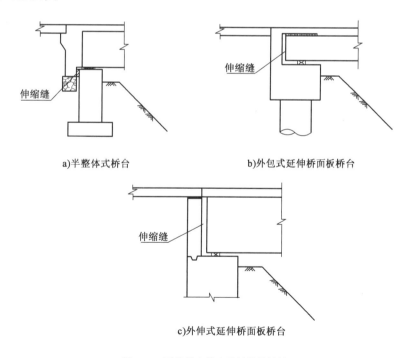

a)半整体式桥台　　　　b)外包式延伸桥面板桥台

c)外伸式延伸桥面板桥台

图 5-38　无缝桥中没有取消的伸缩缝

无论以何种方法取消桥面伸缩装置,无缝桥均还有许多其他的缝。无缝桥的设计理念是整体性、连续性,也就是更多、更强的约束。相对来说,"缝"则是放松约束或解除约束。无缝桥设计的核心是处理好变形与约束这对矛盾,也就是处理好各种连接与各种缝的关系;什么时

候要连接牢固,什么时候要放松约束,放松到何种程度,对各种"连接"、"缝"的构造细节上的精心设计和精心施工等是保证无缝桥正常运行并具有良好耐久性的关键。以下对无缝桥结构中的各种"缝"进行简要介绍。

施工缝(Construction joint):混凝土、沥青或路基材料在施工过程中,为施工方便而分成不同部分时,不同部分之间相接的缝。这种缝不是设计中提出的构造缝,要求不影响结构或构件的受力性能,需要采取施工或构造措施予以保证。前面介绍的全刚接整体式桥台中,桩帽与端墙之间的缝就是施工缝。

变形缝(Relief joint)是为适应不同构件、部件或结构之间不同的变形而设的,它与前面所述的伸缩缝不同;缝宽很小,不能满足膨胀变形的需要。

为适应不同竖向变形的变形缝——沉降缝(Settlement joint),二者之间界面应齐平,不约束竖向相对变形,如建筑物中主楼与附属楼之间,通常会设置沉降缝。无缝桥中基本没有用到沉降缝。另外还有抗震缝,用于防止地震时两部分结构之间的碰撞。

为适应构件收缩变形而设的变形缝,称为缩缝(Contraction joint),二者可以拉开,但因事先设置了缝,不至于出现不规则的开裂;它也是变形缝的一种,但是变形方向是沿轴线方向的,而不是垂直方向,与胀缝相比,它没有宽度。为了传递剪力,它在厚度方向可以做成凹凸相嵌的,如图5-39所示。

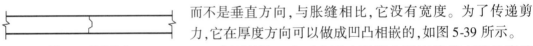

图5-39 缩缝构造

水泥混凝土路面为适应混凝土温度胀缩变形的胀缝(Expansion joint),二者用传力杆连接,留有伸缩空间,本书将伸缩缝的英语用 Movable joint 表示后,Expansion joint 用来表示胀缝,就不会出现混乱了。

此外还有适应转角变形的假缝(Dummy joint),与沉降缝和收缩缝为通缝不同,一般它不需要全断面通缝,而只在表面一定深度通过锯缝、割缝形成。

第6章 多跨无缝桥主梁与桥墩

本章介绍多跨无缝桥的桥墩与主梁的结构,它与一般的有缝桥相近,但也有一些不同,如半整体式桥墩在有缝桥中就很少出现。多跨无缝桥桥面伸缩装置的取消,与主梁结构连续或桥面连续密切相关,无缝桥的桥墩结构与主梁结构及其关系是密不可分的,在这一章中同时介绍。

6.1 概　　述

6.1.1 桥墩类型

桥墩是多跨桥的中间支撑结构,无缝桥常见的桥墩如图6-1所示。多跨无缝桥可分为结构连续桥(图3-11)和仅桥面连续桥(图3-19)两大类和四小种。结构连续桥含连续刚构桥、连续半刚构桥和连续梁桥,分别与图3-11、图3-15和图3-17相对应。

从上、下部结构的关系,可分为支座连接、刚接和半刚接三种。支座连接(图6-1c)和d))用于连续梁桥和仅桥面连续桥,刚接(图6-1a))和半刚接(图6-1b))分别应用于连续刚构桥和连续半刚构桥。

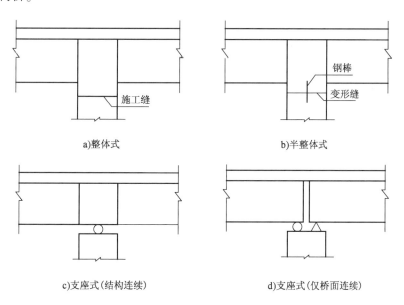

图 6-1　桥墩类型

从桥墩本身的刚度，又可分为刚性墩、柔性墩和半刚性墩三种，刚性墩应用于支座连接的连续梁桥和仅桥面连续桥，柔性墩和半刚性墩则适用于连续刚构桥和连续半刚构桥。

当采用主梁与桥墩刚接时，整体桥桥墩要承受更大的水平位移、横向力和纵向力。设计中要计算上部结构位移产生的内力及其分配到下部结构的力。当上部结构伸缩时，墩顶将产生相对于基础的变形。这些变形造成墩的水平位移与弯曲，变形大小可依据上部位移的大小、墩顶部和底部的固结情况以及墩的高度来近似估算。

在无缝桥中，有时也将上、下部支座连接的桥墩称为支座型桥墩(Bearing Type Pier)，将刚接的桥墩称为整体式桥墩(Integral Pier)，将半刚接的桥墩称为半整体式桥墩(Semi-Integral Pier)。下面以这三种分类进行介绍。

6.1.2 多跨无缝桥桥型选择

对于多跨无缝桥，从桥梁整体性、使用功能与耐久性来说，选择的优先顺序依次为：连续刚构、连续半刚构和连续梁(以上三种为结构连续)以及仅桥面连续梁，它与整体式桥台、半整体式桥台和延伸桥面板桥台的组合，形成各种多跨无缝桥的桥型。

组合后各种桥型的受力性能与适用条件以及合理性，详见 3.2 节介绍，这里不再详细分析，仅以表 6-1 的形式简单再提一下。表中"×"表示不允许的组合，"○"表示没有明令禁止、但不推荐采用的组合，"○○"表示可采用的组合，"○○○"表示宜采用的组合。

多跨无缝桥桥台与桥墩及上部结构的组合　　　　　　表 6-1

桥台结构	上部结构与桥墩结构			
	连续刚构	连续半刚构	连续梁	仅桥面连续梁
整体式桥台	○○○	○○○	○○	×
半整体式桥台	○○○	○○○	○○○	○
延伸桥面板桥台	○○○	○○○	○○○	○○

福建省地方建设标准第 7.1.3 条规定：多跨无缝直桥和斜桥的桥台与桥墩宜平行设置。弯桥的桥台宜与主梁纵桥向轴线正交。因为，若桥台与桥墩非平行设置，将使 1 跨内横桥向各主梁与桥面板的长度不同，温度变形和所受的约束也不同，容易导致主梁、桥墩、桥台等结构受力不合理。

多跨连续无缝桥桥跨结构的温度变形零点宜设在桥梁中点，因为这样能使主梁在两桥台处和引板末端的纵向变形量相近，使构造简单。对多跨连续刚构或连续半刚构无缝桥，当墩、台桩柱等因地形地质条件不同而导致桥梁两侧的刚度差别较大时，可通过短桩上部扩孔的方式适当调整，也可通过采用具有不同刚度的 Z 形引板来调整。

与一般的连续梁桥相似，连续梁无缝桥桥墩也有支座，可以是固定支座，也可以是滑动支座；基础可以是浅基础，也可以是深基础，但桥墩与上部结构是相对独立的，应具有一定刚度以保证自身的稳定性。美国弗吉尼亚州规定：对于 2 跨或 4 跨连续桥，中间桥墩要使用固定支座；对于 3 跨连续桥，中间两个桥墩都要使用固定支座；如果桥梁纵坡不超过 1%，中间两桥墩也可使用弹性橡胶活动支座；设计时要考虑温度的影响。

多跨仅桥面连续无缝桥，相邻跨主梁之间设有伸缩缝，宜将各跨跨中视为温度变形零点，按有缝桥设置伸缩缝和滑动支座。

多跨整体桥和半整体桥的主、边跨跨径的比例设计,可考虑边跨端承受负弯矩的影响;当桩基具有抗拔承载力时,还可考虑桩基负摩擦力的影响。

斜、弯半整体桥、延伸桥面板桥宜在桥台上设置主梁纵桥向变形导向支座,以引导主梁纵桥向的变形沿纵桥向运动,避免斜桥在台后土压力作用下发生较大的转动位移和弯桥在径向的运动。导向支座可以利用防落梁挡块进行设置,但抗剪强度和抗压强度应通过验算。

对于多跨弯、斜无缝桥,因上部结构的变形方向并不固定沿着纵桥向方向,所以最好采用柔性墩、连续刚构或连续半刚构构造,以适应各种可能的变形。如果采用连续梁,则需要万向支座,不仅造价高,且支座不一定能满足某一方向变形的需要。

6.2 连续刚构与整体式桥墩

整体式桥墩(Integral Pier),主梁与桥墩固结,节点传递弯矩与剪力,有时又称为固接盖梁式桥墩(Fixed bent pier)。

6.2.1 连续刚构桥

整体式桥墩应用于连续刚构桥中。连续刚构(图6-2)的主梁与桥墩为固结,属于高次超静定结构,不仅在竖向而且在纵向均有多余的约束。温差变化引起主梁的伸缩,不仅会在主梁中产生拉或压的纵向力,也会在桥墩上产生水平力。这种力的大小与温差变形有关,也与墩的水平抗推刚度有关。墩的刚度越大,对变形的约束越强,主梁和桥墩中温度次内力(弯矩)也越大。反之,墩的柔度越大,结构适应温度变化引起的主梁纵向变位的能力越强。换言之,当桥墩为很高的柔性墩时,它可被视为一种可摆动的支承体系,连续刚构的受力性能就接近连续梁了。高墩可采用箱型截面提高其稳定性,节约材料,也能控制墩顶位移量。对于桥墩不高又要采用连续刚构结构时,常将桥墩设计成双薄壁墩以降低其纵桥向抗推刚度,适应主梁由于温度变化和收缩徐变而产生的纵向位移;同时,提高了墩身纵桥向抗弯惯性矩。与连续梁相比,连续刚构的伸缩缝与伸缩装置数量没有变化,但它取消了桥墩上的支座。设在桥梁两端的伸缩装置应能适应结构纵向位移的需要,同时,桥台处需设置控制水平位移的挡块,以保证结构的水平稳定性。

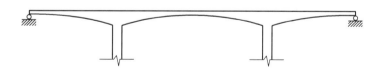

图6-2 三跨连续刚构桥

连续梁与连续刚构桥的伸缩装置的数量取决于每联的长度与伸缩量。一般而言,连续梁桥的联长与其跨径、纵坡关系不大,主要取决于每联两端伸缩装置的伸缩量,如德国Maurer公司生产的大型伸缩装置1040mm的伸缩规格,可满足桥面连续3400m长度的需要。我国的浙江钱塘江二桥为预应力混凝土连续梁桥,一联的长度达 45m + 65m + 14 × 80m + 65m + 45m = 1340m;前联邦德国科赫塔尔桥为连续梁桥,其跨数组成为 81m + 7 × 138m + 81m = 1128m;丹麦威列峡湾大桥为连续刚构—连续梁组合桥,其跨数组成为 67.9m + 14 × 110m + 68.75m + 33.5m = 1710.15m,共四联。连续梁桥的长联减少了伸缩装置的数量,提高了行车的舒适性,减少了车辆对桥梁的冲击次数。但长联后伸缩装置的伸缩量要求就比较大,安装精度要求高,后期养护维修难度也相应加大。此外,当桥梁需要拼宽时,增加了直接拼宽的难度。如不解联,则新旧桥之间的混凝土收缩等将产生较大的横桥向的内力和应力。若解联,则必将中断交通,有时实施起来难度很大。

实际上,对于跨径大的梁桥采用连续结构,可以少用伸缩装置是一个原因,但更主要的原因是出于结构受力的需要和经济的考虑;因为简支梁跨中正弯矩将随着跨径的增大而急剧上升,致使梁的截面尺寸和自重显著增加,这样不但材料耗用量大而且不经济,同时也给施工造成困难,而连续结构的支点处负弯矩将有效地减小跨中的正弯矩值。

连续梁或连续刚构桥的施工方法多种多样。实际工程应因时因地,根据安全经济、保证质量、降低造价、缩短工期等方面因素综合考虑选择。按是否采用支架,可分为有支架法和无支架法两大类。有支架法多用于中、小跨度的连续梁桥或城市桥梁。大量的连续梁和连续刚构桥采用的是无支架法施工。常用的方法有:预制拼装—整体施工法、悬臂施工法(又可分为悬臂浇筑和悬臂拼装)、移动模架施工法、顶推施工法等。

在预制拼装—整体施工法施工中,根据预制结构的不同又可分为三种,即简支—连续(先简支后连续),单悬臂—连续和双悬臂—连续。其中,先简支后连续法,是新建桥梁中最常用的方法,也是既有简支梁桥无缝化改造最常用的方法(将既有简支梁桥改造为连续梁桥,减少甚至取消伸缩装置),因此,本节专门对此进行介绍。至于采用其他方法施工的连续梁桥和连续刚构桥,它与本书所介绍的无缝桥关系较小,不再详细介绍,可参见相关的文献。

6.2.2 无缝桥整体式桥墩

无缝桥的整体式桥墩构造与有缝桥连续刚构桥桥墩的构造相似。在受力上,主梁纵桥向的伸缩变形作用对桥墩的影响,无缝桥与有缝桥有所不同。此外,无缝桥一般应用于跨径较小的桥梁,而我国的连续刚构桥一般应用于跨径较大的桥梁,因此,无缝桥扩大了连续刚构的应用范围。这样,其整体式桥墩的构造也更加轻型化,可以用混凝土柱式墩、薄壁墩等结构,桥墩的盖梁可以升到主梁中,也即隐性盖梁(Raised Bent Cap),也可以是显性盖梁或半插入式盖梁(Semi Raised Bent Cap),如图 6-3 所示。整体式桥墩既可以用于柱式墩,也可以用于实体墩。其中图 6-3c)所示的是马来西亚的 Batu Gajah 桥,位于霹雳州怡保市,跨越 Kinta 河,为 12m + 45m + 12m 的三跨连续刚构桥,桥宽 16.3m,实体墩的基础为 30cm 的微型桩。

采用整体式桥墩设计时,所有梁均具有相同的高度、间距与类型;负弯矩筋布置在桥面内;地震荷载作用下形成的塑性铰内力通过上部结构的中性轴;将正弯矩预应力筋延长到端隔梁(墩帽)中,以满足抗震需要;上部结构的力可以通过端隔梁(墩帽)传给桥墩,如图 6-4a)所示。采用隐性盖梁时,则可通过梁的端部剪力键,传给端隔梁(墩帽)后再传给桥墩,如图 6-4b)所示。

a) 隐性盖梁

b) 显性盖梁(柱式墩)

c) 显性盖梁(实体墩)

图 6-3　整体式桥墩实例照片

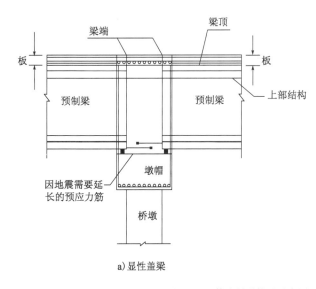

a) 显性盖梁

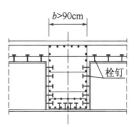

b) 隐性盖梁

图 6-4　整体式桥墩构造示意图

马峦山大桥为新建整体桥,总体设计详见3.5.1.2的介绍。原有缝桥的桥墩为双柱式,单柱尺寸1.5m×1.5m,下接承台,承台间设置系梁,桥墩基础为4根直径为150cm的钻孔灌注桩。整体桥的桥墩仍为双柱墩,每个柱改为1.8m×1.2m的矩形墩,桥墩处不设支座,与主梁固结,使主桥成为连续刚构。将各墩柱的双排桩改为单排桩,加大了直径,每个墩有两根ϕ180cm钻孔灌注桩,与上面的墩柱相对应,如图6-5所示。整体桥的设计方案相较于原有缝桥设计,主要变化有双排桩减为单排桩,取消了系梁和墩顶扩大头。

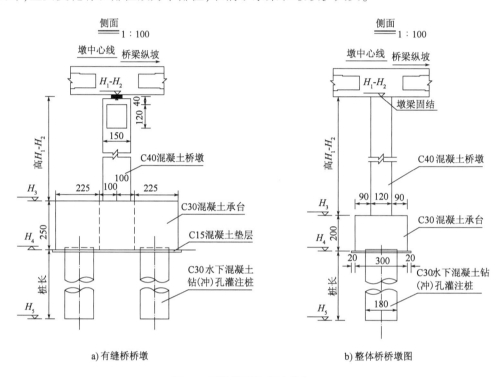

图 6-5 桥墩侧面图(尺寸单位:cm)

6.3 连续半刚构与半整体式桥墩

半整体式桥墩的构造、受力性能与桥墩刚度介于支座型桥墩与整体式桥墩之间。整体式桥墩采用刚性连接,在纵桥向既传递剪力,也传递弯矩。支座型桥墩采用支座连接,在纵桥向既不传递剪力,也不传递弯矩。而半整体式桥墩采用半刚性连接,在纵桥向只传递剪力,不传递弯矩。有时将整体式桥墩的连接称为全弯矩连接,将半整体式桥墩的连接称为剪力连接。

对于支承在弹性垫上的预应力混凝土梁,在梁端设置横隔板将各梁联成一体,用钢棒(或称销钉)将端隔板与桥墩连接在一起。销钉使得纵梁的温度变形受到桥墩的约束,或者说纵梁温度变化引起上、下部结构一起发生水平位移。有时钢棒的周边还设有一层薄薄的弹性材料,这样主梁收缩、徐变以及温度产生的水平位移作用于桥墩的程度就比较低。

对于这种设计,弹性支承垫厚度、钢棒布置与尺寸、钢棒周边弹性材料等,均需要详细计算与认真设计,以达到设计效果。

意大利维罗纳 Isola della Scala 桥,布置为 29.9m+11×31m+29.9m,为一座"仅桥面连续桥"改造为长联多跨的整体桥,有关介绍见第 3 章,这里仅简要介绍该桥采用的半整体式桥墩。墩上节点中的拉力由钢筋承受,压力直接由混凝土承受;剪力一部分由钢棒(剪力钉)承受,另一部分直接传到墩上,见图 6-6。

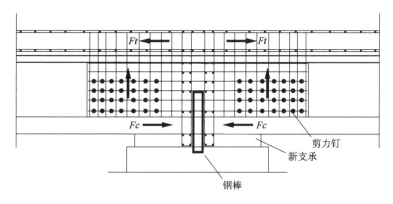

图 6-6　意大利 Isola della Scala 桥半整体式桥墩节点受力示意图

为了了解剪力钉的承载能力,在意大利 IUAV 大学结构实验室进行了钢棒(剪力钉)抗拔试验。剪力钉先安装在硬化后的混凝土中,然后与新浇混凝土板连接,见图 6-7。对混凝土强度(纵梁和桥面板)和配筋情况(配与不配)的不同组合进行了试验,详细请参照文献[140]。

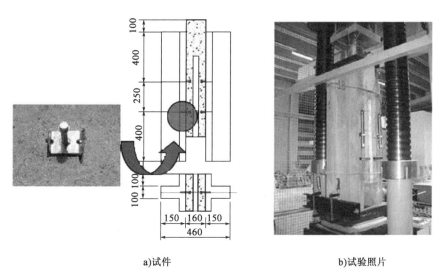

a)试件　　　　　　　　　　b)试验照片

图 6-7　意大利 Isola della Scala 桥半整体式桥墩钢棒试验(尺寸单位:mm)

美国弗吉尼亚州交通运输部(VDOT)提出了一种半刚性连接方式,如图 6-8a)所示。桥台和墩帽之间通过外包橡胶套的钢棒连接,并在连接部位设置 25mm 高的抗剪连接件,以实现转动的目的。然而,Arsoy 等试验表明,该节点无法实现铰接连接的效果,剪切件在试验中首先失效,上下部结构刚性太强而一起转动。因此,VDOT 对该结构进行了改进,如图 6-8b)所示;去除原有的剪切键,钢棒周围用 13mm 厚、102mm 宽的氯丁橡胶垫层隔开,其余部分用 19mm 厚海绵橡胶垫层填充,竖向力从桥台通过氯丁橡胶传递到墩帽,剪切力通过钢棒来传递,可以实现良好的转动能力。

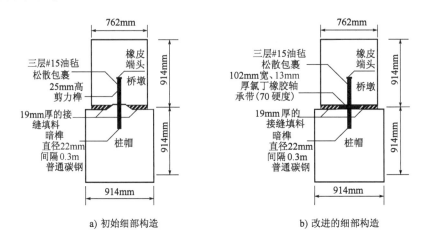

图 6-8 美国半整体式桥墩构造

福建漳州锦浦桥在无缝化改造中将原支座桥墩改造成半整体式桥墩。该桥原结构为 3 跨 16m 桥面连续、简支空心板、钢筋混凝土双柱式桥墩和桩柱式埋置桥台。该桥原结构和改造方案介绍详见文献[62]和 7.4 节介绍。这里仅介绍其半整体式桥墩的改造。

改造时,用钢棒将上、下部结构连接起来,传递纵桥向和横桥向受力,协调上、下部结构的变形。钢棒直径 32mm,每 40cm 设置一根,钢棒插入相邻跨空心板之间的现浇连续段,插入深度为 48cm,在插入范围内套一层 4cm 的橡胶套,以使钢棒与主梁间能有相对的转动。在梁底与盖梁间设置厚 4cm 的橡胶衬垫,进一步加强其转动变形能力。钢棒下端穿过橡胶衬垫、后浇混凝土垫平层和盖梁,这部分总长 100cm。锦浦桥半整体式桥墩上、下部结构连接构造见图 6-9,钢棒与套管在施工时的照片见图 7-20。

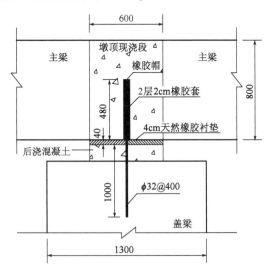

图 6-9 锦浦桥半整体式桥墩构造示意图(尺寸单位:mm)

以上介绍的半整体式桥墩,上、下部结构之间的连接相当于铰接,所以也称其为铰接桥墩(Hinged pier),这种铰在墩的顶部。当这种半整体式桥墩的柔度还不够大而无法采用半刚构无缝桥时,还有一种将铰置于墩底的做法。它可通过墩底的铰的微量转动,通过桥墩高度的放大,实现墩顶较大的纵桥向位移,如图 6-10 所示。然而,这种墩施工时需要临时支撑和基础顶部额外的构造,这样可能会增加额外的费用,实际工程中也较少采用。但它在某些时候也是一种可供考虑的方案。

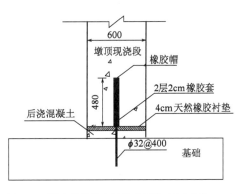

图 6-10　墩底设铰的半整体式桥墩(尺寸单位:mm)

6.4　连续梁结构

支座型桥墩,上、下部结构受力基本独立,因此桥墩的刚度较大,以保证其强度、刚度和稳定性(含弹性体稳定和刚体稳定)。应用于仅桥面连续无缝桥的支座型桥墩,因其墩上相邻主梁之间有伸缩缝,所以有时又称为主梁可伸缩墩(Expansion pier)。

支座型桥墩通常置于能约束桥墩转动和平移的基础之上,如扩大基础、沉井或设计成具有较大抗弯能力的群桩。这种桥墩与上部结构之间采用滑动支座连接,使上部结构纵桥向位移自由,但横桥向位移通常用挡块进行限制,特别是限制地震时的变位,又称为防震挡块。对于斜桥与弯桥,宜将挡块做成导向支座,引导主梁的伸缩变形向纵桥向发展而不是横桥向发展。这种桥墩不参与上部结构的纵桥向受力,但参与横向受力,其构造与一般有缝桥相似。

6.4.1　连续梁简介

早期的多跨梁桥因为超静定梁计算复杂而较少被采用,而以简支梁为主。1930 年 5 月,Hardy Cross 教授在 ASCE 上发表的一篇论文提出了弯矩分配法来计算连续梁和框架的内力,大大简化了计算方法,加快了计算速度,此后,连续梁桥得以发展,大大地减少了梁桥的伸缩缝与伸缩装置。

连续梁首先在钢梁中应用,但没有在钢筋混凝土梁中得到发展,因为钢筋混凝土梁带裂缝工作,负弯矩区开裂将引起桥面开裂。随着二战以后预应力技术的发展,预应力混凝土梁中连续结构得到较多的应用,尤其是节段施工法的出现,充分利用了预应力作为一种施工手段,能够实现大跨径的悬臂施工,大大地促进了预应力连续梁的发展。此后,又从连续梁向连续刚构、连续刚构连续梁发展。预应力连续梁桥目前已成为大跨径梁桥的主要桥型,近几十年,在我国的高等级公路,尤其是高速公路上,更是如此。

由上一小节所述可知,仅桥面连续的多跨桥梁,在竖向荷载作用下,主梁结构仍以简支体系受力,连续的桥面板仅传递由温度变化和汽车制动力等产生的水平力,虽然取消了伸缩装置,但桥面连续部分容易开裂和损坏,而且抗震性能较差。因此,减少伸缩装置数量的根本措施是采用连续的结构,如连续梁和连续刚构。

连续梁(图6-11)是超静定结构,但多余约束是在竖向。因此,温差引起的梁体的纵桥向伸缩,与简支梁一样,所受到的约束很小,温度变化产生的纵向力也很小。如图2-5a)、b)所示,连续梁可以在两端设伸缩装置,也可以只在一端设一道伸缩装置。

图6-11　三跨连续梁桥

6.4.2　先简支后连续的连续梁

所谓"先简支后连续"梁桥,即先批量预制生产,然后移梁、架设就位后,在墩顶将简支结构连接起来使其由简支梁变为连续梁,结构前期受力为简支体系,后期受力为连续体系,所以结构的受力介于简支梁与连续梁之间,又称为"准连续梁"。同样地,如果在后期连续过程中,将梁与墩也连接在一起,则成为先简支后连续刚构的结构,也称为"准连续刚构桥",其施工与受力与准连续梁有较多的相似之处,本节不另介绍,以介绍准连续梁为主。

先简支后连续梁桥,因其应用条件的不同而形成了丰富的结构型式:

(1)按材料可分为:钢筋混凝土结构、预应力混凝土结构及混合结构(即预应力混凝土预制构件、钢筋混凝土连续构造);

(2)按预制构件施加预应力的方式可分为:先张法预应力混凝土结构、后张法预应力混凝土结构及复合式预应力混凝土结构(即预制构件先用先张法施加一部分预应力,在构件中预留孔道。当安装就位后,再用后张法继续施加预应力);

(3)按预制构件上部构造断面型式可分为:空心板、I形梁或T形梁、箱形梁、U形组合梁等。

我国的连续梁桥以预应力混凝土结构为主,采用先简支后连续法施工的结构,后连续部分的构造与施工方法常用的有以下三种:

(1)钢筋混凝土连接(图6-12a))。在两相邻的简支跨之间后浇湿接缝混凝土,并在其上翼缘设置足够数量的普通钢筋,以承受部分荷载产生的负弯矩。由于这种形式在桥面板的负弯矩区没有预加力的作用,所以在后期荷载作用下,该区域的桥面板混凝土容易开裂,桥面板处于带裂缝工作状态,而随着裂缝的长期开展,将造成该处桥面板的钢筋锈蚀,影响结构的使用寿命。同时,由于配置了密集的抗裂钢筋,混凝土浇筑施工难度较大。

(2)预顶连接(图6-12b))。在两跨预制的简支梁端部之间,先利用千斤顶等设备让两端部的连接钢筋预先受拉,然后浇筑湿接缝混凝土,待接缝混凝土达到设计强度后,放松张拉设备使预拉的连接钢筋回缩,从而对混凝土产生一定的预压应力。这种形式对内支座的负弯矩区施加了预应力,在后期荷载作用下一般不会出现裂缝。但由于起预加力作用的端部预拉钢筋长度较短,有预加力效应的区域比较小,因此,在后期荷载作用下的结构性能仍不尽理想。

(3)预应力连接(图6-12c))。在相邻两简支跨之间浇筑湿接缝混凝土,待混凝土达到设计强度后,张拉内支座区域上缘设置的预应力钢筋,使其形成连续体系。由于这种体系施加的预应力范围稍长,在后期外荷载作用下,其结构连续性能更佳。这种形式的先简支后连续结构,是一种较完整的预应力混凝土结构,在荷载作用下桥梁上部结构的整体协调性能好,是上述几种形式中的较优者。一般将预应力锚固于横隔板处,由于张拉位于主梁下方,施工难度较大。

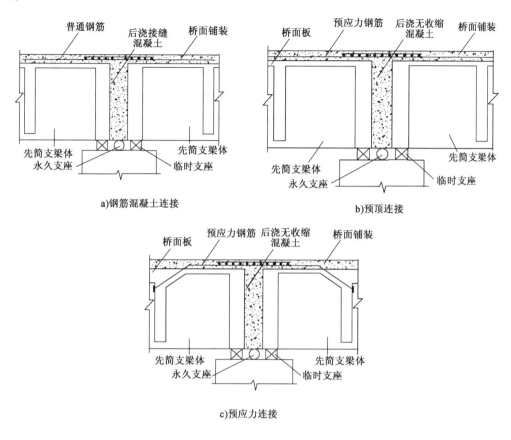

图 6-12 后连续连接常用的方法

6.4.3 在拱梁组合桥中的应用

这种先简支后连续的概念,近年来也被应用于拱梁组合桥中。拱梁组合桥的跨越能力一般较简支梁大,在桥梁总长相同情况下,伸缩装置数量已有所减少。如果采用先简支后连续措施,伸缩装置的数量可进一步减少。

某跨越黄河的高速公路桥,全长近 10km,主桥长约 1km。主桥采用 8 孔 100m 的下承式钢管混凝土拱梁组合结构。该桥位于国道主干线上,承受着大交通量和重载交通,保证行车性能、减小养护维修对交通的影响显得特别重要。在初步设计中提出多跨一联的方案,全桥两头各一个 4 跨一联、中间一联为 3 跨一联;视每一跨下承式拱为一个梁,采用相当于简支梁中先简支后连续的做法,将 3 跨或 4 跨上部结构在系梁处连接起来。全桥共 11 跨(初步设计方案为 11 跨,施工图时改为 8 跨)。

每跨先简支后连续,后连续部分钢绞线共有 8 束(均为 19 - ϕ15.24),分为四排布置于后相连的两拱脚附近。钢绞线 R_y^b = 1860MPa,张拉控制应力均为 1395MPa。后连续部分是在恒载基本上施加后进行的,所以这部分主要承受活载作用下的负弯矩,而相对于其他拱梁组合部分来说，其刚度小很多，因此，负弯矩值并不大。后连续部分的钢绞线布置如图6-13所示。该桥后因工期紧，直接采用简支结构，未进行后连续处理；但为了减少伸缩装置，将两跨固定支座处连续，这样每200m才设置一道伸缩缝。

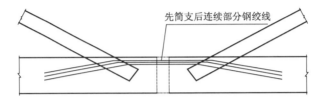

图6-13　某拱梁组合桥先简支后连续连接处的构造

湖南某桥为20m(空心板)+69.5m(下承式拱)+88m(下承式拱)+69.5m(下承式拱)+20m(空心板)，全桥5孔长度为278.0m，见图6-14。其中，中间三孔为下承式钢管混凝土拱梁组合结构，纵梁为3跨连续梁，通过支座支承于桥墩上。该桥设计中提出的方案是采用支架全长浇筑预应力混凝土系梁，施工难度较大。实际上，该桥也可以采用先简支后连续的施工方法。

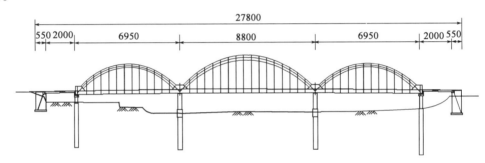

图6-14　湖南芷江舞水大桥总体布置图(尺寸单位：mm)

越南河内Dong Tru桥也是3跨连续的下承式拱梁组合桥，全长284.3m，跨径组合为80m+120m+80m，如图6-15所示。桥宽55m，八车道，上部结构为上、下行分离式，单侧拱肋中心距为23m，2%横坡。拱肋为哑铃形，主拱肋肋高3.00m，两弦管为直径1.2m，壁厚18mm的圆管和管内混凝土组成，上下弦管由壁厚16mm的腹板相连，拱脚段内填混凝土形成实心段，其余

图6-15　越南河内Dong Tru桥

段腹腔内设钢管腹杆相连。边拱肋肋高 2.50m,两弦管为直径 1.00m,壁厚 18mm 的圆管和管内混凝土组成,上、下弦杆连接方式同主拱肋。中跨有 5 道横撑,拱顶一道 X 撑、两边各一道一字撑和 K 撑。边拱有 3 道横撑,拱顶为一字撑,两边各有一道 K 撑。3 跨均采用连续结构。大桥于 2014 年 10 月建成通车。

6.5 仅桥面连续结构

6.5.1 常规构造

早期的多跨简支梁桥,在每个墩(台)上都设置伸缩缝。虽然有利于结构的温度变形不受约束,但大大降低了桥面的整体性及连续性。随着道路行车速度的不断提高,为提高行车平稳性和舒适性,减少噪声,连续桥面简支梁桥应运而生。桥面连续既可用于新桥的建设,也可用于旧桥的少缝化改造。

桥面连续最常见的做法是将多跨简支梁桥的钢筋混凝土桥面板,在主梁的伸缩缝处连续贯通。图 6-16 是一个实例。

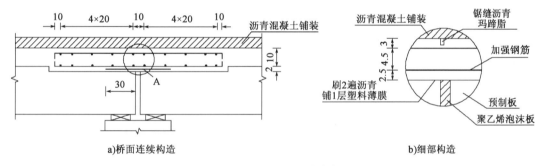

图 6-16　桥面连续构造(尺寸单位:cm)

采用桥面连续的简支梁桥,如图 6-17c)所示。它既具有图 6-17a)简支梁桥的力学特性,构造简单,施工方便;而从桥面来看,又似图 6-17b)的连续梁,没有伸缩装置,从而节省了伸缩装置、养护和维修费用,改善了行车平稳性,降低了行车对桥梁的冲击荷载,增加结构抵抗活荷载和地震的能力。因此,这种桥梁形式在相当一段时间内在世界各地均得到应用。有些桥的连续长度还相当长,如英国的奥温尔(Orwell)桥,全长 1287m,仅在桥台处设置大位移量伸缩装置;我国的河南洛阳桥为 9 孔 50m 预应力简支梁,桥面连续总长 450m;郑州黄河公路大桥设有联长 5 孔 50m 和 6 孔 40m 的连续桥面等。

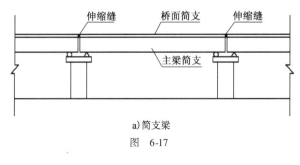

a)简支梁

图　6-17

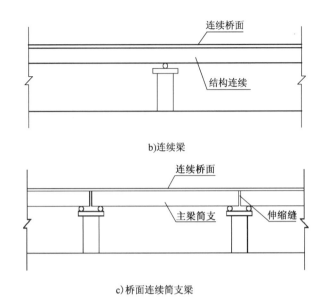

图 6-17　连续桥面与其他两种梁桥的结构形式

然而,桥面连续构造是此类梁桥结构的薄弱环节。在进行桥梁结构设计时,对桥面连续板一般不作专门的计算分析,其厚度与配筋随意性较大。实际上,此处受力极为复杂,但是,目前对连接板的受力研究还不成熟,难以提供简化的算法供工程应用。而对于设计人员要根据结构线弹性甚至弹塑性理论对其进行变形、应力的计算分析,进行连接板的强度和抗裂设计,并不切合实际。设计缺陷加上施工质量控制不严,常造成桥面连续部位的开裂等病害的出现。

在支座设计时,应改变简支体系中支座的"一固一活"的观点和做法,而采用对水平力的传递具有很好消滞作用的柔性支座(橡胶支座)。由于桥面连续,上部结构温度变形比单跨大得多,而中间支座吸收主梁变形的作用不大,这就需要在中间支座采用活动支座,或采用较高的橡胶支座,以适应变形能力,将主梁的温度变形尽可能地传递到连续桥面两端的伸缩装置处,否则桥面与主梁产生的温变变形会引起连接板的隆起或拉裂。

在施工方面,应严格控制梁板预制时的几何尺寸,尽量减少偏差值,特别是梁高偏差值。预制梁板的两端顶面要尽量平整,并控制好梁板底模楔形垫块的坡度和平整度。安装时要最大限度地减少左右相邻两梁板之间的高差;若出现允许偏差范围内的高差,应对安装就位后的梁板顶面作修整。

简支梁桥面连续结构有成功的经验,也有许多失败的例子。从结构本身来说,这种结构由于主梁为简支梁,桥面连续构造位于主梁梁端,是主梁变形(转动和梁体伸缩)最大的部位。主梁的变形会在约束变形的桥面连续构造中产生较大且复杂的拉、压、弯等内力,极易使其出现开裂等病害。

6.5.2　改进措施

为克服上述传统的桥面连续的缺点,出现了多种改进的措施。可分为两大类,一类是在结构方面,放松桥面连续部分的约束。另一类是改进材料。

6.5.2.1 增设无黏结区域

在接缝处设一区域,将桥面连续构造与主梁用无黏结层隔离,能明显削弱桥面连续构造与主梁之间的连接,降低其抗弯刚度,减小桥面连续处负弯矩,改善桥面连续结构的受力。无黏结层可以采用玻璃纤维布等材料。

图 6-18 是澳大利亚用于大部分中小跨径简支梁桥桥面连续的典型构造图。这种构造的桥面连接板可以传递轴力,但其较弱的抗弯刚度有效地保证了主梁不会在桥墩部位形成较大的弯矩。

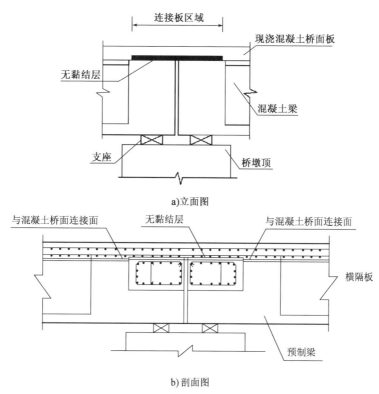

图 6-18 澳大利亚桥面连续的无黏结区构造

图 6-19a)是英国的桥面连续的一种构造,它同样采用了无黏结区域,使连接板可容纳支座处的各种相对转动和挠度。一般无黏结区域长度可为净跨的 5%~10%,如图 6-19b)所示。

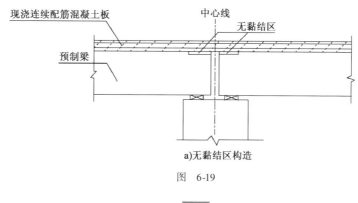

图 6-19

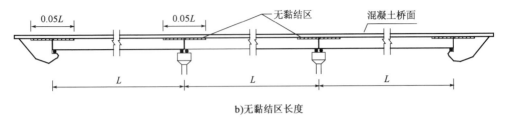

b) 无黏结区长度

图 6-19 英国桥面连续的无黏结区构造

6.5.2.2 采用切缝与拉杆构造

这种方法对桥面连接板进行切缝,以放松其约束,同时在桥面连接处增设拉杆,以承受桥面连续处的拉力,减小桥面板的开裂。根据切缝的位置与数量,又分为两端切缝型(图 6-20a))和中间切缝型(图 6-20b))。两端切缝型是在距离主梁伸缩缝一定距离的两侧填塞 2cm×3cm 的油浸软木条,在主梁梁端出现弯矩转角时,桥面连续板在此处能有较大的转角以适应其变形,从而减小桥面连续板的受力;而中间切缝型在桥面板处于主梁伸缩缝处的下方填塞油浸软木条,上方割出 0.5cm×2cm 的假缝,当主梁梁端出现弯矩转角时,桥面连续板可在此处有较大的转角以适应主梁的变形。

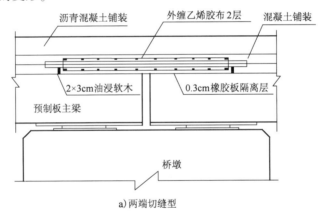

a) 两端切缝型

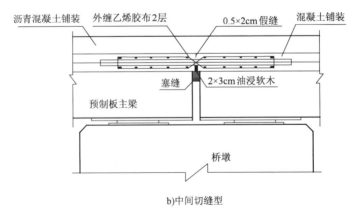

b) 中间切缝型

图 6-20 切缝与拉杆式桥面连续构造

(1)图 6-21 给出了美国密歇根州现行的桥面连续(图 6-21a))和建议改进的桥面连续(图 6-21b))的构造。建议的改进内容包括:①将现有仅上层连续、下层不连续的配筋,改为上下层均成连续的配筋,以抵抗使用荷载和温度梯度荷载;②在现有的一道中间锯缝的基础上,在桥面连续板(连接板)两端各增设一道锯缝,形成共三道的锯缝,以适应连续板的变形。

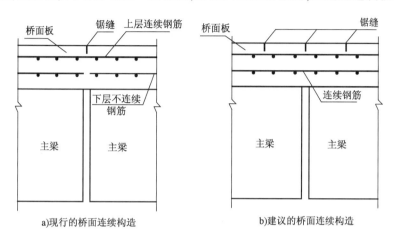

图 6-21 美国密歇根州桥面连续构造图

(2)图 6-22 是英国采用的一种桥面连续的构造。其典型特征为:①位于板中间高度处的拉接钢筋,在伸缩缝的每侧都留有一定小距离的无黏结段,以容许桥面板转动,跨间无连续弯矩;②跨间桥面板被可压缩填缝料分开,但桥面的防水层和面层是连续的;在伸缩缝顶部,用特殊密封剂封顶,起双道保险作用。但由于它不能容纳支座处的转动,故易于开裂。

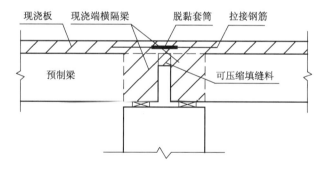

图 6-22 英国拉杆式桥面连续构造

6.5.2.3 采用新结构

Zuk 提出的一种滑动桥面板桥,也可归入仅桥面连续无缝桥相似,见图 6-23。这种桥的主梁为简支梁,有伸缩缝,桥面板支承于主梁之上,在跨中正弯矩较大的区域,通过剪力键将桥面板与主梁连接成组合截面,以增大结构的抗弯能力。其他部位桥面板与主梁之间设置可滑动层,以减小梁体温度变形对桥面板受力的影响。

20 世纪五、六十年代美国得克萨斯州的一些桥梁上曾做过类似的细部设计,但是因桥台处的桥面板以及桥台本身开裂严重等原因而停止使用。20 世纪五十年代,在伊拉克的 Qurnah 桥中也用了类似的设计,以适应伊拉克地区较高的温差。

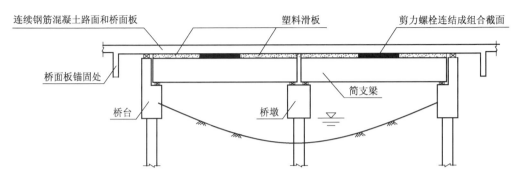

图 6-23　滑动桥面板无伸缩装置桥

6.5.2.4　采用高性能材料

除构造措施外,改善桥面连续构造性能的另一类方法是采用性能好的材料。如采用低弹性模量的改性环氧混凝土或采用钢纤维混凝土。此外,还有采用一种特殊水泥基材料的,这种材料称为"按要求设计的水泥基混合料"(Engineered Cementitious Composite,简称ECC)。顺便指出,Engineered 在这里是指按要求设计的,而不是指工程,将其译成"工程水泥基混合料"是不正确的,根据其性能和构成现多译成"高延性纤维混凝土"。

ECC 是一种高性能纤维加强水泥基复合材料,具有较高的抗拉和抗剪强度,其韧性使得它能够发生塑性变形而不会开裂,同时它与普通混凝土具有较好的兼容性。初裂后,这种复合材料可经历一个很长的屈服应变硬化阶段。在出现宏观裂缝前极限拉应变可达到3.5%,为普通混凝土(0.01%)的350倍,当弯拉应力超出抗拉强度后会在旁边出现较多的微裂缝,从而使裂缝的宽度较小,见图 6-24。以ECC 制成的连接板,可以控制裂缝宽度,并提供很大的变形能力。图 6-25 是钢—混凝土组合简支梁采用

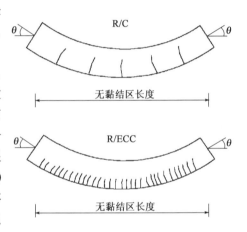

图 6-24　配筋 ECC 梁与普通 RC 梁受弯开裂性能比较

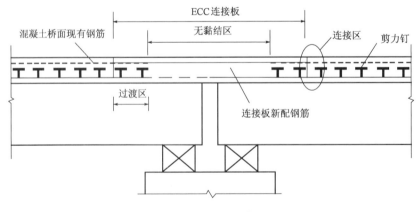

图 6-25　ECC 连接板构造

ECC 连续桥面的构造示意图，图 6-26 所示的是施工过程。ECC 可设计成免振捣，以方便施工。但是，ECC 材料的水泥用量大，在其硬化过程中会出现大量的裂缝，虽然缝宽不大，但也让业主难以接受，因而实际工程应用较少。

a)铺设贯穿ECC连接板的连续钢筋

b)连接板过渡区剪力钉设置

c)浇注ECC混凝土

d)ECC连接板完工后的桥面

图 6-26　ECC 连接板施工过程

近年来，超高性能混凝土（Ultra-high Performance Concrete，简称 UHPC）在土木工程中的应用越来越多，将其应用于连接板的想法也被提了出来，并已有了实际的应用，详见本书第 8.4.3 节的介绍。

第 7 章　既有桥梁无缝化改造

第 3 章至第 6 章介绍的都是新建无缝桥梁的主要结构形式、细部构造等。实际上无缝桥除用于新桥的建设外,还大量地应用于有缝桥的改造中。本章将着重介绍采用无缝化技术进行既有有缝桥的桥台无缝化改造以及多跨简支梁(板)桥结构的连续化改造,并给出应用实例。

7.1　概　　述

有缝桥的伸缩装置易损坏,需要及时维修,第 2 章介绍了修复的要点。如果具备改造条件,则可直接进行无缝化改造,以彻底解决问题。对于伸缩量小的桥梁,可以采用暗缝伸缩缝或桥面连续构造。因对结构受力体系无大的改变,它与新桥的建设无大的差异,本章不再介绍。

在新建的中小跨径桥梁不断推广应用整体或半整体无缝桥的同时,国外大量开展了有缝桥的无缝化改造。

美国 2004 年的调查显示,由于桥面板的损坏以及更换整个桥面板的需要,将有伸缩缝的桥面板改造为无伸缩缝的实例与日俱增。调查显示,美国 49% 的州问卷回答表明,他们已经建立了尽可能将既有桥梁改造为无伸缩缝桥梁的政策。弗吉尼亚州已经具备较为成熟的无缝连续化技术并在全桥面或部分桥面改造中获得成功。在桥面改造工程中,弗吉尼亚州发现,采用连续桥面简支梁结构的主要花费是在旧支座的改造上。随着美国桥梁年龄的增长,混凝土桥面需要替换以改善行车质量和达到桥面使用标准,应该考虑将既有简支跨桥梁改造为连续(无缝)桥梁。调查结果表明,进一步制定有关技术指南,对那些还没有建立桥梁改造方针的州是有利的。

将有缝桥改造成整体式或半整体式桥梁的实践还不多,美国只有 39% 的州在论证它的可行性。新墨西哥州表示这是一种很普通的改造,支座的选择是关键。密苏里州只对小跨径和小斜度的桥考虑这种改造。弗吉尼亚州尽可能地将这种改造同大部分的上部结构替换工程结合起来。南达科他州在诸如桥面板更换或桥台出现严重问题时的改建中才考虑这种改造。

第 1 章中介绍过,日本无缝化的工作主要集中在既有桥梁的改造方面,并制定了相应的指南。意大利也在这方面取得了成功,目前也在进行深入的相关研究。

第 2 章介绍的有缝桥,在桥台处一般都设有伸缩装置。由于处于主梁与桥台相接处,材料、结构的刚度相差极大,此处的伸缩装置较之于墩上的更易损坏,加之台后填土的沉降,常伴随着跳车问题,对桥梁产生了很大的冲击作用。因此,取消桥台处的伸缩缝和伸缩装置,进行桥台的整体化或半整体化改造,是提高既有桥梁服务功能、提高耐久性和减小维护费用的重要措施。

既有桥梁改造中的整体或半整体桥台的基本原理、结构,与前两章所介绍的新桥相差不大。

与新桥相比,既有桥梁改造的不利因素主要有:

(1) 改造受到原有桥梁设计、施工、运营情况的制约,应在这些制约条件下寻求合适的改造方案;

(2) 应具备对原有桥梁状况及环境有充分了解的条件;

(3) 要考虑改造对现有交通的影响,根据交通要求选择合适的改造与施工方案。

当然,既有桥梁的整体化改造与新建桥梁相比也有优势:

(1) 一般来说,混凝土桥的混凝土收缩已经完成或基本完成,预应力混凝土桥的徐变已经完成或基本完成,因此主梁的纵桥向变形量要小于新建桥梁;

(2) 桩基等基础变形已经基本完成,多跨超静定结构的基础沉降引起的次内力问题已经基本消失,原有结构构件之间不协调的变形已经完成,原有的变形缝或封闭缝不会产生约束力;

(3) 主梁、桥面等结构均已完成,将主梁与桥台固结时,基本不存在新桥先连接后施工桥面混凝土等施工工序问题引起的节点开裂问题;

(4) 台后填土沉降已大部分完成,且经过车辆反复碾压已很密实;

(5) 桥梁的排水系统经过多年的使用是否合适已经清楚,存在的病害已经暴露,可以在改造时一同进行处理;

(6) 既有桥梁已运营多年,对桥位处的气候条件、桥梁本身的结构反应能有相当的了解,还可以在改造之前通过现场的测试,进一步掌握桥梁与气候资料,便于改造方案的确定。

7.2 桥台处无缝化改造

桥台处的无缝化改造,应根据既有桥梁的实际情况,首先决定改造成什么样的桥台类型。桥台类型的选择一般情况可根据当地气候条件、桥梁类型、桥长、主梁结构形式、桥台与基础结构、桥梁的支承方式和支座形式等主要因素;背墙和伸缩缝的类型并不是主要因素,因为背墙通常要凿除,伸缩缝要完全拆除。

7.2.1 整体式桥台改造

桥梁全长较短的、桥台支承在柔性基础(如单排桩)上的或基础可滑动的矮桥台桥梁,可以被改造成整体式桥梁。图 7-1 是文献[6][163]给出的一个有缝桥桥台改造成整体桥桥台的例子。其改造的施工顺序如下:

(1) 拆除原桥的台后搭板,挖掉部分台后填料;

(2) 临时支撑主梁,凿除主梁端部的部分桥面;

(3) 凿除桥台背墙和一定高度的桥台承台(桩帽);

(4) 将凿除后的承台顶面冲洗干净,并保持粗糙状态,然后现浇端横梁与承台联成一体或为桥台的有机组成部分;

(5)回填台后填土,浇筑台后引板和被凿除的部分桥面。

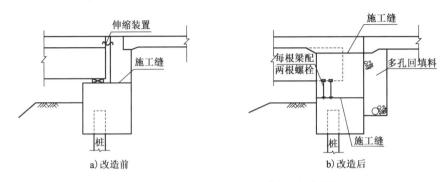

图 7-1 (单排桩)有缝桥改造为整体桥的桥台节点

当桥梁总长不大,虽然桥台基础为双排桩且有斜桩,基础抗推刚度较大,但由于伸缩量不大仍可改造成整体式桥,如图 7-2 所示。改造的施工顺序中,步骤(1)、(2)、(3)和(5)的方式内容与前述图 7-1 的例子相同,但步骤(4)为:抹光搁置端横梁的支座处,涂上防粘剂,以提供部分的转动能力,适应主梁的纵桥向变形,然后浇筑端横梁与主梁全部连在一起。在这个例子中,主梁的温度胀缩变形是通过主梁与桥台处的光滑接触面的相对位移来实现的,与滑动式半整体桥的原理相似,与一般整体桥通过桥台基础的弹性变形来实现有所不同。但由于该桥没有支座,这里仍将其归入整体桥(而不是半整体桥)中。

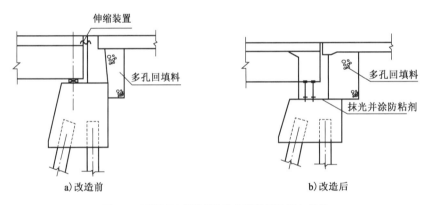

图 7-2 (双排桩)有缝桥改造为整体桥的桥台节点

在改造设计时,应注意新旧结构之间的结合,应充分利用原有结构的钢筋,将其与新浇筑部分的钢筋连在一起,因此,原有结构凿除时要格外小心。改造设计时,如同新桥建设一样,应考虑整体结构系统的统一,不仅要考虑主梁与桥台,而且要考虑台后引板、与台后引板相接的道路接缝等。同时,对现有结构的其他病害也要一同处理,比如原台后引板宽度不是桥梁全宽,则新的引板应做成全宽并带有一定高度的路缘石或人行道,以使路面雨水渗入路肩或台后的情况得到杜绝;如果原有的接线道路存在顶胀现象,就要加设减胀变形缝等。

7.2.2 半整体式桥台改造

桥台基础采用刚性扩大基础、较短的桩基础或采用刚度较大的钢筋混凝土桩基础的桥梁一般适于改造成半整体式桥梁。

图 7-3 的桥台是轻型桥台,可以改造成半整体式桥台。半整体桥可保留原有的支座,所以改造施工较之改造成整体桥要简单些,具体的施工顺序如下:

(1)拆除原桥的台后搭板,挖掉部分台后填料;
(2)凿除主梁端部的部分桥面和桥台背墙;
(3)在端横梁与桥台之间设置铰(滑移层),现浇端横梁,封闭台后的铰缝;
(4)回填台后填土,浇筑台后引板和被凿除的部分桥面。

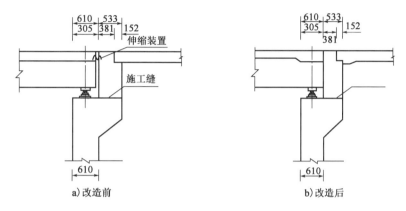

图 7-3 (薄壁轻型台)有缝桥桥台改造为半整体式桥台(尺寸单位:mm)

无论是整体式桥台还是半整体式桥台,都存在引板与桥台连接的问题。第 5 章中介绍了世界各地采用的连接方式。可以看出,采用的连接方式五花八门,但有一点基本原则已得到大部分人的认可,即引板与桥台间的连接应为铰接,不应传递弯矩或只传递很小的弯矩,以防止连接缝开裂。

7.2.3 延伸桥面板桥台改造

在第 3 章中介绍过,延伸桥面无缝桥是三大无缝桥之一,其施工简便、成本低廉,不仅可用于新桥的建设,而且也特别适合于既有桥梁的无缝化改造。

对既有桥梁,可通过补浇新混凝土或凿除旧混凝土的办法调整背墙的高度,从而可使延伸桥面(或称台后引板)与原桥面板连接在一个水平面上,实现桥台无缝化。上部结构仍然保留原来的桥台和支座,但为了使桥面系统在温度变形下可以纵向伸缩,应在背墙顶设置滑动面,见图 7-4。如果支座需要更换,或者桥台需要修理,也可在桥面无缝化施工前实施。根据背墙与纵梁的连接情况,延伸桥面板桥台有外伸式与外包式两种,详见第 3 章。

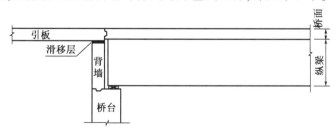

图 7-4 外伸式延伸桥面无缝桥构造示意图

对单跨桥梁,只要将桥的两端改造为延伸桥面即可实现桥梁无缝化。对于简支桥面连续的多跨桥,也可以用延伸桥面板进行桥台处无缝化改造。然而,这种改造要对原桥桥面连续部分的受力性能进行充分的评估,因为取消桥台处的伸缩缝后,桥墩处主梁伸缩的温度变形量将加大,会加大桥面连续部分的受力。

在既有桥梁无缝化改造中出现了一种桥台,介于半整体式桥台与延伸桥面板桥台之间,见图 7-5。它将纵梁直接靠到背墙上,二者之间不设置伸缩缝,从这点上来说,它不似延伸桥面板桥台,而更似半整体式桥台。然而,背墙与主梁之间没有用构造措施连成整体,二者仅是接触,所以主梁温升膨胀时,背墙向台后土方向运动;当温降收缩时,主梁内缩,原背墙可能在土压力作用下跟着内缩,也可能在桥面板的摩擦力作用下不动或内缩量小于主梁,二者之间形成间隙。从这点上来说,它与滑移层支承式(图 4-34b))又不同,而应该属于延伸桥面板桥台。在本书第一版中,这种桥台被称为合成式延伸桥面板式桥台,本书仍将其归入延伸桥面板桥台,姑且称其为无间隙延伸桥面板桥台。这种桥台,其背墙属于可动结构,在新桥中未见应用,所以仅在这里作简要介绍。

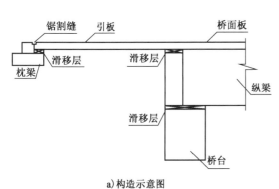
a)构造示意图

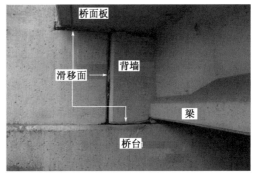
b)实例照片

图 7-5 无间隙延伸桥面板桥台

在这种桥台中,桥面板可向外延伸并架设在铺有 2.54cm(1in)厚的 EPS 隔离层的背墙上。图 7-6a)为密歇根州用于桥梁改造的延伸桥面板式桥台的标准构造。文献[118]通过有限元分析表明,在背墙上面靠近边跨一侧的桥面上设置连接铰,比现行的构造方法可以减小应力。所以建议采用锯割缝和施工缝的方法,并将下层钢筋贯通连续,如图 7-6b)所示。

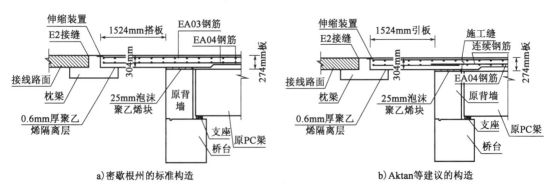
a)密歇根州的标准构造   b)Aktan等建议的构造

图 7-6 用于桥梁翻修的合成式背墙构造

我国1999年建成的上海崇明北沿公路堡镇港无缝桥,也是一座多跨简支空心板梁、桥面连续的结构,桥梁跨径布置为2×12 m+20 m+2×12 m,总长68 m,斜交角10°。为避免桥面连续处在温度上升时引起向上隆起,在桥墩盖梁上预埋钢筋穿过梁与梁之间的间隙,与混凝土铺装相连。为防止该钢筋锈蚀,钢筋外套硬塑料管,内灌沥青。桥台后设牛腿,以支承台后引板。该桥完全靠桥面连续取消伸缩装置,主梁与桥台之间、桥台与台后引板之间均保留有伸缩缝,前者置泡沫板、后者用油毛毡。该桥的具体构造见文献[5]。

7.3　墩上无缝化改造

对于多跨简支梁桥,除桥台无缝化外,还要实现桥墩处的无缝化,才能实现全桥的无缝化。一般来说,墩上各跨之间的无缝化相对于桥台处的整体化或半整体化改造要容易些。这种各跨之间的无缝化,可通过桥面板连续来实现,也可以通过结构连续来实现,即将简支梁支座桥墩,改造成连续梁支座桥墩、桥面连续支座桥墩、整体式桥墩和半整体式桥墩。

7.3.1　桥面板连续化改造

桥面板连续化改造,即凿除桥面部分混凝土,在现有桥面板上层添加足够的负弯矩钢筋以抵抗横向裂缝的出现,如图7-7a)所示为美国得克萨斯州的工法。对于这样的结构,要确保一个或者相邻两个支座可以发生水平运动。只有这样,才可以防止梁的转动和板的连续所引起的水平力施加到支座上。

图7-7b)是美国犹他州的桥面连续化改造的一个例子。该桥桥面为沥青铺装,桥墩上的铺装层应先凿除一段,并铺设一层(聚苯乙烯等材料)防水层,它同时起到将桥面板与主梁隔开的作用,以减小主梁的转角变形对连接板受力的影响。由第2章可知,仅桥面连续而结构没有连续,可能经过一段时间的运营后,桥面连续部分会出现开裂,但对于中小跨径桥梁而言,这种桥面开裂与伸缩缝损坏带来的负面影响相比,还是可以接受的。

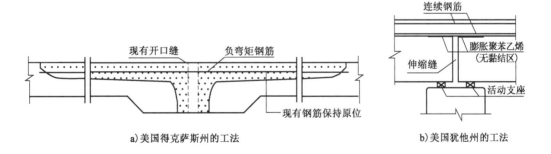

图7-7　墩上桥面连续化改造

正是由于桥面连续不能根本解决问题,除小跨径、温差变形小的桥梁外,最好的无缝化是进行结构的连续化改造。事实上,结构连续化改造不仅能取消伸缩缝和伸缩装置,而且对于提高结构的性能也有极大的好处,能降低跨中正弯矩,提高结构的纵横向刚度,减小活载作用下的结构变形,提高结构的整体性、坚固性和抗震能力。

7.3.2 结构连续化改造

由第 3 章和第 5 章可知,无伸缩装置的多跨无缝桥应用的结构主要有连续刚构及其整体式桥墩、连续半刚构及其半整体式桥墩、连续梁及其支座桥墩和仅桥面连续简支梁及其支座桥墩。

既有的多跨简支梁,原设计的桥墩需要单独受力,刚度相对较大,若将其改造成连续刚构,无论上部结构还是桥墩可能所受的弯矩比原结构要增大许多,可能要超过原设计承载力范围;同时,要将原有的支座桥墩改造为整体式桥墩,构造处理上也很困难。因此,在多跨简支梁无缝化改造中,改造为整体式桥墩的例子不多。

原结构为桩柱式的桥墩,结构具有较大的柔度,可以改造为半刚性桥墩,结构将从简支梁或连续梁改为连续半刚构。福建省漳州市的锦浦桥和意大利的 Isola della Scala 桥,均是将多跨简支梁桥改造为连续半刚构无缝桥的实例,详见 7.4 节的介绍。

当原结构为重力式桥墩或其他刚度较大的桥墩时,多跨简支梁桥的无缝化改造,更多是改造成连续梁。连续梁新桥建设时,若采用先简支后连续方法施工,通常由原来的简支时的双支座转换为连续梁体系中的单支座。在既有简支梁的改造中,可以采用与新桥一样的从双支座转化为单支座的做法,也可以继续采用双支座,如福建漳州的十里桥,详见 7.4 节的介绍。

国外很早就开始对既有多跨桥梁进行简支到连续的改造和转换。早在 1969 年 Freyermuth 就对 RC 桥面预制预应力混凝土简支组合梁桥的连续化方法和需要考虑的因素作了详细的论述。20 世纪 60 年代,美国威斯康星州和马萨诸塞州开始进行桥梁的无缝化改造。此后,越来越多的州开展了桥梁无缝化的改造。

为了给这种桥梁改造一些指导,美国联邦公路管理局发布了一个关于既有桥梁无缝化改造的技术咨询。咨询委员会的部分建议认为,有必要对桥梁布局和现有伸缩缝进行调查研究,以确定哪些伸缩缝可以被取消,哪些伸缩缝仅需要调整就可以满足桥梁的功能需要。20 世纪 50 到 90 年代,我国修建了大量的装配式简支梁桥。随着运营年限的增加及交通的发展,大量此类桥梁面临承载能力下降和设计荷载不足的问题。连续化改造是提高此类桥梁承载能力和安全性能的一种切实有效的措施,结构桥梁的无缝化改造,多跨简支梁的连续化改造,应该是我国今后相当长时间内既有桥梁养护维修的一项重要任务。

既有桥梁的连续化改造与第 6 章介绍的先简支后连续的新建桥梁有相似之处,在结构受力分析方面的主要区别在于:

(1) 连续化改造时,一般来说混凝土收缩、徐变已经完成或基本完成,由此产生的连续梁的结构次内力较小或可以忽略不计;

(2) 桩基等基础变形已经基本完成,多跨超静定结构的基础沉降引起的次内力问题已经基本消失;

(3) 恒载已基本上加在原简支结构上,只有改造时的二期恒载和活载作用时以连续结构受力。

这种结构体系转换加固的关键之一是负弯矩区的混凝土开裂问题。连续处的连接方式主要有钢筋混凝土和预应力混凝土连接两种。

文献[165]介绍了一座 7×20m 装配式钢筋混凝土简支 T 梁简支改连续的加固改造工程经验。在墩支点对应梁肋粘贴 U 形钢板加固，钢板厚 10mm，宽 50mm，用穿过主梁梁肋的高强对拉螺栓将墩顶处两对应的梁肋牢固地连接在一起，如图 7-8 所示。

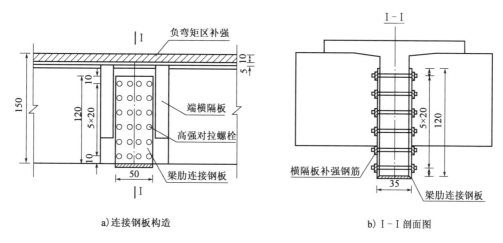

图 7-8　T 梁连续加固改造的梁肋连接钢板构造(尺寸单位:cm)

在梁端横隔板内侧用粘钢胶粘贴 183mm×95.7mm 的整块钢板(厚 10mm)，并通过高强对拉螺栓与相邻跨对应的横隔板对拉在一起，如图 7-9 所示。然后，以此对拉螺栓为骨架在两横隔板间绑扎钢筋，浇筑 C45 微膨胀混凝土。待混凝土强度达到 80% 后，以近梅花形间隔对对拉高强螺栓使用测力扳手施加 100kN 的预拉力，使得墩顶对应端横隔板可靠地连接在一起。接着在墩顶 9m 范围区域内根据计算设置梁顶负弯矩钢筋，更换支座和两端的伸缩装置，现浇桥面板与桥面铺装。

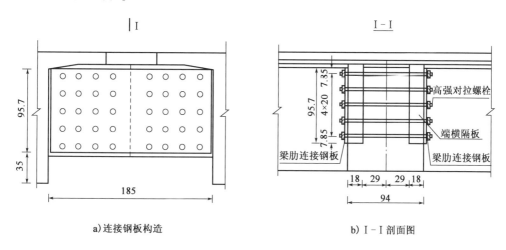

图 7-9　T 梁连续加固改造横隔板连接构造(尺寸单位:cm)

采用钢筋混凝土连接，由于混凝土抗拉能力低，在使用荷载作用下极易开裂，裂缝宽度也很难保证在允许的范围内，开裂区又位于桥梁的顶面，势必会影响桥梁结构安全性和耐久性，因此，目前已较少采用。目前，较多采用的是预应力连接。文献[166]对此进行了较为详细的介绍。从所采用的预应力措施来分主要有三种方法,即后张法有黏结预应力筋法、无黏结预应力筋法和横向张拉预应力筋法。前两种已为工程界所熟悉,这里主要介绍一下第三种方法。

横向张拉预应力筋法构造示意如图 7-10 所示。其基本原理是在相邻梁端顶面设置锚固钢板条,在其上焊接顺桥向平行布置的钢筋,对有一定距离的两根平行钢筋施加横向拉紧力,使其呈折线状,用横向卡紧器固定,从而使钢筋有了一定的预拉力。为避免连续处负弯矩作用引起的开裂与钢筋锈蚀问题,钢筋可采用环氧涂层钢筋,混凝土铺装可采用防水混凝土。此外,此处的混凝土也可以采用轻质混凝土以减轻自重。

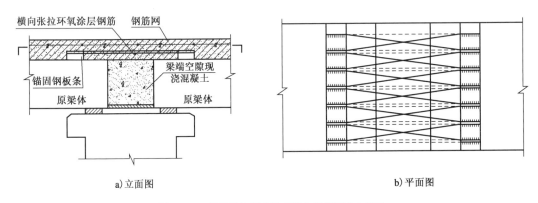

图 7-10　T 梁连续加固改造时横向张拉预应力筋法

文献[167]以跨径 16.76m + 16.76m 的两跨简支 T 梁桥进行变连续梁的加固效应进行了分析,结果表明,该方法在提高跨中抗弯承载力的同时,降低了内支座处梁的抗剪承载力,建议在应用此方法时,对内支座处梁的抗剪能力也进行加强。文献[168]则分析了简支梁、连续梁及简支转连续梁桥受力特点和单支座、弹性双支座及刚性双支座简支转连续梁的静力学和动力学特点,结果表明,简支转连续中使用单支座或者双支座对整体结构受力有一定影响,运用双支座时能够改善主梁的受力,但在自重作用下其受力差别不是太大,只是双支座在施工中更方便、快捷,省略了临时支座的安装、拆除过程。

7.4　改 造 实 例

7.4.1　整体桥改造实例一:福建漳州锦浦桥

7.4.1.1　概况

福建漳州锦浦桥建于 20 世纪 90 年代初,桥梁全长 52.8m,为三跨桥面连续、简支空心板桥,每跨标准跨径为 16m。桥墩为双柱式钢筋混凝土柱接灌注桩基础,桥台采用桩柱式埋置桥台。改造前的全桥照片如图 7-11 所示,总体布置图如图 7-12 所示。桥面宽度为:0.2m(护栏)+1.5m(人行道)+26.6m(行车道)+1.5m(人行道)+0.2m(护栏)=30m,横桥向布置如图 7-13 所示。原设计荷载为:汽—20 级、挂—100 级。

图 7-11 锦浦桥改造前侧面全桥照片

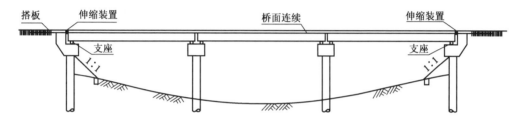

图 7-12 锦浦桥改造前总体布置图

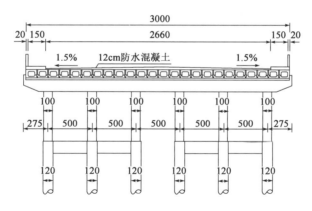

图 7-13 锦浦桥横断面布置(尺寸单位:cm)

2011年曾对该桥进行了维修加固,加固后采用设计荷载为公路-Ⅱ级。但随着交通流量和超载车辆的日益增加,该桥病害不断发展,主梁钢筋锈蚀严重、刚度下降明显,桥面开裂、铺装错台、伸缩装置损坏、积水等病害突出(图7-14)。为此,对该桥进行了外观检测、混凝土强度超声回弹检测和静、动载试验。依据《公路桥梁技术状况评定标准》(JTG/T H21—2011)进行技术状况评定,得分为30.8分,为5类桥;同时在荷载作用下控制截面应变校验系数和挠度校验系数均大于《公路桥梁承载能力检测评定规程》(JTG/T J21—2011)规定的不超过1.0的限值要求。检测结果表明,该桥不满足设计荷载的要求。建议对该桥上部进行改建或重建。

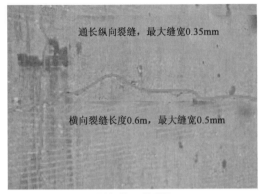
a) 桥面纵、横裂缝

b) 桥面铺装错台

c) 伸缩装置破损失效

d) 桥面积水

图 7-14 锦浦桥改造前桥面破损照片

根据该桥的实际情况,对该桥提出无缝化改造方案。方案设计遵循以下原则:科学合理、经济环保;保证现有桥面高程和墩台顶高程;尽量不增加结构自重,最大限度降低对下部主要承重构件的损伤;施工简便、快捷,加固施工过程对交通影响减至最小;加固后桥梁能满足设计荷载标准的使用要求,并有一定的安全储备;增强桥梁耐久性、养护方便。

综合以上设计原则,上部结构体系仍采用预制空心板,但采用连续空心板,施工方法为先简支后结构连续,取消桥墩处的伸缩缝和支座,将支座式桥墩改为半整体式桥墩;取消桥台处的伸缩缝和伸缩装置,将现有的埋置式桩柱式桥台改造为半刚接整体式桥台。改造后的桥梁,全桥无支座和伸缩装置,为三跨连续半刚构整体式无缝桥,改造后的总体布置图如图 7-15 所示。

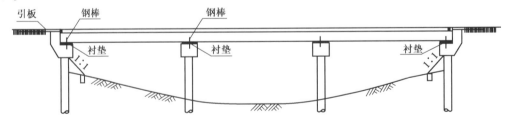

图 7-15 锦浦桥改造后总体布置图(尺寸单位:cm)

7.4.1.2 桥台处整体化改造

本桥桥台为桩柱式埋置式桥台,具有较大的柔度,适合于改造成整体式桥台。由于桩为混凝土桩,较之 H 型钢桩的刚度又偏大,因此,桥台与主梁的连接,采用半刚性连接,释放弯矩。改造时,为保证主梁与桥台有效连接,桥台处主梁预制时(图 7-16),在板端预留 30cm 现浇段,将各预制板横向连接成整体,同时又将预制板与原桥台背墙和桩帽连接成整体。

主梁与桩帽之间的连接,采用半刚接,只传递剪力,不传递弯矩。具体构造与该桥的半刚性桥墩(图 6-8)相似,如图 7-17 所示,钢棒置于板端现浇段内,通过直径 32mm 的钢棒将主梁与台帽连接起来。钢棒每 40cm 设置一根,插入深度为 48cm,在插入范围内套两层 2cm 的橡胶套。板底与桩帽间设厚 2cm 的橡胶衬垫。钢棒下端穿过橡胶衬垫、后浇混凝土垫平层并锚固于桩帽内,这部分总长 100cm。

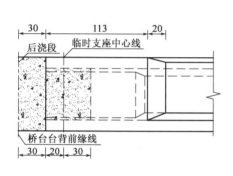

图 7-16 锦浦桥桥台处板端构造示意图
(尺寸单位:cm)

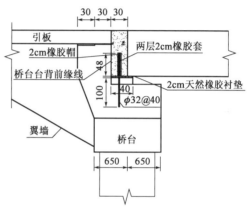

图 7-17 锦浦桥半刚接整体式桥台构造示意图
(尺寸单位:cm)

锦浦桥接线系统设计见图 7-18。该桥台后设置了一块引板和一块过渡板,各 4m 长,总长 8m。引板为钢筋混凝土构造,一端支承于桥台背墙上,另一端支承于钢筋混凝土枕梁上。过渡板与引板同样为钢筋混凝土板,两端均支承于枕梁上,见图 7-18a)。

引板与主梁通过贯通钢筋相连接,纵桥向可随梁、墩台变形而一起运动。改造时,凿低原桥台背墙一定高度,以便台后引板与主梁相接,在背墙顶上设置一层 1cm 的油毛毡,以形成引板运动的滑动面;在与背墙内侧对齐处设置一道施工缝并在其上缘填塞橡胶条,以防止主梁转角变形向引板传递,减小连接处的负弯矩,控制不规则裂缝的产生。主梁与引板节点构造见图 7-18b)。

引板与过渡板间、过渡板与接线道路间各设置一条 2cm 的胀缝。胀缝构造如图 7-18c)所示,按照《公路水泥混凝土路面设计规范》(JTG D40—2011)相关规定设计。引板底面均匀铺设一层 5cm 厚的细砂,以降低引板与基础的摩阻力,更好传递主梁的伸缩变形;为保证引板底部承载力的要求,在开挖底部基坑后,板底下面普遍都均匀铺了 10cm 厚的素混凝土层和 25cm 水泥稳定碎石层,用以增强引板基础强度。

7.4.1.3 连续板、半整体式桥墩改造

拆除上部结构,新桥采用先简支后连续结构,设计参照 2008 年交通行业标准《公路桥涵标准图》,其中预制空心板采用部分预应力 A 类构件,现浇连续段按钢筋混凝土构件设计,见

图7-19。桥墩处主梁现浇段取60cm,并根据桥墩盖梁宽度,将临时支座间距调整为80cm。

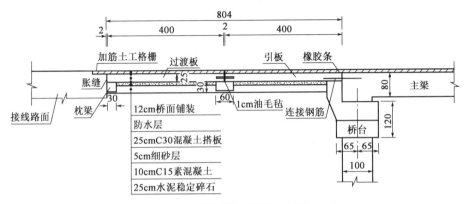

a) 接线系统布置图(尺寸单位：cm)

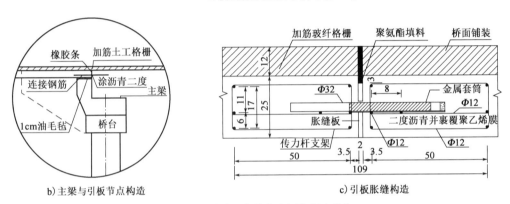

b) 主梁与引板节点构造　　　　c) 引板胀缝构造

图7-18　锦浦桥接线系统设计示意图(尺寸单位:cm)

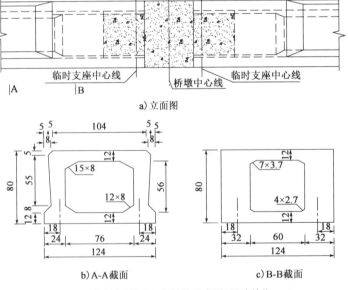

a) 立面图

b) A-A截面　　　　c) B-B截面

图7-19　锦浦桥连续空心板结构示意图(尺寸单位:cm)

考虑下部桥墩为钢筋混凝土双柱式桥墩连接灌注桩基础,属柔性墩结构,抗推刚度较小,能适应温度变化等引起的变形;同时为降低上部结构恒载、活载、温度等荷载对下部结构的不利影响,综合考虑将上、下部结构采用铰接形式。具体做法为:去除下部支座及垫石,采用钢棒将上部结构与下部桥墩连接(图7-20);在浇筑主梁现浇段前,先将钢棒植入下部桥墩盖梁,植筋技术需满足《公路桥梁加固设计规范》(JTG/T J22—2008)要求;并浇筑因取消支座及垫石而产生高差的混凝土,同时在梁底与盖梁间设置一层4cm厚的橡胶衬垫,并在钢棒插入主梁范围内套一层4cm的橡胶套,从而实现钢棒与主梁间的转动。半整体式桥墩连接构造细节见6.3节介绍(图6-8),施工时的照片见图7-20。

图 7-20　锦浦桥半整体式桥墩钢棒及其套管照片

7.4.1.4　整体化改造受力性能分析

结构受力分析时采用 MIDAS/Civil 2013 版,对整体化改造前、后结构进行分析计算。改造前的结构为简支梁,有限元模型可分别考虑上部结构和下部结构,其中上部结构模型共770个单元,579个节点,见图7-21a)。

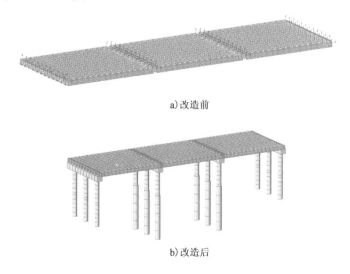

a) 改造前

b) 改造后

图 7-21　锦浦桥有限元模型

整体化改造后,主梁、桥台、桥墩和桩基础构成整体,主梁和桥台、桥墩在连接处铰接,所以需要建立包括上、下部结构的模型。有限元中主梁采用梁格法进行建模,横向通过虚拟横梁相联系,并采用释放梁端转动约束模拟主梁间的铰接;下部结构采用土弹簧模拟桩土作用效应及桥台台后土压力。土弹簧刚度按照《公路桥涵地基与基础设计规范》(JTG D63—2007)中的"m"法计算。改造后的模型共2443个单元,1857个节点,见7-21b)。由于该桥已通车运营多年,基础沉降已基本完成,设计计算中不考虑支座不均匀沉降。为保证连续化改造前后结构内力的可对比性,活载等其他荷载的选择主要依据《公路桥涵设计通用规范》(JTG D60—2004)的规定。

表7-1为整体化改造前后各荷载作用下的弯矩内力值。整体化改造后,跨中部分正弯矩转移到墩顶,墩顶处出现负弯矩,跨中恒载、活载弯矩均减小,且中跨比边跨下降更明显,其中二期恒载弯矩在边跨跨中降低了44%,中跨处降低达到82%;同时墩顶处出现负弯矩,支点最小负弯矩为 −185kN·m。其中恒载最大弯矩在边跨降低了14.8%,中跨降低了27.3%;汽车荷载最大弯矩在边跨降低了11.2%,中跨降低了22.2%;人群荷载最大弯矩在边跨降低了19.2%,中跨降低了34.6%。

锦浦桥改造前后各单项荷载弯矩比较表(单位:kN·m) 表7-1

结构体系	荷载类型	边 跨		中 跨	
		跨中	支点	跨中	支点
原简支梁	自重	377	—	377	—
	二期恒载	190	—	190	—
	公路-Ⅱ级	347	—	347	—
	人群荷载	26	—	26	—
整体化改造	自重	377	0	377	0
	二期恒载	106	−185	35	−185
	公路-Ⅱ级	308	−230	270	−230
	人群荷载	21	−35	17	−35

主梁整体化改造后,通过结构体系转变降低了跨中弯矩,在一定程度上提高了荷载等级。为研究连续化改造后,荷载等级提高大小,假定其他荷载效应相同,仅考虑一二期恒载和活载的效应。根据规范 JTG D60—2004,承载能力极限状态下的荷载组合,自重效应、汽车荷载效应分项系数分别为1.2和1.4,将连续化改造后恒载跨中弯矩减小值等效成相应汽车荷载效应减小值。因此,经过计算得,整体化改造后汽车荷载提高效应在边跨为改造前的1.32倍,在中跨荷载效应为改造前的1.6倍。

将表7-1各荷载工况下的结构内力值进行荷载组合,计算承载能力极限状态下各跨中弯矩的内力值,计算结果见表7-2。由表7-2可知,整体化改造后降低了跨中截面的弯矩值,其中,边跨降低了14%,中跨最大降低达到25%;达到了改善主梁结构受力的目的。

空心板简支梁整体化改造后,各荷载工况下主梁各支点处剪力值变化情况,经计算如表7-3所示。改造后桥台处二期恒载、汽车荷载和人群荷载作用下剪力值比改造前内力有所降低,分别减小29.2%、14%和18.8%;而在各桥墩处主梁支点剪力值均有所提高,分别增加27.3%、12.3%和15.8%。

锦浦桥改造前后弯矩内力值(单位:kN·m)   表7-2

结构类型	最不利荷载工况跨中剪力值	
	边跨	中跨
简支梁	1173.5	1173.5
结构整体化	1012.5	880.8
减小比例(%)	0.14	0.25

锦浦桥改造前后剪力比较表(单位:kN)   表7-3

结构体系	荷载类型	边跨	中跨
原简支梁	自重	104	104
	二期恒载	48	48
	公路-Ⅱ级	243	243
	人群荷载	16	16
整体化改造	自重	104	104
	二期恒载	34	66
	公路-Ⅱ级	209	277
	人群荷载	13	19

将表7-3各荷载工况下的结构内力值进行荷载组合,计算承载能力极限状态下各支点剪力值,计算结果见表7-4;整体化改造后降低了桥台处主梁支点截面的剪力值而增加了各桥墩处主梁支点截面剪力值,其中桥台处降低了8.4%,桥墩处最大提高达到9.0%。如果认为改造前简支梁状态空心板抗剪承载能力正好能够满足剪力荷载组合设计值,而整体化改造后,空心板的抗剪承载能力可能无法满足要求,因此在进行无缝化改造时必须进行支点截面的抗剪承载力验算,如不满足要求,则需对支点截面进行补强。

锦浦桥改造前后结构支点处剪力内力值(单位:kN)   表7-4

结构类型	最不利荷载工况支点剪力值	
	0号台	1号墩
简支梁	514	514
结构无缝化	471	515
减小比例(%)	8.4	−9.0

表7-5为整体化改造前后正常使用极限状态下主梁挠度的对比值,由表7-5可知,整体化改造后主梁挠度值比改造前小,边跨比改造前下降了19%,中跨比边跨下降更加明显,为26%,说明整体化改造后桥梁的整体刚度得到较大的提高。

锦浦桥改造前后主梁跨中挠度对比表(单位:mm)   表7-5

项目	边跨	中跨
原简支梁	17.6	17.6
整体化改造	14.2	13
减小量	3.4	4.6
减小率	19%	26%

锦浦桥改造时,在横桥向分为上、下行两部分分期改造,以保证道路的通行。建成后的大桥见图7-22。大桥自2014年完工以来,运行情况良好。

a) 桥面

b) 侧面

图7-22 锦浦桥改造后照片

7.4.2 整体桥改造实例二:意大利 Isola Della Scala 桥

Isola Della Scala 桥位于意大利的维罗纳,如图7-23所示。全桥共13跨,桥跨布置为 29.9m + 11 × 31m + 29.9m,总长为400.8m。该桥在2001年开始施工,最初的方案是简支梁桥。然而因施工方的经济原因而停工两年,期间所有的预应力主梁和主要的预制部分构件的采购都已完成,桥墩和桥台也已经施工完成。2006年初,工程复工。为了提高桥梁的服务质量,减少后期养护费用,业主决定复建的桥梁要尽可能减少伸缩装置的使用。修改设计中,将原来的简支梁改为连续梁,取消桥墩处的伸缩缝和伸缩装置;将桥台做成整体式桥台,取消桥台处的伸缩缝和伸缩装置。除此之外,业主要求修改设计后的转换工作不会对桥梁已建部分(例如桥墩和桥台)产生任何影响,而且新的方案不提高结构的整体造价。

图7-23 改造后 Isola della Scala 桥全景

在意大利等欧洲国家,多跨高架桥以简支梁为主。上部结构为预制预应力混凝土梁和钢筋混凝土桥面板。在过去几十年里,此桥型没有大的变化。这些结构存在的主要问题是支座的使用寿命短(短于桥梁使用寿命)和伸缩缝的堵塞,使得它不能自由运动,从而产生预想不到的应力,因此需要频繁的维修。这显然会对桥梁交通功能的发挥产生不良影响。后来,意大利公路部门接受大改造的建议,愿意增加最初投入,以换得长期的经济性,因为任何临时中断或限制交通流的办法,都会造成极其严重的损失,不利于市民的生活。本工程实例旨在说明如何将支承在墩帽上的简支梁,通过浇筑混凝土横隔梁,将相邻的纵梁连接成连续梁结构,以便获得抵抗负弯矩的能力,并达到减少支座和伸缩缝的目的。联跨内连续梁的跨数取决于现有墩、台的刚度和桩的类型、数量。

Isola Della Scala 桥的基本资料见表 7-6,典型的横截面见图 7-24。

Isola Della Scala 桥的主要资料　　表 7-6

桥跨布置和桥长	29.9m + 11×31m + 29.9m,总长为 400.8m
静力结构形式	简支到连续
桥面宽度/厚度	13.5m/(1.5m + 0.30m)
墩柱直径	3.0m
梁高	1.50m + 0.20m + 0.30m
墩高(帽梁 + 柱 + 基础)	1.8m + (3.775 ~ 5.385)m + 2.50m
桩型	RC 摩擦桩
桩径	圆形,直径 1.2m
桩长	15 ~ 20m
桩数	每个墩或台:6 根

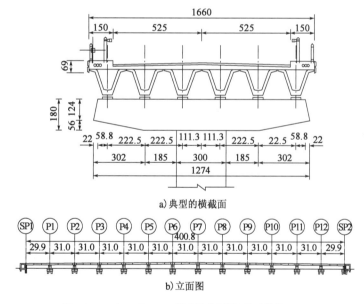

图 7-24　Isola Della Scala 桥总体布置图(尺寸单位:cm)

该桥停工前已建成的桥跨和原设计的结构形式见图 7-25a)。改造设计之初,在参考了众多的工程实例和墩、基础桩常用尺寸的基础上,认为至少在 120m(4 跨)长度范围内可以实现结构的连续无缝化。这样,将中间的 11 跨 31 m 的简支梁,改造成四联,其中一联为 4 跨,其余三联为 3 跨,每联之间、连续梁与两端简支梁之间设置了伸缩缝与伸缩装置共为 5 个,两端简支梁与桥台之间不设伸缩缝,因此,总的伸缩缝数量从 14 个减少到 5 个,减少了 9 个,约 2/3,见图 7-25b)。后来,通过分析认为,可以取消全部的伸缩缝和伸缩装置,将全桥做成一联的连续梁,且采用整体式桥台,即整体桥。有关以该桥为背景的整体桥极限长度分析详见第 11 章。

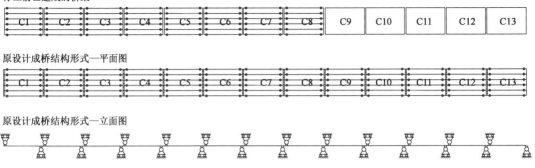

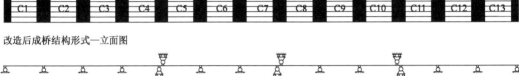

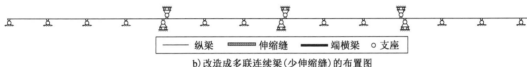

b) 改造成多联连续梁(少伸缩缝)的布置图

图 7-25　Isola della Scala 桥纵梁布置图

该桥不仅将原有的简支梁改造成连续结构,而且取消了连续处墩顶的支座,将支座桥墩改造成半整体式桥墩。为此,在中间墩上置入一根小钢棒,起支承作用。预制的 U 形预应力梁在桥墩上用钢棒与桥墩帽梁固定,使主梁与桥墩在温度变化时共同受力。通过在预制梁内侧腹板上安装剪力钉和在两相邻纵梁之间浇筑混凝土横隔梁方法,获得主梁抵抗负弯矩的连续性。图 7-26 为相邻两简支梁间的整体连续化连接构造。剪力钉放在不干扰预应力钢绞线布设的位置上。有关此处的结构受力见图 6-6。与前述介绍的福建漳州锦浦桥不同的是,该桥的钢棒没有套橡胶圈,梁底也不设橡胶垫,因此,连接处的刚度要稍大些,转动能力要小些。该桥桥墩连接处各施工阶段的照片见图 7-27。

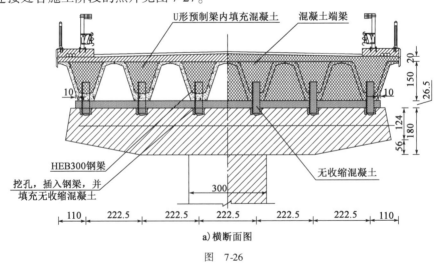

a) 横断面图

图 7-26

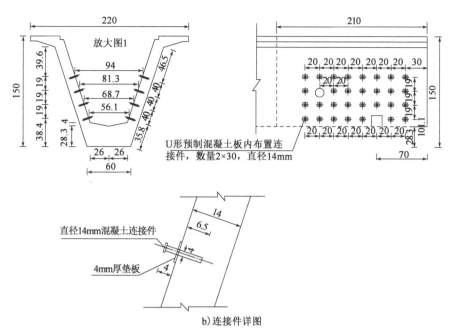

b) 连接件详图

图 7-26 Isola della Scala 桥墩顶连接区构造图

a) 去除现有的桥面板

b) 内腹板上安装剪力钉并使支座失效

c) 在纵梁梁端浇筑横隔梁

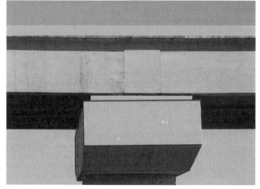

d) 浇筑混凝土桥面板

图 7-27 Isola Della Scala 桥墩顶连续处施工照片

对全桥进行了三维有限元模型分析。图 7-28（仅给出 4 跨）所示结果表明，常用的墩和基础桩尺寸可以适应由简支梁变换为连续梁时静态竖向反力的增加。重要的设计参数有温度、徐变、收缩效应和桩土间相互作用。为此，还进行了参数分析。考虑了因可能的微小基础沉降造成墩顶弯矩由负变正的可能性。计算时，开裂惯性矩取 0.7 的折减系数。

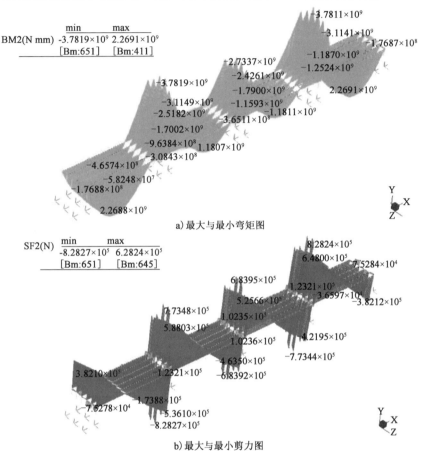

图 7-28 Isola della Scala 桥一联有限元计算结果

该桥的施工介绍见 9.1 节。

7.4.3 整体桥改造实例三：新加坡 Dualuse 桥

Dualuse 桥是新加坡建于 1968—1970 年间的一座跨越一条潮汐河流的预应力混凝土梁桥，图 7-29 为原桥的总体布置图。桥长为 18.16m，四车道（不分道），每侧有 1.5m 宽人行道。上部结构由预制先张预应力倒 T 梁组成。纵梁间通过现浇钢筋混凝土横隔梁和桥面板连接。弹性支承用来将荷载从桥面传递至下部结构。下部结构由钢筋混凝土悬臂墙板式桥台和支承于预制钢筋混凝土方桩上的翼墙构成。

因提高交通荷载的需要，业主提出提高纵梁的抗弯强度的要求，可采用的方法有三：
① 外部粘贴钢板或复合材料；
② 施加体外预应力；
③ 桥梁体系从简支转化为连续。

该桥施工过程中要求保证重车和集装箱车不中断通行。经过多因素分析和比较,采用第三个方案,将目前的简支梁改造成与桥台整体刚接的连续桥,以提高其承载力,且取消伸缩缝与伸缩装置。

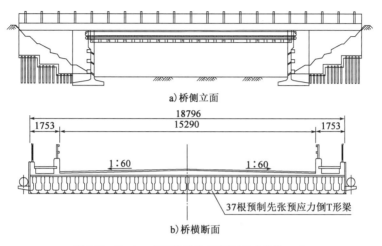

图 7-29 Dualuse 桥原桥总体布置图(尺寸单位:cm)

该方案首先除去桥台附近桥面铺装与桥面板表层混凝土,开挖台后土,并增设桥台上部抗弯钢筋;接着,用高压水清洗已暴露在外的弹性支承处钢板,并与端横梁混凝土整浇在一起。同时,在桥台上端外侧,浇筑牛腿以支承引板;分流河水,去除现存的河床垫层,并在面向河道的桥台墙面上增配钢筋和浇筑新混凝土面层。然后重新铺设河道垫层,引回水流;最后回填台后土并压实,浇筑混凝土引板和铺设新的桥面铺装层。图 7-30 为该桥的改造设计一般构造图。

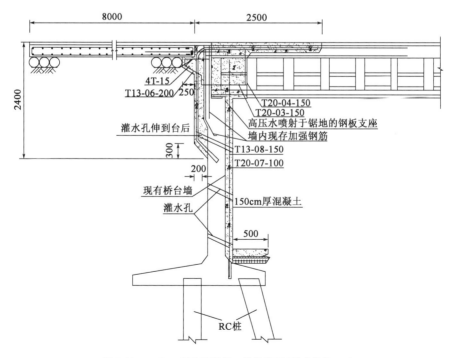

图 7-30 Dualuse 桥改造设计一般构造面(尺寸单位:cm)

由于桥面、背墙和桥台支承桩之间的相对刚度,以及背墙后填土和桩周土的水平刚度不同,背墙在温差变形、自重和地震荷载作用下的变形和振动模态也不同。这样,背墙后土压力的大小和性质也会在主动和被动土压力之间发生波动。一般情况下,模拟用的非线性土弹簧,其极限抗力取决于约束应力等级、土类型、土压实程度、土强度和背墙变形模态。改造工程的抗弯连接的分析和计算,采用有限元方法,其结构分析模型见图7-31。

本桥的加固效果由桥梁健康检测系统检验。桥梁的现场性能评估依赖于很多假定,如分析模型(边界条件,路缘影响,薄膜效应等)、荷载模型和抗力模型(材性、状况等)。桥梁健康监测数据采集系统可以测量桥梁由实际交通荷载引起的响应,并将它与计算的值相比较。运用概率统计方法,将短期的交通响应监测结果外推,可以获得经济、实用的评估桥梁性能的结果。

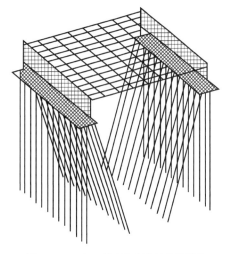

图7-31　Dualuse桥改造有限元分析模型

用一套较有效的监测系统,先对桥梁的初始状态进行测试和分析,以便在桥梁改造更新完毕后进行对比分析。初始模态分析结果可以决定放置监测传感器的最佳位置。桥梁改造完毕后,重复进行测量和分析,通过对比分析,来判断桥梁结构性能的改善情况。本桥进行了随机和强迫振动试验。4个可拆卸的应变计装在桥面板跨中底部,3只加速度计分别安装在跨中和1/4跨。HMX桥梁健康监测仪用来记录来自传感器的数据。测试表明,桥梁体系经过转换后在荷载作用下,桥面板的最大挠度从17.6mm减小到13.2mm;桥梁第一级振动模态频率由加固前的5.0Hz增加到加固后的8.8Hz。这些结果证明,桥梁体系转换为整体式后,能有效提高其抗弯能力。

7.4.4　延伸桥面板桥改造实例一:福建漳州十里桥

7.4.4.1　概述

福建漳州十里桥为六跨简支空心板桥,桥梁由上、下行两幅桥组成,中间设置分隔带。桥面宽度为:1.75m(人行道)+9.5m(行车道)+3.35m(中央分隔带)+10.5m(行车道)+1.75m(人行道)=26.85m。上行桥行车道宽9.5m,建于1995年(图7-32),16m钢筋混凝土空心板,桥面连续,水泥混凝土桥面铺装,两桥台处各设有一道伸缩装置。设计荷载为:汽—20级,挂车—100。下部结构为浆砌块石重力式桥墩、桥台与明挖扩大基础。

随着交通流量和超载车辆的日益增加,上行桥病害严重,为此进行了外观检测、混凝土强度超声回弹检测和动载试验。检测结果表明,该桥上部结构空心板存在严重的纵、横向开裂和铰缝破坏,桥面连续板、伸缩装置破损严重且屡修屡坏,下部结构总体情况较好。通过全桥总体状况外观检测,依据《公路桥梁技术状况评定标准》(JTG/T H21—2011)进行技术状况评定,评定其技术状况得分为59.2分,为四类桥;动载试验中实测频率与理论频率之比小于1。检测结果表明,该桥上行桥(老桥)急需进行加固、改造。

桥梁加固方面,进行了铰缝的维修、空心板下缘粘钢板和贴碳纤维板补强,更换桥面铺装。桥梁改造是将原仅桥面连续空心板,改造为结构连续的空心板,取消桥墩处的伸缩缝和伸缩装置,桥台处改有缝桥台为延伸桥面板桥台,重新施工引板且直接连接到空心板上,取消桥台处的伸缩装置。计算结果表明,该加固方案技术可行,预算该桥加固费用为 260 万元,低于拆除旧桥、新建一座桥的 450 万元费用,因此方案也是经济合理的。加固改造前的总体布置图与照片如图 7-32 所示。

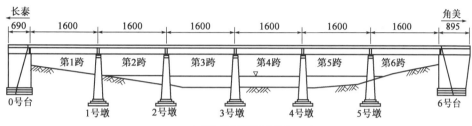

a) 总体布置图(尺寸单位:cm)

b) 侧面照片

图 7-32　十里桥无缝化改造前总体布置图与照片

7.4.4.2　桥墩处连续化、无缝化改造

改造设计中将六孔简支梁主梁全部联成整体,形成六孔一联的连续梁。由于相邻两跨的空心板间的间隙小,无法通过改造采用单支座,改造设计中仍采用双支座,保留支座在原有的位置。原有支座为油毛毡支座,破损严重,为适应无缝化改造后桥梁纵桥向变形的需要,将桥墩处全部更换为板式橡胶支座,桥台处更换为四氟板式橡胶支座(图 7-33)。

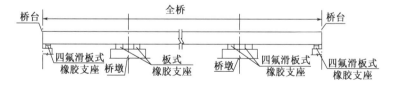

图 7-33　十里桥支座布置示意图

支座更换根据实际情况可单跨单侧进行,也可单跨两侧同时进行,但必须保证同侧同跨同时顶升。顶升时以竖向位移和千斤顶油压表读数进行双控。顶升过程中设置临时支点(图 7-34),竖向位移用桥面上设置的观测标志确定,要求竖向位移基本保持一致。顶升高

度以能顺利取出原桥支座为宜,停止顶升后应立即在上、下梁间增设若干个钢筋混凝土预制块形成临时固定点,以增加接触点和面积,提高顶升系统的稳定性,确保桥梁整体安全。

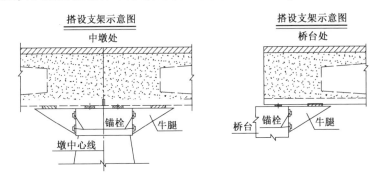

图 7-34　十里桥桥墩、台处临时支架支撑示意图

支座更换后,进行主梁结构的简支转连续改造。结构连续化改造后,内支点处将出现负弯矩,为提高斜截面抗剪承载力,对支点进行了截面壁厚加大的处理,支点附近腹板渐变加厚15cm,顶、底板渐变加厚 12cm,渐变长度取 1.8m;同时相应地在实心段布设直径 12mm 的 HRB335 箍筋。为抵抗桥墩处的负弯矩,经计算在每块空心板顶板设置了 10cm 等间距布设的 8 根直径 25mm 的 HRB335 纵向负弯矩钢筋。桥台处因延伸桥面板也产生了负弯矩,但其值远小于空心板,为便于施工,采用了与桥墩处相似的加固措施。桥墩处和桥台处板端的加固与配筋设计详见图 7-35 和图 7-36。

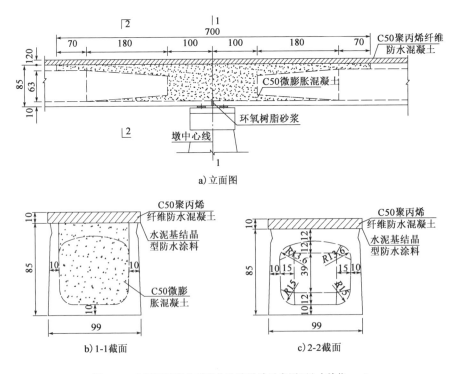

图 7-35　十里桥桥墩处无缝化改造设计示意图(尺寸单位:cm)

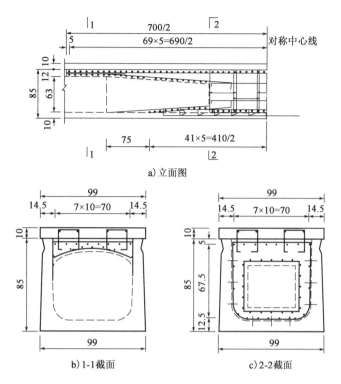

图 7-36　十里桥墩、台处无缝化改造配筋图(尺寸单位:cm)

施工时,将加设的负弯矩筋与原纵向钢筋连接,然后与凿除顺序相对应,进行主梁混凝土浇筑,将相邻跨两梁连为一体。为保证后浇混凝土与主梁的整体性,采用密实性能良好的微膨胀混凝土。

7.4.4.3　桥台处无缝化改造

十里桥的桥台为重力式桥台,较难改造为整体式桥台和半整体式桥台,决定改造成延伸桥面板桥台。改造时,保留原来的桥台和支座设置,凿除台后搭板和桥台侧墙范围内搭板下约31cm的台后回填土;将原油毛毡支座更换为不锈钢四氟板式橡胶支座;同时凿低原桥桥台背墙高度以便台后引板通过,并在背墙顶设置一层1cm油毛毡的滑动面;最后凿除桥台处空心板梁端顶板3.5m范围的混凝土,并在梁端1m范围腔内空心部分用混凝土填实,具体改造构造立面图详见图7-37,其中1-1、2-2截面图同图7-36。

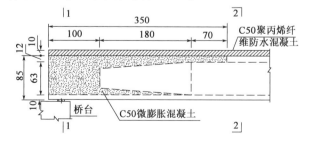

图 7-37　十里桥桥台处主梁改造设计立面图(尺寸单位:cm)

在梁端与引板间需预留下部连接钢筋来传递轴向力。待桥台处主梁混凝土浇筑完毕后,再进行台后引板的浇筑;与背墙内侧对齐处设置一道施工缝,缝内涂一层沥青二度,并在其上缘填塞软木条,以防止主梁转角变形向引板传递,减小连接处的负弯矩,控制不规则裂缝的产生,如图 7-38 所示。

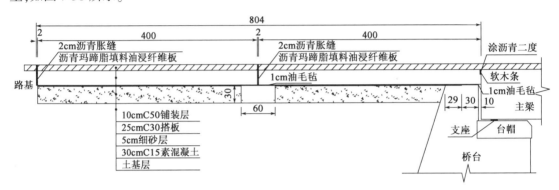

图 7-38 十里桥桥台处无缝化改造设计示意图

每侧桥台后设置一块引板和一块过渡板,每块板长均为 4m。两块引板间、过渡板与路基间各设置一条 2cm 的胀缝,吸收桥梁上部结构(包括引板系统)产生的纵桥向位移,并缓解刚性路面约束膨胀引起的纵向压力;在两引板间设置枕梁实现刚度过渡,防止引板远桥台端因路基刚度的突降而导致下沉。在引板底均匀铺设一层 5cm 厚的细砂,以降低引板与基础的摩阻力,更好传递主梁的伸缩变形;为保证引板底部承载力的要求,在开挖底部基坑后,板底下面普遍都均匀铺了 30cm 厚的素混凝土层,用以增强引板基础强度,如图 7-38 所示。

7.4.4.4 桥梁加固与桥面铺装改造

桥面在铰缝位置出现多处纵缝,说明结构横向刚度下降,结构在截面最小处出现较大横向应力,从而导致纵缝开展。为增强主梁横向刚度,改善梁板横向分布,针对存在单板受力状况的桥梁,凿除原桥面板,加固铰缝构造,增设桥面整体化层处置,提高全桥的整体受力性能。此外,还对主梁、墩台裂缝采用注浆封闭,混凝土剥落、露筋位置进行磨浆修补;同时及时疏通排水系统,特别是清除泄水管的积土;并且在桥面连续化设计中,重新设计防水层,避免雨水进入梁体及下部结构。

为了提高主梁截面承载能力,采用粘贴碳纤维板的方式进行空心板梁的加固。跨中 8m 范围内主梁底布设 2 条 1.4mm 厚的碳纤维板(图 7-39),提高主梁的极限承载能力以及桥梁的安全储备。针对既有空心板承载力不足,常用的加固方案是在梁底粘钢板或粘贴碳纤维板,以提高承受正弯矩的拉应力,从而提高主梁的极限承载能力。然而,该桥病害比较严重,经初步计算,若方案仅采用梁底粘贴碳纤维板或粘钢板加固,则无法满足结构受力要求。

在主梁连续化加固中桥面现浇混凝土层作为结构层参与原结构共同工作,后浇混凝土层与原梁的可靠连接是两者共同工作的基础。为了加强后加混凝土与原构件的可靠连接,除对原桥面做认真的凿毛处理外,还需植入抗剪连接件 CRB550ϕ20mm 冷轧带肋钢筋,根据文献[171],同等条件下,π 形植筋抗剪性能强于 I 形和倒 L 形钢筋,采用如图 7-40a)所示的连接件大样,同时连接钢筋沿铰缝 20cm 等间距布置,如图 7-40b)所示。

重新浇筑的桥面混凝土铺装层的设计,综合考虑防水问题和桥墩处主梁受负弯矩的抗裂要求,采用低收缩和密实性良好的 C50 聚丙烯纤维防水混凝土。在桥面现浇层顶部配置 ϕ10mm 直径钢筋网,并在钢筋网下方布置直径 ϕ20mm 纵向受力钢筋以抵抗部分因结构体系转换后而产生的墩顶负弯矩;将负弯矩钢筋和桥面铺装钢筋网绑扎在一起。为保证钢筋的位置,在预制板顶部植入部分 ϕ12mm 定位钢筋。

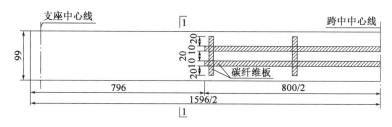
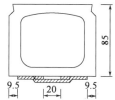

a) 1/2主梁加固构造平面图   b) 1-1断面

c) 改造后的梁底照片

图 7-39 十里桥碳纤维板加固结构示意图(尺寸单位:cm)

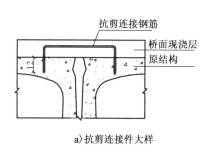
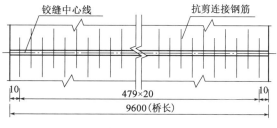

a) 抗剪连接件大样   b) 抗剪连接件平面布置示意图

图 7-40 十里桥桥面现浇层与原结构连接件示意图(尺寸单位:cm)

空心板与台后引板连接构造、台后引板构造和改造后的桥头照片如图 7-41 所示,图中左侧为改造后的无缝桥,只有台后引板与路面相接的胀缝,在人站立处为主梁端部,无伸缩装置。

十里桥施工详见第 9.1.3.6 节的介绍。

a) 侧面　　　　　　　　　　　　　　b) 桥面（左侧为被改造的桥）

图 7-41　十里桥改造后的照片

7.4.5　延伸桥面板桥改造实例二：广东清远龙塘桥

龙塘桥位于广东清远市，原桥于 1966 年建成通车，桥面宽 6.7m，其中行车道宽 6.4m，设计荷载为汽—10，挂—80。该桥为不等跨的简支梁桥，跨径布置为 $2 \times 11.4m + 11.1m + 11.65m + 4 \times 9.15m + 2 \times 13.55m$，全长 109.2m，如图 7-42 所示。上部结构为钢筋混凝土 I 梁 + 微弯板结构，配筋量较少。下部结构为重力式墩台，扩大基础。

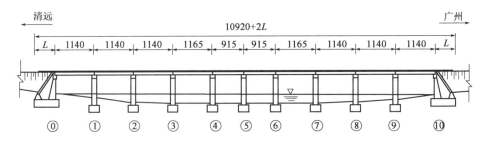

图 7-42　龙塘桥原桥立面图（尺寸单位：cm）

经过多年的运营，龙塘桥部分桥墩基础局部脱空，部分主梁梁肋底面混凝土风化脱落、主筋裸露锈蚀，护栏损坏严重，桥面铺装层基本已剥落，桥面伸缩缝也破损严重。为此，对现有桥梁进行加固改造。

虽然龙塘桥的跨长较大，但考虑到清远市年温度变化幅度较小，梁体的收缩徐变以及台后填土的沉降等均已基本完成，为取消全桥的伸缩缝创造了有利的条件。加固改造的主要内容：①更换支座；②加设边主梁；③将原有简支梁改造成连续梁，既提高主梁的承载力，也可以取消所有墩上的伸缩缝和伸缩装置；④取消台上的伸缩缝。

加设边主梁时，凿除旧桥桥面板和两侧边梁翼缘板，并重新浇筑桥面板和栏杆，以加宽桥面宽度至 8.0m，如图 7-43 所示，图中阴影部分为新加的混凝土结构。

简支梁改造成连续梁时，在桥墩处桥面板增加纵向钢筋数量，并与旧主梁以植筋方式连成整体；在梁肋处加设连接钢板；桥面板上铺 8cm 厚沥青混凝土面层。

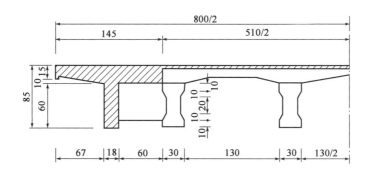

图 7-43 龙塘桥加设边主梁构造图(尺寸单位:cm)

原桥为重力式桥台,八字形翼墙。为了取消梁端与桥台之间的伸缩缝,将梁体与桥台铰接,凿低旧桥桥台背墙高度,加设 5.5m 长引板,引板跨过背墙与主梁紧密联系,如图 7-44 所示。最后铺设接线路面钢筋,并与引板紧密连接。

文献[174][175]称此桥台为半整体式桥台无缝桥,按照本书的划分,它应属于(分离式)延伸桥面板无缝桥。因此,该桥是采用延伸桥面板无缝桥的原理进行既有桥梁无缝化改造的一个实例。

该桥的引板采用与接线道路不设缝的结构形式,梁体的温缩变形将全部由相接的配筋路面微裂缝吸纳,并在沥青混凝土面层中进行反射裂缝的防治;而梁体的温升变形则由接线路面的压缩变形承担,其工作原理类似于连续配筋混凝土路面。

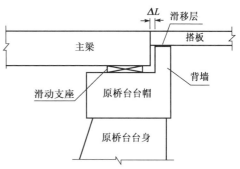

图 7-44 龙塘桥桥台改造构造示意图

为了具体观测和验证桥头引板与接线路面的相互作用以及受力变形关系,在理论分析的基础上,进行了全无缝桥梁台后结构和接线路面结构的足尺模型试验(全长 26.8m),如图 7-45 所示。该模型采用在引板端部用千斤顶加载的方式,通过拉动和推挤引板来模拟梁体的温度变化带来的收缩和膨胀变形,即在图 7-45a)中 A 点与反力墩之间用千斤顶加载,使引板向桥侧变形,拉动接线路面,模拟温度收缩时的情形;而在 B 点与反力墩之间用千斤顶加载,使引板向路侧变形,推挤接线路面,可模拟温度上升时的情形。通过在足尺模型的接线路面中分别采用塑料格栅、玻纤格栅和钢筋进行加筋,进行了多次张拉和推挤试验。试验结果表明:接线路面与桥梁无缝连接的最佳加筋材料是钢筋,能使接线路面、引板及梁体配筋协调一致。

该改造工程于 2005 年 8 月开始,2006 年 1 月完成桥面铺装及接线路面铺设,随即投入运营。根据当地气候与施工时间,设计确定该桥的温差为温度下降 -10℃和上升 +30℃。根据计算得到每延米接线路面配筋为 8 根直径为 16mm 钢筋。考虑了路面混凝土材料的温缩和干缩影响后,最大裂缝宽度和最大钢筋应力均满足要求。

大桥建成后,对龙塘全无缝桥梁进行了两大内容的监测。第一类是通过定期测量在施工期间预埋在桥梁和无缝接线路面中的 GHB-2 混凝土应变计(图 7-46),了解实际的桥梁及接线路面受力情况;第二类是对桥梁和接线路面进行目测。

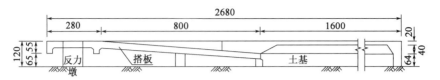

a) 试验装置图(尺寸单位:cm)

b) 试验照片

图 7-45　无接缝引板模型试验

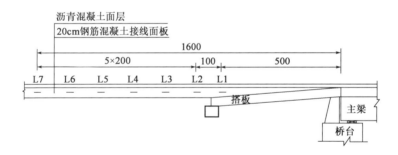

图 7-46　龙塘桥无缝接线路面中应变计布置图(尺寸单位:mm)

测试从全桥通车运营开始近一年,部分实测结果如图 7-47 所示。实测结果表明:

(1)由于是在较低温时完成了全无缝桥梁体系的施工,接线路面绝大部分时间受到了梁体膨胀变形的影响而受压;

(2)随着温度的升高,桥梁梁体膨胀,接线路面受到桥梁梁体的推挤,接线路面中压应力增加;温度下降时则反之,实测值均小于计算值;

(3)变形是可恢复的,并且实际变形小于计算值。

图 7-48 为该桥改造完毕(2006 年)投入运营两年后(2008 年)的照片。2008 年的观测表明,经过近两年的运营,整个桥梁结构、延伸桥面桥台等使用情况良好。桥头梁端防撞栏杆与台后栏杆之间预留的接缝经测量,冬季可见该接缝处的最大宽度在 3mm 以内,随着温度的上升逐步合拢,但未见混凝土压碎现象;而该桥桥面和接线路面一直顺畅,未发现任何开裂、接线路面拱起和跳车现象,行驶效果很好,不再有伸缩缝维护、更换方面的烦扰。

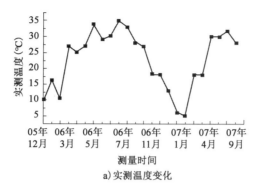

a) 实测温度变化

b) 0号台侧接线路面应力变化（"—"表示压应力）

图 7-47　龙塘桥应变计测试结果

图 7-48　龙塘桥改造化的桥面与接线路面照片

第8章 特殊结构与材料的无缝桥

本章将介绍一些特殊结构的无缝桥,如弯无缝桥、斜无缝桥、钢-混凝土组合梁无缝桥、全无缝桥以及高速铁路整体桥等,同时,介绍了一些特殊材料在无缝桥中的应用。

8.1 弯 无 缝 桥

从第2章可知,温度变化等因素引起桥梁的变形,在平面弯桥与斜桥(简称弯桥、斜桥)中与正交直桥中是不同的,在有缝桥中其支座设置与伸缩缝设计应该考虑到这种变形的不同。同样,在无缝桥中,也要考虑到这些不同。本节将对此进行介绍。有关无缝桥在弯桥和斜桥中的应用范围,第3.4节给出了美国2004年的调查结果。

8.1.1 弯桥概述

随着经济建设的迅速发展,城市高架桥和立交桥的形式和构造日趋复杂多样,城市高架桥和立交桥由于功能的要求和地形条件的限制,多采用曲线桥和异形变宽桥或匝道桥。其中平面弯桥(或称曲线梁桥)在现代道路桥梁尤其是在城市立交桥中的广泛应用,是由于其具有以下优点:①良好的线形更有利于汽车的高速行驶;②优美的线形符合桥梁美学的要求;③经济的建筑面积降低了工程造价。

为了跨线与节约用地以及美观的需要,平面弯桥下部一般采用较窄的墩台,多跨连续弯桥的内支座较多地采用单支座。但这些桥梁线形变化多样,结构受力复杂,除承受弯矩、剪力外,还有较大扭矩和翘曲双力矩的作用,因此容易出现裂缝、支座移位等病害。大量工程应用发现,平面弯桥中曲梁爬移、翻转和支座脱空现象很普遍。下面给出几个有代表性的案例。

8.1.1.1 深圳市泥岗立交桥

该桥建成于1994年10月,2000年初发现预应力曲线桥部分发生侧移及转动现象。桥检部门通过检测发现了以下几个问题:公用墩盖梁出现裂缝;梁体出现裂缝;曲线桥出现侧移和转动。分析原因:一方面对预应力混凝土曲线梁桥的受力预应力扭矩特性及支承约束(如对扭转和平面内线位移的约束)条件的认识不足;另一方面,对温度变化产生爬行效应的认识不足。由于温度变化,曲线梁产生径向和切向位移,如果扭转约束和平面线位移约束不够,升温时向外侧的线位移在降温时不能完全恢复,形成向外侧的残余线位移逐渐积累,使梁体产生不利的向外偏心,造成恒载扭矩加大,梁体产生逐渐向外侧翻转的累计变形,造成内侧支座脱空。这种状况对曲线梁受力极为不利。

8.1.1.2 黄鹤立交匝道桥

该桥位于深圳机场跨广深高速公路上,桥型为 $4\times28m+2\times40.5m+5\times28m$ 预应力混凝土连续箱梁,全长 333m。由两组平曲线构成,半径分别为 125m 和 800m。在 0 号、11 号桥台处各设一道 BEJ-150 伸缩缝。桥墩采用桩柱式结构,其中 3 号、7 号墩采用双柱式基础,其余为独柱基础。主梁采用单箱单室断面。该桥于 1999 年 7 月建成通车,在 1999 年 12 月组织的桥检中发现主梁出现裂缝,且部分裂缝已贯穿箱梁底板。根据分析,部分裂缝属受力裂缝。设计复核结果表明裂缝原因为:①原设计中所提供的安全储备偏小。②对于该桥所用挑臂大、形状扁平的箱形截面所涉及到的剪力滞效应、约束扭转应力等复杂因素估计不足;没有充分考虑温度应力,导致部分截面应力过大而出现裂缝。③该桥主跨跨径达 40.5m,位于 125m 半径的曲线上,而且采用独柱支承结构,弯桥的受力特点十分明显。设计中对弯桥的受力性状(如较大的扭矩作用等)估计不足,紧邻主跨的 28m 桥跨的抗扭承载能力不足。

8.1.1.3 某高速公路互通匝道桥

全桥共六联,总长 624.689m,上部结构为现浇预应力混凝土空心板,下部结构为柱式桥墩、肋式桥台及钻孔灌注桩基础。该匝道桥第一联处于 $R=200$m 圆曲线内,跨径布置为 17.89m + 3×20m + 17.8m,该联桥长 95.69m,桥面宽度 9.0m,梁高 1.3m,采用独柱墩、连续板结构,见图 8-1。2004 年 4 月 27 日,两侧护栏、外侧半幅桥面铺装层已施工完毕后,在浇筑内侧半幅桥面铺装层期间,当混凝土搅拌车行驶至外侧桥面某一位置时,发生联端内侧支座脱空现象(约 2cm),后随着混凝土搅拌车退出外侧桥面、内侧桥面铺装混凝土施工的完成,匝道内侧支座也逐渐恢复正常。

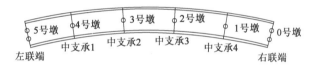

图 8-1 某匝道桥第一联平面图

该匝道第三联位于 $R=95$m 的圆曲线上,上部结构采用 17m + 32m + 17m 三跨现浇预应力混凝土变截面连续空心板结构,中跨跨中及边跨支点梁高 1.30m,中跨支点梁高 2.25m,顶板宽 9m,底板宽 4.5m,联端采用双柱墩,中间采用独柱墩,见图 8-2。

图 8-2 某匝道桥第三联平面图

2003 年 3 月 7 日,在施加预应力、管道压浆等正常工序后脱模,发现该联两端内侧支座均发生脱空现象(约 3cm)。3 月 21 日,在桥面弯道内侧实施均匀沙袋压重一层后(约 8t),发现曲梁向外侧爬行,其中 13 号墩处 9cm,12 号墩处 4cm,11 号墩处 1cm,而 10 号墩处未发生变位。

从现场情况发现,该桥第一联和第三联为曲线梁桥,第一联总长 95.689m,曲率半径 $R=200$m,第三联总长 66m,曲率半径 $R=95$m,曲率半径都比较小,由于桥梁的质量中心不在桥梁两端连线上,受其曲率的影响,桥梁产生弯扭耦合作用,使其内力和变形较为复杂。

该匝道桥施工完成后进行了整桥的静、动载试验和分析。在第一联进行动载测试时，在外侧4部车辆就位过程中，又出现了0号墩内侧支座上翘22.5mm的现象，见图8-3。

a) 试验车辆　　　　　　　　　　　　　　b) 内支座上翘

图 8-3　某匝道桥试验时内支座上翘现象

引起弯桥曲梁爬移和支座脱空的原因是复杂的。由第2章可知，在混凝土收缩、温度变化作用下，弯桥除弧长方向的变形外，一般还有矢高方向的变形，如果没有合适的引导与限位，就会产生横向"爬移"现象，并导致支座的脱空和结构的偏转。在墩台上设置限制侧向位移的构造，则要考虑它对墩台产生的水平推力作用。

对于弯桥，尤其是多跨连续弯桥中间采用独柱墩时，从结构强健性（Robustness，也译成鲁棒性）的要求出发，设计可考虑以下几个措施：

（1）加大两端支座的距离，以增加自重的抗倾覆力矩并减小偏载作用下的扭转力矩，通过增大结构安全性来增加结构强健性；

（2）在墩顶设盖梁扩大平面尺寸以设置双支座，这样在保持桥墩墩柱独柱优点的同时，增加了多跨结构的约束，对于弯桥还能明显减小活载产生的扭转力矩，从而提高结构的强健性；

（3）将墩顶支座设计成固结支座，以提供抗扭约束，增大了外部约束的冗余作用，从而增大了结构的强健性；

（4）在两端的墩帽上设置抗拉支座，以提供支座的抗扭力矩。

8.1.2　弯无缝桥受力特点

弯无缝桥，也称无缝弯桥。

弯桥的变形特点对有缝桥不利，却成了无缝桥的优点。因为在温度变化作用下结构沿轴线方向的变形，可以转化为矢高方向的变形，这使得建造弯整体桥的长度远大于直桥整体桥成为可能。

8.1.2.1　弯桥的有限元分析

文献[179]对三种类型的弯桥（有缝桥、半整体桥和整体桥）进行了有限元对比分析，有限元模型见图8-4。分析得出的结论是：

（1）整体桥的面内曲率降低了约束应力，因为通过侧向变位，其面内的拱效应（Arch effect）可以缓解温差、徐变等产生的影响；

（2）矢高大，拱效应明显，从而约束应力小；

（3）桥台间的距离越长，拱面内弯曲刚度也就越小，从而产生的约束应力也越小，故更适合于多跨曲线形整体长桥；

（4）部分预应力混凝土结构，比全预应力混凝土结构更适合于建造此类桥梁，因为它的低预应力度能通过开裂而降低约束应力，而全预应力结构会导致更高的约束应力，从而要求配置更多的预应力筋；

（5）截面开裂可以释放约束应力，因为同未开裂的截面（如全截面）相比，有更大的柔性。

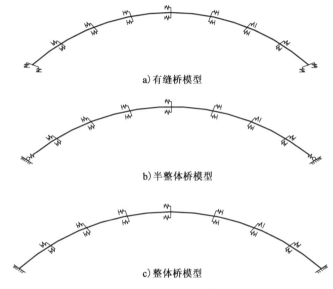

图 8-4　三种类型弯桥的有限元模型

8.1.2.2　弯桥的截面

箱形截面是弯桥最常用的截面形式。它抗弯、抗扭刚度大，便于布置管线，无须设置或仅设置少量横隔板就能获得满意的荷载横向分布；顶板和底板能有效地抵抗正负弯矩，能采用悬臂拼装、悬臂浇筑、顶推等施工方法，满足现代化的施工要求。弯无缝桥的截面也以箱梁为主，它具有如下的优点：

（1）可充分发挥曲线桥梁的"拱效应"，使得因温度、收缩、徐变和车辆水平制动等引起的桥面、上部结构内约束应力，通过曲梁平面内的水平运动而得到缓解，从而可以减小断面尺寸和配筋量，节约造价，并使结构轻巧美观；

（2）桥梁无缝化可使桥梁的整体性和抗罕遇荷载的能力提高，从而提高了桥梁的安全性；

（3）提高行车的舒适性，并减少因跳车（常规伸缩缝处）对桥梁和车辆本身造成的二次损伤，降低交通噪声，减少交通环境污染；

（4）因取消了易损的伸缩缝，从而大大减少了桥梁养护工作量和费用，并进一步提高桥梁的耐久性；

（5）克服或缓解曲桥的爬移/横桥向位移现象，或减少常规设计中为阻止这种现象而需要增加的额外工程造价；

（6）能够在弯桥的两端提供抗扭约束，有效地提高结构的鲁棒性，防止结构的刚体转动和落梁事故的发生。

8.1.3　弯无缝桥应用概况

弯无缝桥在国外有不少的应用，它在美国的应用范围见 3.4.1 节介绍。

1975 年加拿大建造了一座平面无缝曲桥——420/QEW 桥，见图 8-5。全桥 12 跨，弧曲率半径在 218m 至 1165m 之间变化，桥面全长 598.3m。这种桥也被称为"变形自适应弯桥"。它通过位于水平面上的弧形桥面的弯曲变形作用来容纳水平温度变形。此弯曲作用由位于桥墩顶部的滑动支座来吸收。这些支座容许水平面内自由移动和任何方向的转动。该桥由混凝土箱梁组成，在箱梁的纵横向施加预应力。

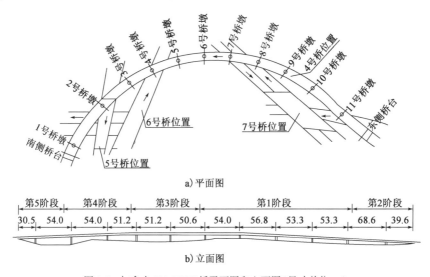

图 8-5　加拿大 420/QEW 桥平面图和立面图（尺寸单位：m）

另一座充分利用弧形梁曲线来吸收梁的温度变形的例子是美国最长的整体桥——田纳西州 50 号公路上跨越 Happy Hollow Creek 的桥，见图 8-6。该桥于 1998 年建成，全长 358.2m，其中曲线部分的长度为 297m，桥宽 14m，为预应力混凝土 T 梁结构，梁高 2.1m。各跨长度从 36.6m 至 167.7m 不等，采用双柱式墩，墩高为 15.5～27.7m。这种平面整体式曲桥可以实现较长的无缝桥梁建设。

图 8-6　美国最长的无伸缩装置曲线桥梁

此外,还有不少运用水平弧概念建造的弯无缝桥,如马来西亚吉隆坡国际机场高架桥(图8-7)、印度 Kalkaiji 立交桥(图8-8)、瑞士 Sunniberg 部分斜拉桥(图8-9)、日本 Yokomuki 桥(图8-10)、美国某高速公路立交桥(图8-11)和加拿大 Island Drive 桥(图8-12)。其中 Island Drive 桥是加拿大境内最长的整体式无缝桥,总长达234m。

图8-7 马来西亚吉隆坡国际机场高架桥

图8-8 印度 Kalkaiji 立交桥

图8-9 瑞士 Sunniberg 桥

图8-10 日本 Yokomuki 桥

图8-11 美国某高速公路立交匝道桥

图8-12 加拿大 Island Drive 桥

相比于国外,我国弯无缝桥的修建还较少,在已建和在建的41座无缝桥中,弯桥仅有4座,圆曲线半径范围为109~7000m,最长的桥长仅93m,且为半整体桥和延伸桥面板桥,未见到弯整体桥。今后应加强弯无缝桥的研究与应用。

8.2 斜无缝桥

8.2.1 斜桥概述

在桥梁结构设计中,往往由于自然或人为的障碍、复杂的交叉路口、空间限制或山区地形等原因,需要采用斜交桥结构。据2001年美国桥梁数据库显示,仅密歇根州就有将近33.48%的桥梁是斜交桥,斜交角度在1°~85°,其中1°~10°占6.7%,11°~20°占8.7%,21°~30°占8.2%,31°~40°占4.5%,41°~50°占3.9%,51°~60°占1.1%,61°~70°占0.3%,71°~80°占0.04%和81°~90°占0.02%。

斜角的存在,不仅影响桥梁的几何特性,而且影响其力学性能,如弯矩和剪力等的分配和传递。斜交角度越大,这种影响越强烈。与此同时,通常适用于正桥的设计参数和方法,可能不再适用于斜交桥的设计计算。

斜桥最显著的特点是弯扭耦合作用,导致跨中弯矩减小,这使得同等跨度的斜梁桥比正梁桥的纵向弯矩要小,而扭矩比正桥大,使得在钝角位置附近的上顶板及支点出现较大的拉压应力。对于单跨斜支承梁桥的计算,传统方法通常采用弹性支承连续梁的计算模式或者刚性支承计算模式,将空间问题简化为平面问题,对单根主梁进行纵向计算分析,但这些传统计算方法均引入较多的假设。引入这些假设虽然简化了计算过程,却难以准确地反映结构的整体和局部效应,使理论分析与实际情况常常不相吻合。

例如,对工字形梁式桥,荷载趋向于沿支承梁的长度方向传递,斜角对弯矩的影响极小化。对实心斜板桥和其他具有高抗扭刚度的斜桥结构,荷载趋向于走两钝角之间"近路",(图8-13),从而减小了纵向弯矩,但同时增加了钝角处的剪力。在梁式桥中也有相似的效应,但影响程度要小。

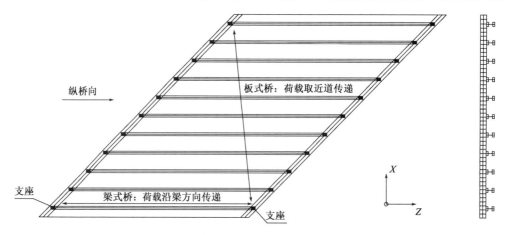

图8-13 斜交桥荷载传递路径和结构形式

8.2.2 斜无缝桥受力特点

斜无缝桥,也称为无缝斜桥。

斜桥中土压力是垂直作用在挡土结构上的。对于有缝桥,土压力作用于桥台上,上部结构与桥台之间用伸缩缝隔开,上部结构没有承受土压力,因此,土压力的作用方向对于上部结构的受力没有影响。

对于整体桥,上部结构与桥台完全固结,二者之间没有支座,土压力的作用方向对桥台桩基础的受力有影响,但由于上部结构与桥台固结,其转动要受到桥台的约束,因此对上部结构的受力影响不大,其结构与一般无缝桥相差不大,图8-14为美国一座斜交整体桥的照片。

对于半整体桥,因为上部结构与桥台之间没有固结,梁端承受着土压力(图8-15a)),就会使上部结构发生面内转动(图 8-15b)),转动的方向是向着锐角的方向,由于下部支承基础对其的约束很小,所以,容易引起桥体的转动位移。文献[183]在对半整体式斜桥结构进行分析后,提出斜交角超过 30°时,桥台处支座应采用导向支座,并计算了支座处的横向水平摩阻力。遗憾的是,目前还没有理想的导向支座用于半整体斜桥。对于桥台基础,由于一部分土压力是直接作用于主梁的端墙上,土压力作用面积减少,土压力值小于整体桥;影响也相应减小。

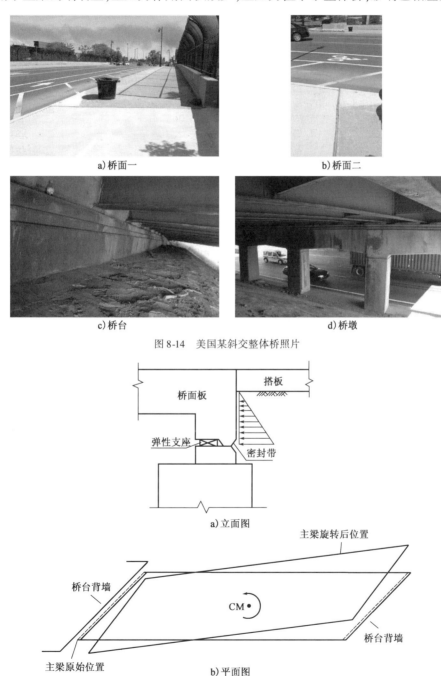

图 8-14 美国某斜交整体桥照片

图 8-15 半整体斜桥受台后土压力作用下的旋转示意图

8.2.3 斜无缝桥应用概况

斜整体或半整体桥与斜有缝桥的设计方法和结构受力性能上有多少差别,至今尚无定论。从美国2004年的调查可知,大部分州认为,斜交角度是一个必须考虑的因素(只有少数州认为没影响),并对最大斜交角做了上限规定(各州不一样,从45°到60°都有)。以下给出美国两个州的有关规定。

1)美国缅因州的有关规定

美国缅因州基于以下的假设,考虑了钢桩的承载力,提出整体桥的最大桥长限值,见表8-1和表8-2。

整体式桥台最大桥长 表8-1

桩尺寸(英制单位)	全整体式(固结)桥台最大桥长(m)			
	斜交角0°~20°		斜交角20°~35°	
	钢	混凝土	钢	混凝土
HP10×42	61(200)	100.6(330)	42.7(140)	70.1(230)
HP12×53	39.6(130)	65.6(215)	22.9(75)	38.1(125)
HP14×73	36.6(120)	61(200)	21.3(70)	35.1(115)
HP14×89	61(200)	100.6(330)	61(200)	100.6(330)

注:括号内数使用单位为英尺(ft)。

半整体式桥台最大桥长 表8-2

桩尺寸(英制单位)	半整体式(铰接)桥台最大桥长(m)			
	斜交角0°~20°		斜交角20°~35°	
	钢	混凝土	钢	混凝土
HP10×42	61(200)	100.6(330)	61(200)	100.6(330)
HP12×53	61(200)	100.6(330)	61(200)	100.6(330)
HP14×73	61(200)	100.6(330)	61(200)	100.6(330)
HP14×89	61(200)	100.6(330)	61(200)	100.6(330)

注:括号内数使用单位为英尺(ft)。

(1)H型钢桩在纵向位移下绕弱轴弯曲;
(2)桩要穿越砂砾或黏土进入至少3.05m(10ft)砂砾覆盖层;
(3)当斜交角大于20°时,桥台高度必须小于3.66m(12ft),桩距小于3.05m(10ft);
(4)温度位移:每30.5m(100ft)的钢结构的位移是31.75mm(1.25in),每30.5m(100ft)的混凝土结构的温度位移是19.05mm(0.75in)。

2)美国俄亥俄州的有关规定

美国俄亥俄州的规定与缅因州的相似,图8-16是该州以桥长和斜角两个因素控制的整体桥和半整体桥的应用范围。

其他如欧洲国家、加拿大和澳大利亚等,对斜交角的认识程度与美国大部分州的看法相近,一般均认为斜交角度是一个必须考虑的因素。

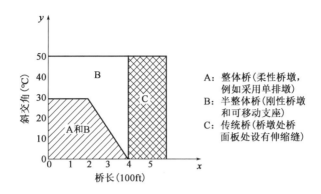

图 8-16 美国俄亥俄州对斜无缝桥应用范围的限制

文献[184]对整体式斜桥的台后翼墙受力变形进行了研究,结果表明,当台后填土的刚度较小、桥梁斜度较小时,翼墙内因梁体及桥台变形受到的抗力较小;当桥梁斜度较大时,加大台后填土的刚度对翼墙的受力更为有利。

文献[19]经过大量的有限元模拟分析,认为斜交整体桥中桩的强轴应平行于桥梁的中线,斜交角度应限制在 30°内。当斜交角度超过 30°后,桩应力增长的速率变得很快。台后填料应堆填颗粒状材料,合理的排水系统也必不可少。另外,强烈建议采用预钻孔法以减小桩应力。

文献[185]报道的一座斜桥整体桥,采用 PC 桩作基础。此桥位于美国 Tama 县,于 2000 年完工。全桥 36m 长,9.8m 宽,单跨 PC 梁结构,斜交角为 30°,见图 8-17。

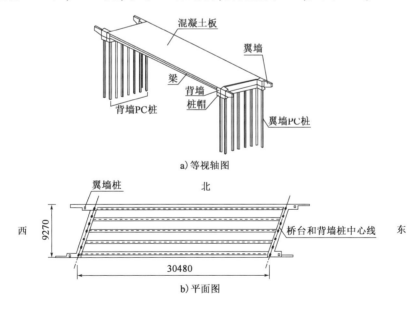

图 8-17 美国 Tama 斜桥整体桥示意图(尺寸单位:mm)

此桥上布置了一系列应变计、位移传感器和热电偶,用来监测和评估桥梁的结构行为。这些工作的目的是为了研究 PC 桩将来在整体桥中应用的可能性和技术方法。测试结果表明:

(1) 桥梁的总体变形主要发生在东端桥台。实际纵向变形的数量处于估计值范围的下限。记录的西端桥台纵向变形可以忽略不计。由于桥台斜交角的影响，桥梁发生平面内的转动。

(2) 记录的桥面和纵梁的温度梯度分布与 AASHTO 指南很吻合。但有发现一些无法解释的现象：桥梁东端和西端温度记录值不同。安装热电耦传感器时可以适当考虑这种差异。

(3) 桩顶包布的效果存在争议。桩顶包布的初衷是想在桩顶和桥台之间形成"铰接"。不过，从实测得到的应变分布知道，这种连接方式并没有形成很大的转动自由度。因此，在将来的设计中，这种连接方式不应被视为"铰接"。

(4) 东端桥台的中间一根桩上的应变数据显示（沿桩长布置在不同位置上的应变片可显示出明显不同的应变值），2000 年 10 月 12 日到 23 日期间，此 PC 桩上产生了一条裂缝。进一步桩周土的开挖，结果证实了这种推断（图 8-18）。开裂导致湿气的侵入，会腐蚀桩内未经表面防腐处理的预应力钢绞线和钢筋，故定期的检查变得十分必要，以便能及时探测到裂缝。

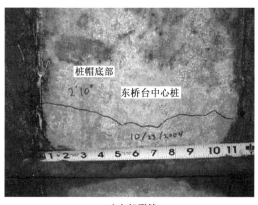
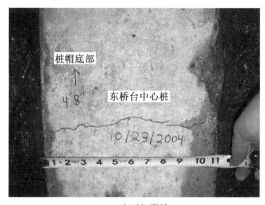

a) 上部裂缝　　　　　　　　　　　　　b) 下部裂缝

图 8-18　美国 Tama 斜桥整体桥东侧桥台中心桩上裂缝分布

斜无缝桥在我国也有一定的修建，调查表明，在 41 座无缝桥中，斜桥 9 座，弯斜桥 2 座，占 22%，但我国斜无缝桥的斜交角在 3.65°～36°，斜角较小，这与我国处于无缝桥应用初期的国情相一致。以下以河北省石安改扩建项目 K449+151 南三路分离式立交桥（以下简称南三路立交桥）为例，进行介绍。

南三路立交桥上部采用 3×30.1m 预应力混凝土组合箱梁，斜交角度为 25°；下部采用柱式桥墩、柱式台和钻孔灌注桩基础。该桥除了是斜桥这一特点外，其无缝桥方面的设计与 3.5.3.1 河北柳儿营（马义线）分离式立交桥相同，采用外伸式延伸桥面板桥台，桥台处无缝化构造参见图 4-53，台后设一引板和过渡板，各长 3m，均为斜板，过渡板直接以斜板形式与沥青混凝土路面相接。板下铺 2cm 厚的细砂，25cm 厚的水泥稳定碎石层。引板与过渡板、过渡板与接线道路使用胀缝连接，胀缝和传力杆构造可参见图 5-22 和图 5-23，传力杆布置见图 8-19。

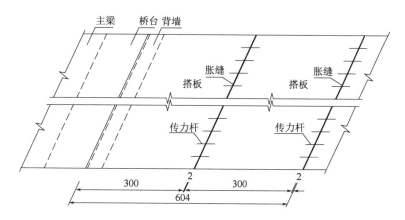

图 8-19　南三路立交桥引板胀缝和传力杆布置(尺寸单位:cm)

引板为多车道引板,分为 4 个板块,每个板块均略大于一个车道宽度,并设置缝宽为 1cm 的纵向接缝。为了防止板块错动和纵缝间隙扩大,在板块厚中部设置拉杆。拉杆采用长为 90cm,直径为 20mm 的螺纹钢筋,布置间距为 60cm。引板分块和拉力杆布置、引板与主梁下部连续钢筋的布置结构与材料均与柳儿营桥相似,但有一斜角,见图 8-20 和图 8-21。

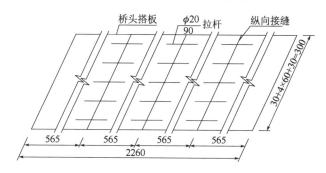

图 8-20　南三路立交桥引板纵向接缝缝和拉杆布置(尺寸单位:mm)

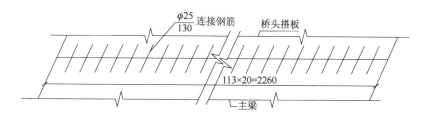

图 8-21　南三路分离式立交桥主梁与引板间连接钢筋布置(单位:mm)

南三路立交桥引板和过渡板均为斜交板,与柳儿营桥(图 5-26)相比,在板的四角处上、下缘均布置了加强钢筋网,见图 8-22。

刚建成时的桥梁照片见图 8-23,在台后引板与过渡板交界处、过渡板与接线道路相接处的沥青路面上进行了锯缝,以防不规则裂缝产生。

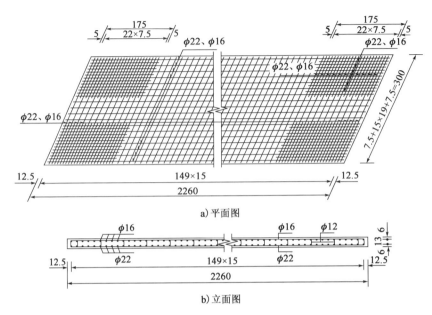

图 8-22　南三路立交桥引板配筋图(尺寸单位:mm)

图 8-23　南三路立交桥桥面照片

8.3　钢-混凝土组合梁无缝桥

钢-混凝土组合简支梁将混凝土桥面板作为主梁的重要组成部分,参与正弯矩受力中的抗压,可减小钢梁的上翼缘或上弦杆所需的承压面积,充分发挥混凝土和钢材的受力特性,故可以取得很好的综合技术、经济效益,因此在桥梁中的应用越来越多。在欧美等国家,它已成为中小跨径桥梁的主导桥型,也在整体桥或半整体桥中得到广泛的应用。然而,在我国钢-混凝土组合梁桥的应用还不多,无缝桥中还不多见。所以本书将其作为特殊问题,在此进行简要的介绍。

8.3.1 受力特点

组合桥在温度变化影响下,除了等效均匀截面温度场引起的梁体胀缩变形外,由于截面上组成材料不同,截面非线性温差、桥面板混凝土收缩和徐变均与混凝土梁有所不同。

8.3.1.1 收缩效应

混凝土收缩在后期随龄期缓慢增长,它能影响桥内的应力和变形。在组合结构桥梁中,分离的构件一般会产生不同的收缩量,并产生附加内力、翘曲和总体缩短等现象。设计时这部分内力必须考虑进去,其计算方法类似于温差变形作用。

对于钢-混凝土组合梁桥,混凝土桥面板和钢纵梁收缩的不一致,会在结构内部引起自应力。此外,无伸缩缝桥梁的端部受到部分或完全的约束,导致收缩、徐变会在结构截面上产生次内力和次应力。一些学者认为收缩和徐变的作用相反,两者可相互抵消。但分析表明,收缩和徐变的作用不能完全抵消,会有残余应力存在,可能导致混凝土裂缝的逐渐开展,而混凝土裂缝的开展又会使得收缩应力得到部分减小。因此在对无伸缩缝桥梁进行分析和设计时应当考虑收缩对上部结构的影响(图8-24)。

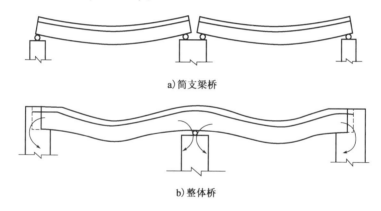

图8-24 组合结构混凝土收缩效应

8.3.1.2 徐变效应

同收缩类似,徐变是随时间而发展的一种非弹性变形。长期徐变可达到大约弹性应变的3倍。徐变应变用一个徐变因子 φ 来描述。徐变可表示为弹性应变的 φ 倍。徐变因子与时间有关,通常大于2,但计算值有很大的不确定性。徐变对所有混凝土桥的变形性能均有影响,但对应力的影响取决于施工方法。在组合桥梁结构中,梁和桥面间差异收缩引起的应力可由徐变缓解。设计中可简单地将收缩乘以一个折减系数。此外,徐变对预应力结构有较大的影响,即产生预应力损失,一般约为10%。

徐变引起的应变大小取决于上部结构的跨径、混凝土承受荷载时的龄期、荷载的持续时间、混凝土的质量、周围的温度以及混凝土构件的形状。采用随混凝土龄期变化的有效弹性模量法分析徐变对中小跨径钢-混凝土组合结构无伸缩缝桥梁的影响,结果表明,徐变的存在可以减小桥台处和墩顶处截面上缘的拉应力,但同时也会增加钢纵梁下缘的压应力(小于恒载引起的应力的 10%,不会对结构的受力产生有害影响)。因此,在设计中小跨径钢–混凝土组合梁的无伸缩缝桥梁时可以不考虑徐变的影响(图 8-25)。

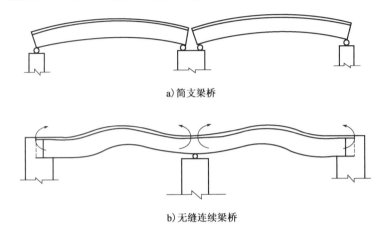

图 8-25　组合结构中徐变效应

多跨的连续梁桥,在结构受力上与简支梁桥相比,在设计中需要认真考虑以下几个因素:
(1)中支点负弯矩区段,混凝土翼板受拉;
(2)中支点截面弯矩、剪力都最大,受力复杂;
(3)中支点梁段的钢梁受压存在着稳定问题。

8.3.2　连接构造

组合梁中钢梁为成品,钢梁与桥面板通过剪力键组合成整体,整体桥或半整体桥的桥台中,主梁与桥台的连接也是靠剪力键的连接实现,通常是在钢梁的梁端钢板上设置剪力钉,与整体式桥台或半整体式桥台的端墙通过混凝土现浇连接在一起,形成连续构造,见图 8-25a)。

对于多跨桥建成连续结构,一般通过先简支后连续的施工方法实现,因为钢梁工厂制作后现场吊装架设易于实现,然后以钢梁为支架,安装预制的混凝土桥面板或是现浇混凝土桥面板,形成钢-混凝土组合梁连续梁。其中,连续部分通常也是通过相邻跨钢梁的梁端钢板上设置剪力钉与合二为一的端横梁现浇混凝土连接在一起形成连续结构,见图 8-26b)和图 8-27。

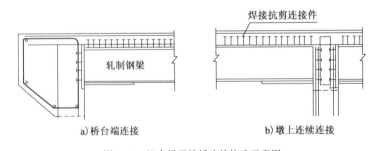

图 8-26　组合梁无缝桥连接构造示意图

图 8-28 为北欧和中欧一种普遍使用的钢-混凝土组合梁的钢梁梁端构造和连接方法示意图。图 8-29 是位于德国 Merseburg 地区跨越 Saale 河的组合框架桥(Hybrid Frame Bridge),该

桥运用了与图 8-27 所示的类似构造和连接方法。为了了解上述连接方式的有效性和合理性，文献[187]对图 8-25b)所示的连接节点进行了实验室室内加载试验和有限元数值模拟。

a) 整体连接的施工过程　　　　　　　　　b) 桥墩上的钢梁整体连接

图 8-27　某桥钢-混凝土组合梁墩上连续构造

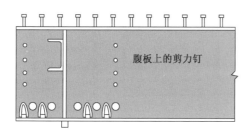 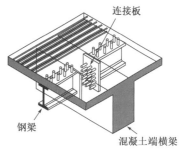

a) 与混凝土桥台相连　　　　　　　　　b) 与混凝土端横梁连接

图 8-28　北欧和中欧地区钢梁与混凝土连接方法

a) 完工后整桥照片　　　　　　　　　b) 主梁

图 8-29　德国某组合框架桥

图 8-30 和图 8-31 给出了两座钢-混凝土组合连续梁桥的施工中和成桥后的照片。这两座桥均为无支架施工，故恒载由简支梁结构体系承担；简支转成连续体系后，二期恒载和活载由连续梁体系承担。

a)接近完工时照片　　　　　　　　b)钢梁吊装照片

图 8-30　南卢森堡 Differdange 立交桥

a)仰视照片　　　　　　　　b)纵梁端部间钢连接件

图 8-31　法国 Fretin 铁路桥(跨越 A23 公路)

8.3.3　应用介绍

钢-混凝土组合梁桥在经济发达国家有着广泛的应用,因此,组合梁整体桥也成为整体桥中常见的桥型。图 8-32 为美国几座钢-混凝土组合梁无缝桥的照片。

图 8-32　美国钢-混凝土组合梁无缝桥照片

现以英国的 Quakers Yard 桥为例,简要进行介绍。该桥是一座半整体桥,于 2000 年建成,是伯明瀚绕城公路的组成部分。主梁跨径为 37.5m,由 6 根钢-混凝土组合梁组成,如图 8-33

所示。钢梁采用耐候钢。桥台基础为加筋土上的刚性扩大基础。为了减小主梁胀缩变形对加筋土结构的作用,该桥采用了半整体式,而不是整体式。

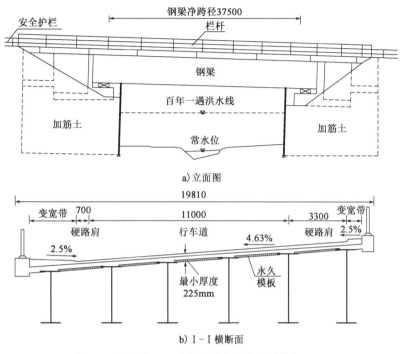

图 8-33 英国的 Blythe 河桥总体布置图(尺寸单位:mm)

钢-混凝土组合桥近期在我国的应用在不断地增多,但做成无缝桥的,目前已建成两座。这里简要介绍浙江湖州息塘新桥。

息塘新桥总体布置图见图 8-34。跨径布置为 9.65m + 10m + 9.65m,各孔跨径总长为 29.3m,桥梁总长(含无缝桥台长度)为 10.75 + 10 + 10.75 = 31.5m,桥宽 6m。上部结构采用耐候工字钢-混凝土板组成的简支叠合梁、桥面连续体系;下部为桩接盖梁式桥墩、台,钻孔灌注摩擦桩基础。

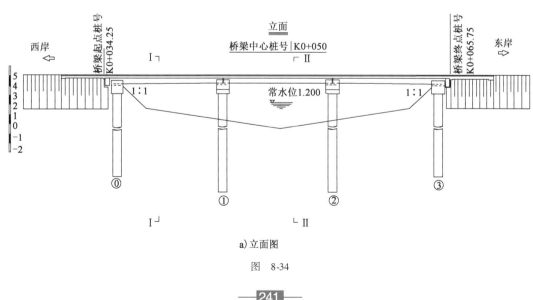

a) 立面图

图 8-34

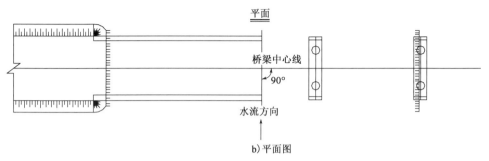

b) 平面图

图 8-34 息塘新桥总体布置图(尺寸单位:cm)

主梁为 Q235NH 工字钢和整体现浇混凝土桥面板组成的组合梁。混凝土桥面板宽 6m,厚 0.25m;工字钢梁高 0.588m,型号为 HM588×300×12/20mm,横向布置 5 片,间距为 1.2m;板外侧悬臂长度为 0.6m。加强组合梁间的横向联系,在支座处设置 C40 混凝土横梁,梁截面尺寸为 588mm×400mm;在各跨跨中设置横向连接,连接杆件采用双角钢 L50×5mm。横截面布置图见 8-35。

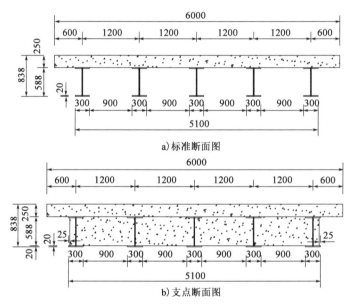

图 8-35 息塘新桥标准断面图(尺寸单位:cm)

钢梁采用栓钉连接件与混凝土桥面板连接,钢梁翼缘宽 300mm,栓钉横向双排布置,间距 200mm;纵向间距按主梁剪力大小进行布置,支座附近段栓钉纵向间距为 140~150mm,跨中段栓钉纵向间距 200mm。钢梁与混凝土横梁的连接,采用栓钉连接、贯穿钢筋的形式。在钢梁侧面和翼缘底面分别焊接栓钉连接件,栓钉纵桥向间距 145mm,高度方向间距 156mm。同时,钢梁横向贯穿钢筋,钢筋直径 25mm,开孔直径为 30mm。支座处孔沿纵桥向间距 145mm;无缝桥台挂梁处孔沿纵桥向间距 100mm。

息塘新桥为仅桥面连续结构,桥墩为支座桥墩,各孔主梁为简支结构,相邻主梁间的桥面板通过纵向钢筋、现浇混凝土形成连续构造,取消伸缩缝与伸缩装置。桥墩处无缝化构造见图 8-36。

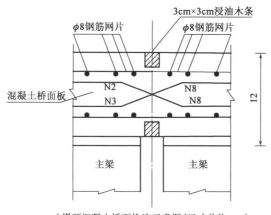

a) 墩顶混凝土桥面构造示意图(尺寸单位: cm)　　　　b) 桥墩局部照片

图 8-36　息塘新桥桥墩处无缝化构造

息塘新桥采用半整体式桥台,取消传统桥台的台背与耳墙,主梁沿纵向延伸 110cm,并在端部设置下挂端梁,端梁截面尺寸为 888mm×400mm。引板与组合梁混凝土桥面板通过纵向钢筋、现浇混凝土形成纵向连接,其下浇筑气泡混合轻质土,并在两者之间填充 200mm 的中粗砂和 20mm 砂浆找平。在收缩徐变、温度荷载作用下,引板与组合梁混凝土桥面板一起沿纵向发生位移变形。桥台处无缝化构造见图 8-37。

息塘新桥建成后的照片见图 8-38。此后,湖州又设计了多座耐候钢组合梁无缝桥,其中草荡新桥已于 2015 年建成,为延伸桥面板桥,跨径布里为 12.07m + 12.04m + 12.07m,简支、桥面连续。另有红军新桥、北刘屋桥和东瑶里桥三座耐候钢组合梁无缝桥在建,分别为 3×15m、3×12m 连续梁整体桥和 1×21m 单跨整体桥。

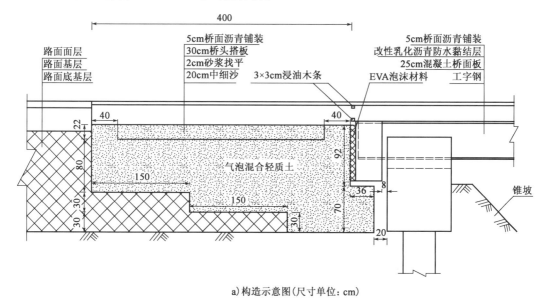

a) 构造示意图(尺寸单位: cm)

图　8-37

b) 端墙施工时的照片(台后尚未施工)

c) 引板钢筋照片

图 8-37　息塘新桥桥台无缝化构造

图 8-38　息塘新桥照片

8.4　新材料无缝桥

8.4.1　纤维加强聚合物(FRP)桥面整体桥

纤维加强聚合物(Fiber reinforced polymeric,简称 FRP)是一种新型的轻质材料,近年来在土木工程中应用日益广泛。它具有高强、轻质、耐腐蚀等显著优点,已经在结构的加固补强、围护防腐等方面得到了很好的应用。从 20 世纪 70 年代开始,FRP 材料就开始在桥梁工程中尝试应用。英国、美国和以色列最先开始应用,当时大多采用的是玻璃纤维增强复合材料(即玻璃钢,即 GFRP)。近年来,FRP 材料的种类和生产手段迅速发展,产品形式不断更新,使得 FRP 材料及结构在桥梁工程中应用的形式也更加多样,如 FRP 人行桥梁、FRP 斜拉索、FRP 预应力筋、FRP 桥面板、FRP 桥梁围护体系、FRP 管混凝土桥柱等。

美国目前已开发出采用 FRP 生产的轻质模块化桥面板来建造和修复桥梁。在美国西弗吉尼亚州,有 23 座桥梁是用 FRP 复合材料修建的,其中有 2 座是整体桥。这两座桥分别是 Market Street 桥和 Laurel Lick 桥。FRP 桥面板构件由含浸乙烯酯树脂的 E - 玻璃纤维组成。板的纤维结构由几个织物层、衬垫和粗纱组成,总纤维体积含量为 40% ~ 45%。桥面板横截面由双梯形和六边形组成,如图 8-39 所示。

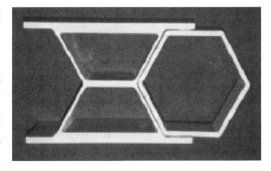

图 8-39 FRP 梁横截面

Market Street 桥,原桥总长 50.29m,宽 17.98m,三车道,两侧设人行道。它是一座两跨钢梁桥,桥面为钢格栅混凝土。桥台为两个全高毛石砌筑,桥墩为实心混凝土结构。这座桥平均每日交通量是 6900 辆,设计能抵抗 AASHTO HS-15 等级的荷载。原有桥梁桥面板和纵梁处于很差的状态,桥墩有损坏的迹象。然而,桥台情况仍然良好。为此决定利用原桥台进行重建。

新桥于 2001 年建成通车,是单跨无缝桥,跨径 53.95m,桥面宽 17.07m,采用 FRP 桥面板建成。桥面由 7 根中心间距为 2.59m 的钢纵梁组成。桥面板用剪力钉与纵梁连接,并用混凝土灌浆。FRP 板上铺 10mm 厚的聚合物混凝土。桥的日平均通车量为 6900 ~ 10000 辆,设计承受 AASHTO HS-25 等级荷载。钢纵梁与混凝土承台整体浇筑一起形成整体桥。整体式桥台结构见图 8-40。

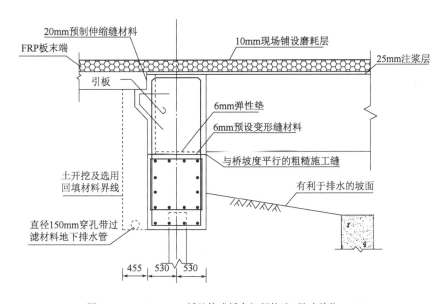

图 8-40 Market Street 桥整体式桥台细部构造(尺寸单位:mm)

Laurel Lick 桥也是一座单跨无缝桥。桥梁跨径为 19m,宽 16m,用 FRP 板制成,由 6 根宽翼缘玻璃纤维加筋聚合物(GFRP)梁支撑,主梁间距为 0.76m。此桥于 1997 年 5 月通车。如图 8-41 所示,板通过机械扣件(暗插销)和黏结剂与梁连接。FRP 板上铺 12.7mm(0.5in)厚聚合物混凝土。桥的日平均通车量为 100,设计承受 AASHTO HS-25 等级荷载。

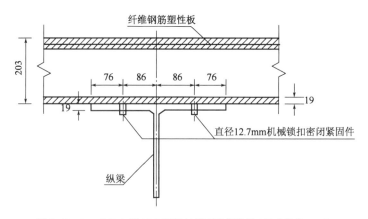

图 8-41　Laurel Lick 桥 FRP 纵梁与桥面连接构造(尺寸单位:mm)

为了了解结构的真实受力性能,测量了两座桥在静载作用下桥面板和主梁的应变和 Laurel Lick 桥的变形。由 FRP 板底部和纵梁上下翼缘底部测得的应变,来计算 FRP 板和梁之间的结构结合度。就 Market Street 桥而言,通过剪力螺栓把板和梁连接在一起,平均的结构结合度约 100%。类似地,Laurel Lick 桥中,FRP 板通过机械扣件和黏结剂与 GFRP 梁连接,桥结构的结合作用也将近 100%。

在 Market Street 桥中,FRP 桥面与钢梁组合的总惯性矩仅比钢梁本身惯性矩大 7%,表明 FRP 板对复合截面的总惯性矩贡献不大,而传统混凝土板与钢梁的复合总惯性矩则是钢梁惯性矩的 2.5 倍。

Market Street 桥的横向荷载分配系数值为 S/5.4,接近 AASHTO 公式值 S/5.5(适用于两个或两个以上车道的混凝土桥面桥梁),也接近于标准的混凝土桥面的整体桥。Laurel Lick 桥的横向荷载分配系数(TLDF)值为 S/5.7,接近 AASHTO 公式值 S/6.0(适用于单车道复合板桥)。两座桥的 FRP 板内最大静应力都在复合材料允许应力范围内。Laurel Lick 桥的纵梁挠度也在设计限值内。

静动载试验结果还表明,总体上两座无缝桥的结构性能是好的。Market Street 桥的动载允许因子处在 1998AASHTO LRFD 桥梁规范限值内。

与混凝土桥面无缝桥不同,两座 FRP 板桥面的无缝桥在桥台处没有开裂迹象,且建设速度极快,一座 FRP 复合板桥面的安装时间大约为普通混凝土板桥面的 1/10~1/8。

8.4.2　高性能与轻质混凝土无缝桥

混凝土是一种水泥基复合材料,以水泥为胶结剂,结合各种集料、外加剂等而形成的水硬性胶凝材料。混凝土是当今最大宗的建筑材料,与其他建筑材料相比,混凝土原料来源广、工艺简便,成本低廉,且具有耐久、防火、适应性强、应用方便等特点。从社会发展和技术进步的角度来看,在今后相当长的时间内,它仍是应用最广、用量最大的建筑材料。然而,混凝土自重大、脆性大和强度(尤其是抗拉强度)低,影响和限制了它的使用范围;同时,对于低强度的混凝土,在满足相同功能时用量较大,这加剧了对自然资源和能源的消耗、废气和粉尘的排放,增大了对能源和环境的压力与挑战。

20 世纪以来,随着社会经济的发展,工程结构向更高、更长、更深发展,这对混凝土的强度提出了新的要求。为满足这种要求,随着科技的进步,混凝土的强度得到了不断的提高。在20世纪20年代、50年代和70年代,混凝土的平均抗压强度可达20MPa、30MPa和40MPa左右。20世纪70年代末期,由于减水剂和高活性掺和料的开发和应用,强度超过60MPa的高强混凝土(High Strength Concrete,简称HSC)应运而生,此后在土木工程中得到越来越多的应用。

然而,单纯提高混凝土抗压强度,并不能改变其脆性大、抗拉强度低的不足。采用纤维增强的方法,产生了纤维(增强)混凝土(Fiber Reinforced Concrete,简称FRC),其所用纤维按材料性质可划分为金属纤维、无机纤维和有机纤维等,最常用的是金属纤维中的钢纤维。随着社会的发展,许多特殊工程(如近海和海岸工程、海上石油钻井平台、海底隧道、地下空间、核废料容器、核反应堆防护罩)对混凝土的耐腐蚀性、耐久性和抵抗各种恶劣环境能力等也提出了更高的要求。因此,人们又提出了将HSC包含在内的高性能混凝土(High Performance Concrete,简称HPC)的概念。

经过长期的研究与应用发展,高性能混凝土桥梁的修建日益增多,在无缝桥中也开始了应用。文献[191]对美国田纳西州两座高性能混凝土整体桥——波特路(Porter Road)桥(图8-42)和希克曼路(Hickman Road)桥(图8-43),进行了材料性能试验、桥梁短期和长期性能的监测和荷载试验研究。荷载试验表明,纵梁间的荷载分布与美国现行规范计算公式相比,内梁的实际活荷载分配系数(不管荷载的位置)是恒定的,约0.25或设计值0.45的56%,而对边梁,实际值为设计值(0.25,当荷载位于桥梁中心时;0.60,当荷载偏心布置时)的60%~70%。实测温度响应表明,桥梁具有足够的纵向柔度,可满足整体桥对纵向变形的要求。

图8-42 美国波特路桥

图8-43 美国希克曼路桥

高性能混凝土无缝桥综合利用了高性能混凝土的优越材料特性和无缝桥的整体结构特性。这种高技术材料和结构的组合将会带来更大的短期和长期效益,它们的互补性可以建造更长的整体式预应力混凝土公路桥梁。这两座桥梁的成功建造,成为美国联邦公路署向全美推广应用高性能混凝土无缝桥的成功案例。

众所周知,恒载在桥梁设计总荷载中占了很大的比例,对于梁桥来说,主要是桥面与主梁的自重。混凝土结构减轻结构自重的方法,除了上面提到的采用高性能混凝土外,另一有效的方法是采用轻质混凝土。在混凝土自重中,浆体的比重减小难度较大,而集料所占的比例最大,采用轻质集料是减轻比重最主要的措施。因此,轻质混凝土一般指轻集料混凝土。

轻质集料按集料粒径可分这轻质粗集料和轻质细集料。轻质粗骨料主要有天然多孔轻骨料(如浮石、凝灰岩、珍珠岩等)和人造轻骨料(如陶粒)。轻质细集料有天然砂或轻砂作细集料。用硅酸盐水泥、水和外加剂(或不掺外加剂)按配合比要求配制而成的干表观密度不大于 1950kg/m³ 的混凝土。轻集料混凝土按细集料不同,又分为全轻混凝土和砂轻混凝土。采用轻砂做细集料的,称为全轻混凝土;由普通砂,或部分轻砂做细集料的,称为砂轻混凝土。轻集料混凝土具有密度小、保温性好和抗震性好,适用于高层及大跨度建筑,但其抗冻融能力较弱。

近年来研发的高性能轻集料混凝土,同普通轻质混凝土一样,其自重比普通混凝土轻,但其吸水率较低,具有比普通轻质混凝土高的弹性模量和较低的徐变系数,因此更适合于在桥梁中的应用。随着各种高强、高抗冻融轻集料混凝土的大力发展,轻质高强混凝土已开始在桥梁工程中得到不断的应用。

采用轻质混凝土的桥梁,因材料弹性模量低和结构自重轻,易在交通荷载下产生振动;如将其应用于整体桥中,因整体桥具有极好的整体性,可以有效地减少这种振动。因此,轻质混凝土应用于整体桥,不仅有利于整体桥的发展,也有利于轻质混凝土的推广应用。图 8-44 是日本第一座轻质高强混凝土整体桥。该桥是北海道快速道上的 Shirarika 桥,为三跨连续刚构预应力混凝土桥,全长 96.2m,跨径布置为 28.5m + 42.7m + 24.0m,于 2001 年建成通车。所应用的高性能轻骨料具有吸水率低、强度高的特点。

我国对轻质高强混凝土也已开展了大量的研究,图 8-45 所示是由中国黄河沉淀土烧制而成的高性能轻集料,用其配制的轻质高强混凝土具有比普通混凝土更强的抵抗冻融能力。开展轻质高强混凝土无缝桥的应用研究,对于推动我国整体桥的发展、推动轻质高强混凝土应用的发展,是具有极其重要的作用的。

图 8-44　日本 Shirarika 桥

图 8-45　高性能轻骨料

8.4.3　超高性能混凝土在无缝桥中的应用与研究

在高性能混凝土不断应用发展的同时,人们并没有停止对混凝土向更高强度、更高性能发展的追求,出现了许多抗压强度高、耐久性好的水泥基材料。其中,以法国 Bouygues 公司研发的活性粉末混凝土(Reactive Powder Concrete,简称 RPC)材料性能与应用前景最好。1994 年,Larrard 和 Sedran 首次提出了超高性能混凝土(Ultra-high Performance Concrete,简称 UHPC)的概念,并为越来越多的科技人员所接受。一般的 UHPC 均有纤维增加,因此,超高性能纤维增强混凝土(Ultra-high performance fiber-reinforced concrete,简称 UHPFRC)这一术语也得到较为广泛的应用。

近十几年来，UHPC 的研究不断深入，应用范围与工程实例也在不断扩大。UHPC 在桥梁工程中的应用较早，也较多。1997 年第一座 UHPC 桥——加拿大魁北克省 Sherbrooke 桥建成，此后应用不断增多，据不完全统计，用于桥梁工程主要受力结构的约 130 多座桥梁，既有人行桥，也有公路与铁路桥梁；既有梁桥，也有拱桥与斜拉桥。在我国，目前已建成的 UHPC 桥有 6 座，2 座铁路低高度梁桥，1 座公路梁桥，1 座市政桥，2 座人行桥。图 8-46 是作者设计和研究的我国第一座公路 UHPC 梁桥和第一座人行拱桥。

a) 我国第一座公路UHPC梁桥(河北石安高速公路跨线桥)

b) 我国第一座UHPC人行桥(福州大学校园拱桥)

图 8-46 我国两座 UHPC 桥

马来西亚地处热带，年温度变化小，许多桥梁可设计成无缝桥。近年来，UHPC 桥梁建设在该国得到迅速发展，已采用 UHPC 材料修建了多座无伸缩缝桥梁，其中 Batu6 桥跨径最大，主跨 100m，桥宽 5m，采用整体式桥台，如图 8-47 所示。主梁由 40 片高 4m、长 2.5m、宽 5.0m 的预制节段拼接而成。第二阶段张拉的预应力筋锚固于桥台后端，将主梁与桥台联成整体。引板采用埋入式。

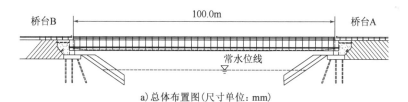
a) 总体布置图(尺寸单位：mm)

b) 侧视照片

c) 整体式桥台局部照片

图 8-47

d) 桥头处桥面照片

图 8-47　马来西亚 Batu6(UHPC 整体)桥

美国第一座 UHPC 桥——Mars Hill 桥也是一座整体桥,位于爱荷华州的 Wapello 县,为单跨,跨径 33.5m,由 3 片预制预应力 I 字梁组成,梁高 1.14m,现浇钢筋混凝土桥面板。每片梁的预应力由 47 根 15.2mm 的低松弛预应力筋组成,不配置抗剪普通钢筋。该桥于 2006 年建成,见图 8-48。

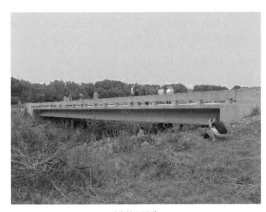

a) 侧视照片　　　　　　　　　　　　　　　b) 整体式桥台

图 8-48　美国 Mars Hill(UHPC 整体)桥

除这两座桥外,本书第 6 章介绍的图 6-3c)所示的马来西亚的 Batu Gajah 无缝桥,第 2 章图 2-46 介绍的马来西亚 KT-KB 桥(少缝桥),均为主梁采用 UHPC 预制梁 + 钢筋混凝土桥面板的桥梁。

随着 UHPC 在桥梁工程中应用的不断增多,将其应用于无缝桥的想法也被提了出来。除了将 UHPC 应用于无缝桥主梁外,还提出了应用于仅桥面连续梁的连接板、桩基础和湿接缝等局部结构或构造。

文献[197]讨论打入式超高性能混凝土 H 形桩,其设计成楔形 H 形截面的预制预应力构件,用于避免在制作时形成气泡。UHPC 桩截面有 10 根直径 13mm 的预应力钢绞线,没有用低碳钢和抗剪钢筋。UHPC 的高强度和耐久性使得预应力筋的保护层厚度从 32mm 减小到 19mm。51mm 的预应力筋中心距保持不变,以使在浇筑时混凝土能够自由流动。最终的

UHPC楔形 H 形截面如图 8-49 所示,旁边是钢桩 HP10×57,它是美国常用的钢桩。两种桩的外形尺寸和每单位长度的重量都相似。UHPC 桩的横截面设计过程包括描绘一个图表,该图描述 UHPC 桩和钢桩 HP10×57 的轴向荷载承载与弯矩的关系曲线,和几种可能截面的弯矩-曲率曲线以及考虑到在几种不同图纸情况下桩的可打性研究。Vande Voort 等(2008)展示了更多的关于 UHPC 桩横截面设计的细节。

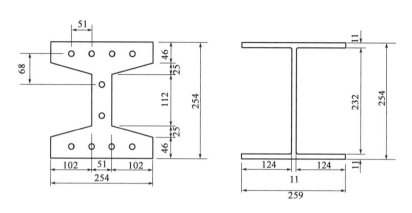

图 8-49 UHPC 桩和钢桩横截面的比较(尺寸单位:cm)

2007 年 12 月,用 Delmag D19-42 桩锤桩和 51mm 厚的铝和木制的桩垫先打入锚桩,然后打入 HP10×57 钢桩,UHPC 桩 1 和 UHPC 桩 2。在打入时,用打桩分析仪测量钢桩和 UHPC 桩的应变和加速度。虽然理论计算采用一维波动方程分析时表明 UHPC 桩在打入时可以不用桩垫,承包商要求在打入时使用胶合板垫层主要是遵循预制预应力混凝土桩的一般做法。先打入 UHPC 桩 2,打入时用 57mm 厚的胶合板垫层,在桩还有 1.5m 没打入时,桩垫破裂了。然后 UHPC 桩 1 采用 95mm 厚的桩垫,也在桩还有 0.6m 未打入时就破裂了。当两个桩垫都破坏之后,两根桩的打入就没有再用桩垫了。在没有桩垫的情况下,试验单元的深度与深度约为 7.6m 的硬土层深度相当。在打入完成后,对两根 UHPC 桩的顶部进行仔细的检查,没有发现明显的损坏迹象,仅桩垫破裂,如图 8-50 所示。

从第 2 章可知,简支、桥面连续的结构,为了适应梁端的转角变形需要,在梁端的桥面板与主梁间常设计 5% 长度的无黏结层。如果是组合梁,在无黏结区,不设置栓钉,而在临近无黏结区则加密栓钉。然而,连接板受力复杂,是易于破损的区域。第 6.4.2 节介绍了一些改进措施,包括采用 ECC 材料,但这个问题迄今没有得到彻底解决。

近年来,美国纽约州交通部将 UHPC 材料用于连接板(图 8-51),以解决这个问题。UHPC 极限拉应变可达 0.007,并形成微裂缝。为控制裂缝宽度,设计中最大的应变控制在 0.0035,与此相应的裂缝间距是 5mm,此时的裂缝宽度肉眼是看不到的。限制受拉应变有助于提高连接板的使用寿命,因为可以防止有害物质通过裂缝侵入。

UHPC 连接板的设计与许多因素有关,如跨径、支座类型与布置、梁端因荷载产生的转角变形以及桥梁的斜角(斜桥)。

连接板不应用于两个固定支座之间的桥面,也不适用于钢摇杆支座和钢滑板支座,因为荷载作用下有反复的水平位移。

图 8-50　UHPC 桩现场打入照片

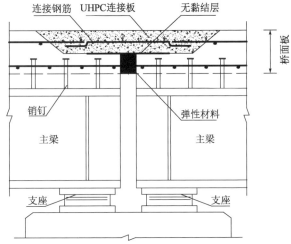

图 8-51　UHPC 连接板构造示意图

连接板的主要功能是提供连续的桥面,但对梁的转角位移的约束可以忽略不计。换言之,连接板相对于主梁,应视为铰接构造。UHPC 连接板设计时,荷载作用下主梁转角变形在连接板中产生的最大拉应变不应大于 0.0035,最大压应力不应超过 100MPa。连接板的厚度一般为 100mm。计算时,UHPC 的弹性模量可取 55GPa,开裂抗拉强度取 8MPa。

由于 UHPC 中有纤维增强,连接板内可不设普通钢筋。然而,为了增强连接板的韧性,可以在连接板的中轴处设一层普通钢筋,钢筋直径、间距与型号宜与两侧的桥面板相匹配。

连接板超出隔离层之外的部分用来与(普通)混凝土桥面板连接。这一部分的混凝土桥面板要有足够的粗糙度(13mm),比如卵石面。桥面板中伸出的钢筋要有足够的锚固长度介入 UHPC 连接板中。连接板只能用于新建桥的桥面和具有很好桥面板的老桥桥面。

受经验限制,目前 UHPC 连接板只用于斜交角不超过 30°的斜桥和直桥中。

UHPC 连接板是早是 2013 年被用于纽约州 Owego 第 17 号公路的一座旧桥维修上,此后,2014 年、2016 年和 2017 年又被用于多座桥梁中。它不仅被用于无缝桥的连接板,也可用于有缝桥取消部分伸缩缝,比起年复一年地修复伸缩缝,它具有极大的优越性,相信会被越来越多地应用。

8.5　全 无 缝 桥

无缝桥的引板一个重要的作用是在纵桥向传递或吸纳主梁纵桥向变形。第 5 章中介绍的面板式、埋入式等引板,主要是起变形的传递作用,面板式引板受板底摩擦力(埋入式引板受四周摩阻力)和板末端土压力作用而产生的弹性变形极其有限,一般可忽略不计。所以,无缝桥取消了桥台处的伸缩缝,但(面板式)引板末端的胀缝还是存在的,且这个缝往往是无缝桥病害出现的主要部位。

为了将引板末端的胀缝也取消掉,一种内部消化变形而不是将其传递将引板末端的无缝桥被提了出来,称为全无缝桥梁(Seamless bridge)。

全无缝桥最早由澳大利亚的 Bridge 等人提出,与连续配筋的混凝土路面共同使用,如图 8-52 所示。美国在 SHRP 2 项目的 R19A 子项目中也进行了介绍,然而由于美国道路上以采用有缝的素混凝土和柔性路面为主,所以需要对该技术进行改进才能应用。由于连引板末端都没有缝,全无缝桥在引板与道路之间增加了过渡区,用以吸收桥梁的温度伸缩变形。这个过渡区长度与桥梁长度比起来,可能会比较长,同时,全无缝桥的总长不能太长,总的胀缩变形量应控制在一定范围内。过渡区的末端变位要控制在很小的范围内(通常不大于 0.635cm (0.25in),才能取消此处的胀缝。这种全无缝桥是在整体桥基础上发展起来的,桥台基础的设计与整体式桥台相似。考虑到引板因地基土下沉可能脱空,所以引板靠近桥台处和过渡道路板靠近引板处均需要采用较厚的板厚。过渡道路板是基于其与引板相接处无路基支承、靠受弯来承受荷载的假定来设计的。

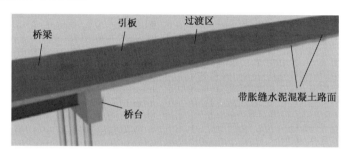

图 8-52 国外全无缝桥梁系统组成示意图

图 8-53 给出了在桥台后用一过渡区来代替部分的引板,将路面从配筋较多的引板过渡到素混凝土的混凝土路面,它施工简单、方便。

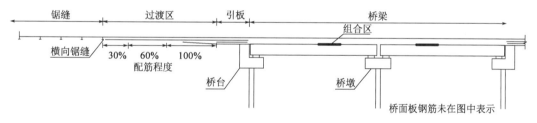

图 8-53 国外全无缝桥的接线构造示意图

紧靠桥台的引板,配筋较多,板也较厚,其受力行为与一般的混凝土板相似,不允许开裂,或将裂缝宽度控制在很小的范围内。全无缝桥引板的设计与一般整体桥和半整体桥的引板相似。在过渡板中,其配筋要少于引板,随着配筋的减少,裂缝宽度增大,这种裂缝可以是受力后自然产生的,也可以是通过锯缝来引导。过渡板中的配筋示意如图 8-54 所示。

当台后填土较高或地质较软弱时,为避免过渡区的不均匀沉降给全无缝接线带来的不利影响,还可以在过渡区设置微型桩来支撑,如图 8-55 所示。有关这种全无缝桥的设计步骤,文献[98]除了在第 8 章无缝桥中有介绍外,还在附录 E 中进行了专门介绍。

全无缝桥在我国的应用,以如图 8-56 所示的体系为主,已在我国多座桥梁上得到应用。这方面的专著和指南也已出版。这种体系在接线道路与引桥之间,加了一段连续配筋路面,在配筋路面上设置锯缝,诱导裂缝在锯缝处发生,以这些裂缝的宽度变化来适应温度变形,但通过设计将裂缝宽度限制在混凝土路面允许的裂缝宽度范围内。在连续配筋路面的端部设置一根强大的地梁,将桥梁上部结构与引板及配筋路面的温度变形限制在桥台与地梁范围内,不传递到接线道路上,从而取消了桥梁与道路之间的胀缝,实现全无缝。为防止微裂缝反射到沥青铺装层,在配筋路面上设置一层隔离层。

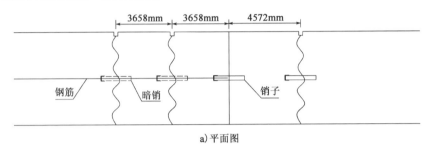

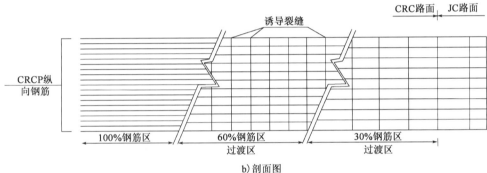

图 8-54　国外全无缝桥过渡板配筋构造示意图

图 8-55　国外带微型桩全无缝桥系统构造示意图

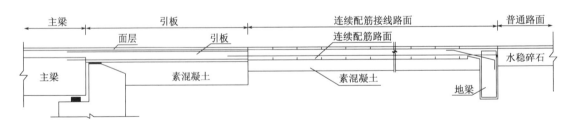

图 8-56　延伸桥面板全无缝桥梁构造示意图

与前述澳大利亚和美国的全无缝桥不同,我国的全无缝桥没有采用整体桥,有的文献将其称之为半整体式全无缝桥梁,按照本书的无缝桥分类,它被归入延伸桥面板桥。

全无缝桥梁遵循"缝越少越好"的先进理念,希望彻底解决桥梁与道路上的缝给养护和使用带来的问题。它的代价是需要较长的"过渡板"或"连续配筋路面"。有些文献给出的应用范围为 20~100m。作者近期考察了两座全无缝桥,据反映前几年运行情况很好,但本次考察(投入使用 6 年后),两座桥在引板与桥梁相接处、地梁与道路相接处均发现了不同程度的开裂现象,如图 8-57 所示。因此,如何在实际应用中,根据实际情况不断完善这种结构体系,也许还有许多工作要做。

a) 某桥引板与桥梁相接处裂缝　　　　　　　b) 地梁与道路相接处裂缝

图 8-57　全无缝桥梁裂缝照片

8.6　高速铁路整体桥

高速铁路(高铁)运输是 21 世纪交通发展的重要方向。高铁大量采用高架桥代替传统铁路中的路堤,以避免路基沉降等不利影响。这些高架桥大部分既长又窄,在一定长度时需要设置伸缩缝以释放结构温度变化引起的变形。然而,在一些总长不长的高架桥中,完全可以建造整体桥,以免除伸缩缝与支座,这样连续无缝的结构能与无缝轨道相适应,将桥上火车强大的制动力和地震时的地震作用力从上部结构直接传递到地面中,不仅有利于改善桥梁的受力性能和安全性,而且也能降低其维护费用。

高铁的运行对高架桥上的轨道平整性要求远高于公路桥,不平整会严重影响车辆行驶的安全性和乘客的舒适度,而公路桥的平整度对行驶安全影响相对较小,它主要影响舒适性,而驾乘人员对汽车震动的适应能力与对舒适性的心理预期远低于对高铁的要求。这样高铁对轨道几何参数的误差限制就非常严格;不论是在工厂还是在施工现场,钢材和焊缝的质量控制都是如此。质量完美的轨道韧性很足,仅仅会在列车荷载作用下发生疲劳破坏。而列车荷载在良好设计的高架桥上只会产生不大的应力。因此,现代的高铁轨道还用具有诸多缺点的伸缩缝将是不合理的,所以应该采用无缝轨道,尽管这样会在轨道内产生很大的温度应力。目前高铁轨道所用钢材的极限应力可达 900MPa,极限应变可达 8‰,可承受 ±50℃的温差变形(相当于承受 ±100MPa 量级的应力),能够满足无缝轨道的受力要求。

铁路桥用于跨越公路或街道时,常采用箱涵结构,整体结构没有伸缩缝,是一种无缝桥。但是,在高架桥中过去应用不多。高铁高架整体桥是在借鉴大量公路高架桥无缝桥经验的基础上发展起来的。尽管它们存在着没有伸缩缝、整体性好等许多共同点,但在受力上也有着许多不同点。

以一座整体式铁路高架桥为例进行相关的分析。该桥共 5 跨,每跨 30m,总长 150m,为钢筋混凝土梁桥(图 8-58)。

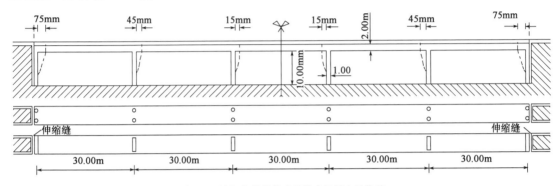

图 8-58 施加在某整体式铁路高架桥上的位移

现浇预应力混凝土板的收缩和徐变应变约为 -650×10^{-6},温差应变约为 $\pm 350 \times 10^{-6}$,这样有可能产生的最大负应变为 -1000×10^{-6}。对于钢和混凝土桥面的组合结构,其相应的应变一般小于 -650×10^{-6}。因此,对桥长的限制不会比混凝土结构更严格。对于所分析的某桥,为钢筋混凝土桥,考虑的最大外加应变为 $\varepsilon_T = -1000 \times 10^{-6}$。

假设该桥桥墩高 10m,采用两根直径为 1m 的钢筋混凝土柱或截面尺寸为 5m×0.6m 的钢筋混凝土墙。这种柱或墙同样也能用作桥台,如果是墙它在桥台处还起到挡土作用。桥台的柱或墙将受到朝桥面对称中心方向大约 75mm 的位移;这一位移是否可以被接受,需要通过设计计算确定。对于钢筋混凝土柱或墙,除承载力要求外,它还要有足够的延性,裂缝宽度控制在允许的范围内。根据计算,这样的柱子若纵向配筋率为 2%,在顶端 75mm 变形作用下(长度的 0.75%)柱子所产生的裂缝宽度略小于 0.3mm。假如容许的裂缝宽度为 0.5mm,则柱顶的最大外加变形可达 120mm 且相应的最大桥长可达 240m。

铁路高架桥在运营过程中,两辆或多辆列车同时制动和加速均会对桥梁产生很大的制动力,按西班牙的设计规范计算,一根轨道上水平制动荷载为 3.6MN(1.21×20kN/m×150m),而同时在相邻的另一轨道上的加速荷载为 1.2MN(1.21×33kN/m×30m)。轻轨列车不大可能产生如此大的荷载,用这种方法估算荷载是偏于安全的,设计时制动力可以被当作偶然荷载加以考虑。

制动荷载 H_{BR} 产生的响应将分为以下三个部分(图 8-59):第一部分 H_R 由轨道传递,这部分只占全部的一小部分;第二部分 H_{ST} 由桥墩传递到地面中;第三部分 H_{AB} 通过桥台和台后填土传递至土层中。对制动荷载的三个组成部分的计算,目前还不是很精细,但是它的估算可用于整体式高架桥对制动荷载和地震荷载的响应分析中。

这三部分作用力估值如下:假设 4 条轨道上应力增量为 100MPa,每条轨道的截面积为 7500mm²,则轨道的总抗轴压能力为 $H_R = 3MN$;柔性桥墩的合理刚度大约为每个 10MN/m,因此,在产生 75mm 位移之前,由结构承受的 H_{ST} 大小为 9MN。桥台和台后填土基础为一大小为

$3m \times 12m$,荷载作用在离顶部 1m 处的中心位置,假设最大的被动压力为 100kPa,则 $H_{AB} = 0.5 \times 100 \times 3 \times 12 = 1.8MN$。如果将这三部分简单地直接相加,则总的荷载抗力大小为 13.8MN。

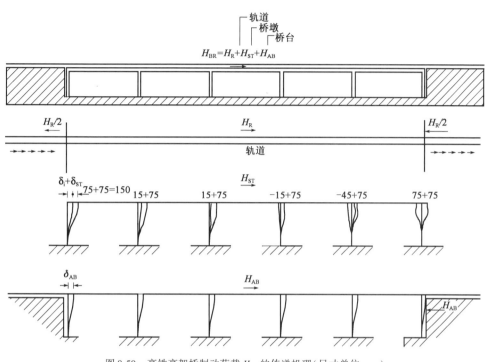

图 8-59　高铁高架桥制动荷载 H_{BR} 的传递机理(尺寸单位:mm)

公路桥梁的制动力相对较小,其对设计不起主导作用。因此,整体式公路桥梁的长度主要由桥墩的延性及结构承受无缝桥台处荷载的能力所决定,其长度能达到 200~250m;对桥台处使用常规支座的半整体式桥梁而言,桥长甚至可更长。对组合桥面而言,如果桥墩或桥台与桥面之间可提供可靠的连接,那么桥长将可达到 250~300m。

桥台是整体式高架桥最薄弱的部位,是轨道在路桥处的过渡点。它的性能与其竖向刚度变化息息相关。因此竖向刚度应平缓变化,否则会导致不可接受的铁路起鼓。设计时应使轨道下面桥台具有足够的强度和变形能力,以确保其在传递水平和竖向力时其位移仍然在容许值范围内。

图 8-60 所示是一实际常用的高铁高架桥截面形式,两边人行道面低于轨道面。这种做法既不会影响其设计功能,又能降低其高度,使桥梁视觉上显得轻巧。

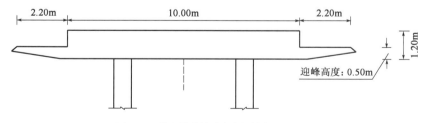

图 8-60　某整体式铁路高架桥横截面示意图

传统铁路高架桥的各构件间是分开的,如桥面节段间和桥面与桥台间的竖向伸缩缝以及桥墩、桥面和桥台间的横向伸缩缝。结果是高架桥的结构尺寸巨大,这与行驶在它们上面的高速火车形成强烈的反差。整体式高架桥在高铁中的应用,不仅能优化结构尺寸,还能提高桥梁承受列车制动力和地震作用力,同时提高轨道功能和减少养护费用。然而,这种桥梁的应用目前还不多,它与公路整体桥有些不同,除要满足铁路一般桥梁的要求外,还需要考虑轨道、结构和地面间的相互作用。因此,需要开展相应的研究,对应用该技术的桥梁进行施工与运营阶段的监测监控,并在此基础上提出设计手册或技术标准。图 8-61 是西班牙 Valencia-Játiva 高铁中一座采用整体式桥梁的高架桥。

图 8-61　西班牙 Valencia-Játiva 高铁整体式高架桥

第 9 章 无缝桥施工与养护

无缝桥的施工与养护,除在相应的材料与结构上与有缝桥具有相同的技术要求外,还有其特殊之处。本章主要介绍无缝桥施工与养护的这些特殊之处,并给出应用实例。

9.1 无缝桥施工

9.1.1 施工内容与工序

无缝桥的施工内容与注意事项大部分与有缝桥相同,但整体桥与半整体桥,因其桥台与主梁整体连接在一起,所以其施工与有缝桥有一些需要特别注意之处。延伸桥面板桥,其桥台施工与一般有缝桥差别不大,但引板施工是其与有缝桥最大的不同之处。

以一座单跨 H 型钢桩基础整体桥为例,施工内容主要包含基础、下部结构、上部结构和桥面铺装及附属设施几个部分,如图 9-1 所示。

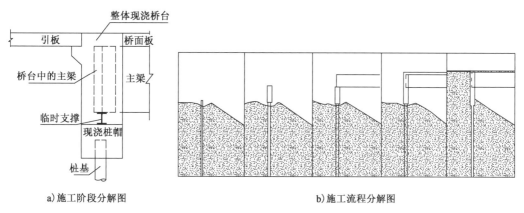

图 9-1 整体桥施工流程

(1)桩基高度范围内的台后填土,打入 H 型钢桩;
(2)桩帽(桥台下半部)的施工;
(3)主梁的制作,在桩帽上设置临时支座,架设主梁,铺装桥面;
(4)将主梁与桥台整体浇筑在一起;
(5)砌筑翼墙、台后填土和浇筑引板等。

与一般有缝桥相同,无缝桥的施工工序、时间也应满足设计要求。多跨连续梁采用先简支后连续方法施工时,结构体系转换宜在桥面板和桥面铺装施工前进行,否则易引起桥面板和桥面铺装的开裂。

主梁制作时,不应遗漏与端墙连接的钢筋等构造。预制构件养生时间不少于 15d,使混凝土早期收缩基本完成。

对于预应力混凝土整体桥,除非设计另有规定,预应力张拉宜在主梁与桥台连成整体之前进行。因为这类桥梁,在设计时主梁的受力仍以连续梁或连续刚构为主,如果在主梁与桥台连成整体之后进行预应力张拉,则可能使结构的受力形式与设计图式不符。

整体桥和半整体桥的主梁与桥台连接处(端墙)的施工,宜在全桥主梁纵、横向接缝全部完成并确认无误后进行。如果先将主梁与端墙连成整体,主梁的接缝若出现错位,则难以调整,强行连接将产生较大的应力。

整体桥和半整体桥主梁与桥台连接处(端墙)的施工,宜在桥面板施工完成后进行。施工宜选择温度变化小的时期,混凝土浇筑宜在气温较低时进行,且宜在当天气温峰值到达前 4h 完成。端墙混凝土的养护时间不得少于 10d,端墙混凝土强度达到设计强度的 65% 及以上,方可现浇混凝土桥面。

9.1.2 分项施工要点

9.1.2.1 桩基础施工

无缝桥中比较特殊的是整体式桥台的柔性钢桩施工。柔性钢桩一般采用打入法施工。打入法施工应选择一个合适的打桩标准,以确保打入的桩具有设计要求的抗力。打桩前,要确定最大打桩应力,防止打桩力过大。要了解对已选择的桩的可打入性,或者在可接受打桩应力和合理的单位长度锤击次数下的最小穿透能力等打桩信息,并对本施工阶段的内容进行校核。打桩时应注意的有关事项包括:当桩打至坚硬基岩时,要避免损坏桩尖;通过使用高强、带有齿状的铸钢桩尖,要保护打桩至基岩的钢桩桩尖。正式打桩前,可通过试桩来指导或确定打桩的施工组织设计。

在施工顺序上,柔性钢桩打入桩宜先填土后打桩。因为整体式桥台的柔性钢桩,以承受竖直力为主,抗弯刚度与承载力也小,所能承受的水平力很小。桥梁建成之后上部的主梁起到承受台后土压力产生的水平力的作用。因此要特别防止施工过程中桩承受水平力的情况。也就是说,对于桥台桩基础,在它与上部结构连成整体之前应避免直接承受水平荷载。施工时,应该先填筑桩基范围内的台后土,并等填土沉降完成后,才打入柔性桩,而不能先打桩再填土。要避免填土时对桩施加较大的水平力,导致施工过程中柔性桩的开裂或破坏。桩基以上的台后填土,可以等桥台背墙和主梁节点施工完成后进行。如果确因需要而必须先施工桩再填台后土,则要确保桩能够承受填土过程的水平荷载作用,并进行监测监控。

整体桥桩基础施工后现浇台帽混凝土(国外也有用预制台帽,见图 9-6),将桩连成整体,然后开始主梁的施工。

整体桥中其他类型的桩基础施工、半整体桥和延伸桥面板桥桩基础施工与一般桥梁的桩基础施工要求相近,这里不再赘述。

9.1.2.2 主梁施工

无缝桥的主梁一般采用预制、吊装架设。这样混凝土的收缩与徐变变形可以尽可能地减小,从而减小无缝桥的附加轴力。

整体桥虽然没有永久性支座,但主梁安装时一般需放置临时支座,以便调整,也利于施工过程主梁的受力,一旦主梁与桥台固结,临时支座就基本不起作用。预应力混凝土梁可采用简易的橡胶支座,钢梁可采用螺栓固定,见图9-2。

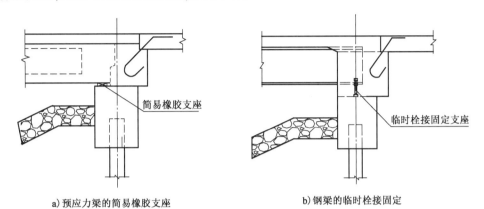

a) 预应力梁的简易橡胶支座　　　　b) 钢梁的临时栓接固定

图9-2　整体桥施工临时支座

整体桥由于无需安装伸缩装置,也无永久支座,梁支座受荷表面的处理可简单化甚至可省略,主梁安装的精度也可适当放宽。因为作用在主梁上的荷载最终是由桥梁两端上下部连接的混凝土块体来承受,此时即使桥台有微小的施工误差也不会引起主梁装配方面的问题。

对于半整体桥,它在桥台处还是有活动支座,因此与有缝桥的施工相似。

无论是整体桥还是半整体桥,由于台后上半部的回填料是在梁安装后才进行的,而不像有缝桥那样是桥台施工完成后进行主梁安装。所以无缝桥主梁架设施工时,起重机无法靠近桥台,对预制梁的施工就位会造成困难,因此需要采取临时措施或吊装能力强的设备。

对于横向分阶段施工的桥梁或拼宽的桥梁,要注意相接梁的挠度作用后主梁的线形是否一致。

9.1.2.3　桥面板现浇混凝土

桥面板施工一般在主梁架设后进行。

整体桥或半整体桥的桥面板(图3-1b)中的B部分)也经常出现横向裂缝问题,它与一般有缝桥有相似的原因,因此,在施工中可通过采取以下的措施来加以改善:

(1)避开高温天气浇筑桥面混凝土。如果施工时间处于温度较高的季节,则应将施工安排到晚上进行,并在搅拌混凝土前对骨料进行降温处理;

(2)在施工顺序上,墩上的负弯矩区的桥面混凝土应在最后浇筑。如果这部分混凝土先浇筑,则浇筑跨中部分桥面混凝土时,产生的负弯矩,会导致负弯矩区的早期开裂。当然这样的施工顺序不利于机械化连续施工,所以在设计阶段就应该提出;

(3)采用缓凝剂并在尽量短的时间内完成混凝土浇筑施工;

(4)设置足够的钢筋,特别是墩上的横隔板或承台背墙上应设置足够的钢筋;

(5)一旦出现早期裂缝,一定要进行处理,如采用封闭剂。

9.1.2.4　整体桥桥台节点现浇混凝土

整体式桥台的施工分块见图3-1b)和图9-1。桥台节点现浇混凝土(图3-1b)中的D部分)施工后最好温度变化很小,以免新浇筑的混凝土达到强度前就受到纵桥向较大的变形而受较大的作用力。当然,很难选择浇筑桥台节点混凝土的时间在一年内气温变化最小的那几天进行。然而,避开一天内气温变化最大的时间还是完全可以做到的。一般来说最少应在一天内气温峰值的 4 小时之前完成。

对于钢梁或钢-混凝土组合梁桥,也可以先将钢梁固定在两桥台上,这样钢梁就起到连接两桥台的作用,温度变化产生的力主要由钢梁来承担,这样可在相当程度上避免新浇筑的混凝土受力的问题。

引板现浇混凝土同样也要避开气温急剧变化的时间,尽可能选择温度变化比较平缓的时间段内进行。

引板与桥面板应分开浇筑,但要浇接在同一节点上。

对于具有短边跨的多跨无缝桥,要先将桥台节点混凝土浇筑连接上,然后再现浇桥面板混凝土,否则可能由于中跨自重大而边跨自重小,使得边跨节点与桥面混凝土出现被上抬的趋势。

有缝桥主梁与桥台是相互独立的,无缝桥则连成整体。无缝桥(特别是整体桥),在将各部分连成整体时,要注意施工工序、时间,以避免这些连接部分在施工期间受力不合理导致早期破坏。以下几项措施是经常用到的:

(1)在太阳升起时浇筑连接部分,可以避免在高温时连接,也可避免降温引起新浇混凝土的早期降温收缩开裂;

(2)在晚上浇筑桥面板和连接部分,因为晚上温度比较低且稳定;

(3)在桥面板施工后浇筑连接部分,可以使连接部分承受的负弯矩减少;

(4)使用裂缝封闭剂;

(5)上述中的一条或几条同时使用。

9.1.2.5 半整体桥的接缝

半整体式桥台的端墙一般在桥台下部分(台身,如桩帽)完成后现浇施工,端墙现浇时需要底模,如图 9-3 所示。此底模拆除困难,一般不周转使用,所以多用柔性、经济的材料,如聚苯乙烯板。然而,实际工程中发现,施工完后此聚苯乙烯经常被留在那里,尤其是支承式半整体式桥台,它的变形能力小于弹性支座,反而起到支座的作用,而真正支座的功能没有发挥,不仅影响主梁的纵桥向变形能力,从而导致端墙底部出现水平剪裂缝,还很可能使端墙与主梁之间因受剪而出现竖向或斜向开裂。因此,端墙施工完、混凝土形成强度后一定要及时地移去聚苯乙烯封缝材料。为了更易于移除,可以采用压实的砂垫层作为底模的基础,当端横梁浇筑完

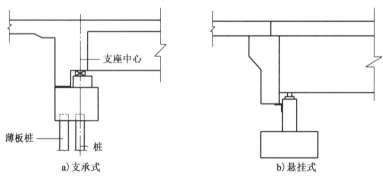

图 9-3 半整体桥端墙施工底模示意图

成形成一定强度后,可通过压力不大的水将其冲走,然后再将聚苯乙烯板移走。

相比较而言,悬挂式半整体式桥台,因端墙支承于填土之上,其底模不拆除的危害相对小于支承式。实际工程中,可以在其下方填筑沙层,然后放置一锌铁皮,其上铺设油毛毡或聚苯乙烯板,待混凝土强度形成后,抽出锌铁皮,放松其支承,而将油毛毡或聚苯乙烯板留在原位起密封阻水作用。

支承式半整体桥建成之后,端墙与台身之间的接缝将永久地埋入填土中,检查与维修都相当困难。因此,施工时应根据设计要求,对此封缝进行认真施工,不得遗漏,并保证质量。

9.1.2.6 台后填土

整体式桥台的台后填土从施工程序上应分阶段进行,先在打入桥台桩基前填至桩基高度范围;在主梁与桥台连接成整体后,再填筑余下高度的台后填土。但无论是哪一段的填土,均应该使用排水性能较好的回填料。回填料要求达到95%的压实度,以消除引板下填料可能产生的沉陷。

整体桥或半整体桥,主梁与桥台连接在一起、没有伸缩缝,温度引起的梁体变形将使桥台与之共同变形,这种温度变化与桥梁结构施工时的基准温度有关。台后填土为松散的材料,如果桥梁建于低温季节,建成后的温度变化以上升为主,将有利于压缩土体,保持其密实度,不至于在桥台与台后填土之间出现间隙。如果在温度较高的季节中施工,也希望在晚间填筑台后的填料。

无缝桥台背填料将承受主梁伸缩反复变形,其压实度和保持干燥极为重要。易于压实且排水性能好的多孔渗水的粒状回填土在无缝桥中得到广泛的应用。所以,台背填料宜采用颗粒状、透水性的材料,不得采用含有泥草、腐殖质的土。同一粒径的材料不容易压实以及无法提供颗粒间较好的咬合力,所以填料还应具有合理的级配。超过40m长的整体桥的台背颗粒状填料,峰值内摩擦角不宜超过45°。

对Z形引板填土程序,福建省地方标准规定,首先回填到上板底面,这样由于是全断面施工易于压实,然后再开挖到相应高程(既挖走图9-4的阴影部分),现浇引板,当引板强度达到设计要求后,再回填压实斜板与底板上方的路基。这样的施工程序,较之直接按填土的形状进行回填施工容易、且压实度有保证。

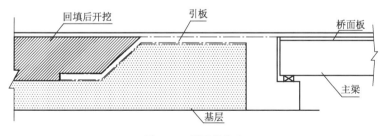

图9-4 Z形引板施工

整体桥和半整体桥的台后填土应在桥梁上、下结构施工完成且现浇连接的混凝土强度达到80%以上,隐蔽工程验收合格后进行,以避免台后土压力对未形成整体的桥梁上部结构产生不利的影响。两端桥台的台背填土应对称进行,施工中二者填土高差不宜超过30cm。台后地基为软土时,应按设计要求进行基底加固处理后方可进行填料。

埋置式桥台台背填土,宜在柱侧对称、平衡地进行,以避免填土过程中因土压力使上部结构产生刚体位移。台背填料宜与锥坡填土同时进行。填料施工宜采用小型机械压实。

延伸桥面板桥台的填土施工与有缝桥基本相同。

9.1.2.7　引板

台后引板是无缝桥中非常重要的组成部分。为了尽可能减小台后引板变形运动的阻力,台后引板应放置在表面平整、低摩擦力的台后填土层上,如在台后填土层表面放置聚乙烯板、过滤织物。但这无疑会增加造价,需要综合考虑。

引板及枕梁可采用现浇或预制方法施工。对设计要求进行台后填料预压的无缝桥,引板施工应在台后填料预压完成后进行。《公路桥涵施工技术规范》JTJ/T F50—2011 第 21.8.3 条规定"钢筋混凝土引板及枕梁宜采用就地浇筑的方式施工"。然而,从国外无缝桥的实践来看,引板及枕梁除采用就地现浇法施工外,也可采用预制方法施工。随着人工费用的提高,采用预制化、工厂化施工是桥梁施工的发展趋势。故规定引板及枕梁可采用现浇或预制方法施工。

对于现浇的钢筋混凝土引板,混凝土浇筑宜在温度变化平缓的时段内进行,且宜在当天气温峰值到达前 4h 前完成,以减小施工时和使用时引板内的混凝土应力。引板混凝土的浇筑顺序宜由远台端向近台端浇筑。

引板下方应按设计要求设置滑动层。采用砂层作为滑动层时,应保证砂层的厚度与均匀性。现浇引板混凝土时,宜采用塑料薄膜、油毛毡等覆盖于砂层之上作为底模,以防止混凝土浇筑时将砂层混合到混凝土中,从而减薄砂层的厚度,削弱砂层的滑动作用。

无伸缩缝桥引板与主梁相接处、引板与沥青混凝土路面相接处的宜进行割缝,不得遗漏。图 9-5 是一座无缝桥斜桥未按设计要求进行割缝,沥青混凝土路面出现的裂缝的照片。

图 9-5　某无缝桥斜桥路面裂缝照片

9.1.3　施工实例

9.1.3.1　美国 Davis Narrows 整体桥

美国缅因州的 Davis Narrows 桥,是一座新建的整体桥,用来替代建于 1941 年修建的旧桥。

支承于干砌花岗岩桥台上的涂漆轧制钢梁是该旧桥的主梁,但已腐烂。为此,缅因州交通部决定重建此桥。新设计桥梁的施工应免受潮汐的影响,并尽量减少对环境的干扰,所以施工方法选用全预制构件快速施工法,以缩短工期,并在最短的时间内开放交通。

新桥总长29.1m。预制的构件包括:4段混凝土桥台(每个桥端各两段);4片混凝土翼墙(每个桥端各两片);8根预应力混凝土箱梁;4块混凝土引板(每个桥端各两块)。由于大量采用了预制构件,此桥仅用一个月时间就建成。新设计中保留了原来的旧桥台,新预制混凝土桥台位于此旧桥台的3.6m之后。

每个桥台由打入至基岩的四根H型钢桩(弱轴垂直于桥纵轴)支承,见图9-6a)。每个桥台由两段预制中心单元和两段预制翼墙单元组成。这些单元通过六根精轧螺纹钢筋的后张拉连接成整体并封锚,见图9-6b)~g)。桥台内设有孔洞以便钢桩的就位和插入,桥台形成整体后,用自密实混凝土填实桥台内的孔洞(钢桩插入后),见图9-6h)。每根纵梁重44t,27.1m长,1.22m宽和0.91m高,运输至现场后进行吊装安装,见图9-6i)和图9-6j)。纵梁安装就位后,对其进行横向后张拉并在梁间灌浆形成整体,见图9-6k)和图9-6l)。然后进行台后填土、搭设台后引板、安装翼墙和栏杆、进行桥面铺装,见图9-6m)~q)。建成后的桥梁见图9-6r)。

a) 打入H型钢桩至基岩

b) 吊装桥台和翼墙预制单元

c) 安装桥台中间单元

d) 安装预制翼墙单元

图 9-6

e) 张拉桥台和翼墙单元预应力筋

f) 张拉预应力后

g) 预应力筋端部封锚

h) 预留孔道内注入免振捣混凝土

i) 大梁运输至现场

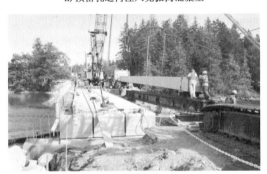
j) 大梁吊装

k) 张拉横向预应力筋

l) 在大梁之间缝隙内灌浆

图 9-6

m) 台后土的压实

n) 铺设预制引板

o) 安装翼墙和栏杆

p) 桥面铺设防水膜

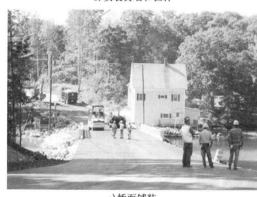
q) 桥面铺装

r) 建成的桥梁

图 9-6 美国 Davis Narrows 桥施工

9.1.3.2 加拿大驼鹿溪整体桥

驼鹿溪桥是加拿大安大略省北部的一座预应力混凝土整体桥,结构设计见 3.5.1.3 节和文献[101]的介绍。

施工时,先打 H 型钢桩基础,然后安装预制的桥台构件,见图 9-7a)。预制桥台构件的应用,具有施工快速、耐久性好和外表美观的优点。在整体式桥台桥梁的整个施工过程中,桥台和桩的连接是一个重要的环节。为增加桩的纵桥向变形能力,该桥台由单排桩支承,并采用了预钻孔法,在大于桩径的孔内用松散的干砂填充桩周空隙。

安装好桥台预制件后,安装预制 I 型主梁和桥面板,并现浇纵向现浇带将二者连成 T 形上部结构,见图 9-7b)和图 9-7c)。然后,浇筑桥台节点,既现浇混凝土将上部结构的 I 型预制主梁、预制桥面板和预制桥台构件连成一个整体,图 9-7d)。这样的桥梁结构,最大限度采用了预制构件,方便了施工,缩短了工期,保证了质量。建成后的加拿大驼鹿溪桥见图 3-32。

a) 安装桥台背墙单元

b) 浇筑主梁现浇带混凝土

c) 桥台节点浇筑前

d) 桥台节点浇筑后

图 9-7 驼鹿溪桥施工

9.1.3.3 河北南三路立交桥延伸桥面板桥

延伸桥面板桥基础、下部结构与主梁施工与一般有缝桥相似,这里主要介绍其引板的施工。当引板为面板式时,以南三路分离式立交桥为例,施工主要分为以下几个步骤:

(1) 主梁预留连接钢筋,见图 9-8a);

(2) 现浇枕梁和素混凝土垫层:在水泥稳定碎石层上,绑扎枕梁钢筋(图 9-8b)),现浇枕梁和素混凝土垫层并养护(图 9-8c)、d));

(3) 在桥台背墙和枕梁上铺设油毛毡,在素混凝土垫层上铺设 2cm 厚砂垫层,上盖一层隔离材料作为引板底模,绑扎引板钢筋,见图 9-8e);

(4) 架设引板侧面隔离层,见图 9-8f);

(5) 安装胀缝板和传力杆,见图 9-8g)、h);

(6) 引板与耳墙间设置泡沫板、引板与主梁接缝处顶部安装一根软木条,见图 9-8i)、j);

(7) 现浇引板混凝土并养护,见图 9-8k);

(8) 引板铺装层施工:胀缝处前后各 15cm,洒铺黏层油,摊铺沥青玛蹄脂,见图 9-8l)。

9.1.3.4 福建漳州锦埔桥—简支空心板桥改造成整体

锦埔桥原桥为 3 跨简支空心板桥,上部结构更换为连续空心板,并与桥墩固结(改造为半

整体式桥墩);将有缝的桥台改造为整体式桥台,详细资料见 7.4.1 节和文献[6]。锦埔桥的施工顺序为:

凿除桥梁上部结构—植入钢棒—桥墩连续化—桥台无缝化—桥面整体化层现浇。

1) 凿除桥梁上部结构

对原桥面标高进行测量,以便进行施工前的标高以及图纸的结构尺寸复核工作,同时可以与成桥后新的桥面铺装做好后与之进行校验复核。

a) 主梁预留连接钢筋

b) 绑扎枕梁钢筋

c) 浇筑枕梁并养护

d) 浇筑素混凝土垫层

e) 铺设油毛毡和砂垫层、绑扎引板钢筋

f) 铺设侧面隔离材料

图 9-8

g) 安装胀缝板

h) 安装传力杆

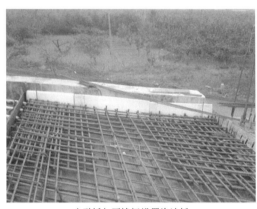
i) 引板与耳墙间设置泡沫板

j) 固定软木条

k) 浇筑混凝土并养护

l) 胀缝处30cm沥青玛蹄脂铺装

图 9-8　南三路分离式立

将原桥面铺装、主梁、支座、支座垫石全部拆除后,对下部结构盖梁顶标高进行测量,以确定桥面铺装至墩台盖梁顶的高差,从而确定新结构盖梁顶后浇段高度;同时,凿除后需要量测实际盖梁截面尺寸以及墩柱的高度和尺寸。

2) 植入钢棒施工

在进行盖梁加固设计以及主梁和盖梁的连接钢棒之前,需进行植入钢棒,其施工顺序如下:

(1) 钻孔:孔深与锚筋埋设深度相同,孔径比锚筋直径大2~4mm,孔位应避让构造钢筋,孔道应顺直。

(2) 清理钻孔:孔道先用硬鬃毛刷清理,再以高压干燥空气吹去孔底灰尘、碎片和水分,孔内应保持干燥。

(3) 灌胶:将胶由孔底灌注至孔深2/3处,待插入钢棒后,胶即充满整个孔洞。

(4) 插入钢棒:钢棒插入前应清除插入部分的表面污物,并须插到孔底,孔口多余的胶应清除。污物应先以钢刷清除,再用丙酮擦净,并予拭干。

(5) 在胶液干固之前,避免扰动钢棒,孔位附近不应有明水。

(6) 钻孔后,应立即清理干净,并予以植埋,避免成片植入钢棒孔长时间空待。对施工的盲孔应立即清孔干净后用胶回填。

(7) 对钢筋的焊接施工应采取以下措施:采取降温措施焊接,钢筋的焊点离胶面距离不小于10cm。

(8) 浇筑因支座及垫石取消而产生的高差的混凝土,同时在梁底与盖梁顶设置一层2cm厚的橡胶衬垫,并在钢棒插入主梁端套1层4cm的橡胶套。

3) 桥墩处连续化

空心板安装完成后,即可进行桥墩处结构连续化施工,现浇连续段处的预制空心板纵向钢筋应保证其搭接长度和焊接质量,见图9-9a),与相邻跨连续的预制空心板端部,必须将浮浆、油污清洗干净并凿毛,以保证新老混凝土结合牢固。浇筑墩顶现浇连续段及铰缝,见图9-9b),形成连续体系,混凝土的振捣,保证密实。

a) 钢筋焊结

b) 混凝土浇筑

图9-9 锦埔桥桥墩连续化施工照片

4) 桥台处无缝化

浇筑完桥墩处混凝土后即可进行桥台处的混凝土浇筑,见图9-10和图9-11。主梁混凝土达到规定强度后,凿除台后引板和原引板铺装混凝土;凿除桥台侧墙范围内引板下约 31cm 的台后回填土;同时凿除桥台侧墙顶至下约 26cm 使引板通过桥台与主梁相接;根据图纸,浇筑 30cm 厚的枕梁,待达到强度 90% 后,枕梁顶铺一块 1cm 厚油毛毡,并在引板底浇筑一层 30cm 厚的 C30 素混凝土,再铺上一层 1cm 厚的细沙垫层;同时在凿开的台身顶处距主梁 30cm 范围铺一块 1cm 厚的油毛毡,其余段铺细沙垫层,以改善温度及活载作用下引板的滑移能力。

图 9-10 锦埔桥桥台处钢筋施工

图 9-11 锦埔桥引板钢筋施工

在梁端与引板接触表面涂沥青二度,并设置橡胶条,使其形成铰作用,避免弯矩的传递;绑扎引板钢筋,见图 9-12,然后分别浇筑引板和过渡板混凝土,施工过程中应注意在引板和过渡板之间预留 2cm 的胀缝,待混凝土强度达到 90% 后,胀缝采用热沥青填实。施工过程中应注意在引板与过渡板、过渡板与道路连接处分别设置两道拉杆平缝。引板和过渡板顶面涂一层水泥基结晶型防水涂料。

图 9-12 锦埔桥桥面铺装钢筋

5)桥面整体化层

按设计图纸要求布置桥面钢筋网及桥面连续钢筋,并利用扎丝予以绑扎,见图 9-12。钢筋网绑扎完成后,对原结构表面进行润湿处理,然后开始浇筑新的桥面整体化防水混凝土桥面铺装。在浇筑桥面混凝土时必须充分振捣,保证混凝土振捣密实。成桥见图 7-22。

9.1.3.5 意大利 Isola della Scala 桥——整体桥改造

意大利 Isola della Scala 桥将施工一部分后停工的有缝桥改造为整体桥,该桥的具体资料见 7.4.2 节和文献[140]的介绍。图 9-13 为该桥施工过程的一些照片。该桥于 2007 年建成通车。通车以来至今,除了桥台引板处出现了一些尚在容许范围内的裂缝,未发现其他问题。

图 9-13　Isola della Scala 桥施工照片

9.1.3.6 福建漳州十里桥无缝化改造—简支空心板桥改造成延伸桥面板桥

福建漳州十里桥原桥为 6 跨简支空心板桥,将桥墩处两邻跨改造为连续板,将有缝的桥台改造为延伸桥面板桥台,详细资料见 7.4.4 节和文献[62]。无缝化改造方案的拟定实施顺序为:

凿除桥面铺装—支座更换—主梁加固—梁、墩台常规病害(裂缝、露筋)处理—主梁简支转连续加固设计—桥台连续化处理设计—桥面整体化层现浇。

1)桥面铺装凿除

对原结构桥面铺装凿除之前,应对原桥面标高进行测量,以便新的桥面铺装做好后可以与之进行校验复核。将原桥面铺装全部拆除,对铰缝处破损混凝土凿除干净,施工照片见图 9-14 和图 9-15。施工时,必须严格保证不对原梁顶板混凝土造成损伤。

图 9-14 十里桥桥面铺装凿除

图 9-15 十里桥破损铰缝凿除

2)支座更换

梁体在顶升前详细测量墩台处梁底及墩台帽顶面标高,精确确定顶升高度。单跨两侧同时进行更换,保证同侧同跨同时顶升,顶升时以竖向位移和千斤顶油压表读数进行双控。

为满足顶升同步的要求以及顶升时梁体受力均匀,千斤顶要采用统一型号,安放必须平稳。千斤顶底下垫 300mm×300mm×20mm 钢板,顶面垫 250mm×250mm×20mm 钢板。

竖向位移用桥面上设置的观测标志确定,要求竖向位移差基本保持一致。顶升高度以能顺利取出原桥支座为宜,停止顶升后应立即在上、下梁间增设若干个钢筋混凝土预制块形成临时固定点,以增加接触点和面积,提高顶升系统的稳定性,确保桥梁整体安全。

3)粘贴碳纤维板和钢板加固

碳纤维板加固施工宜在 5℃ 以上环境温度条件下进行,并应符合配套黏结剂的施工使用温度。当环境温度低于 5℃ 时,应使用适用于低温的胶粘剂或采用升温处理措施。

(1)混凝土表面处理:清除被补强范围内表面混凝土的剥落、疏松、蜂窝、腐蚀等劣化混凝土,露出混凝土结构层,并用修复材料将表面修复平整;对裂缝进行灌缝或封闭处理;被黏贴混凝土表面应打磨平整,除去表层浮浆、油污等杂质,完全露出结构断面;将混凝土表面清理干净并保持干燥。

(2)黏贴碳纤维板、钢板:按设计要求的尺寸裁剪碳纤维板和钢板,用滚筒刷将底胶均匀涂抹于混凝土表面。待表面干燥时即进行下一步工序施工;将碳纤维板和钢板清洁后,用抹灰刮刀将胶黏剂涂在钢板和纤维板表面,用特制的滚筒沿纤维方向多次滚压,挤除气泡,并使胶黏剂充分浸透碳纤维板,滚压时不得损伤碳纤维板。在黏接剂允许的暴露时间内(视温度不同而定),将碳纤维板和钢板置于混凝土表面上。

橡皮滚筒将板压到环氧胶粘剂中,直到胶黏剂由板两边被挤出;黏贴碳纤维板时,各层碳纤维板应错开布置,各层的错开间距应为5~10cm,且应保证各层碳纤维板的接缝错开;当胶黏剂固化后,可以清除流出在层压板上的黏接剂的膜,轻轻敲打进行碳纤维板的空鼓检验。最后通过槽钢来挤压纤维板、钢板使其与梁底间密实。施工照片见图9-16,其中右边梁板采用钢板加固,左边梁板采用碳纤维加固。

4)简支转连续

为保证施工过程中结构的安全稳定性,支座更换时的临时支架支撑仍保留(图7-34)。拆除各伸缩缝,并凿除梁端混凝土;将每跨空心板梁端顶板3.5m范围内混凝土凿除,凿除时采用错开(间隔)一块板的顺序,见图9-17;在顶板凿除过程中,在凿开的空心板顶板位置重新布置纵向钢筋;连接主梁纵向钢筋并在相连梁端各1m范围内浇筑填实C50微膨胀混凝土,并往跨中1.8m截面过渡段和0.7m范围内浇筑C50微膨胀混凝土,见图9-18。

图9-16 十里桥梁板加固施工

图9-17 顶板凿除

a)浇筑前

b)浇筑完成

图9-18 顶板混凝土浇筑

5)桥台无缝化

凿除原搭板铺装混凝土和台后搭板;凿除桥台侧墙范围内搭板下约31cm的台后回填土;同时凿除桥台台身顶至下约26cm,使搭板通过桥台与主梁相接;最后凿除背墙顺桥向厚度,确保主梁端与背墙有10cm的尺寸间隔。

浇筑30cm厚的枕梁,如图9-19a)和b)所示。之后施工引板。待枕梁混凝土达到强度90%后,枕梁顶铺1cm厚油毛毡,并在引板底浇筑一层30cm厚的C30素混凝土,再铺上一层1cm厚的细沙垫层和薄钢板,如图9-19c)和d)所示;同时在凿开的台身顶处距主梁30cm范围铺一块1cm厚的油毛毡,其余段铺细沙垫层,以提高引板的滑移能力。

图9-19 十里桥枕梁、引板施工照片

桥台处主梁浇筑后,在梁端与搭板接触表面涂沥青二度,并设置块软木条,使其形成铰作用,避开弯矩的传递;然后分别浇筑引板和过渡板混凝土,见图9-19e)和f)。施工过程中应注意在引板和过渡板之间预留2cm的胀缝,待混凝土强度达到90%后,胀缝采用热沥青填实。施工过程中应注意在引板与过渡板、过渡板与道路连接处分别设置两道拉杆平缝。

6）桥面整体化层

空心板顶面先植入钢筋,然后涂一层水泥基结晶型防水涂料。按设计图纸要求布置桥面钢筋网及桥面连续钢筋,并利用扎丝予以绑扎,见图9-20a）。钢筋网绑扎完成后,对原结构表面进行润湿处理,然后开始浇筑新的桥面整体化防水混凝土桥面铺装见图20b）。在浇筑桥面混凝土时必须充分振捣,保证混凝土振捣密实。

a) 钢筋

b) 混凝土浇筑

图9-20 十里桥桥面铺装施工照片

十里桥无缝化改造后的桥梁见图7-41。

9.2 无缝桥使用情况

9.2.1 美国2004年对无缝桥存在问题的调查

美国2004年对无缝桥的调查中,对各州在使用过程中遇到的问题进行总结的结果见图9-21。由图可见,最多的问题是引板的问题,引板沉降和开裂,分别占46%和28%;其次是桥台处桥面板开裂,占26%;接下来是后墙开裂、构造问题和翼墙开裂问题,分别占15%、10%和8%;最后是后墙有害转动,占3%。

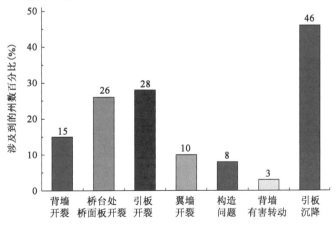

图9-21 美国2004年调查无缝桥遇到的问题

值得注意的是,俄勒冈州提出了多跨无伸缩缝桥梁遇到的问题;亚利桑那州提出了引板遇到的问题,这也是导致该州不再使用整体式桥台的原因;佛蒙特州指出,没有广泛地使用整体式桥台是因为冲刷问题;而华盛顿州则更倾向于使用半整体式桥台,因为它不会将地震荷载传递到上部结构而具有更好的经济性。

阿拉斯加州称,整体桥在那里的使用性能表现欠佳:后墙经常因为上部结构的温度收缩而产生开裂和剥落,而桩处于僵硬的冰冻地面中;特别地,有些 T 型桥台背墙产生了损坏和开裂。在有些情况下,在纵梁的腹板和翼缘上可以发现裂缝。这种问题在费尔班克斯(Fairbanks)地区最为普遍,因为这个地区温差比其他地区的大。大部分的裂缝是由于设计不当造成的(设计时将钢筋从墩帽或基础连到后墙,从而使上部结构与下部结构连接在一起)。从 1996 年开始,这个问题就引起了人们的注意,有关墩帽和后背墙间不需要采用连接钢筋的桥台细部构造为人们所提出和实施执行。

9.2.2 美国 2009 年对整体桥存在问题的调查

2009 年马里兰大学对美国整体桥的应用、存在问题和造价进行了调查。调查结果表明,美国有 41 个州应用整体桥,一些结论已在前面有所介绍。关于整体桥使用情况的调查,有 25 个州表示没有问题;12 个州说有很小或中等的问题,这其中有 4 个州说在过去有中等的问题,但是已找到解决的办法,现在没有问题。此外,有 1 个州说对此问题的回答还为时尚早,3 个州对此问题没反馈,3 个州从未使用过整体桥,另有 3 个州虽然没发现问题,但他们现在已不再用整体桥。反映整体桥有严重问题,已不再使用的有 3 个州,分别是阿拉斯加州、亚利桑那州和密西西比州。

阿拉斯加州处严寒地区,温差极大,加上地下冻结等,造成严重的使用问题,2000 年以后,已不再使用整体桥。首先,温差变化范围极大,在这个州的极端地区,温度变化从冬天的 -64.4℃度到夏天的 32.2℃,二者相差 96.6℃。其次,整体桥梁体的温度胀缩变形通过桩基础的转动与变形实现,而在阿拉斯加州冬季土的冻结,阻止了桩基的变形。此外,土壤中常含有卵石或易于液化的土体,这就要求基础采用开口的管桩,其刚度要远大于 H 型钢桩。

亚利桑那州已建有 50 座整体桥,然而在使用过程中发现,主梁的纵桥向变形会引起引板的下沉,这增加了维护的工作量和费用。所以,自 1996 年后,该州不再修建整体桥。

密西西比州主要是因为膨胀土的问题而自 1953 年以来就不再修建整体桥。

其他州提出的整体桥存在的主要问题有:

(1)加州。引板末端、引板与翼墙相交处需要不断维护,避免沉降;避免雨水从引板与桥台间隙侵入到桥台中,引起引板与路面的损坏;

(2)科罗拉多州。少量的整体式桥台在支承处、与主梁相接处,翼墙与桥台相接处出现病害;当引板长达 7.5~10m 或引板末端没有伸缩缝时,可能会出现与其下填土接触不均匀的问题;当桥梁较长而引板末端没有伸缩缝时,在引板末端的路面可能会出现病害;而当引板末端有伸缩缝时,可能会由于引板下沉、伸缩缝损坏而产生该处路面的病害。

(3)印第安纳州。过去曾发现施工时端墙与桥面板同时浇筑的整体桥,桥面板会出现开裂。现在该州不允许这种施工方法。

(4)堪萨斯州。过去整体式桥台曾采用 MSE(加筋土)挡墙,弯矩会引起挡墙的病害。现在 MSE 挡墙仅用于半整体式桥台,就没有出现此病害。

(5)缅因州。该州发现桥台前采用 1.75:1 斜坡的堆石护坡,时间久了,可能向下滑塌,让人们担心形成直通道使空气与水会侵入到桩帽。

(6)密歇根州。整体桥有些路面会出现病害,偶尔还有下部结构的病害。

(7)明尼苏达州。过去曾发现因为引板与整体式桥台没有锚固而导致的渗漏问题。

(8)密苏里州。发现整体桥端墙或主梁出现开裂的情况,主要是以下两种情况:一是整体式桥台基础置于岩石基础之上,由端墙在混凝土基础上的滑动来适应主梁的温度变形时;二是桥梁较长、台背填土刚度较大。

(9)内布拉斯加州。发现当翼墙之间没有设置拉结钢筋时,翼墙会被拉开,导致里面的填土溢出。

(10)新墨西哥州。该州交通部规定在桥台端墙与桩帽之间应该设置聚苯乙烯垫块,使纵梁能够转动。然而,当不设聚苯乙烯垫块或者垫块太薄时,聚苯乙烯垫块会被挤出,并导致端墙出现剥落。

(11)纽约州。总体情况良好,发现一些小问题:引板和桥面板末端的中等程度开裂,通过取消二者之间的连接钢筋,改善了这个状况;斜交角较大时,发现桥面会发生转动;分阶段施工的桥梁挠度的不一致。在第二阶段施工时,在桥台处留下一段作为合龙段,以使第二阶段桥面混凝土浇筑所产生的挠度等于第一阶段的挠度。

(12)俄克拉荷马州。引板沉降问题。

(13)犹他州。绝大部分整体桥运行良好。但有个别预应力混凝土梁从端梁中拉出,但没有发现钢梁被拉出。此外,还发现整体式桥台附近的桥面板有开裂现象。

(14)弗吉尼亚州。现在没有问题。过去曾发现的问题有:斜整体桥的旋转,现在通过采用一系列的"扶壁阻力"(buttress force)来阻止这个旋转;引板与桥面板用直筋在顶层进行连接,沉降时引板成为悬臂板,在钢筋的末端处会发生开裂,后来改进了细节,让钢筋越过旋转点,这样既允许板的转动,又保持了连接。

(15)西弗吉尼亚州。当超过限值后,许多整体桥在修建后不久就发现引板的末端出现开裂。

9.2.3 福建上板桥(整体桥)使用情况调查

上坂大桥是一座四跨 30m 预应力混凝土连续梁整体桥,2004 年 1 月建成。建成后福州大学对其进行了长期的观测。图 9-22 是 2011 年 4 月 14 日,本书作者对该桥实地现场勘察的一些照片。外观目测的主要结论有:

(1)桥台间的四跨连续无缝桥面依然平整光滑,没有开裂、起拱现象;桥面下的纵梁结构和整体桥台结构依旧如新,没有任何异常情况,甚至没有任何漏水的迹象,见图 9-22a)和 b);

(2)桥梁两端台后路面都出现了不同程度的破损和沉降现象,存在轻微跳车问题;桥的北端台后路况好于南端,见图 9-22c)和 d);

(3)在桥下南端桥台的石砌护坡上出现了一条裂缝,见图 9-22e);分析其原因是此桥端的西侧新建了一条公路;公路的路堤直接约束此桥台的西侧,从而使桥台处于变形不均匀状态。当桥梁发生纵向位移时,此桥台跟随发生纵向位移的同时又发生转动。

2011年12月对桥的南端桥台的接线路面进行了混凝土重新铺装;浇筑混凝土时没有按原设计的要求设置两道各2cm变形缝,待混凝土养护通车后,路面出现两条斜裂缝,显然是由于桥台的转动引起的,见图9-22f)。

a) 桥梁西侧　　　　　　　　　　　　b) 桥梁东侧

c) 桥梁北端　　　　　　　　　　　　d) 桥梁南端

e) 南端桥台的石砌护坡　　　　　　　f) 南端桥台台后路面

图9-22　上坂大桥2011年照片

总之,此桥自建成以来已超过10年,除了在桥的南端为了改善行车条件做过一次重新铺装外,其他地方一切正常,不需维护,充分体现了整体桥的优点。

对该桥的细部观察可以发现,整体桥由于主梁、桥台和引板等纵桥向受温度变化等因素作用时,要发生纵桥向的变形(运动),因此,与不动的结构部分,应该隔离开来,并留有足够的空间,否则二者之间的容易发生开裂等现象。如图9-23所示,该桥由于整体式桥台、引板(动的结构)与台后独立的路基石砌挡土墙、锥坡(不动的结构)与之间所留的变形空间(宽度)不够,导致出现局部挤碎的病害,虽然不影响结构的使用和承载力,但从耐久性和外观角度而言,在今后的设计中还是应该引起注意,予以避免。

a) 桥台处(桥面)　　　　　　　　b) 引板末端

c) 桥台处(桥面以下)　　　　　　d) 锥坡

图9-23　上坂大桥局部破碎病害照片

当然,更要引起注意的是,整体桥和其他无缝桥在使用养护管理中,要遵循其工作原理和设计意图,不能使桥台、主梁、引板等结构的纵桥向的运动受到约束,以避免因此破坏其无缝的工作机理,引起开裂等病害。

该桥建成后不久,桥梁南端紧靠引板外的引道就因路基压实度不够而出现路基下沉、路面破损,见图9-22d和图9-24,影响了车辆的行驶平稳性,也对引板受力不利。因此,与一般有缝桥一样,桥梁的接线道路路基、路面的施工质量,特别是路基的压实度,也应引起桥梁施工和日后养护的高度重视。

9.2.4　其他无缝桥使用情况考察

2016年5月30日,作者与某设计单位对某道路上的几座无缝桥进行了考察。某桥为8跨20m预应力混凝土空心板半整体桥,上部结构为简支-桥面连续体系,半整体式桥台,引板两端的路面均有开裂现象,裂缝既有横桥向的,也有纵桥向的,局部还出现了搓板现象,如图9-25所示。

图9-24 上坂大桥接线道路病害照片

a)一端

b)另一端

图9-25 某半整体桥引板末端路面病害照片

某桥为3跨20m预应力混凝土空心板全无缝桥,上部结构为简支-桥面连续体系,引板与主梁相接处、引板(地梁)与接线道路相接处的路面均出现横桥向裂缝,见图9-26。

a)引板与主梁相接处

b)引板与接线道路相接处

图9-26 某全无缝桥路面病害照片

某桥为4跨20m全无缝桥斜桥,上部结构为预应力混凝土连续空心板。该桥在施工时,施工方在引板与主梁相接处进行了割缝处理(实际上作为全无缝桥不一定需要),所以在此处只有规则的割缝(图9-27a))。该桥引板与接线道路的相接线与路轴线垂直,引板(地梁)与接线道路相接处的路面出现横桥向裂缝,见图9-27b)。

a)引板与主梁相接处的割缝　　　　b)引板与接线道路相接处的裂缝

图9-27 某全无缝斜桥路面病害照片

此外,该线路上还有一座采用半整体式桥台的弯桥,浸长一号桥,由于在中间留有一道伸缩缝,它不能算作无缝桥,而是半整体式桥台桥梁。伸缩装置处的病害见图2-45c。这里介绍桥台处的病害。桥梁两端引板与接线道路相接处的路面出现了开裂、搓板等病害(图9-28a)和b)),而引板与主梁相接处则未见病害(图2-45b))。此外,桥台耳墙与主梁已经紧贴(图9-28c)),将影响主梁的纵桥向变形,虽然该桥设计时在此处留了5cm的间距,然而,由于该桥为弯桥,纵桥向的变形会产生横桥向的运动,导致对空隙间距的需求增大。

a)一端引板末端　　　　　　　　b)另一端引板末端

c)桥台耳墙

图9-28 某半整体式桥台桥梁照片

文献[54]对浙江两座无缝桥的使用情况也进行了介绍。一座为大江沿村 2 号桥,是 3 跨 13m 预应力混凝土连续梁半整体桥,平面位于 $R=450$m 的圆曲线上。另一座是金家岭河 2 号桥,该桥为 3 跨 20m 预应力混凝土连续梁整体桥斜桥,斜交角 15°,平面位于 $R=500$m 圆曲线上。两座桥主体结构均于 2011 年 5 月完成施工。运营中发现,大江沿村 2 号桥桥梁两端相接的沥青路面均未发现裂缝,桥梁梁板和下部结构外表观情况良好;金家岭河 2 号桥桥上整体路面、桥梁梁板和下部结构外表观情况也良好,但在两端桥台主梁与引板相接处的沥青路面上出现明显的横向裂缝(图 9-29a),在一侧的引板与接线道路连接处的沥青路面上出现不规则横向裂缝(图 9-29b)。

a) 引板与主梁相接处　　　　　　　　b) 引板与路面相接处

图 9-29　金家岭河 2 号桥病害照片

文献[11]分析认为,梁板的纵桥向温度伸缩变形,通过与之相连的引板会带动与之相接处路面的变形,若该变形超过路面弹性变形范围,就会产生横向裂缝,且是不太规则的。由于大江沿村 2 号桥桥梁长度相对较小,且为半整体桥,对温度的敏感度较小,所以未在沥青路面上产生横向裂缝。而金家岭河 2 号桥由于梁板在温度作用下的伸缩,带动柔性钢管混凝土桩基和桥台、引板一起伸缩,产生较大的伸缩位移,使得引板尾端与路基连接部的路面受到拉伸作用,产生了横向不规则的裂缝。

该文献进一步分析认为,无伸缩缝桥梁在年度温差变化大的区域要控制设置的桥梁长度,在浙江省一般宜考虑控制在 50m 左右(连同桥头引板长度),可优先采用半整体式桥台;并把引板两个端头的路面过渡结构处理好,如增加引板上沥青路面厚度,采用弹性变形能力强的路面结构,在引板与主梁、引板与接线道路路面处割缝(宽 2mm),并在缝中灌注沥青胶,提高桥头地基处理密实度要求等。

2013 年 5 月 29 日,作者对美国底特律某无缝桥斜桥进行考察,发现该桥在行车道中桥头处的沥青路面上也有横桥向的裂缝(图 9-30)。

另外,一些桥梁桥面上无伸缩装置的无缝桥,并没

图 9-30　美国某无缝桥斜桥沥青面层裂缝照片

有经过正规的无缝化改造设计、而是养护单位在实际维护管理过程中直接取消伸缩装置而成的。它更容易出现病害。如2016年7月19日,作者对台湾某无缝桥斜桥进行考察。该桥斜度较大,在桥头靠近人行道处发现路面上有一定宽度的裂缝(图9-31a)),主梁在支承处有混凝土开裂、破碎的病害(图9-31b))。又如图9-32的意大利某桥,桥面铺装上出现了明显的病害。再如,图9-33福州某小桥,行车道的铺装出现了开裂,人行道相应位置的地砖更是有明显的缝隙。虽然中小桥的伸缩量可能不大,完全有条件取消伸缩缝和伸缩装置,但如果不按照无缝桥的原理进行相应的改造,盲目地取消,极易造成病害的出现。

a) 桥头桥面裂缝

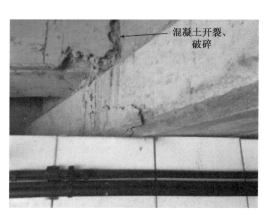
b) 主梁支承处混凝土开裂、破碎

图9-31 台湾某无缝桥斜桥病害照片

a) 桥梁侧面

b) 桥面开裂、破损

图9-32 意大利某无缝桥病害照片

此外,个别无缝桥桥台施工时,桥台侧墙没有完全埋入锥坡内,也可能会使雨水进入台后填土,引发台后路面下沉等病害。图9-34所示的马来西亚的Batu Gajah桥,桥台处就存在着这样的情况。该桥的桥墩照片见图6-3c。

a) 行车道开裂

b) 人行道开裂

图 9-33　福州某无缝桥人行道病害照片

a) 桥梁侧面

b) 桥台局部

图 9-34　马来西亚的 Batu Gajah 桥

9.3　无缝桥养护

无缝桥取消了伸缩装置(整体桥还取消了支座),养护工作较之有缝桥大大减少,是一种少维护的桥梁。

无缝桥使用过程中,要保证其具有设计的纵桥向变形能力。在实际使用过程中,曾发现在整体桥侧修建道路时,阻碍了整体桥一侧桥台的变形能力,导致桥台开裂病害发生的情况。因此,无缝桥应定期进行纵桥向变形能力检查。发现非设计的约束时,应及时解除。

从无缝桥使用情况调查可知,引板与主桥接缝处、多跨桥相邻跨相接处的桥面铺装是无缝桥裂缝易发的地方,在日常和定期检查中,应针对这些部位进行认真的检查。发现开裂时,应分析原因,制订修复方案,并及时进行处理。

引板与接线道路之间的伸缩缝、胀缝和变形缝容易堵塞,也应加强检查。对缝内杂物应及时消除,对缝内已失效的填充料应及时更换。

此外,引板路面排水、桥台排水系统的失效、桥台结构接缝处密封效果削弱引起台后土承载力下降和沉降过大等,也是无缝桥常见的病害。一些调查表明,一些盲沟是干的或被堵塞,没有发挥作用,使得台后填土受到水的作用而降低了承载力,进而引起引板的下沉。故这些部位也应加强检查与养护。

对于半整体桥和延伸桥面板桥,其桥台处有支座;对于多跨连续梁无缝桥,桥墩处也有支座。这些支座的养护与常规有缝桥一样。

与有缝桥搭板相同,无缝桥引板采用后,在台后填土变形后,仍然可能出现两个跳车点,一是引板与接线道路相交点,一是引板与主梁相交点,如图9-35所示。

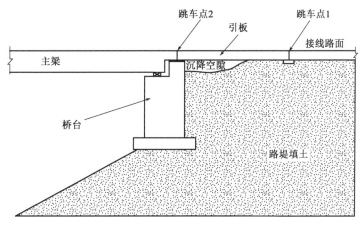

图9-35 两个桥头跳车点

桥头与引板末端沉降差对行驶平稳的影响,可用相对高程、坡度和平整度指标法评价标准值(International Roughness Index,IRI)来评估。表9-1是美国许多州采用的引板平整度评价指标。

引板平整度评价指标 表9-1

IRI(in/ft)	等 效 坡 度	引 板 评 价
0.00~0.047	0~1/250	非常好
0.048~0.095	1/250~1/125	好
0.096~0.119	1/125~1/100	一般
0.120~0.143	1/100~3/250	差
0.144及以上	3/250及以上	很差

混凝土引板抗压强度较高而抗折强度较低,且对超载敏感,一旦板底脱空,致使路基形成不均匀支撑,改变了引板的受力模式,使弹性地基上弹性薄板受力模式变成悬臂薄板受力模式。引板下沉后,加剧了桥头跳车的现象。这样,引板在车辆冲击荷载作用下,可能开裂甚至发生断裂破坏。引板开裂或断裂,将加快雨水的侵入,使填料流失、承载力下降,进一步加大了脱空面积和深度,板的受力恶化,裂缝增加或加宽,或断裂数增加。这样反复作用,最终导致引板严重破坏,不能行车。

发现上述问题后,应找出原因,进行有针对性的解决。对于受跳车影响较大而破损严重的引板,更换是一种有效的解决办法。当然,这一方法所需费用较高。更换引板时,除采用与原设计相同的结构外,还可以采用诸如 FRP 筋板、超高性能混凝土板等;施工方法既可以是现浇,也可以采用预制板。

对于台后引板下沉,已有一些技术可以将枕梁或引板顶起来,使路面恢复平顺。这些技术有:板下压力注浆法、千斤顶顶升引板法、灌浆顶升法、聚氨酯泡沫体填充法、高压注浆法等。当然这些方法也可以用于新桥中。

注浆法是引板沉降后使其恢复到原设计高程的一种快速、有效和经济的技术(图9-36)。注浆法靠压力用水泥浆注到板下。它能使台后路面平整度提高,避免车辆荷载作用下过大的冲击,改善排水条件,避免横缝产生的跳车,防止进一步的沉降。对于一般的引板,需要在引板上挖孔,然后注浆。有些引板事先留有注浆孔,后期注浆时,只要打开相应的孔就可以了。

尽管注浆法已得到广泛的应用,并有很多成功的实例。然而,仍然有些需要注意的事项。一是要注浆过程中难以控制浆体的流向,应防止注浆将台后的盲沟堵死;二是如果孔洞很大,则需要的注浆材料太多,导致不经济。

图9-36 某桥引板注浆法施工照片

第 10 章 无缝桥设计计算

无缝桥与有缝桥相比,主要是纵桥向的变形与受力的不同,这已在第三章中予以介绍。除此之外,其竖向与横桥向也有一些特点。本章将首先对此进行介绍。接着介绍无缝桥设计中考虑的作用(荷载)及其组合,重点介绍与有缝桥不同的温度作用、台后土压力和桩土共同作用。最后是结构作用效应的简化计算方法和有限元计算方法以及结构的验算方法。

10.1 概　　述

10.1.1 竖向受力特点

10.1.1.1 主梁受力

整体桥或半整体桥,主梁在桥台处与桥台固结,与有缝简支梁桥相比,梁端有负弯矩。此负弯矩值的大小,与梁端的固结约束刚度有关。总体而言,整体桥的约束刚度大于半整体式。整体桥中全刚接(图10-1a))的约束要大于半刚接(图10-1b))的约束。在半整体桥中,同附加轴向力一样,桥台端的主梁受约束的刚度与支承形式和所受台后土压力的面积有关,相比较而言,支承式(图10-1c))的约束一般要大于悬挂式(图10-1d))。主梁梁端所受约束从强到弱,梁端与桥台节点处所受的负弯矩从大到小的顺序,按图10-1各分图,是从图a)到图d)。

所以,对于整体或半整体桥来说,主梁在桥台处均具有一定的负弯矩。梁端负弯矩主要由二期恒载(梁端形成约束后所施加的荷载)和活载产生,其中二期恒载与施工顺序有关。对于钢筋混凝土结构,应设置负弯矩钢筋。具体的配筋应按所承受负弯矩的大小进行设计。与主梁相接的引板,一般通过施工缝或割缝来释放约束,以使负弯矩降到可忽略的程度,否则要配置较强的钢筋,以避免不规则的开裂。

对于延伸桥面板无缝桥,桥台处主梁梁端仍以简支为主,引板对其转角变形的约束极弱,且引板与桥面板相接处一般采用割缝来释放约束,二者之间只设传递纵向力的拉结筋,而不设负弯矩筋。因此,其主梁梁端负弯矩很小,可以不设负弯矩筋。

对于多跨无缝桥,根据桥墩处的支承可分为连续梁桥与连续刚构桥。在恒载与活载等竖向力作用下,桥墩处按相应的连续梁或连续刚构处理。对于桥墩刚度较小的连续刚构桥,或连续半刚构桥,在初步分析时也可将桥墩的固结约束简化为铰支。有研究表明,这样简化的结果,对于正弯矩计算偏于保守,而对于负弯矩的计算偏于不保守,但一般也在5%范围内。

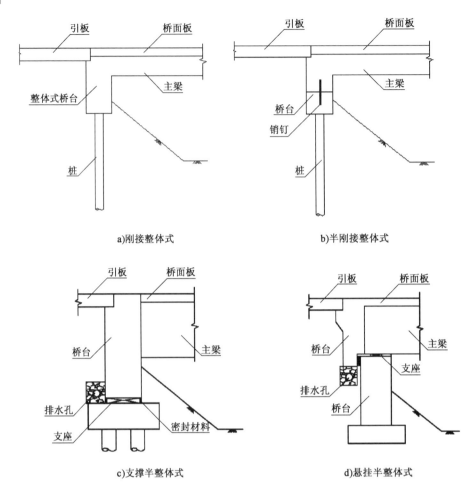

图 10-1　整体桥和半整体桥梁端约束情况

10.1.1.2　荷载横向分布

无伸缩缝桥梁横向分布与有缝桥基本相同,但由于桥台处梁端约束的增强以及台土的相互作用,而有了一些不同。文献[205]对此进行了研究,考虑了土体-结构的相互作用,建立了有限元模型,研究了不同荷载分布形式、横隔梁的设置对跨中横向分布的影响规律,分析了横向分布系数沿桥跨的变化情况。分析桥例为一座跨径20m的钢筋混凝土刚接T梁桥,计算跨径19.5m,桥台宽1.8m,桥台高3m,桩的截面尺寸为0.5m×0.7m,沿弱轴弯曲,等效悬臂桩长12m。研究主要结论有:

(1)对于无伸缩缝桥梁,可以采用单个集中荷载的形式,通过挠度的荷载横向分布影响线来研究荷载横向分布规律。

(2)汽车作用在不同位置时,不同截面的荷载横向分布系数差值不大,所以为了简化计算,可以在全桥沿跨长部分都取 $m = m_c$。

(3)设置内横梁使单个集中荷载作用下的荷载横向分布变得均匀,减少中梁的汽车和挂车荷载横向分布系数,并使其小于边梁;中梁具有很大的潜力以适应重量不断发展的汽车、挂车在桥梁中央通过,这对于在主要公路上的桥梁颇为重要。

(4)普通简支梁和无伸缩缝桥梁的 m_{cw}、m_{cm} 最大值均发生在边梁,无伸缩缝桥梁模型对应的边梁荷载横向分布系数稍小,内梁的荷载横向分布系数会稍微大些,即无伸缩缝桥梁的整体性更强,荷载横向分布比较均匀,无伸缩缝桥梁结构的受力比较合理。

(5)随着桩的相对刚度 λ 的增加,无伸缩缝桥梁荷载横向分布系数也相应增大。在实际使用中,如确定某一 λ 值后,可以忽略桩宽对荷载横向分布系数的影响。

(6)对于无伸缩缝桥梁,荷载横向分布系数随着宽跨比的增大而减小;宽跨比存在一临界值,当宽跨比超过该临界值时,荷载横向分布系数减小的幅度趋缓。

(7)对于无伸缩缝桥梁,桥面系的纵向抗弯刚度对荷载横向分布系数的影响不大,可以忽略其影响。但对于普通简支梁桥的荷载横向分布系数,主梁的抗弯刚度则作为一个主要的影响参数考虑,这是无伸缩缝桥梁区别于普通简支桥梁的重要一点。

与多跨简支有缝桥相比,多跨无缝桥的荷载横向分布更为均匀。计算表明,一座两跨的整体桥的纵向荷载分布可以减少到同样跨度有缝桥梁的67%。可以说,整体桥会使得纵、横向荷载的分布更加均匀。同时,由于下部结构与桥台形成整体式结构,因而可以提供相当的储备能力,改善主梁在桥梁端部的荷载分布。

10.1.1.3 基础沉降

对于单跨简支有缝桥,桥台的基础沉降理论上不会在梁体中产生附加弯矩。然而,对于无缝桥来说,由于梁端变形受到约束,桥台基础的沉降会在梁体以及与之相联的下部及基础中产生附加弯矩。但是,此附加弯矩一般不大,可以忽略不计。

对于多跨整体桥来说,基础沉降对主梁受力的影响比一般的连续梁与连续刚构桥略大,因为桥台也受到约束,但相差不大。同一般的连续梁与连续刚构一样,恒载引起沉降的不利影响可通过使各桥台和各桥墩所受的反力达到大致相等的方法来得到缓解或消除。因此通过合理的设计,无伸缩缝桥梁可以不考虑沉降的不利影响。文献[206、207]提供了差异沉降的估算方法。文献[208]认为,如果这一差异沉降小于38mm,则它引起的弯矩可以忽略不计,但这一具体数字与具体的桥梁有关,设计时需按实际情况进行具体分析。

10.1.1.4 水浮力

桥梁较少考虑水浮力的作用,支座一般为受压支座而没有抗拉能力。对于自重较轻的有缝桥,在受到洪水淹没时,上部结构受到水浮力的顶托作用,可能在很小的横向力的作用下被冲垮。整体桥因为梁体与桥台固结在一起,一般情况下不会出现上浮被冲走的情况,但如果要考虑洪水淹没的情况,则要考虑设置足够的抗拉钢筋,避免受拉破坏。对于半整体桥,由于主梁与桥台没有抗拉连接,也可能出现有缝桥一样的上浮现象,但由于两端强大的端横梁提供了很大的平衡重,所以较之有缝桥,上浮的可能性减小了许多,但其安全性需要通过计算确定,也可参照普通有缝桥的方式设置抗洪拉结钢筋或其他抗洪措施。

10.1.2 横桥向受力特点

桥梁横桥向所受的日常荷载主要是风力,对于一般中小跨径的梁桥,此力对桥梁的安全影响很小。桥梁横桥向受力主要要考虑地震与洪水的偶然作用。对于有缝桥,梁体的横桥向所受的约束主要是支座,约束力很小。因此,现代桥梁常通过防震挡块等措施来提供桥梁在横向地震动作用下的约束,以防落梁。历次地震结果表明,防震挡块对于防止落梁能起到重要的作用。它对洪水作用下防止落梁也是有用的。然而,防震挡块设计或施工不当时,在地震中将遭到不同程度的损坏,防落梁的作用会减弱。

对于整体桥来说,由于主梁与桥台连接在一起,主梁抗横桥向荷载作用的能力大大提高,在地震力或洪水冲击力作用下落梁的可能性相应降低了,因此防灾能力有了极大的提高。对于半整体桥,由于主梁并没有与桥台完全固结,其抗灾能力要小于整体桥,但强大的端横梁将所有的主梁连在一起,伸入到桥台的土体中,横向位移受到两边侧墙的约束,因此,其抗横向水平力的能力也远大于有缝桥,尤其是悬挂式半整体桥。因此,总体而言,无缝桥的抗横向力尤其是地震与洪水等灾害性环境因素影响的能力远大于有缝桥,不仅应在一般地区推广应用,在地震、山洪地区更应积极采用。

10.2 作用(荷载)

10.2.1 概述

总的来说,整体桥与半整体桥等无缝桥的结构设计中需要考虑的荷载(作用),与有缝桥基本相同,主要包括:永久作用(恒载、预加力、土的重力、土侧压力、混凝土收缩、徐变作用、水浮力、基础变位作用等)、可变作用(汽车荷载、汽车冲击力、汽车离心力、汽车引起的土侧压力、汽车制动力、人群荷载、疲劳荷载、风荷载、流水压力、冰压力、波浪力、温度作用、支座摩阻力等)、偶然作用(船舶的撞击作用、漂流物的撞击作用、汽车撞击作用等)和地震作用,且荷载组合产生的荷载效应也很相近。主要的不同之处在于:

(1)无缝桥的上部结构纵桥向为超静定结构,需要考虑相应变形受约束产生的作用力。变形来源有温度变化、收缩徐变效应及制动作用变形,其中以温度变形为主;

(2)无缝桥的桥台,与上部结构共同受力,台后土压力除考虑正常的土侧压力外,还要考虑在变形作用下的台后土压力。

2004年美国对无缝桥的调查中关于设计荷载的结果见图10-2。72%的州考虑了温度作用,包括温度梯度、纵向和横向的温度膨胀与收缩等,但各州采用的温度膨胀和收缩量值的计算方法并不相同。对于土压力,59%的州考虑被动土压力;21%的州允许建造曲形整体桥并考虑曲率引起的附加荷载。

值得注意的是,伊利诺州的做法是只考虑垂直荷载;北达科他州的做法是使用1.45MPa来考虑各种荷载(被动土压力、温度、徐变和收缩等);爱荷华州使用了一种简单的桩头固定模型,不考虑被动或主动土压力。33%的州在设计中考虑了徐变效应,而佐治亚州、伊利诺伊州和艾奥瓦州等并未考虑徐变效应。

佛蒙特州规定整体桥的荷载应根据施工情况,分几个施工阶段进行施加,每个阶段都需要不同的分析模型。例如,在施工第一阶段(主梁与桥台未连成整体前),荷载模型施加在简支结构上(图10-3a))。设计师应尽一切努力去减小当施加这些荷载时因P-Δ效应而产生的桩帽弯矩。在施工的最后阶段和成桥后,主梁与桥台已形成整体,这时施加的荷载会在台身(端横梁)或桩帽上产生弯矩,此弯矩最终传递到桩上,应采用图10-3b)的刚架结构模型。

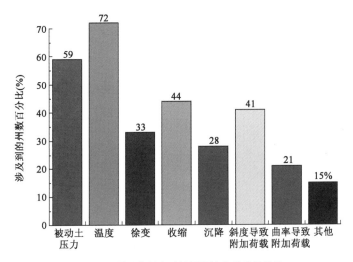

图10-2 美国各州在无缝桥设计中考虑的荷载

桩帽上的恒载包括施工时支座传来的荷载、主梁(或次梁)自重和桥面及端墙现浇的混凝土重量。荷载效应施加到主梁的尚未(与桥面板)组合的主梁截面上(图10-3a)),并累加到后续施工阶段中(图10-3b))。

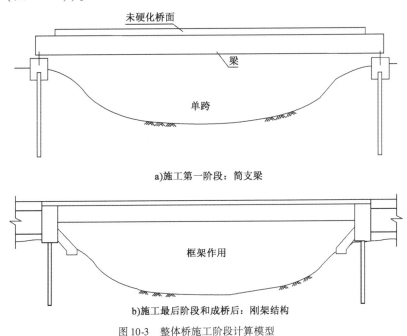

图10-3 整体桥施工阶段计算模型

施工恒载包括可拆卸的混凝土模板、轨道和脚手架等。施工活载包括施工过程中桥面上施工机械荷载和其他移动荷载。这些临时荷载效应将会被施加到主梁上和施工临时支撑上,用于施工设计计算。

桩的永久恒载,包括桩帽传来的荷载及其自重,设计师可将这些荷载均匀地分配到各桩上。

英国的桥梁设计手册则规定整体桥设计要考虑由升温和其他纵向荷载(如结构约束)引起的土压力和摩擦力产生的效应,还应考虑由降温、结构约束和滑移产生的轴向拉力效应。按照英国公路桥梁荷载标准规定,台背的土压力为永久荷载,其荷载分项系数对于承载力极限状态为1.5,对于使用极限状态则为1.0。台背土压力系数应乘以材料安全系数;当考虑土压力对桥台作用不利时取为1.0;抵抗次要荷载(如制动力),台后填土对桥台起有利作用时,则取为0.5。

福建省地方标准 DBJ/T13—265—2017 和河北省地方标准 DB13/T 2482—2017 对无伸缩缝桥梁的作用分类与效应组合,基本与城市桥梁和公路桥梁的行业标准相同,主要对温度、台背土压力、引板底摩擦力等作用进行了规定。详见后面介绍。

10.2.2 温度作用

10.2.2.1 计算方法简介

无缝桥梁结构设计与有缝桥的最大的不同在于温度效应。有缝桥的伸缩量计算误差仅为变形量的误差,它可以通过预留伸缩量来调节。对于整体式桥来说,梁体一个细小的纵桥向的变化都将影响整个桥台和台后土体的受力;而桥台、台后填土也将限制梁体的胀缩变形,并在梁体中引起纵向力,因此准确计算出具体的变形量,确定最大允许变形量,是非常必要的。

从第一章的式(1-1)可知,影响温度伸缩量的因素有温度变形覆盖区域的梁体长度 l_t、材料线膨胀系数 α_c 和有效温度变化值 Δt 等。在这三个因素中,长度是基本确定的,材料的热膨胀系数 α_c 在一般的计算中可按设计规范取用。这样,设计计算中所考虑的主要因素就是有效温度变化值(截面平均温差)Δt。有效温差 Δt 是主梁截面某一时刻的平均温度值 t 与基准温度值 t_0 之差,无论是 t 还是 t_0,均与周围环境的温度和日照等因素有关,还与结构的材料、形状、尺寸等因素有关。

应该强调指出的是,在无缝桥有效温度变化值计算中,截面某一时刻的平均温度值 t 与基准温度值 t_0 取值,不能直接采用第 2 章中伸缩装置伸缩量计算时的取值。截面某一时刻的平均温度值 t,伸缩装置伸缩量计算时,是取桥面板的截面平均温度,而在无缝桥中应该是主梁结构的平均温度。

许多无缝桥的应力测试表明,温度次应力值要比预计的要小,尤其是混凝土桥。最重要的原因是在无缝桥的温度次内力计算中,沿用伸缩装置计算时采用的当地极值温度作为结构的最大与最小有效温度,而实际上大多数混凝土结构体积相对较大,使得它们对周围的温度变化比较不敏感,因此有效温度要小于极值温度。

对于钢桥,由于构件较薄,体积较小,对外界温度反应敏感,所以可以取极值温度作为截面平均温度,我国原公路桥规 JTJ 021—89 和铁路桥规 TB 10002.3—99 等桥梁规范都规定钢桥取当地最高和最低气温为有效温度或计算温度。

对于混凝土结构,由于体积较大,吸热与放热过程缓慢,截面温度滞后于环境温度的现象明显,其最大温差值要比钢桥的小。我国原公路桥规 JTJ 021—89 规定取最高和最低月平均温度为圬工和钢筋混凝土桥的有效温度或计算温度,现行的公路桥规 JTG D60—2015 按钢桥面板钢桥、混凝土桥面板钢桥、混凝土和石桥三个分类,给出在严寒地区、寒冷地区和温热地区的最高和最低有效温度标准值,见第 1 章的表 1-2,也反应了截面平均温度变化的这一特性。由于钢材与混凝土的热膨胀系数相差不大,所以表 1-2 更多是反应了结构构件体积对温度变化的敏感性。

美国 AASHTO 在计算温度变化时规定,必须考虑到大体积混凝土构件或结构内部温度相对于大气温度的相对滞后的影响。而我国铁路桥规 TB 10002.3—99 则在其附录 E 中给出了考虑杆件厚度、边界条件和外界温度的计算温度图,是较为科学与合理的。除此之外,混凝土结构温度变化产生的次内力还会因为混凝土的徐变而缓解,我国原公路桥规 JTJ 021—89 规定考虑温度变化影响力时,应乘以 0.7 的系数,就是考虑了徐变的这一作用。

对于基准温度 t_0,伸缩装置的伸缩量计算时,是取伸缩装置安装时的温度,而对于无缝桥应该取结构合龙产生约束效应时的温度。

对于混凝土桥,在伸缩量计算时还须考虑混凝土收缩引起的变形,参见第 2 章的式 (2-2);对预应力混凝土桥梁,还必须考虑由于预应力引起的混凝土徐变引起的变形,参见第二章的式(2-3)。注意在收缩与徐变计算时,这里所考虑的时间起点是结构形成时,而不是伸缩装置安装完成时。混凝土的收缩、徐变受许多因素的影响,如混凝土的水灰比、坍落度、空气含量、水泥品种、混凝土中细骨料的比例、构件厚度、温度、相对湿度、混凝土加载龄期、持荷时间和混凝土强度等。尽管对此已开展了大量的研究,但迄今还没有公认的、准确的计算公式。

公路桥梁结构设计时,习惯将混凝土收缩的影响转化为温度下降来处理。而徐变对压力的影响因结构施工方式的不同而不同。组合桥中,梁和桥面之间不同的收缩而产生的任何压力都会因为徐变而减轻。因此,在设计中可简单地在压应力中加上一个减量,以考虑徐变的作用。在后张法预应力混凝土梁中,徐变的作用只是轻微地减少预应力筋上的拉应力以及由此引起的截面上的其他压力。在设计中,可简单地将徐变包括在其他预应力损失之内,就可以满足桥梁安全及使用的要求。

10.2.2.2 地方标准规定的温度(平均温度)作用

福建省地方标准 DBJ/T13 265—2017 根据文献[133]的研究结果,在计算上部结构因均匀温度作用引起外加变形或约束变形时,考虑最高和最低有效温度的作用效应,按式(10-1)计算。

$$\Delta l_t = \alpha l_t \Delta t = \alpha l_t (T - t_0) \tag{10-1}$$

式中:Δl_t——杆件(因温度变化引起的)胀缩变形;

α——材料线膨胀系数,按表 1-1 采用;

l_t——温度变形覆盖区域的梁体长度;

Δt——有效温度变化值;

T——构件截面有效温度;

t_0——构件截面基准(合龙)温度。

式(10-1)计算中,基准温度 t_0 可取合龙时的大气温度,构件截面最高和最低有效温度可根据实测资料确定。如缺乏实测资料,可按式(10-2a)和式(10-2b)计算。

最高有效温度:

$$T = T_{\max} - \Delta t_{\max} \quad (10\text{-}2a)$$

最低有效温度：

$$T = T_{\max} + \Delta t_{\min} \quad (10\text{-}2b)$$

式中：$T_{\max}$、$T_{\min}$——当地的历史最高气温和历史最低气温；

$\Delta t_{\max}$、$\Delta t_{\min}$——最大、最小截面平均温度与当地的历史最高、最低气温的差值，以下简称温差，可查表10-1。

福建省空心板和小箱梁截面温差值（单位：℃） 表10-1

截面形式	空心板		小箱梁	
胀缩变形	膨胀	收缩	膨胀	收缩
东北沿海	2.4	3.3	2.1	3.4
东南沿海	3.6	3.5	3.3	3.6
北部山区	1.9	4.2	1.6	4.3
南部山区	2.3	4.4	2.1	4.5

注：表中东北沿海包括宁德市的福鼎市、福安市、霞浦和宁德市区，福州市的罗源县、连江县、福州市区、闽侯县、长乐市、福清市、平潭区、莆田市的莆田市区、仙游县、秀屿区；东南沿海包括泉州市的永春县、安溪县、南安市、泉州市区、厦门市全境，漳州市的华安县、长泰县、漳州市区、南靖县、平和县、漳浦县、云霄县、诏安县；北部山区包括宁德市的柘荣县、寿宁县、周宁县、古田县，福州市的闽清县、永泰县，南平市全境，三明市全境以及泉州市的德化县；南部山区包括龙岩市全境。

河北省地方标准 DB13/T 2482—2017 在计算上部结构因均匀温度作用引起外加变形或约束变形时，考虑最高和最低有效温度的作用效应也按式(10-1)计算。基准温度可取合龙时的大气温度，构件截面最高和最低有效温度可根据实测资料确定。在缺乏实测资料的情况下，由于仅修建了两座无缝桥，且未对各地进行温度实测，没有像福建省地方标准那样给出表格计算有效温度，而是偏保守地按式(10-3)计算。

最高有效温度：

$$T = T_{\max} - \Delta t_{\max} \quad (10\text{-}3a)$$

最低有效温度：

$$T = T_{\min} + \Delta t_{\min} \quad (10\text{-}3b)$$

其中，$T_{\max}$，$T_{\min}$ 分别为当地的历史最高气温和历史最低气温；

$\Delta t_{\max}$、$\Delta t_{\min}$ 分别为最大、最小截面平均温度与当地的历史最高、最低气温的差值，以下简称温差。

10.2.3 土压力（土抗力）计算

无缝桥的台前土压力计算与一般桥的相同，由于方向与台后土压力相反，一般对结构受力作用有利且土体较小，一般不予计算。

无缝桥的台后土压力计算中，延伸桥面板桥台与一般桥台相同。整体式和半整体式桥台的台后土压力，不是因纵桥向变形引起时，按永久荷载考虑，与一般桥台的计算方法相同；如果是考虑纵桥向变形引起的土抗力，其计算方法就与有缝桥的有所不同。以下主要介绍土抗力的计算。

10.2.3.1 计算方法简介

整体式桥台考虑纵桥向变形的台后土抗力计算,有较多的争议和研究,至今尚未统一。美国 2004 年的调查表明,33% 的州采用被动土压力,18% 的州综合考虑被动和主动土压力,而 8% 的州只考虑主动土压力,26% 的州考虑其他压力的组合(图 10-4)。其中,美国北达科塔州的土压力采用:台背上 1.45kPa,翼墙上 0.94kPa。由于各州采用的土抗力(土压力)计算方法的多样性,这项调查因不够具体而没有得出结论性的意见。

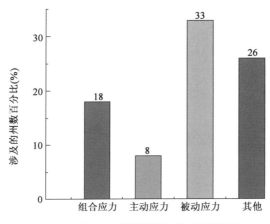

图 10-4 美国无缝桥土压力计算调查

英国对桥台土抗力的计算方法,是基于试验和理论分析提出的。对台后土抗力,认为它与背墙或端墙的竖直角有关。在朝着回填土方向的运动过程中,有前倾斜背面的整体式桥台产生的被动土压力比垂直背面整体式桥台小很多;相反,有后倾斜背面的整体式桥台会产生更大的土压力。温度膨胀过程中低估台后土体摩擦角 φ' 值很可能导致严重低估土压力荷载。高估 φ' 值很可能导致严重高估桥台的抵抗纵向制动力的能力。

对于高度在 3m 以下的背墙或端横梁,其所受的台后被动土压力可通过考虑其变位模式,如平移、转动或者两者的组合来计算。台后土压力系数可由式(10-4)求得。式(10-4)中各系数取值详见欧洲规范。

$$K^* = K_0 + (d/0.025H)^{0.4} K_p \tag{10-4}$$

式中:K^*——台后土压力系数;

K_0——静止土压力系数;

K_p——被动土压力系数;

d——水平变形量。

桥台的高度对作用在墙背部的被动土压力的大小很敏感。桥台的精细设计对保证结构具有足够的强度来抵抗墙背部累积起来的水平力和足够的柔度来吸纳位移显得尤其重要。

对门式框架结构(图 10-5),挡土墙一侧土压力的分布可参照回填土压实应力计算方法进行。不过,对于整体式桥梁,墙壁摩擦效应将在墙的顶部产生更大的土压力,并将产生更深的压实深度。

(1)在挡土墙的上半部采用统一的 K^* 值;

(2)K^* 下降至 K_0 过程中侧向土压力沿深度保持不变;

(3)如果侧向土压力系数下降至K_0,则低于该深度的土压力系数取K_0。

底部刚接的门式框架结构,其台后土压力系数可用式(10-5)计算。

$$K^* = (d/0.05H)^{0.4}K_p \qquad (10\text{-}5)$$

对于底部铰接的门式框架结构,其台后土压力系数可用式(10-6)计算。

$$K^* = K_0 + (d/0.03H)^{0.6}K_p \qquad (10\text{-}6)$$

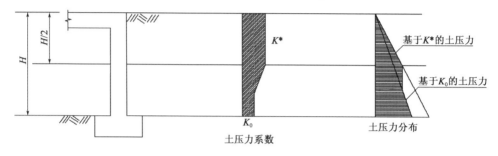

图 10-5　门式框架桥台土压力分布图

对于全高埋置式桥台,墙体应设置在未经松动的土体中,最好是黏土。如果黏土是超固结土,那么只需较小的位移就会产生全部被动土压力。然而,桥面混凝土的初始收缩可以帮助缓解原位土的高应力。

对一片埋置式墙,建议的压力分布模式(图10-6):

(1)挡土墙的上部三分之二高度范围内采用统一的K^*值;

(2)K^*下降至K_0过程中侧向土压力沿深度保持不变;

(3)如果侧向土压力系数下降至K_0,则低于该深度的土压力系数取K_0;

(4)K^*必须由文献[30]第3.5.3条中的公式确定。

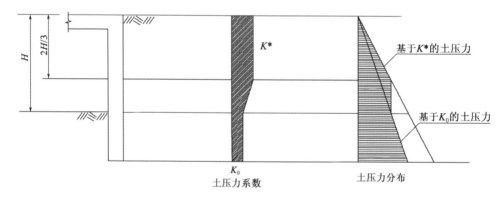

图 10-6　全高埋置式桥台土压力分布图

当计算桥面温度膨胀所产生的被动土压力时,应忽略施加在背墙上的活荷载堆载。作用在桥台上的由桥面温度收缩产生的主动土压力相对于被动土压力来说很小,可以忽略不计。

10.2.3.2　地方标准计算方法

整体桥和半整体桥的主梁端墙为桥台的一部分,温度变化引起的伸缩变形所产生的土压力,随温度变化而变化,因而不是永久作用,而是可变作用。当无缝桥温度下降梁体收缩时,台后土往主梁方向位移,福建省地方标准 DBJ/T13—265—2017 和河北省地方标准 DB13/T 2482—2017 规定台后土压力按主动土压力计算,与国内现行规范相一致,也与国外多数的指南或规范的规定相一致。作用分项系数参照《公路桥涵设计通用规范》(JTG D60—2015)表 4.1.5-2取用。

温度下降梁体收缩时,台后土压力应按 JTG D60—2015 规定的主动土压力计算,即式(10-7),对结构的承载力不利时,取作用分项系数 1.4;对结构的承载能力有利时,取作用分项系数 1.0。

$$P_{ak} = \sigma_k K_{ai} - 2c_i \sqrt{K_{ai}} \tag{10-7a}$$

$$K_{ai} = \tan^2\left(45° - \frac{\varphi_i}{2}\right) \tag{10-7b}$$

式中:P_{ak}——桥台外侧,第 i 层土中计算点的主动土压力强度标准值(kPa);

σ_k——桥台外侧计算点的土中竖向应力标准值(kPa),即由土的自重产生的竖向总应力;

c_i、φ_i——第 i 层土的黏聚力(kPa)、内摩擦角(°);

K_{ai}——第 i 层土的主动土压力系数。

温度上升梁体伸长时,台后土向路堤方向产生转动或位移,从上一小节可知国外的指南或实际计算中,多采用被动土压力计算。然而被动土压力较主动土压力要大许多,当内摩擦角为 30°时,被动土压力约为主动土压力的 9 倍。而实际上,只有土体向台后产生很大的水平位移时,才能使台后土的棱体出现滑动面,达到被动土压力计算值。在无缝桥桥长限定在 120m 范围内时,较难出现这样的情况。然而,有研究表明,在温度反复变形的情况下,桥台后土压力峰值将随循环次数持续增加,产生土压力累积效应,能使其接近被动土压力值。综合考虑,温度上升梁体伸长时,台后土压力采用被动土压力计算,但作用分项系数进行折减,即:

温度上升梁体伸长时,应按被动土压力计算,即式(10-8);对结构的承载力不利时,取作用分项系数 1.0;对结构的承载能力有利时,取作用分项系数 0.5。

$$P_{pk} = \sigma_k K_{pi} + 2c_i \sqrt{K_{pi}} \tag{10-8a}$$

$$K_{pi} = \tan^2\left(45° + \frac{\varphi_i}{2}\right) \tag{10-8b}$$

式中:P_{pk}——桥台外侧,第 i 层土中计算点的被动土压力强度标准值(kPa);

σ_k——桥台外侧计算点的土中竖向应力标准值(kPa);

c_i、φ_i——第 i 层土的粘聚力(kPa)、内摩擦角(°);

K_{pi}——第 i 层土的被动土压力系数。

上述计算规定中,作用折减系数参考了英国整体桥规范(BA 42/96 Amendment No.1,DMRB1.3.12),对结构的承载力不利(如计算梁的纵桥向附加内力)时,取作用分项系数 1.0;对结构的承载能力有利(如计算桩基受弯作用)时,取作用分项系数 0.5。

10.2.3.3 活载引起的填土影响

日本 Nexco 公司设计指南要求对单跨整体桥进行土压力计算时,应考虑活载的影响(图 10-7)。活载的加载分单边和双边加荷两种情况,以保证所有构件的安全性。活载产生的土压力强度可按式(10-9)计算。

$$P_l = K_h \times q \tag{10-9}$$

式中：P_l——由填土施加于整体式桥台上土压力强度（N/mm²）；

K_h——水平土压力系数，具体按日本的岩土规范计算；

q——活荷载引起的填土荷载（一般取 0.01 N/mm²）。

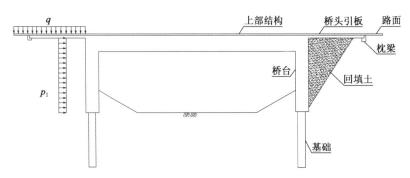

图 10-7　活荷载引起的土压力计算图

此外，一般台后填土地震时产生的土压力常按库仑土压力模型计算。如果台后填土拌有水泥，则需要另作专门的计算。

福建省地方标准 DBJ/T13—265—2018 和河北省地方标准 DB13/T 2482—2017 未对此进行规定，如需计算，可参照现有桥梁设计规范，进行计算。

10.2.4　引板底摩擦力计算

无伸缩缝桥梁的引板纵桥向位移（运动）时受到板底的摩阻力作用，对主梁的纵桥向变形形成约束，设计计算时宜考虑这种约束作用。板底摩擦系数根据福州大学试验结果，福建省地方标准 DBJ/T 13265—2017 和河北省地方标准 DBJ/T13—265—2017 规定，混凝土面板式引板与砂、油毛毡、聚苯乙烯泡沫板和镀锌铁皮的摩阻系数分别为 0.69、0.66、0.61 和 0.59，偏保守地在对结构不利（如计算引板与主梁纵桥向应力）时按 0.70 计，对结构有利（如计算引板末端容许伸缩值）时则取为 0.5。

10.2.5　收缩、徐变计算

混凝土无缝桥的收缩、徐变变形的计算同一般有缝桥，但其主要作用将体现在纵桥向的变形上。福建省地方标准 DBJ/T 13265—2017 和河北省地方标准 DB13/T 2482—2017 对收缩与徐变变形未作规定，可按 JTG 3362—2018 相关规定计算。

美国 AASHTO LRFD—2014 认为收缩效应大部分作用于单跨梁的正弯矩和多跨梁与桥台的连接部位。它一般考虑结构合龙后 30d 内的效应，此后徐变会抵消收缩的作用。到七八个月后，二者的作用会相互抵消。两年后，徐变会产生与连续弯矩和竖向反力相反方向的效应。收缩也会部分地补偿被动土压力与温度梯度作用。

10.2.6　其他

基础沉降与变形对结构受力的影响、活载通过时冲击力的增大的影响，均较小，可以忽略不计。

10.3 作用效应计算方法

整体桥由于上部结构对桥台起到纵桥向的支撑作用,提高了墩台在竖直荷载作用下的稳定性,桥台基本上可以按只承受竖直力的结构来设计,这使得桥台结构的设计较之有缝桥简单。虽然由于桥台与主梁的固结使得结构成高次超静定而使得计算复杂,但在大部分情况下,可以采用简化计算方法,将主梁结构在竖向荷载作用下受力看成简支梁或连续梁进行分析,并不会比有缝桥的分析复杂。

适当配筋的主梁与翼墙,桥台与上部结构之间的节点可以进行标准化设计而被用于较多的桥梁,使设计过程得以简化。

到目前为止,国内外一直没有成熟公认的无缝桥设计原则和标准,设计方法基本上依赖于经验与实践。例如,在美国目前只有加利福尼亚、科罗拉多、爱达荷、爱荷华、肯塔基、马萨诸塞、密歇根、明尼苏达、密苏里、纽约、宾夕法尼亚、南卡罗莱纳、田纳西、弗吉尼亚、俄勒冈和华盛顿等州有自己的温度、徐变、干缩等的计算标准、设计方法和整体式桥台设计参数,但各州之间存在差异。美国佛蒙特州(Vermont)给出了较为详细的整体式桥台桥梁的设计指南,分为简化设计方法和详细设计方法两种,可供设计时参考。

10.3.1 简化计算与设计原则

从前面的受力特点分析可知,对于无缝桥除了纵桥向的受力与普通有缝桥有明显不同外,在竖直向和横桥向的受力与普通有缝桥相差不大。对于这些桥梁,可以采用"简化设计方法",使整体式桥台桥梁的设计更加简便。美国2004年的调查表明,一部分州已经编制了"内部手册"供设计人员查用,这样不需要进行复杂的分析计算。

就上部结构而言,传统的桥面板和纵梁设计方法(类似于设计带护墙和后墙的有支座桥梁)仍然适合于设计整体式桥台钢结构桥梁;传统的板和预应力构件设计方法仍然适用于设计整体式桥台混凝土结构桥梁。

佛蒙特州大多数整体桥都采用了简化设计计算准则。这些准则是基于已被证实的经验所制订的,主要有如下一些假定:

(1)直桥或具有相互平行直梁(以折代曲)的曲桥;对于斜桥,斜交角应小于等于20°;

(2)应使用等级50(相当于我国的Q345)的H型钢桩,钢桩的翼板宽度应大于等于254mm(10in);桩帽底算起,桩的埋置深度不应小于5m(16ft);

(3)桥台与桥墩应平行设置。桥台高度应不大于4m(13ft),以减少被动土压力(设计者在设计时应尽量保持桥台高度相同);

(4)最大桥梁总长,即两个桥台支座中心线之间的距离:钢桥不大于119m(395ft),混凝土桥不大于210m(695ft);

(5)支承之间单跨跨长应小于44m(145ft);

(6)桥面纵向坡度应小于或等于5%;

(7)应该使用平行式翼墙(或称U形翼墙)。对斜置式翼墙,设计师应酌情取用。如果翼墙很短,也可采用直墙式翼墙,见图5-35;

(8)从桥台背面算起,应具有长度不大于3m(10ft)的整体连接的悬臂翼墙。对超出3m(10ft)的部分翼墙,应按独立挡土墙设计。此独立挡土墙与上述的悬臂翼墙间的伸缩缝应设计成具有50mm(2in)的变形能力。

在简化设计计算方法中有一个重要的假设是桩截面的塑性弯矩受施加的轴向载荷所影响。随着桩上的轴向荷载的增加,相应塑性铰的弯矩(M'_p)将减小。一旦塑性铰形成,桩头可以被认为是一个具有恒定弯矩的铰。所有的轴向力将会通过塑性铰传递,而此塑性铰是由LRFD 第6.9.2.2节中的相关方程决定,其中M'_p用作施加弯矩的限值。

为简化设计,该州所制订的指南中提供了一些构造,例如预应力混凝土和钢结构的支座方案。这些构造已被证实,而且可用于简化设计方法设计的整体桥中。与详细的设计方法相比,简化方法设计的桥梁可能会保守一点。

这种简化计算中,主梁因两端的土压力作用产生的轴向力单独计算。对于钢筋混凝土梁,要考虑此轴向力对梁体受力的影响,特别是温度下降的附加应力与弯曲应力叠加引起的开裂问题。对于预应力混凝土梁桥,则要考虑此附加力使预应力混凝土主梁产生轴向变形,从而引起主梁预应力损失的问题。

简化计算中,主梁受力考虑结构自重、二期恒载和活载作用的计算时,单跨梁按简支梁计算;多跨连续梁无缝桥,按连续梁来计算;多跨连续刚构无缝桥,可按连续刚构计算,当桥墩刚度较小时也可以按连续梁计算。

这种简化计算模型不考虑上、下部结构之间的相互作用,不考虑各个方向受力之间的相互作用。对于整体桥当桥台及基础的刚度较小,对主梁端部固结约束较小时,计算结果误差不大。当桥台和上部结构的节点构造采用标准图时,由于不必对节点受力进行专门的计算,常采用这种简化模型进行分析。同样地,计算下部结构时,也不考虑主梁对其约束作用。

对于半整体桥、延伸桥面板无缝桥,因主梁与桥台有支座而解除了固结约束,梁端受土体的约束作用可以忽略不计,所以这种简化模型具有较好的适应性。

对图10-8a)所示的一座3跨整体式桥台桥梁,用3跨连续梁来进行其主梁的结构受力计算,如图10-8b)所示。这种简化计算对于正弯矩略偏保守(约比实际值大5%),而对于负弯矩可能略偏于不安全(约比实际值小5%)。

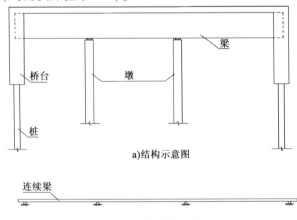

图10-8 二维连续梁模型

福建省地方标准 DBJ/T13—265—2017 和河北省地方标准 DB13/T 2482—2017 对规程的适用范围进行了规定,在此规定范围内的无缝桥,基本适用于简化计算方法。

对不符合上述简化设计方法准则要求的桥梁,应进行更仔细的设计,通常需要的额外设计考虑,包括:

(1)更长跨度或桥长时,需要考虑可能产生的更大的端部转动位移;另外,额外的恒载可能需要加强支座的构造设计。

(2)曲线结构会引起扭转。这种扭转将会在梁端受到约束。在施工期间,需要分析和计算不同支承状况下梁端的扭转。譬如,当纵梁与桥面连接后,内纵梁支座会发生脱空上翘现象。现浇桥面会加剧这种效应的发生。曲线纵向桥面板需要采用有限元方法进行分析。每个施工阶段都要进行单独的分析计算。

(3)超过20°的斜交角可能会引起整座桥梁在平面内的转动。这种转动可能会使桥面端部的铺装层开裂。

设计师应根据桥位情况规划和布置桥梁;同时,应尽量采用简化设计方法进行桥梁结构设计。如果桥位要求的桥梁尺寸等不能满足前述的准则时,设计师应书面说明拟采用的设计方法。设计师可以选择设计整体式桥台桥梁,但是需要进行更详细的分析,或者干脆选择以下其他结构类型的桥梁:

(1)选用半整体式桥台的端部构造;

(2)探索采用混合解决方案,比如在桥的一端使用整体式桥台,另一端却使用其他形式的桥台系统。当桥梁十分靠近交叉路口时,这种方法变得尤其必要;

(3)万不得已时,设计师只能回到选择有缝桥梁。

10.3.2 有限元计算方法

10.3.2.1 概述

对不符合"简化设计方法"准则的无缝桥,设计者必须对它们进行详细的设计计算与校核。设计的详细程度取决于桥梁符合简化设计方法要求的准则的多少。如果桥梁不符合某条准则,那么详细设计只需要针对此条进行,而不必对整座桥的所有结构均进行详细设计,详细设计中一个主要的内容是详细的设计计算。详细设计内容可能包括:

(1)结构支座设计(更重荷载或更大转动位移);

(2)计算大斜交角的影响;

(3)弯曲桥产生的扭转效应;

(4)其他可用桩型的计算;

(5)桥梁的超长或超大跨引起的影响;

(6)深高桥台的影响;

(7)浅埋桩的影响。

无缝桥,特别是整体桥,由于主梁、桥台为整体结构,加上台后土的相互作用,详细的设计计算采用手算方法较为困难。美国2004年的调查结果表明,大多数州(78%)利用计算机软件设计整体桥,但采用的程序或方法不尽相同。有些州,包括加利福尼亚州、伊利诺伊州、北达科他州利用手算和图表;另外一些州利用 Excel 和 MathCAD 编制电子表格供内部使用。宾夕法尼亚州、罗德岛州、北卡罗来纳州采用 STA2AD、STRUDL、RISA 和 LUSAS 等这类结构分析程序和有限元软件进行设计,而田纳西州、新罕布什尔州、弗吉尼亚州和新泽西州则采用 COM624P 或 Lpile 程序设计桩基础。在我国,由于对整体桥的认识较晚,工程经验很不足。我国整体桥的设计既要参考国外的成功经验,又要与我国的相关桥梁设计规范相一致。只有通过一定量的理论试验研究和工程实践,才能建立起我国无缝桥的设计计算理论体系。

无缝桥的受力与施工方法有关。对于整体桥的超静定结构,施工时通常先吊装主梁(阶段一,图10-3a)),再通过一定的构造措施将主梁和桥台浇筑成整体(阶段二,图10-3b)),结构体系存在着转换。因此,设计受力计算应该从施工阶段开始。阶段一时桥台不与上部结构共同作用,只承受上部结构传递来的竖向荷载,按简支结构进行计算。阶段二为结构体系转换之后,桥台、桥台桩基础、台后填土、桩侧土和上部结构共同承受荷载作用,按框架进行计算。施工阶段的框架计算模型一般取与成桥后的计算模型相同。

对于阶段二,目前的结构计算模型主要有二维连续梁模型、二维框架模型和三维框架模型。其中,二维连续梁模型为简化计算模型,已在上一节中介绍。这里主要介绍二维和三维框架模型。

在整体桥有限元模型中,桩土共同作用的模拟是其难点与重点,常用的方法有等代桩长法和弹簧模拟法,本节将对此进行重点介绍。

10.3.2.2 整体结构模型

对于整体桥,显然它是一个框架结构,计算模型根据空间维数可分为二维与三维,即二维框架模型与三维框架模型。

二维框架模型与二维连续梁模型一样不考虑桥梁的横向受力变化,但考虑桥台及基础对主梁的约束作用,将主梁与下部结构作为一个整体进行计算,不仅能计算结构竖直向的受力,也能计算纵桥向的受力,也就是说它可同时用于结构自重、二期恒载、活载、土压力和温度变化的作用。二维框架模型能计算出桥台和上部结构的节点受力情况,有利于进行节点构造的详细设计。地震时整体桥的桥台和上部结构的节点发生平动和转动变形能消耗能量,因此在抗震设计计算时,采用二维框架模型能考虑无缝桥的实际受力特性,也能够检验该节点是否在地震荷载作用下发生破坏。

二维框架模型可以假定桥台和上部结构完全刚性连接,可称之为完全刚接模型;也可以根据实际桥梁的节点构造情况,采用连接单元对桥台与主梁的连接、桥墩与主梁的连接等进行模拟,可称之为弹簧连接模型。通过调整连接单元的刚度,可以反映节点的连接情况。如桩基础与桥台固接时,连接单元的刚度取相邻桩基础单元的刚度;桩基础与桥台为铰接时,连接单元的刚度取相邻桩基础单元刚度的1/1000;桩基础与桥台的连接情况介于固接与铰接时,连接单元的刚度根据实据情况取小于相邻桩基础单元的刚度。

对于整体桥,二维框架模型的桩基础可以采用等代桩长,将桩基础模拟成等代悬臂梁法进行计算(等代桩长的计算见下一小节);也可以采用实际桩长的模型进行计算,用弹簧模拟土压力以反应桩土共同作用。

采用等代桩长的二维框架模型,桩侧土对结构的作用通过等代桩长来体现而不要考虑土体的弹簧单元,使得结构模型大大简化。但计算等代桩长时,采用的土弹簧模型为线性模型,且对于桩顶的边界条件只能考虑桩顶的转动不受约束和桩顶的转动受到完全约束两种情况,但实际上对于整体式桥台桩基桩顶的边界条件,一般介于自由转动和完全约束之间。

二维框架模型中,有的不考虑台后土压力的作用,有的假定台后土压力沿桥台深度呈三角形分布。这两种均为简化模型,不能完全反映真实的台后土压力情况。当然也可以采用更为复杂的非线性分布模型,只是计算模型比前两种更为复杂了。

图10-9给出了二维框架完全刚接、采用等代桩长的计算模型示意图。

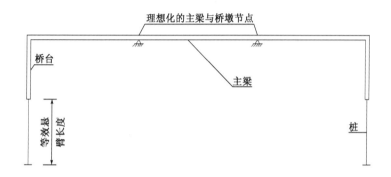

图10-9 二维框架完全刚接、采用等代桩长的计算模型

一般设计计算模型中不考虑台后引板。但也有文献认为,引板虽然是整体式桥台桥梁的一个附件,但它与桥梁结构紧密联系,应当纳入结构计算中,并在计算模型中,作了以下三个假定:

(1)温度下降时,梁体收缩,假定台后土体与桥台一直保持接触,台后受主动土压力作用,按JTG D63—2007附录P推荐的方法计算,台下桩基与土之间保持弹性接触,按"m"法计算;

(2)温度上升时,梁体伸长,台后所受的土抗力按"m"法计算,台下桩基与土之间保持弹性接触,也按"m"法计算;

(3)温度变化时,梁体伸缩,引板随梁体发生位移,引板周围土体及桥面铺装对引板有约束作用,并假设板下有弹性竖向和水平约束,不计土体对板的黏性及摩阻力影响。此法按"m"法计算台后土抗力,认为台后填土对结构的作用力随桥台位移的增大而线性增大,无法反映台后填土对结构的非线性作用。

对于多跨半整体桥,可以简化成一个连续的两端铰接排架(中间可设若干固结或可移动的桥墩),如图10-10所示。

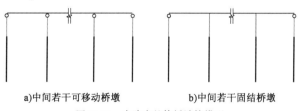

a)中间若干可移动桥墩　　　b)中间若干固结桥墩

图10-10 多跨半整体桥计算模型

三维框架模型是在二维框架模型的基础上考虑了桥梁的横向受力变化,将主梁与下部结构作为一个整体进行计算,能够计算整个结构三维的受力情况。三维与二维模型的主要区别在于桥梁在横桥向的计算,二维模型中对于某一主梁的受力是通过荷载横向分布来分配活载,而三维模型则可以直接计算。虽然有研究表明整体桥的荷载横向分布与有缝桥有所不同,然而,这种差别并不大且偏于更加均匀、有利于结构的受力。因此,采用一般的荷载横向分布方法计算整体桥的荷载横向分布是偏于安全的,且方法简单,所以二维模型在实际工程中是应用最多的模型。

同二维模型一样,桥台桩基同样有两种模拟方法,一是等代桩长法,一是全长法。对于台后填土,同样可以采用线性弹簧来模拟,也可以采用非线性弹簧来模拟。

在有限元计算中,桩、土相互作用的模拟是建模的难点与关键点,也是研究的热点,对此下一节将进行专门介绍。

10.4 桩土相互作用计算

10.4.1 桩与地基土相互作用

1）后填土的沉降和台背、翼墙上的土压力

在非简化计算中,周期温度荷载作用下整体式桥台的土-结构相互作用是整体桥最为复杂的问题之一。后填土的沉降以及台背、翼墙上土压力的增加,是整体桥设计时必须考虑的主要影响因素。英国对这一问题开展了详细的研究,主要成果有:

(1) 周期循环应力荷载作用产生应变起伏(strain ratcheting)现象,同时循环应力荷载下的应变变化导致台后土产生沉降并形成空穴;

(2) 数值模拟分析和挡土墙试验证实:桥面系的每天或季节性的温度起伏变化,对结构受力性能具有很大的影响;

(3) 台背上的长期土压力,受到台后填土材料初始密度或结构进入使用的季节（夏天,冬天等）的影响很小。可是,结构的早期性能受到了以上两个因素的影响,如冬天投入使用的桥梁有更高的初始应力增加速率;

(4) 背墙(backwall)的日位移（大约为季节位移的 1/4 到 1/10）会引起土的不断加密和变形。仅同季节性位移值相比,背墙日位移会使墙后土的竖向沉降增加 100%（收缩时）,墙后土的隆起位移增加 150%（膨胀时）;

(5) 背墙的日位移能使土应力先保持接近静水压力,然后逼近仅在季节交变温度荷载作用下才会产生的数值;

(6) 当桥长小于 60m 并采用条形基础时,桥台的沉降较小,可不予考虑;

(7) 如果使用引板来跨越桥台附近的沉降区域,那么不应该采用高密实台后填土,以免土的隆起而使引板发生弯曲;

(8) BA 42/96 只提供了桥长小于 60m 的整体桥的保守设计荷载,但没有提供任何有关确定土体变形（如隆起变形）的信息,也没有相应的翼墙上水平土压力变化方面的阐述,这会导致翼墙设计的不安全;

(9)后填土中颗粒状材料具有可观"流动",不建议采用加筋土翼墙;

(10)当前英国对整体桥桥长的限制值60m是合理的,除非在更长的桥梁中对"主动滑移面"(active slip planes)的形成有了更好的了解;

(11)季节和日温度循环在相互作用中起到了很主要的作用,故计算中都应考虑。

2)桩侧土抗力与侧向位移

桩侧土与桩在横向力作用下的相互作用,即桩侧土抗力与相应侧向位移的关系,国内外许多学者进行了大量研究,提出了许多计算方法,主要有:

(1)假定地基反力系数K_h与桩宽B成反比的太沙基方法;

(2)等代土弹簧刚度法(即"m"法);

(3)完全弹塑性的$p \sim y$曲线法;

(4)MATLOCK 的 $p \sim y$ 线法;

(5)REESE、COX 和 KOOP 的 $p \sim y$ 曲线法;

(6)美国石油协会 API 推荐的非线性 $p-y$ 设计曲线法;

(7)SULIVAN 的 $p \sim y$ 曲线法;

(8)LOWELL、AMDE 的 $p \sim y$ 曲线法。

文献[223]通过对上述各种方法(除地基土比例系数"m"法)的计算结果(包括桥梁端部弯矩及桥台顶部剪力)进行分析比较,对侧向土弹簧刚度的确定提出了建议。计算分析考虑了两种桩基础:摩擦桩和端承桩。3 种有代表性的地基土:不排水抗剪强度为150kPa、容重为18kN/m³ 的中等硬度的黏性土;不排水抗剪强度为75kPa、容重为 18kN/m³ 的硬度较小的黏性土和容重为 18kN/m³、内摩擦角为 35°的密砂。4 种常用的荷载工况:恒载(工况 1)、恒载+温度(工况 2)、恒载+汽车+人群(工况 3)以及恒载+汽车+人群+温度(工况 4)。为了更好地比较各种方法的计算结果,温度荷载采用月平均最高气温+40℃。对各种工况进行了不同的组合计算。计算建议:

(1)当地基土为黏性土时,按 MATLOCK 的 $p \sim y$ 曲线方法确定侧向土弹簧的刚度具有一定代表性;

(2)当地基土为砂性土时,按 LOWELL、AMDE 的 $p \sim y$ 曲线方法确定侧向土弹簧的刚度具有相当代表性。另外,由于侧向土弹簧刚度对计算结果有较大的影响,上述建议适用于该类桥梁的初步设计阶段。当整体式桥台桥梁施工图设计时,有必要在桥址处实地取样进行试验,以确定桩侧土对桩的侧向阻力与其相应侧向位移之间的关系($p \sim y$ 曲线)。

10.4.2 地方标准计算规定

福建省地方标准 DBJ/T13—265—2017 和河北省地方标准 DB13/T 2482—2017 规程编写组也分别采用上述几种方法计算了侧向土弹簧刚度,对一座整体桥的受力进行了分析。结果表明,上述方法计算结果相差非常大,最大、最小相差近 3 倍。为了分析,以上述方法计算得到桥台负弯矩的平均值作为评断标准进行比较,发现桩周土为黏土时,以 MATLOCK 的 $p \sim y$ 曲线与平均值接近;当桩为砂性土时,以 LOWELL 的 $p \sim y$ 曲线与平均值较接近。同时,"m"法也可适用,但只适用于小变形时的弹性工作范围。考虑到规程所规定的无缝桥的桥长均不大,在没有更深入的研究和更明确的结论之前,两本地方规程均采用了我国现行公路桥梁规范推荐的"m"法。

将桩作为弹性地基上的梁,按温克尔假定,将桩侧土离散为温克尔线性弹簧,不考虑桩-土之间横向的黏着力和摩阻力,桩作为弹性构件考虑。桩身任一点所受的横向弹性土抗力和该点的位移成正比。假定桩侧横向弹性土抗力符合温克尔假定,即满足式(10-10):

$$\sigma_{xz} = C_z X_z \quad (10\text{-}10)$$

式中:σ_{xz}——深度 Z 处桩侧横向弹性土抗力;
C_z——深度 Z 处的地基系数;
X_z——深度 Z 处桩侧向水平位移。

地基系数 C_z 与地基土的类别、物理力学性质和深度 z 有关。常用的分布规律有"m"法、"K"法、"c 值"法和"C"法等。这 4 种方法均为按温克尔假定的弹性地基梁法,但各自假定的 C_z 随深度分布规律不同。目前应用较广并列入《公路桥涵地基与基础设计规范》JTG D63—2007 中的是"m"法,其假定为 C_z 随深度成正比增长,见式(10-11)。

$$C_z = mZ \quad (10\text{-}11)$$

式中:m——地基土比例系数;
Z——地基土深度。

可由式(10-12)求得地基土侧向弹簧刚度 K_z。

$$K_z = \sigma_{xz} a_z b_z = C_z a_z b_z (X_z = 1) \quad (10\text{-}12)$$

式中:K_z——深度 z 处土的侧向弹簧刚度;
b_z——深度 z 处基桩计算宽度;
a_z——深度 z 处土层的厚度。

10.4.3 计算模型

10.4.3.1 基本模型

整体桥的桥台、主梁和桩在抵抗水平作用的二维有限元模型中,可采用图 10-11 的基本计算模型。由于桥台回填土变异性较大,且回填压实不易控制,故台侧摩阻力偏安全地不予考虑。将桥台-土的共同作用计入台侧横向弹性土抗力中。台后土压力和桩侧土抗力可用弹簧模拟,具体与采用的计算方法有关。

计算模型同时考虑结构在竖向和横向荷载作用下的受力时,桩基中还要在桩侧加上竖向弹簧代表桩侧土摩阻力,桩底加上点弹簧代表桩底土抗力,见图 10-12。

桩竖向荷载是通过桩侧摩阻力和桩底土抗力传递给土体,桩侧摩阻力和桩底土抗力的发挥程度与桩-土间的变形形态有关,且各自达到极限值时所需的位移量是不同的。

实验表明,桩侧摩阻力只要桩-土间的相对位移不太大就能得到充分的发挥,具体数量目前认识尚没有一致的意见,但一般认为黏土为 4~6mm,砂性土为 6~10mm;而桩底土抗力的发挥需要有较大的位移值,在黏性土中约为桩底直径的 25%,在砂性土中约为桩底直径的

8%~10%。因此桩侧摩阻力 f_z 首先达到极限值 f_{zmax}，然后 f_z 保持常数 f_{zmax}；桩底土抗力 P_h 进一步增大，最后达到极限抗力 P_{hmax}。

桩侧土在达到 f_{zmax} 之前，f_z 与桩侧截面竖向摩阻位移 z_z 成正比（图10-13），有式（10-13）和（10-14）。

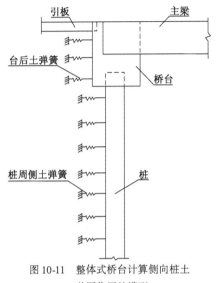

图10-11 整体式桥台计算侧向桩土共同作用的模型

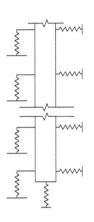

图10-12 考虑双向受力的桩基土弹簧模型

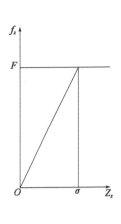

图10-13 f_z-z_z 关系图

$$f_z = C_z Z_z \tag{10-13}$$

$$C_z = \frac{f_{zmax}}{\delta_{zf}} \tag{10-14}$$

式中：f_z——深度 Z 处桩侧面单位面积的摩阻力；

C_z——剪切变形系数；

Z_z——深度 Z 处桩沿竖轴向位移；

f_{zmax}——深度 Z 处基础侧面单位面积的摩阻力极值；

δ_{zf}——深度 Z 处 f_{zmax} 作用下产生的位移；

由上述两式，可得，式（10-15）。

$$K_{zz} = f_z a_z S_z = C_z Z_z a_z S_z = C_z a_z S_z (Z_z=1,即单位位移) \tag{10-15}$$

式中：K_{zz}——深度 Z 处土的竖向弹簧刚度；

a_z——深度 Z 处土层的厚度；

S_z——深度 Z 处基桩的周长；

其他符号同前。

假设桩底为温克尔地基，则桩底土抗力 P_h 与桩底位移 Z_h 成正比，则有见式（10-16）和（10-17）。

$$P_h = C_h Z_h \tag{10-16}$$

$$C_h = \frac{P_{hmax}}{\delta_h} \tag{10-17}$$

式中：P_h——桩底土抗力；

C_h——桩底持力层的基床系数；

Z_h——桩底 $Z=h$ 处竖向位移；

h——桩长；

$P_{h\max}$——桩底土抗力的极限值；

δ_h——桩底 $P_{h\max}$ 作用下产生的位移；

其他符号同前。

由上述两式，可得式(10-18)。

$$K_{hz} = P_h A = C_h Z_h A = C_h A (z_h = 1,即单位位移) \tag{10-18}$$

式中：K_{hz}——桩底 $Z=h$ 处土的竖向弹簧刚度；

A——桩底面积。

其他符号同前。

对于端承桩，则直接采用桩底约束条件进行模拟。

10.4.3.2 等效桩长简化计算模型

文献[114]提出了一种合理的桩基设计方法，考虑了温度变形产生的弯矩塑性重分布。这种方法的基本假定是钢桩在尚未发生局部屈曲时产生塑性铰并具有承受塑性转动的能力。横向荷载作用下的桩可模拟成固定端位于地面以下某一深度处的等效梁柱。桩与承台之间用固结(图10-14a))或铰接(图10-14b))来近似模拟实际桩中的转动约束。从地面到等效悬臂梁底部的埋置深度叫做等效埋置深度。

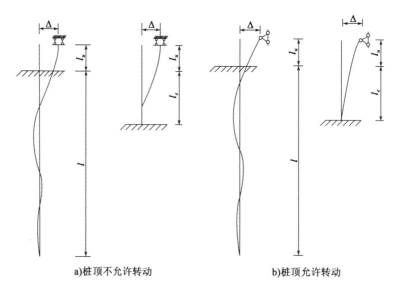

a)桩顶不允许转动   b)桩顶允许转动

图 10-14 等代桩长计算示意图

等代桩长可按列(10-19)计算。

$$l_e = 4 \cdot \sqrt[4]{\frac{EI}{k_h}} \tag{10-19}$$

式中：l_e——等代桩长；

E, I——分别为桩基础的弹性模量和抗弯惯性矩；

k_h——桩侧土在水平方向的刚度系数，可通过一个线性的温克尔土弹簧模型近似得到。

10.4.3.3 等效悬臂梁桩基简化计算模型

等效悬臂梁法,不考虑桥台和填土之间的相互作用,不考虑台后土对上部结构应力的影响。等效悬臂梁法是利用文克尔假定的弹性地基梁法,将桩-土系统简化为一个悬臂梁+弹簧单元,见图10-15所示。

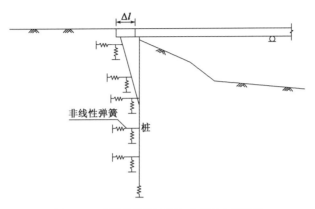

图 10-15　采用等代桩长的桩-土相互作用模型

10.5 结 构 验 算

10.5.1 主梁结构验算

10.5.1.1 主梁的轴向附加力

对相同的梁体在相同变形量情况下,主梁的附加轴力的大小主要取决于约束刚度的大小。显然,约束刚度越大,附加轴力也越大,其最大值为双固定支座简支梁的附加力;反之,约束刚度越小或者柔度越大,则附加力越小,最小值为简支梁的零。由上一小节的分析可知,图10-1中无缝桥的附加轴力从大到小的排列顺序为刚接整体桥、半刚接整体桥、支承式半整体桥和悬挂式半整体桥,即从图a)到图d)的顺序,再接下去是延伸桥面板桥。

有缝桥(简支梁)的主梁为弯、剪受力构件,而无缝桥由于存在着附加轴向力,所以主梁为轴力、剪力、弯矩复合受力构件。设计者应该注意由温度位移引起的主梁附加内力,特别是对于混凝土结构,要考虑裂缝宽度的限值要求。对于引板要考虑温降和混凝土收缩作时,可能会产生拉力,连接筋及其锚固要能抵抗这部分拉应力。

10.5.1.2 梁端弯矩

可按前述的各种计算模式进行主梁的内力分析。

10.5.1.3 截面非线性温差应力

与其他结构一样,截面上的非线性温差还会引起截面的自应力。钢-混凝土组合梁中混凝土收缩徐变也会引起截面的自应力,详见第2章第2节。但一般而言,自应力的大小与前述的附加轴力引起的附加应力相比较小。与其他桥梁结构相同,在进行极限承载力验算时,自应力不会影响极限承载力。若结构以容许应力验算,规范通常规定二次应力应给予折减。因此,自应力的计算,本书不另行介绍。

10.5.2 桥台(端墙)计算

延伸桥面板桥台,其受力性能与一般有缝桥桥台相似,见图 10-16a)。除需进行台身受力、基础与地基受力计算外,还需要进行桥台作为刚体的抗倾覆和抗滑动的计算。

对于整体桥和半整体桥,因为主梁与桥台(全部或上半部分)联为一体,主梁能抵抗台后土向台前位移的水平推力,桥台不存在着刚体倾覆和滑动的可能,因此不需要像常规有缝桥桥台那样进行抗倾覆和抗滑动的计算。这也是桥台基础可以采用水平柔度大的结构的重要原因,对于整体桥当采用 H 型钢桩基础时,甚至有意地将弱轴向置于纵桥向。

整体式桥台(端墙)在台后土压力作用下为竖向一端固结于主梁、一端固结于桩基的结构,如图 10-16b)所示;半整体式桥台上半部分(端墙)则为竖向一端固结于主梁、另一端自由的结构,如图 10-16c)所示。考虑到桩基柔度较大,忽略桩基的约束作用,整体式桥台与半整体式桥台一样,可将端墙视为固结于主梁的向下悬臂梁,显然它的刚度远大于一般有缝桥桥台的固结于桩基础的悬臂梁。

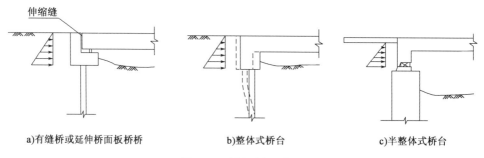

a)有缝桥或延伸桥面板桥 b)整体式桥台 c)半整体式桥台

图 10-16 桥台受力示意图

将其简化图 1-1c)的受力模式,桥台系统的水平抗推刚度 k_2(式 1-7)不仅与桥台结构本身有关,还与台后土的土压力有关,而后者的计算是复杂的。土压力的大小与土的类型和密度、含水量、土壤的蠕变特性、压实度、地下水的位置、土与结构的相互作用等因素有关。同时,土压力与土体的运动方向有关。对于无缝桥,主梁温度变化等引起的梁体的胀缩变形直接传递给桥台,由此引起土压力,这是整体桥或半整体桥与一般有缝桥不同之处。同时,温度随昼夜、季节而周期性反复变化,影响土体的受力与变形,也是无缝桥的特点。

土力学的计算因材料的特性、土体的差异性,本来就是一门经验性很强的学科。在整体桥或半整体桥中,温度荷载引起结构与土之间的相互作用更为复杂,加上各地土质的差异性大,这也是无缝桥修建历史相当长,然而规范发展还相对不成熟的主要原因之一。

整体式或半整体式桥台(端墙)的受力计算,可根据有限元模型计算的受力,进行结构的验算。也可以简化为受主梁支承的悬臂梁,忽略桩基础的有利作用。不过,一般的端墙体量较大,结构应力较小,一般按构造配筋即可。

10.5.3 桩基础计算

半整体式桥台和延伸桥面板桥台,较少采用桩基础,若采用桩基础,其计算方法与常规的有缝桥桥台桩基础相似。以下主要介绍整体式桥台桩基础的计算。

对现浇混凝土或者拼装预应力板梁桥,在桩数尽可能少的前提下,桩距应能保证桩基础提供足够的抗弯能力。

桩长一般由基岩上端承载力来确定。当基岩深度或持力层深度大于等于5m或工程冲刷深度使得埋置深度减少且不少于5m时使用整体式桥台的"简化设计方法"是合适的。深度小于该值时,应进行更细的分析。

美国佛蒙特州要求,在整体式桥台桥梁桩的设计和验证时,必须遵照下面的步骤:

(1) 从上部结构和下部结构的设计中确定基础位移(δ)和荷载效应(P_u和M_u);
(2) 如果存在的话,确定冲刷大小和液化敏感度;
(3) 确定是否需要考虑负摩擦力(下拽力);
(4) 选择桩初步尺寸与桩排列;
(5) 估计桩长(一般打到基岩);
(6) 确定桩的名义结构抗力P_n;
(7) 确定桩的结构抗弯能力;
(8) 应用L-Pile软件来确定桩的设计自由长度(l_b)和内弯矩;
(9) 确定桩的上部和下部区域的结构强度抗力系数(Φ_c和Φ_f);
(10) 确定桩的理论轴向抗力(R_n)(施加荷载P_u除以Φ_c);
(11) 对单根桩进行轴向和弯曲复合荷载效应的相互作用分析,确定外加到桩上的弯矩是否会引起桩头进入塑性变形;
(12) 分析单桩最大剪切荷载效应;
(13) 确定结构剪切抗力;
(14) 确定打桩验收方法;
(15) 确定岩土强度抗力系数(Φ_{mon});
(16) 确定打桩理论阻力,也称为单桩的岩土抗力;
(17) 应用L-Pile程序复核最终设计;
(18) 在施工图表上显示正确的桩数据。

对于桩帽设计,其最大受力是台背填料的被动土压力。除此之外,可能还存在活载和后续恒载引起的弯矩。桩帽应能抵抗被动土压力产生的剪力和被动土压力、活载、后续恒载产生的弯矩。按桩帽在纵梁之间作为连续梁的假设,设计水平钢筋以抵抗被动土压力。桥端区域的桥面板可能需要额外配筋以抵抗上述的荷载作用。

对于桩的使用限制或者承载力问题,美国各州结合AASHTO标准和各州在限制桩的横向挠曲的实践经验上,运用计算机程序或者其他方法计算桩的承载能力。桩的承载能力是基于桩的轴向承载力(AASHTO标准第4.5.7.3节或其他章节规定的$0.25f_y$)(41%的州采用),或者基于梁-柱分析和框架分析的轴向/弯曲复合承载能力(51%的州采用)。除了考虑上部结构因伸缩引起的挠曲变形外,有26%的州还考虑了因上部结构在水平面内转动产生的弯曲(如斜桥情况)效应(图10-17)。

除上述介绍外,当整体式桥台建在可能发生沉降的土环境中时,还应考虑其他影响,如桩的负摩擦力作用。若桥梁的斜交角小于20°,桩截面可以设计成只承受主弯矩,而不考虑双向受弯。但当斜交角大于20°时,设计桩时要考虑双向弯矩的作用。

无缝桥设计中,岩土报告应该指明土壤可为桩提供侧向支承的能力。设计师需要知道土壤是否可以为桩提供全高度的侧向支承而不至于发生屈曲。在缺乏岩土报告的情况下,如果桩体延伸穿越软弱岩土层,设计师应假定此桩像没有侧向支承的柱一样工作。

桩可分为两个主要区域。上部区域承受弯曲和轴向荷载,下部区域只承受轴向荷载,因为弯曲载荷已被上部区域完全抵抗。桩被桩周土完全支撑住。打桩时桩的上部区域很少遭到破坏,但下部区域有可能遭到一定程度的破坏,特别是当桩打到基岩层时。

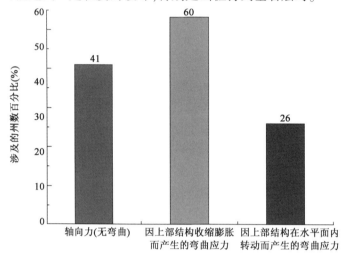

图 10-17 用来决定整体式桥台桩承载能力的力(荷载)

在桩的上部区域,桩与桩帽交界的那个截面可能会形成塑性铰。这是由于桩帽在温度荷载、恒载或活载或三者的组合作用下产生的水平运动或转动而引起的。塑性铰是设计柱子时可以采用的边界条件。设计带有塑性铰的桩时,假定桩与桩帽铰接,且承受恒载弯矩。同时,假定弯矩为零的第一个截面为铰接。这是第一桩段分析。第二桩段位于两零弯矩之间。设计时,控制轴向强度的桩段用来确定桩尺寸。

10.5.4 引板计算

无缝桥的引板,与有缝桥的桥台搭板一样,需要承受自重和车辆荷载的竖向力作用。除此之外,它与主梁相接,要将主梁未吸收的纵桥向变形传递到台后,并承担传递变形受到约束时的作用力。文献[231]以某多跨整体桥为对象,分别建立了考虑和不考虑引板(该文献称之为引道板)的计算模型,对结构受力性能进行了分析,主要结论有:

(1)随着温度的变化,引板与主梁一道发生往复变形。温度下降时,引板向桥跨方向运动;温度上升时,向台后方向运动。

(2)引板对边跨的跨端弯矩影响不大;而对边墩的墩顶弯矩影响较大。温度变化时,引板对主梁中墩的墩顶弯矩影响很小。

(3)引板对主梁的伸缩量影响很小。

(4)在温度荷载作用下,台桩结合处为应力集中区,应注意加强。当温度下降时,引板使桥台桩基的桩顶弯矩减小,而桩顶剪力增大;当温度上升时,引板使得桩顶剪力增大,而对桩顶弯矩影响较小。

(5)引板对结构的横向频率、竖向频率的影响较小,而土体对引板的约束作用使结构的纵向刚度增大,从而使结构的纵向基频明显增大。此外,引板的长度对结构基频的影响很小。

文献[232]对无缝桥的引板受力进行了分析。通过建立主梁 – 引板节点实体模型,对其受力进行计算,结果表明主梁传递至引板端部的水平力,对引板内力影响最大。由于它的影响,不能直接套用既有有缝桥梁引板的内力简化计算方法,来计算无缝桥引板的内力。在引板内力计算的简支梁法基础之上,提出针对无缝桥引板内力计算的简支梁修正法。该法通过两个引板长度修正系数 α 和 β,用来等效修正弹性地基对引板的弹性支撑作用和引板端部水平力对内力的影响,并提出综合修正系数 $\gamma = \alpha\beta$。

实际上,无缝桥的引板与有缝桥搭板的受力不同是正交的两个方向,因此可以采用叠加原理,在有缝桥搭板受力计算的基础上,加上纵桥向的受力和与主梁固结处的负弯矩(一般通过锯缝予以释放)。

10.5.5 正常使用极限状态验算

福建省地方标准 DBJ/T13—265—2017 和河北省地方标准 DB13/T 2482—2017 对无缝桥正常使用极限状态除按有缝桥计算外,提出了两个指标:

(1)引板设有枕梁时,引板末端伸缩位移量不宜超过 2.5cm;不设枕梁时,不宜超过 1.2cm。

(2)引板两端的沉降差不宜使引板形成大于 2‰ 的纵坡。

10.5.5.1 引板末端伸缩位移量

从前面的分析可知,整体桥的主梁与桥台连接在一起后,其纵桥向的变形(主要是温度变化引起的胀缩变形),一部分转化为梁体受附加轴力之后的伸缩变形,另一部分则通过引板传到引板与引道的接缝中,从这个意义上,整体桥实际上并没有彻底地取消伸缩缝,而是将其从主梁与桥台相接处,在减少了伸缩量(一部分转成了主梁和引板本身的受力变形)后,转移到了引板与道路相接处。

对于半整体桥来说,除了与整体桥一样有台后引板与道路相接的缝外,主梁与桥台处一般还有一道缝或是可转动变形的铰,因此实际上比有缝桥还多了一道缝,传到引板与引道接缝中的变形比整体桥更小些。

对于延伸桥面板桥,主梁基本上不吸纳温度变形,温度变形基本上是从有缝桥的伸缩缝处转移到了引板与道路接缝处。

总之,无伸缩缝桥梁主梁的伸缩量有相当一部分或全部由梁体末端引到引板的末端。引板的末端伸缩量如果太大,易产生病害,所以宜加以限制。具体的限制值,不同的标准或指南的规定不尽相同。英国规范规定从施工时设置的约束位置算起,整体式桥梁发生的纵向位移要限制在 ±20mm(理论上 120 年一遇)。美国佛蒙特州规定每个桥台允许的总位移为 5.08cm(2in)。对于最大桥长限值为 100.6m(330ft)的钢桥,在极端温差下,每个桥台的总位移是 3.94cm(1.55in)。对于最大桥长限值为 179.8m(590ft)的混凝土桥,在极端温差下,每个桥台的总位移是 4.85cm(1.91in)。另外,桥台还要能适应由收缩徐变产生的额外位移。台背要求用颗粒状材料回填,桥台引板(或称引道搭板)直接搁在桥台上。美国弗吉尼亚交通部提出因温度膨胀和伸缩引起的桥台最大容许位移为 3.81cm(1.5in)。美国加州规定整体桥的引板与枕梁间伸缩缝处的位移不应超过 2.54mm(1in);如果没用枕梁,则此连接处位移不应超过 1.27mm(1/2in);连接处位移的计算应包括温度、徐变和长期预压应力产生的影响。

福建省地方标准参照了美国加州的规定。以桥长总长为 150m 计算(一半为 75m),不考虑梁体本身吸收的变形,取混凝土热膨胀系数 1.0×10^{-5},一侧的变形达到 2.50cm 时,反算其温度变化值为 33.3℃,这个温度范围大致在福建省的温度变化范围内,因此,本条文的规定与 1.0.4 条的无缝桥长度限值规定相适应。

10.5.5.2 引板沉降差

引板的沉降及引板与引板、引板与道路相接处的开裂,是无伸缩缝桥梁的主要病害之一,因此福建省地方标准中对引板的相对沉降提出控制要求。控制要求参照桥梁通规 6.1.3"相邻墩台间的均匀沉降差不应使桥面形成大于 2‰(千分之二)的纵坡"制定。按照此规定,对于 8m 的引板,假设桥台一端的位移为零,另一侧宜小于 1.6cm。

10.6 计 算 实 例

10.6.1 加拿大驼鹿溪整体桥

这座桥梁的设计依据是加拿大第一版公路桥梁设计规范(CAN/CSA-S6-00)。它的设计采用规范中的简化分析方法——将桥梁简化为二维框架来完成初步设计。使用简化的方法较难精确地分析使用阶段活载分布,因此采用了三维有限元模型分析其复杂受力行为。有限元分析采用 MIDAS/CIVIL 程序,用具有面内受力和弯曲效应的四边形板单元来模拟桥面板和桥台。板单元的四个角节点有三个平动自由度和三个转动自由度。三维梁单元用在 CPCI1200 梁断面和 H 型钢桩上,见图 10-18。

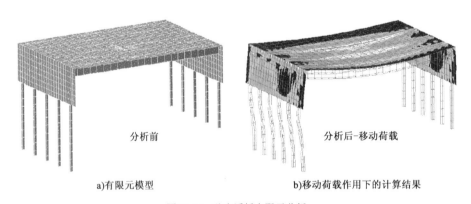

a)有限元模型　　　　　　　　b)移动荷载作用下的计算结果

图 10-18　驼鹿溪桥有限元分析

10.6.2 英国北肖顿整体桥

英国诺森伯兰郡委员会技术服务咨询公司用 LUSAS 桥梁设计软件,对位于 A1 主干线上的北肖顿(North Shotton)跨线桥(距离诺森伯兰的南莫佩斯 5 英里,英国第一批整体桥)进行了建模、分析和设计。设计依据是 BA&BD57 英国桥梁设计标准。两跨连续梁支承在一个由 H 型钢桩支承的桥墩上,见图 10-19。上部结构由 4 根钢板梁和钢筋混凝土桥面板组合而成。

桥台台身为钢筋混凝土结构,基础为钢桩基础。纵梁与桥台整体浇筑,共同传递桥面到桩的端弯矩。桥面温度变形由桩-桩周土之间的土-结构相互作用吸纳,并通过桩绕弱轴的弯曲变形来实现。

a)北肖顿桥照片　　　　　　　　　b)有限元模型

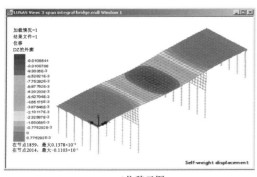
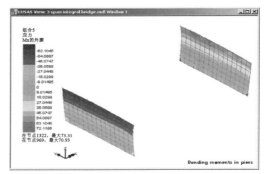

c)位移云图　　　　　　　　　d)应力云图

图10-19　英国北肖顿整体桥设计计算

该桥的整体分析采用LUSAS桥梁软件进行。LUSAS软件对整体桥的建模和分析,有以下几种模型可供选择:

(1)2D梁模型,温克尔弹簧模拟水平土连续介质;

(2)2D连续体模型(平面应变),分期施工和非线性材料(排水和不排水土情况);

(3)3D梁模型,温克尔弹簧模拟水平土连续介质;

(4)3D壳和梁模型,温克尔弹簧模拟水平土连续介质;

(5)3D壳模型,3D(体积)连续体模拟土;

(6)全3D分析模型。

LUSAS桥梁软件的独特之处是能够在一个模型中精确地分析桩和桥结构的土-结构相互作用,并提供功能强大的计算结果处理能力,如图像化和结果提取。整体式桥梁在荷载分布计算上提出了一个挑战,因为桥面、墩、台、路堤和土必须考虑为一个整体的力学性能相协调的系统。因此,手工计算已变得十分的困难,计算机软件的应用已成必然。

北肖顿桥采用LUSAS桥梁软件的分析,包括由H型钢桩引起的面内约束效应和面外弯曲效应,所建立的模型有264个模拟钢筋混凝土桥面板的壳单元,238个3D梁单元(模拟主梁,悬臂加劲边梁,桥台处横隔梁和 H 型钢桩基础)。模型的中间桥墩由竖向弹簧约束,土-结构的相互作用由沿着桩长度方向的水平弹簧约束模拟(假设桩固结在桩底)。为了简化分析,LUSAS 桥梁软件允许将模拟土-结构相互作用的弹簧支承定义为每单位面积的力的大小。然后,这些力将自动组合成某表面积上的等效弹簧,并施加到模型中。图 10-19 给出了该桥的照片与部分计算结果。

10.6.3 印度 Kalkaji 整体桥

印度 Kalkaji 整体桥,是一座立交桥,长 190m,上部结构为 7 跨(25m + 25m + 30m + 40m + 30m + 25m + 25m)连续梁,如图 10-20 所示。上部结构为钢筋混凝土空心板梁(1.70m 高,在 40m 主跨的桥墩支承处加腋到 2.20m 高),并与桥墩浇筑成整体。按印度的最新抗震规范,此桥按 IV 级抗震区进行抗震设计。

图 10-20 印度 Kalkaiji 整体桥

图 10-21 给出了该桥有限元模型,模型的参数见表 10-2。图 10-22 给出了各种荷载效应计算结果。

图 10-21 印度 Kalkaiji 整体桥有限元模型

印度 Kalkaji 整体桥计算参数 表 10-2

K_V	对温度、收缩和差异沉降	对其他作用
K_h——水平向弹簧系数	14993t/m	17699t/m
K_V——竖向弹簧系数	92160t/m	156500t/m
K_m——转动弹簧系数	13316t·m/℃	18939t·m/℃
E_c——弹性模量	1.675×10^6 t/m^2	3.35×10^6 t/m^2
I_{cr}——开裂惯性矩	0.7Igm^4	—
I_g——总惯性矩	—	0.7Igm^4

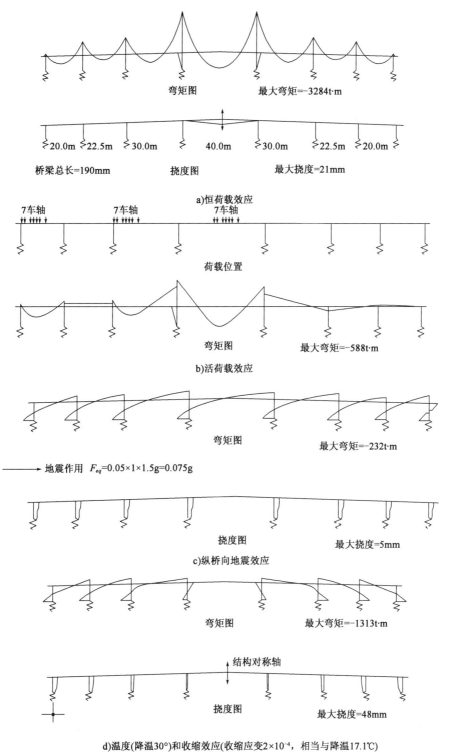

图 10-22

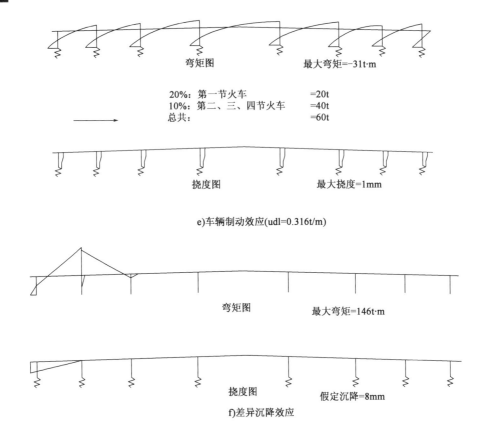

图 10-22 印度 Kalkaiji 计算结果

10.6.4　印度新德里 GT 路立交桥

城市立交桥穿越主干道、铁路或河流,受地形和线路的限制,常常需要建造弯、陡坡和斜桥,给计算分析和施工带来困难。印度新德里市 GT 路立交桥就是这样一座复杂的立交桥,它长 117m,为 6 跨曲线桥,且墩台斜交角度大(斜交角从桥的一端的 72°到另一端的 60°),桥位处地基持力层性能差异很大,导致桩基长度参差不齐。为了提高其整体性、抗地震能力、平衡施加在两个桥台上的土压力以及防止边跨上部结构的上翘,采用了整体桥方案:主梁与墩台整体浇筑,墩台上没有任何支座和伸缩缝,只在桥的两端设置变形缝。

设计条件为:
(1)温度变化幅度:35°C;
(2)收缩:等效于 15°C 温降;
(3)基于开裂弯矩的梁的弯曲刚度折减系数为 0.7;
(4)混凝土模量为 $0.5E_{ci}$(E_{ci} 为初始弹性模量);
(5)通过土-结构相互作用来考虑基础处柔度的影响。

图 10-23 显示了此桥的成桥外形、平面布置和有限元分析模型。分析时没有假定墩台根

部为固端,而是将桩和地下的桩周土一起进行分析。土抗力采用具有一定刚度的弹簧来模拟,徐变、收缩和温变等对整体桥受力十分重要的因素都被合理地考虑进去。另外,纵桥向的地震力和台后土压力可以传递到整座桥的各个构件上。这一高次超静定结构比起常规带支座和伸缩缝的桥梁来,可以提高抗地震能力。带刻痕的桥台和翼墙表面,与圆形的墩柱,取得了较好的视觉效果。

a) 建成的GT路立交桥

b) 施工中的桥墩

c) 全桥平面布置图(尺寸单位:mm)

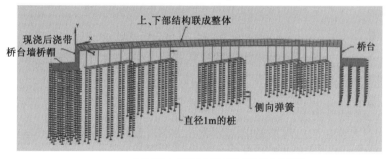

d) 考虑桩上相互作用的有限元计算分析模型

图 10-23 印度新德里 GT 路立交桥

10.6.5 福建漳州十里桥无缝化改造

福建漳州十里桥建于1995年,为钢筋混凝土空心板梁桥,每跨16m,共6跨,结构简支、桥面连续。在实际运营过程中,桥台伸缩装置与墩顶桥面连续处病害严重,且屡修屡坏,为此,进行了无缝化改造,详见7.4.4的介绍。这里介绍其无缝化改造的设计计算。

10.6.5.1 有限元模型与实桥静动载试验简介

采用 MIDAS 软件建立了该桥改造前、后的有限元空间梁格模型。改造前的上部结构为简支板,改造后的上部结构为连续板并考虑底部钢板及纤维板加固效应。

结构材性根据检测报告选取,主梁混凝土为 C50。每跨有 11 片主梁,每片主梁有 20 个单元,整座桥共有 1320 个主梁单元。采用虚拟横梁连接主梁并释放虚拟横梁梁端约束。主梁边界条件采用弹性连接中的一般类型模拟橡胶支座,支座底部采用一般支撑的固结。

该桥在无缝化改造前、后都进行了环境脉动和无障碍行车试验。行车试验用一辆约 350kN 的载重汽车分别以 20、30、40、50km/h 的车速匀速行驶。测试中采用 DH610 高精度超低频加速度传感器进行测量,用 D-P 低频加速度传感器作校核。主梁动应变测试位置选择在跨中截面,试验中由动态数据采集仪器(DH5922)测试测点变位在时域中的变化,并根据应力影响线和动应变时程曲线波动来计算应变动态效应增大系数。

该桥在改造后进行了静载测试,静载试验荷载采用载重汽车进行等效加载。改造前因交通繁忙没有进行静载试验。

根据规程(JTG/T J21—2011)要求,相应的加载车辆的数量及位置应使该检验项目的荷载效率系数 η 满足:$0.95 \leqslant \eta \leqslant 1.05$。试验前计算了各控制截面的内力影响线,根据影响线进行静力加载。加载采用两级加载,单车总重正负误差不超过 10kN,加载车型如图 10-24 所示。相应的加载车辆的数量、加载位置和荷载效率系数见表 10-3 所示。

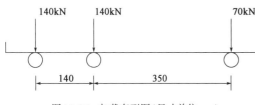

图 10-24 加载车型图(尺寸单位:cm)

试验工况及加载效率   表 10-3

工 况 名 称	车辆中轴作用位置	车 辆 数 量	荷 载 效 率
工况Ⅰ(对称加载)	距 2 号墩 8m	2	0.98
工况Ⅱ(偏心加载)	距 2 号墩 8m	2	0.99
工况Ⅲ(对称加载)	距 1 号墩 8m	2	1.04
工况Ⅳ(偏心加载)	距 1 号墩 8m	2	1.03
工况Ⅴ(对称加载)	距 1 号墩 7m	2	1.02

10.6.5.2 实测结果分析

动载试验测得无缝化改造前该桥的基频为 5.37Hz,无缝化后基频为 8.60Hz,两者比值为 1.60,表明通过无缝化改造,桥梁的整体刚度有了很大的提高。

四种车速下实测冲击系数分别为 1.06,1.11,1.08,1.01,均远小于按照规范计算的 1.36,说明结构行车条件较好。

无缝化改造后的有限元计算基频为 8.48Hz,实测基频与有限元计算基频之比约为 1.01,说明无缝化改造后桥梁自振特性较好,同时也说明该有限元模型较为准确,可以用来分析该桥的受力性能。

静载挠度测点布置在第 1 跨跨中断面和第 2 跨跨中断面,按行车方向在桥面左右边缘各设置 1 个挠度测点。各工况挠度实测值、有限元值及其校验系数详见表 10-4。

各工况挠度校验系数　　　　　　　　　　　表10-4

工　况	测 试 位 置	实测值① (mm)	有限元值② (mm)	校验系数 ①/②
工况Ⅰ	左	-0.68	-1.07	0.63
	右	-0.75	-1.09	0.68
工况Ⅱ	左	-0.53	-0.83	0.63
	右	-0.95	-1.47	0.64
工况Ⅲ	左	-0.9	-1.39	0.65
	右	-0.93	-1.41	0.66
工况Ⅳ	左	-0.75	-1.14	0.66
	右	-1.15	-1.89	0.61

由表10-4中数据可见,各工况的实测挠度值均小于相应的有限元值。各工况下的测点挠度校验系数都在0.6~0.7之间,表明桥梁刚度得到提高,结构实际状况好于理论计算状况。

应变测试共设置S_1、S_2和S_3三个断面,其测试截面见图10-25。应变测点在空心板底部布设,横向布置的多个应变测点可以测得应变沿板底宽度方向的分布规律。各工况下控制截面测点应变实测值与有限元值见图10-26~图10-28。

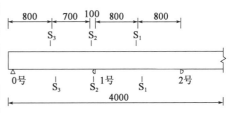

图10-25　测试断面图(单位:cm)

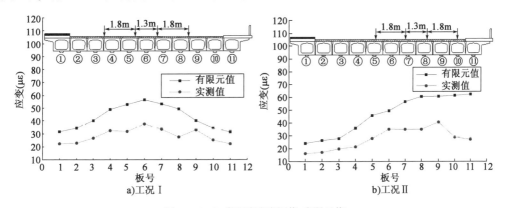

a)工况Ⅰ　　　　　　　　　b)工况Ⅱ

图10-26　S_1断面应变实测值、有限元值

从图10-26~10-28可知,有限元计算结果与实测应变规律基本一致,进一步表明有限元模型能反映结构的受力情况。实测值与有限元计算值之比(应变校验系数)在0.45至0.75之间,小于1,表明结构刚度较好,有限元计算结果偏于安全,能用于实际桥梁的受力分析。对比图10-26、图10-27可知,在相同荷载形式作用下,第1跨应变值均比第2跨的大,符合一般等跨连续梁的受力特性。顺便指出,实测中10、11号板应变计出现损坏,导致图10-26b)中相应的应变值与有限元计算结果规律不符。

10.6.5.3　结构受力一般性计算分析

由上一节的分析可知,有限元静、动力计算结果与实测值吻合较好,且偏于保守,可以用于无缝化改造后空心板桥的受力性能分析。

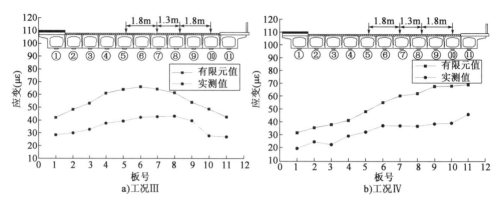

图 10-27 S_3 断面应变实测值、有限元值

分析时,桥梁所受的荷载组合为:1.2 恒载 +1.4 汽车荷载 +1.12 人群荷载,其中汽车荷载为一级车道荷载,恒载计算考虑了一期恒载(主板自重)和二期恒载(桥面铺装重)。

(1)空心板结构内力

由表 10-5 可以看出,无缝化改造后降低了各跨跨中截面的弯矩值,其中,第 1 跨跨中降低了 23.6%,第 2 跨跨中降低 31.1%。无缝化改造使结构从简支转化连续,有效地降低了正弯矩,进一步分析可知,正弯矩的分布范围也缩短。对于本桥,一方面可以缓解空心板正弯矩受力,另一方面,可以减小截面上加固材料的用量和全跨加固的范围。

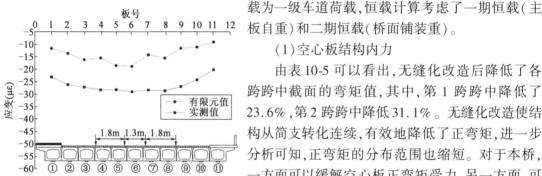

图 10-28 工况 V 时 S_2 断面应变实测值、有限元值

无缝化改造前、后最不利弯矩(kN·m)　　　　表 10-5

项目	第 1 跨跨中	1 号 墩	第 2 跨跨中	2 号 墩
无缝化改造前①	1066.1	—	1066.1	—
无缝化改造后②	813.6	-425.2	733.7	-348.9
减小比例 ①-②/①	23.6%	—	31.1%	—

注:"—"表示为0值或无意义。

简支转连续后,内支座处的负弯矩从零增大到一定值,1 号墩处为 -425.2kN·m,2 号墩处为 -348.9kN·m。因此,简支转连续后内支点处需要进行抵抗负弯矩的结构设计与计算。

无缝化改造后主梁支点截面的剪力值在 0 号台处减小,减幅为 2.8%,各桥墩(内支座处)处剪力增加,最大增幅为 8.8%,见表 10-6。

无缝化改造前、后最不利剪力(kN)　　　　表 10-6

项目	0 号 台	1 号 墩	2 号 墩
无缝化改造前①	340.5	340.5	340.5
无缝化改造后②	330.9	370.5	355.5
减小比例 ①-②/①	2.8%	-8.8%	-4.4%

因此,在进行无缝化改造时须进行支点截面的抗剪承载力验算,如不满足要求,则需对支点截面进行加固补强。

(2)极限承载力验算

桥梁在无缝化改造前、后进行了检测,根据桥梁的表观缺损状况、材质强度和桥梁结构的自振频率以及材料风化、碳化、物理与化学损伤等检测指标的评定结果,根据规程(JTG/T J21—2011)有关规定对桥梁承载能力极限状态进行评定,各项修正系数见表10-7。

修 正 系 数   表10-7

项 目	承载能力检算系数 Z_1	承载能力恶化系数 ξ_e	截面折减系数 ξ_c	钢筋截面折减系数 ξ_s	活载影响修正系数 ξ_q
无缝化改造前	1.02	0.08	0.93	0.95	1.06
无缝化改造后	1.05	0.07	0.96	0.96	1.06

原有桥面铺装板具有较多裂缝,因此,无缝化改造前承载能力计算不考虑桥面铺装参与作用。无缝化改造时,清除原铺装层,重新进行10cm桥面铺装,主梁伸出的箍筋能使桥面铺装参与受力,偏保守地取5cm厚的桥面铺装参与作用。加固前为简支结构,内支座处不承担负弯矩,结构也无负弯矩承载能力;加固后,墩顶负弯矩按7.4.4节介绍的改造方案进行计算。考虑表5的各项修正系数后,主梁的极限承载力见表10-8。

极 限 承 载 力   表10-8

项 目	跨中弯矩(kN·m)	墩顶弯矩(kN·m)	墩顶剪力(kN)
无缝化改造前	892.7	—	369.4
无缝化改造后	1257.9	-1093.9	856.9

由表10-8知,无缝化改造前的跨中极限承载力为892.7kN·m,如果仅对简支板进行碳纤维板加固,可计算得加固后的第1跨跨中截面极限承载力为1136.5kN·m。将表10-5的计算结果1066.1kN·m,乘以表10-7的活载影响修正系数1.06,得其设计弯矩值为1130.1kN·m,略小于跨中截面极限承载力为1136.5kN·m,满足设计要求,但安全贮备较小。

若将简支板改为连续板,由表10-5可知,第1跨跨中正弯矩降为813.6kN·m,即使不用碳纤维板加固,它也小于原结构跨中极限承载力892.7kN·m,能满足受力要求。若采用碳纤维板加固,跨中截面极限承载力提高到1130.1kN·m,远大于设计弯矩值813.6kN·m,结构有较大的安全储备。

同时,简支板改为连续板后,板所受正弯矩范围从原来的全长(15.6m),缩短到10.0m,加固用的碳纤维板长度取8.0m,减少了纤维板的用量,节约了造价。

无缝化改造后内支座处的最不利的设计负弯矩为425.2kN·m(在1号墩墩顶),小于其承载能力的绝对值1093.9kN·m;内支座处最不利的设计剪力为370.5kN(在1号墩处),小于其承载能力值856.9kN·m;二者均满足设计要求,表明该桥的改造设计是合理的。

(3)变形计算

无缝化化改造后主梁挠度值比改造前明显减小。短期效应作用并考虑长期影响,改造前挠度值为18.0mm,改造后第1、2、3跨挠度值分别为12.9mm、11.4mm、11.5mm。第2跨挠度值减小最明显,最大减小了36.6%。显然无缝化改造后极大地提高了桥梁整体刚度。

10.6.5.4 几个特殊问题

(1)单、双排支座内力对比

该桥连续化改造采用双排支座,与新建连续板采用单排支座不同。对此进行了内力比较分析,计算结果见表10-9、表10-10。

单、双排支承最不利弯矩(kN·m)　　　表10-9

项　目	第1跨跨中	1　号　墩	第2跨跨中	2　号　墩
双排支座①	813.6	-425.2	733.7	-348.9
单排支座②	844.1	-431.5	769.1	-378.3
减小比例 ①-②/①	-3.7%	-1.5%	-4.8%	-8.4%

单、双排支承最不利剪力(kN)　　　表10-10

项　目	0　号　台	1　号　墩	2　号　墩
双排支座①	330.9	370.5	355.5
单排支座②	334.4	401.5	390.1
减小比例 ①-②/①	-1.1%	-8.3%	-9.7%

从表10-9、表10-10可以看出,单排支座的正、负弯矩和剪力均大于双排支座的对应内力,正弯矩、负弯矩和剪力的最大增幅分别为4.8%、8.4%和9.7%。支座的排数对结构的受力影响为1.1%~9.7%,不是很大,这与文献[167][237]的结论一致。由此可知,本桥改造时采用双排支座不仅是可行的,而且对结构受力是有利的。

(2)引板受力分析

无缝桥的引板一般为钢筋混凝土实心板,该桥引板采用了面板式。无缝桥引板近台端会受到弯矩、剪力及纵向力作用。弯矩、剪力由引板及主梁上作用的活载产生,纵向力由引板与基础间摩擦力引起。该桥引板宽9.0m,顺桥向长4.0m,引板底部与基础间铺设砂垫层,一端简支枕梁上,一端与主梁通过连接筋连接,如图10-29所示。

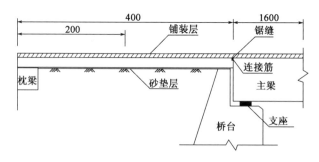

图10-29　引板布置(尺寸单位:cm)

引板近台端负弯矩主要由引板和第1跨主梁上作用的活载产生,其余跨主梁上活载引起的负弯矩较小,可忽略不计,因此,利用 ABAQUS 软件建立了引板和第 1 跨主梁模型。铺装层设计强度为 C50,铺装层与主梁和引板间通过 tie 连接,混凝土采用 C3D8R 实体单元,连接筋采用 Truss 单元。1 号墩处主梁对称约束(XSYMM),桥台及桥墩上支座弹性模量根据规范(JT/T 4—2004)计算,枕梁、引板下基础、桥台及桥墩底部全部固支约束。活载按规范(JTG D60—2004)取车辆荷载,横向布置 2 辆,并列偏心加载,使后轴作用在引板中部,车轮轴重按轮胎着地面积转化为均布压力作用在板上,如图 10-30,具体各计算参数见表 10-11。

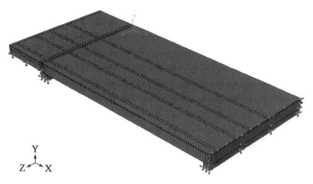

图 10-30 引板有限元模型

引板有限元计算参数 表 10-11

材 料	弹性模量($kN \cdot m^{-2}$)	泊 松 比	密度($kg \cdot m^{-3}$)
主梁混凝土	3.4×10^7	0.2	2500
引板混凝土	3.0×10^7	0.2	2500
连接筋	2.0×10^8	0.2	7800
引板基础	1.0×10^5	0.35	1800

为研究引板与空心板端节点受力变化规律,在上述车辆荷载的作用同时,考虑引板底部摩擦作用。根据规范(JTG D40—2011),摩擦系数取值范围 0.5~4.0。在摩擦系数的影响下,近台端铺装层和引板在 Ⅱ-Ⅱ 截面的内力如图 10-31、图 10-32 所示,引板、铺装层和连接筋最大应力如图 10-33 所示。

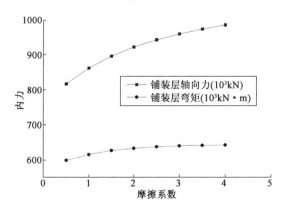

图 10-31 摩擦系数与铺装层 Ⅱ-Ⅱ 截面内力之间关系

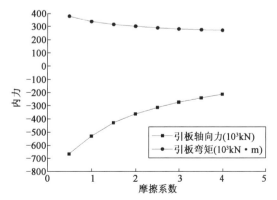

图 10-32 摩擦系数与引板 Ⅱ-Ⅱ 截面内力之间关系

从图10-31中可以看出,铺装层Ⅱ-Ⅱ截面处轴向力及弯矩值随着摩擦系数增大而增加,从图10-32可以看出,引板Ⅱ-Ⅱ截面处轴向力为压力,随着摩擦系数的增大,压力值逐渐减小,而弯矩增加,但增量较小。说明摩擦系数的增大会进一步增加铺装层的轴向拉力,对铺装层受力不利。

从图10-33可以看出,随着摩擦系数的增大,连接筋Ⅱ-Ⅱ截面处最大拉应力逐渐增加,由于钢筋强度较高,可以忽略其应力的改变。对于铺装层Ⅱ-Ⅱ截面和引板Ⅰ-Ⅰ截面处混凝土最大拉应力逐渐增加,但都小于其抗拉强度设计值1.83MPa和1.39MPa。根据文献[130],本桥取摩擦系数为0.5,则引板和铺装层最大拉应力为0.87MPa、1.25MPa,小于各自抗拉强度设计值1.39MPa和1.83MPa,说明该桥引板及铺装层强度满足设计要求。

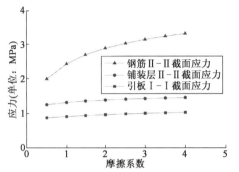

图10-33 连接筋应力、引板与铺装层混凝土最大拉应力

第11章　无缝桥研究专题

本章是全书的最后一章,将在前面各章的基础上,对无缝桥中研究的最新进展作一介绍和展望,如无缝桥的抗震问题、台后引板的变形、极限长度等。最后,提出今后的研究方向。

11.1　无缝桥的纵桥向变形

无缝桥梁结构设计与有缝桥的最大不同在于纵桥向变形对结构受力的影响。有缝桥的伸缩量计算误差仅为变形量的误差,可以通过预留伸缩量来调节。对于整体桥和半整体桥来说,梁体一个极其细微的纵桥向的变化都将影响整个桥台乃至台后土体的受力;而桥台、台后填土也将限制梁体的胀缩变形,并在梁体中引起纵向力,因此准确计算出具体的变形量,确定最大允许变形量,是非常必要的。

11.1.1　截面平均温差变形

在纵桥向变形影响因素中,温度变化是最主要的因素。由第10.2.2节可知,影响温度伸缩量的三个因素中,长度是基本确定的。材料的热膨胀系数 α_c 在一般的计算中可按设计规范取用,然而实际上它并不是一个定值,对于混凝土材料来说,它与混凝土中所用的骨料种类、含量和混凝土配合比等有关,其热膨胀系数是 $8 \sim 12 \times 10^{-6}$,平均热膨胀系数为 10×10^{-6}。我国现有设计规范中给出了平均值,它的计算结果对有缝桥影响不大,但对于无缝桥要准确计算纵桥向温度变形量,需要取用合适的材料热膨胀系数,这有待今后的研究。

影响胀缩量计算的另一个主要因素是截面平均温度变化值(截面平均温差)。它与环境温度、日照等外部因素有关,也与结构的材料、形状、尺寸等因素有关。截面温度计算的热传导理论及其数值算法(有限元或有限差分法)已相当成熟,截面平均温差计算在研究上已无难度,然而实际设计时进行这样的计算费时费力,并不现实。如何为设计师直接提供合适的温差值,则因各地环境温度、日照等外部因素和结构材料、形状、尺寸等变化多样,有着相当的难度。

有关截面平均温差的研究以往多集中在超静定拱等结构中,它与无缝桥中常用的梁桥的截面、材料等有所不同,研究成果无法直接应用。在梁桥中,以往温度的研究主要集中在截面非线性温差上。对于截面平均温差,因其主要用于伸缩缝宽度计算,对精度要求低,所以研究极少。美国的一份报告指出,密歇根州和俄克拉荷马州发现温度位移比计算值小,现有的温度变形计算方法过于保守,并不能反映真实情况。Wooseok Kim 对4座混凝土整体桥进行长达7年的温度监测,期间所观测到的环境温度变化范围为 $-22.1℃ \sim 35.1℃$,降温和升温分别为 $-42.1℃$ 和 $15.1℃$,并计算出 7d 平均温度(接近于混凝土温度)最高温和最低温取值分别为 $-11.7℃$ 和 $25.6℃$,而 AASHTO LRFD(2010)中规定的降温和升温分别为 $-24.4℃$ 和

25.6℃,过于保守。

美国许多州对无缝桥的截面平均温差开展了研究,成果直接反映在各州交通部的无缝桥设计指南中。在许多研究和实践中,对温度变化范围的取用不尽相同。Dicleli M 取 AASHTO 提供的参考值,Tlustochowicz 等取 ±37.5℃,Shah B.R 取 ±21℃,Emre Kalayci 取 −11℃~25℃,Zordan Tobia 等取 ±40℃;马旭涛取 ±20℃,金晓勤取 ±25℃,彭大文、陈玲芳、梁才等均取 ±30℃。各地不同结构的截面平均温差值显然不可能相同,开展该方面的研究属极其重要的基础性研究。然而因其创新性有限,较少能以论文的形式发表,在我国更是难以得到相关的研究经费,因此相关研究很少。为获取我国的气象资料,需要向有关部门支付较大的费用,只能靠实地测量,故此现象严重限制了数值计算研究方法的应用。

吴俊杰通过实验测得混凝土 T 形截面在温度作用下的位移变形量,运用数学统计方法,对环境温度与梁的温度变形量之间的关系进行回归分析,偏保守地获得温度滞后系数 0.666。然而,该研究数据来源仅为一片 T 梁在福州地区的情况,是否可以推广应用,还有待更多研究的验证。

刘杨对二座小箱梁、一座空心板无缝桥进行了主梁截面温度场、主梁端部(因温度变化引起的)胀缩变形数据和当地气象数据的实测,建立了有限元计算模型,将福建省划分为四个区域进行了参数分析,提出了简化计算方法,为制定福建省无缝桥技术规程(已在征求意见)提供了技术支撑。然而,上述研究截面形式和地域均有限,还不能适应我国无缝桥的发展。而我国现行的公路桥规 JTG D60—2015 按钢桥面板钢桥、混凝土桥面板钢桥、混凝土和石桥三个分类,给出在严寒地区、寒冷地区和温热地区的最高和最低有效温度标准值,对于整体桥来说,显然过于粗糙。因此,深入系统的研究是非常必要的,在强调创新研究的同时,我国还应补上许多基础性的研究。

11.1.2 收缩与徐变变形

我国的中小桥梁以混凝土结构为主,已建的无缝桥中除一座组合梁外,也全部是混凝土桥。对于混凝土桥,上部结构的纵桥向变形要考虑混凝土的收缩变形。混凝土的收缩、徐变受许多因素的影响,如混凝土的水灰比、坍落度、空气含量、水泥品种、混凝土中细骨料的比例、构件厚度、温度、相对湿度、混凝土加载龄期、持荷时间和混凝土强度等。尽管对此已开展了大量的研究,但迄今还没有公认的、准确的计算公式。我国现行公路混凝土桥规 JTG D3362—2018 采用的是 CEB-FIP Model Code 90(MC90)模型,目前该模型已更新为 FIB Mode Code 2010 (MC2010)。在无缝桥中是否采用新模型,以及如果采用其他模型如 B3、B4、ACI 等,是否计算结果更为精确,这些也都需要在今后进行深入的研究。

对于整体桥,预应力混凝土梁要考虑预应力引起的徐变变形,钢筋混凝土梁也要考虑收缩与温度变形附加内力作用下的徐变问题。除了徐变变形计算模型需要研究外,徐变对收缩与温差次内力的相互作用问题,也需要研究。公路桥规 JTG D60—2015 规定计算混凝土圬工拱圈收缩作用效应时,如考虑徐变影响,作用效应可乘以折减系数 0.45;文献研究表明,对于钢管混凝土拱,此系数为 0.66。混凝土整体桥实测的温度变形值小于预测值,除了截面温度计算可能存在的误差外,徐变的作用可能是另一原因。因此,在混凝土整体桥中,在计算收缩、温差作用效应时,是否要考虑徐变的影响,如要考虑,折减系数应是多少,这也有待进一步的研究。

11.2　无缝桥的台后土压力

我国现行公路桥涵规范 JTG D63—2007 中,台后土压力计算只给出主动土压力的计算公式。对于有伸缩缝的梁桥桥台,台后土压力考虑的是桥台向跨中运动时的土压力,即主动土压力;对于拱桥桥台,它存在着向路堤方向运动的情况,但规范仍然规定采用主动土压力计算。规范第 4.4.2 条的条文说明中指出,内摩擦角为 30°时,被动土压力约为主动土压力的 9 倍。只有土体向台后产生很大的水平位移时,才能达到被动土压力计算值(土体向后滑动出现滑动面且达到平衡),而此时拱脚已产生极大的位移,拱结构可能已破坏。尽管某些资料认为被动土压力可以乘以 0.3 的系数,但其值也为主动土压力的 2.7 倍,仍值得商榷。因此,规范采用主动土压力而不是被动土压力来计算拱桥桥台的台后土压力。

在整体桥和半整体桥中,温升时上部结构的伸长变形,将带动桥台向路堤方向产生转动或位移,显然不能按主动土压力计算,但它的变形又没有达到使台后土棱体出现滑动面那么大,所以直接用被动土压力计算又偏大。那么,应该如何计算整体桥的土压力?对此,国内外已开展了大量的研究。

Dicleli 保守地忽略了桥墩、桥台和桩基础对结构纵向位移的抵抗作用,假设台后土压力沿桥台高度按照三角形分布且完全传递到桥面板,推导得到了台后土压力系数 K 的计算公式。温度上升时 K 值在静止土压力系数与被动土压力系数之间,而温度下降时,桥台朝离开填土的方向偏移很小的距离,K 值就迅速降至主动土压力系数。Huntley 等对一座长 76m 的两跨连续整体桥进行现场监测的结果显示,夏季时台后土压力接近被动土压力,而冬季时接近主动土压力。于天来等计算表明,富裕工业园整体桥在升温 20℃时,台后土压力合力约为按 Rankine 理论计算的被动土压力的 1/6.2。Frosch 等现场监测发现桥梁收缩时在桥台和台后土之间会出现间隙,台后土压力会减小到接近于零。Huntley 等实桥监测的结果表明,传统的 Coulomb 和 Rankine 理论并不是预测整体桥台后土压力的合理方法,桥台上部的土压力实测值大于传统理论计算得到的被动土压力,而桥台中部和下部的实测值小于理论值。

实桥监测数据表明,随着季节性温度变化,桥台会逐渐发生不可逆位移,而台后土压力也会逐年增大。这是因为上部结构收缩时台后土随之运动并形成楔形滑块,而土是一种高度非线性材料,因此当上部结构伸长时,土体楔块无法恢复到原位置,从而对结构产生附加压力。Kirupakaran 等对一座长 64m、斜交角 10°的 3 跨整体桥进行了 40 个月、最大温差 35℃的现场监测。数据表明每年的温度循环后,桥台净位移会持续向内增加,而由于桥台的旋转,桥台顶部的土压力较大。Frosch 等的实桥监测数据表明,土体楔块和台后土压力的增长速率会逐年降低,大约 7 年后降至零,桥台往复运动的位移和台后土压力趋于稳定。Kim 等用 7 年时间对实桥进行监测的结果显示,随着时间的变化桥台产生了高度非线性和不可逆的位移;监测初期,桥台顶部和底部的台后土压力差异明显,但随着时间的推移,差异逐渐变小;监测的 4 座桥的台后土压力最终都达到了被动土压力。Huntley 等 3 年的实桥监测数据显示,随着年份的增加,该桥东部桥台的台后土压力峰值有小幅增大,但西部桥台的台后土压力峰值先增大后减小。Kirupakaran 等对比了不同学者的整体桥现场监测结果,发现不同桥梁结构的台后土压力大小、分布和变化趋势存在一定的差异。

徐明等利用水平小应变控制循环加载应力路径试验系统对不同密度的台后砂土进行研究，发现水平卸载时砂土很容易达到主动状态，而加载时随着循环次数的增加，颗粒咬合作用加强，砂土的切线刚度和机动摩擦角持续增大，导致水平土压力峰值持续增大，最终达到被动土压力。根据试验结果提出了一个能反映水平循环加载时砂土力学特性的本构模型，可用于长期温度作用下整体式桥台与土相互作用的数值分析。

Dicleli 等认为，升温时，高度小于 3m 的桥台的土压力分布可假定为三角形，而桥台高于 5m 时，随着深度的增大，土压力先增大后减小，可假定为抛物线形分布，如图 11-1 所示，其中 Δ/H = 桥台位移/桥台高度。研究发现压实回填土会增大台后土压力，而桥台厚度、基础土刚度、H 型钢桩截面尺寸和放置方向对台后土压力影响很小。

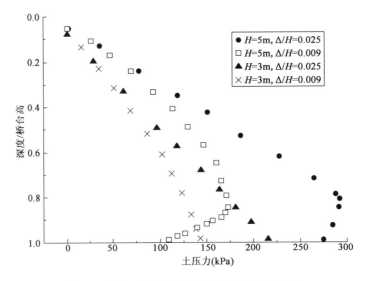

图 11-1　高 3m 和 5m 桥台在不同位移下台后土压力

尽管已进行了大量的研究，整体式桥台台后土压力的计算方法仍存在着较大的争议。美国 2004 年的调查表明，33% 的州采用被动土压力，18% 的州综合考虑被动和主动土压力，而 8% 的州只考虑主动土压力，26% 的州考虑其他压力的组合。由于各州土压力计算方法的多样性，这项调查没有给出采用何种计算方法更合理的结论或建议。

英国在整体式桥梁设计指南中，规定台后土压力作为永久荷载，在承载能力极限状态和正常使用极限状态下基本组合荷载分项系数分别取 1.5 和 1.0；台后土压力系数应乘以分项安全系数 γ_m：台后土压力对结构受力不利时，γ_m 取 1.0；对结构受力有利（如抵抗制动力等次要荷载）时，γ_m 取 0.5。由于我国在整体桥台后土压力方面的研究还不多，福建省地方标准制订时，台后土压力计算参考了英国指南的计算方法。今后，应加强这方面的研究。

11.3　纵桥向变形对主梁与桥台受力的影响

纵桥向的变形会在整体桥中产生作用效应，包括主梁的纵桥向拉压力、梁与桥台节点处的弯矩、桩基础的弯矩、台后土压力和桩周土抗力。

11.3.1 主梁

研究表明,桥长越长,温度变形越大。对于整体桥与半整体桥来说,其主梁轴力次内力也越大,然而跨中主梁正弯矩受其影响较小;压实台后填土会明显增加桥面板最大轴力和弯矩,而桩周土对桥面板的受力影响不大。桥台的柔度对上部结构与桥台节点处的温度内力影响较大。Zordan 等认为应采用柔度较大的桥台,否则过大的桥台节点刚度会导致主梁末端的弯矩过大。彭大文等认为桥台采用较小高度和顺桥向宽度对主梁受力有利。金晓勤认为应通过调整桥台和桩的刚度,允许上部结构的温度变形由柔性桥台和柔性桩共同承担,使上部结构(主梁)-桥台-桩基的刚度协调匹配,否则梁的刚度过大会导致台梁相交处的应力过于集中而出现裂缝,而桥台的刚度过大则会导致台桩相交处的应力集中。

相比常见的正交直线型整体桥,斜交型整体桥和曲线型整体桥的上部结构在温度作用下的反应更为复杂。Deng 等通过现场监测和数值模拟研究了在温度作用下斜交角和曲率对主梁受力的影响,研究表明随着斜交角的增加,内外侧主梁截面应力均减小;随着曲率的增加,外侧主梁截面应力增加而内侧主梁应力减小。斜交整体桥的施工过程会影响到主梁弯矩分布,并增大弯曲应力,应在设计时予以考虑。Hoffman 等对整体式桥台曲线梁桥的温度效应进行研究发现,温度作用对上部结构的影响比恒活荷载大,桥墩处主梁下翼缘的温度应力最大。Kalayci 等研究发现,随着曲率的增加,主梁的总轴力降低幅度很小,但内侧主梁承担轴力的比例增大,而外侧主梁开始出现拉力;曲率的增加会增大横桥向位移、桩的弯矩和翼墙所受土压力,而上部结构的弯曲应力和纵向位移会减小,从而减小纵向土压力和桩的弯矩;当曲率在 0°和 20°之间时,桥梁在不同曲率下的响应相差较小。

11.3.2 桥台

整体式桥台将上部结构、桥台和桩基础连接在一起,构造与受力复杂,其受力与构造细节是无缝桥研究的一个热点。

Huntley 等用 3 年时间对一座长 76m 的两跨整体桥进行监测,结果表明该桥台主要的运动模式为平动。Breña 等通过 3 年的实桥监测发现,温度作用下桥台平动和转动之间的关系复杂,并随时间而变化,当桥台的纵向位移达到一定数值后,桥台继续转动但桥台基础附近的位移不再继续增加。

Civjan 等对两座单跨整体桥进行了 30 个月的现场监测,发现桥台发生了明显的转动,桩顶最大位移只是桥台顶部位移的 1/3 到 1/2。Fennema 等对实桥的监测结果显示,上部结构的变形主要由桥台绕底部的转动来适应,而不是纵向平动。

Dicleli 等对温度作用下桥台内力的影响因素进行了研究。研究发现基础土体刚度增加时,桥台内力显著增大;桥台越高、填土密实度越大,桥台的弯矩和剪力越大;桥台厚度对桥台内力的影响可以忽略。桥台位移较小时,桩的尺寸对桥台内力影响不大,而桥台位移较大时,随着桩的尺寸的增大,桥台最大弯矩和剪力也变大。彭大文等的分析表明,对于矩形桩,桩的截面高度确定后,当桩长超过某一长度后,对桥台节点受力的影响很小;节点各截面的应力随桥台高度的增加而增加,因此在满足构造要求的情况下,宜采用较矮的桥台。

11.4 桥台桩基础受力与计算模型

11.4.1 桩基受力

Razmi 等研究了按正弦模型变化的昼夜和季节温差作用下桩的变形和受力情况。冬天时桩的变形随深度的增加单调减小,夏天时则先增大后减小。桩的最大侧向变形出现在冬天,因此应尽量避免在一年中最热的时候对整体桥进行无缝化施工。桩的变形中包含塑性变形,并随桥长增加而增大,可能会导致桩的屈服和低周循环疲劳破坏。LaFave 等认为,通过使用截面更大的 H 型钢桩并允许其发生塑性变形,可以扩大整体桥的应用范围,并对桩的塑性响应的合理限值进行了研究。

于天来等测试了富裕工业园整体桥成桥后一年内桥台桩的应力值。升温时,桩的应力曲线有两个反弯点,桩顶至第一个反弯点桩身受压,两个反弯点之间桩身受拉,第二个反弯点以下桩应力可忽略;降温时,桩顶至第一个反弯点桩身受拉,第一个反弯点以下桩应力可忽略。

桥台的位移和性质会对其基础的受力情况产生一定的影响。在温度作用下,土-桥台相互作用会产生竖向力,并传递到基础桩上,导致其轴向荷载随时间发生变化。Huntley 等对一座整体桥进行现场监测的结果显示,夏季时该桥的 H 型钢桩会受到较大的上拔力,而冬季时桩会受到下压力但较小;同时,可以假设土-桥台相互作用主要影响内部桩轴向荷载的变化,而翼墙和桥面板翘曲主要影响外部桩轴向荷载的变化。Breña 等通过实桥监测发现,桥台转动会对桩顶弯矩起到一定的释放作用。彭大文等研究发现桥台采用较大高度和较小顺桥向宽度对桩基础受力有利。

Razmi 等对桩的温度疲劳破坏进行了研究,首先通过整体模型判断出桩基础中较易产生疲劳破坏的区域,再对该区域建立精细的局部模型,确定温度疲劳裂缝的萌生位置及扩展路径和速率,进而确定桥梁在出现裂缝后的允许使用荷载并预测剩余使用年限。研究发现第一条疲劳裂缝可能会在桥梁建成后 10 年内在桩顶翼缘端部出现并向腹板扩展,但一般要几十年后才会使桩基础破坏。

11.4.2 桩基计算模型

由于受力的复杂性,有限元分析是整体桥受力计算的主要手段。对于弯、斜桥等空间受力结构,需要建立三维有限元模型,一般桥梁只需要二维模型。整体桥与一般有缝桥有限元模型相比,其主要特性也仍是纵桥向的受力,核心的问题是桥台-土和桩-土相互作用的模拟。目前,桥台-土相互作用的模拟方法主要有非线性弹簧、线性弹簧和主被动土压力(忽略位移变化对作用力大小的影响)等;桩-土相互作用的模拟方法主要有非线性弹簧、线性弹簧和等代桩长等。

Faraji 等提出应把台后土和桩侧土的作用都模拟为离散的土弹簧,并利用非线性 p-y 曲线来定义弹簧,以全面考虑土和结构的非线性相互作用。彭大文等提出,当上部结构的温度变形对桩基础产生作用时,土层对桩基础的作用力包括桩底支承力、桩侧摩阻力和侧向阻力三部分,因此可以在 Winkler 线性弹簧模型的基础上,将土模拟为 3 种弹簧:桩底点弹簧、桩侧竖向弹簧和侧向弹簧。该模型假定桩底支承应力和桩侧摩阻力与相应的竖向位移之间是理想弹塑性关系,而侧向土的刚度对分析结果影响较大,建议通过试验来确定侧向土的 p-y 关系。

Erhan 等深入研究了采用不同假设条件和简化程度的桥台-土和桩基-土模型对整体桥分析结果的影响,包括地基土的自由场效应、土体的辐射阻尼、桥台-土和桩基-土的非线性相互作用等。研究发现,模型的简化对墩柱及桥面板位移的计算结果影响较小,但对桥台位移、台后土压力分布及桩的位移和轴力的影响较大,且变化不定。地震强度较大时,简化模型无法充分体现出桥梁高度非线性的特点,精度分析所受到的影响更大。

在进行整体桥的分析时,传统的桥梁设计模型并不适用。在进行桥面板的设计时,传统模型一般采用二维连续梁的分析模型,以简单支撑代替桥墩和桥台,而忽略了此处结构的连续性;在进行桥面板-桥台节点的设计时,传统模型采用等代桩长的二维连续框架分析模型,虽然考虑了节点处的连续性,但以滑动支撑代替桥墩,并不是一个完整的框架模型,而且无法反映出作用在桥墩、桥台、翼墙和桩的侧向荷载的三维效应。同时,传统模型虽然考虑了温度作用,但忽略了温度变化和土压力之间的关系,保守地假设土压力为最大被动土压力。

金晓勤对传统模型进行了改进,提出了二维弹簧-框架计算模型。模型考虑了温度变化对台后土压力的影响,未考虑土和结构的非线性相互作用。降温时,台后土压力为按 Rankine 土压力理论计算的主动土压力,桩侧土作用按"m"法计算;升温时,台后土和桩侧土作用都按"m"法计算。于天来等建议采用 Broms 法计算升温时桥台背墙后填土的水平抗力系数。

Kim 等建立了非线性二维模型,模型中的台-土相互作用则依据 Rankine 土压力理论,按主动和被动土压力模拟;用集中质量模拟桩,用一个侧向非线性弹簧和转动弹簧模拟桩-土相互作用。Kim 等在参数研究的基础上,运用回归分析建立了整体桥响应的近似预测模型。

Dicleli 对传统二维连续梁模型和二维连续框架模型的不足之处进行了改进,并进一步提出三维弹簧—框架分析模型来更加真实地模拟整体桥的受力状态,但其中的弹簧并没有充分考虑土的非线性行为。

11.4.3 桩—土相互作用计算方法

整体桥在温度作用下梁体发生伸缩变形,带动桩的水平变形,而桩与土相互作用又反映到结构的受力中,它也是整体桥研究的热点和难点。第 10.4.1 节中介绍的八种计算方法,大体可分为三类:

(1) 极限地基反力法;
(2) 弹性地基反力法(如我国的"m"法);
(3) 非线性地基反力法(又称 p-y 曲线法)。

它们的特点与适用范围见表 11-1。

极限地基反力法主要针对刚性桩,不太适用于整体桥中的柔性桩。在我国公路桥梁中广泛应用的"m"法,假定地基土体为弹性体,适用于桩顶位移较小时而不适用于桩顶有较大变形的整体桥的桥台桩基。p-y 曲线法可考虑土体的非线性行为,被认为是整体桥桩基分析中较为适用的模型,因此开展了广泛的研究,美国许多州的整体桥设计指南也都推荐采用 p-y 曲线法。然而,p-y 曲线有许多种,除完全弹塑性的 p-y 曲线外,其余均为非线性的曲线。完全弹塑性 p-y 曲线假定桩侧土阻力在达到极限土抗力 p_u 之前,地基是按线弹性体变化的,当达到 p_u 以后,桩侧土阻力假定为定值。

桩-土相互作用计算方法特点与适用范围　　　　表 11-1

计算方法	特点与适用范围
极限地基反力法	基于土的极限静力平衡来求桩的水平承载力,假定桩为刚性,不考虑桩身变形,根据土体性质预设一种地基反力形式。有多种地基反力分布假定,如抛物线形和三角形等。在求解极限阻力的同时可求得桩中的最大弯矩。
弹性地基反力法（m 法）	假定桩埋置于各向同性半无限弹性体中,各向土为弹性体,用梁的弯曲理论来求桩的水平抗力。弹性理论法的不足是不能通过计算得出桩在地面以下的位移、转角、弯矩,土压力等值的确定也比较困难。
p-y 曲线法	沿桩深度方向将桩周土应力应变关系用一组曲线来表示,即 p-y 曲线。在某深度 z 处,桩的横向位移 y 与单位桩长土反力合力之间存在一定的对应关系。p-y 曲线法是一种比较理想的方法,配合数值解法,可以计算桩内力及位移,当桩身变形较大时,这种方法有较大的优越性。

本书作者在编制无缝桥福建省地方标准时采用上述几种方法计算了侧向土弹簧刚度,对一座整体桥的受力进行了分析。结果表明,上述方法计算结果不尽相同。当桩顶位移较小时,"m"法与 p-y 曲线相近。随着桩顶位移的增大,二者之间的差距也不断增大,"m"法的不合理性逐渐显现。然而由于我国对整体桥中桩土共同作用研究较少,所以福建省地方标准暂时采用了我国现行公路桥梁规范推荐的"m"法。我国已建成的整体桥的总长不长,最长的是福建永春上坂大桥,总长也仅 128.2m,采用"m"法的误差还不是很大。但若将其应用于更长的整体桥,"m"法的不合理性就会突显。因此,以整体桥为对象,开展其桩土共同作用的研究,提出计算方法,也是促进我国整体桥应用发展的关键技术研究内容之一。

11.5　无缝桥的抗震问题

桥梁的抗震问题,一直是工程界和学术界关注的焦点。虽然各国桥梁设计规范都有详细的抗震设计方法和要求,但每次地震仍有不少的桥梁失效和倒塌。我国是一个多地震国家,地震活动频繁,震级强。地震活动主要分布在西南、西北、华南和台湾海峡等地区,而这些地方的桥梁分布较多。无缝桥虽具有比有缝桥更好的抗震性能,但对其抗震方面的研究仍然是一个非常重要的课题。

11.5.1　整体桥抗震问题

整体桥具有较高的冗余度,可避免地震和洪水时落梁的发生,减轻或避免翼墙和支座的破坏。在高烈度地震活跃区,整体桥无疑是一种十分适用的桥型。然而,尽管如此,对具体的整体桥如何进行抗震计算,目前还少见研究报道,只能沿用一般桥梁抗震设计方法进行处理。究其原因是因为在整体桥的动力分析中,一直存在着一个关键问题尚未很好的解决,即如何处理土体与结构的相互作用问题,包括台与台后土、桩与桩周土以及可能的引板与路基和/或接线路面间的抗震作用。在桥台处,桥台变形取决于桥台、桩基和桥面板的相对刚度以及台后土与桩侧土的侧向刚度。反之,台后土的响应又与桥台变形有关。相应地,桩基的变形也取决于桩侧土对此变形的响应,而土体响应又是结构变形的非线性作用。在抗震分析中忽视土的非线性将带来不容忽视的误差，特别是对整体桥而言，由于其上部结构与桥台连成一体，土-结构之间的非线性相互作用对结构的影响变得巨大。

正是由于整体桥的下部结构和上部结构连成整体，因此与传统的有缝桥相比，其动力特性和抗震性能分析存在着差异。各国部分学者曾对此作了一些研究工作。整体桥的整体性好、冗余度高的优点在地震作用下也存在一定的不利因素。主梁和桥台连成整体后，结构刚度增大，周期减小，总地震剪力大于传统有缝桥且大部分由桥台桩基承担，因而桩基将承受更高的地震作用，是整体桥最薄弱的部位之一。尤其采用混凝土桩时，其刚度较大，抗水平力不高，变形能力相对较小，因此最易受损。对于横桥向来说，台后土基本无法发挥作用，同时整体桥一阶振型一般为横桥向，因而地震作用下更易发生桩基的横桥向破坏。

整体式桥台和台后土对于整个结构的抗震性能起着至关重要的作用。黄福云和庄一舟等分析指出，当某一时刻地震动沿纵桥向朝着桥梁一端运动时，只有该侧的台后土才起作用，且这种作用是被动的，不是通过构造设计有目的地让台后土耗能；而且实际上只有与桥台邻近的部分土体才能发挥作用，有必要对土体的参与量进行分析。石丽峰、徐明对整体式桥台的地震反应机理进行了分析，认为采用抗震规范的 M-O 方法来描述整体式桥台后的动土压力不合理，其预测结果过小，偏不安全。随着地震峰值加速度的增加，总台后土压力的作用点位置上升，桥台弯矩的最大值从桥台底部移动到中部附近。

Erhan 等对整体桥和传统桥梁在抗震性能方面的差别进行了比较。结果表明，由于桥台处构造的不同，整体桥在诸多方面都比传统桥梁的抗震性能更为优越，桩和桥墩的塑性转动、桥面板位移、桩的轴力、桥台平动和转动、墩柱侧移和支座位移都比较小。对于同一种桩型而言，较小的轴力使得桩基础的延性较好，而且由于桥台和上部结构连成整体，可以一同抵抗地震作用，使得传递到台后土的地震作用较小，台后土压力也较小。Itani 等分析表明，在整体桥中高达 72% 的纵向地震作用由桥台-土系统承担。在整体桥中约 80% 的横向地震作用由桩-土系统承担，墩柱受到的作用较小，而在传统桥梁中，几乎所有的横向地震作用都由墩柱承担，并导致墩柱在地震发生时破损严重。Itani 等发现主梁应伸入桥台足够的长度，才能确保主梁与桥台之间为刚性连接，并给出了最小伸入长度的计算程序。赵秋红等对一座两跨整体式桥台钢板梁桥进行非线性时程分析的结果表明，地震作用下，桩的最大挠度和弯矩均发生在桥台-桩相交处；桩周土刚度增大时，桩的最大挠度、桥台的最大位移减小，但桩的弯矩会增大。因此，应注意采取一些构造措施提高桩顶一定范围内桩的刚度和强度。

Spyrakos 和 Loannidis 等考虑土-结构的相互作用，对一座桥台采用扩大基础的单跨圆钢管主梁整体桥的抗震性能进行了分析。Mylonakis 等将整体桥简化为位于均匀土层上的单跨或多跨弹性框架，对一座多跨整体桥受空间不均匀地震激励作用的受力性能进行了分析。

整体桥与有伸缩缝桥梁的动力特性明显不同。研究表明，整体桥的基频比相应有伸缩缝桥梁的基频有明显的增加，振型出现次序也会发生变化。彭大文等人提出了一个土-结构的非线性相互作用模型，并对整体桥的动力特性进行了分析，研究了地震烈度、桥台和桩基础刚度对动力特性的影响；作者还通过对一座位于福建永春县的整体桥——上坂大桥做分析研究，对其在环境激励下的自振特性测试、不同行车速度下无障碍行车试验和边跨跨中跳车试验的试验结果进行分析，并与有限元的分析结果进行比较，得出以下主要结论：

（1）该桥的一阶振型为横桥向振型，顺桥向振型迟于横桥向振型出现，且其频率要比基频大得多;而对于设置伸缩装置的普通梁桥,其第一阶振型通常为顺桥向振型,因此与普通梁桥在地震时通常发生的落梁或桥墩剪切破坏现象不同的是:整体桥在地震时有可能先发生墩顶防震挡块的破坏,设计时应给予充分的重视;

(2)实桥的测试表明:整体桥具有较强的耗能能力,抗震性能较好。

黄福云和庄一舟等认为,虽然有缝桥的防震挡块作用明显,但除非整体桥的桩基被完全剪断,否则横向桩基变形很难达到使挡块起作用的要求。因此,整体桥的横桥向破坏机制仍需做进一步的探讨。赵秋红等研究发现,台后土密实度对整体桥的一阶横向和竖向频率的影响可忽略;压实台后填土将显著增大结构的一阶纵向频率,提高桩周土刚度也会增大一阶纵向频率但影响相对较小。

Goel 发现由于土和桥台的参与以及非线性土-结构相互作用的增强,结构阻尼比会明显大于 5%,且横向自振周期和阻尼比会随着地震强度的增大而增大,并给出了一阶横向振型阻尼比上下限值的经验公式。

美国加州认为,整体式桥台在地震时能有效地吸收能量并将能量耗散到邻近的填土中。当预估的加速度峰值大于等于 0.6g 而路堤高度大于等于 3.05m(10ft),或者当发生地震时预测地基土会发生严重密实化时,必须采用桩基础。单跨桥梁既可以采用桩基础又可以采用扩大基础。纵向地震抗力由台后部分填土(高度等于上部结构)的运动加上桥台后墙的抗剪能力来提供。如果巨大的纵向地震力超过了此抵抗能力,那么仅需要进行基于土抗力的分析计算。横向地震抵抗力取决于一片翼墙和所有桩的极限抗剪能力。如果设计横向地震力超过了此抵抗能力,横向刚度取零(即释放横向约束)。剪切破坏发生之前,抗弯钢筋应先达到屈服。

美国马萨诸塞州交通部规定在整体桥设计时应考虑地震作用对整体桥的特殊性,规定在桩基设计分析时,要考虑所有可能的外加作用,如上部结构的温度膨胀和侧移,桥梁斜交角度和地震效应。但是,萨诸塞州仍然采用 Caltrans 的建议:地震力不应控制桩的尺寸或数量。桥台设计时整体式翼墙的主要功能是协助抵抗横向地震力,其设计长度 $L(m)$ 应由方程(11-1)决定:

$$L = \frac{SeismicForce}{\frac{1}{2}\gamma H^2 K} \tag{11-1}$$

式中:$SeismicForce$——地震力(kN);

γ——土的重度(kN/m^3);

H——桥台高度(m);

K——台后土压力系数。

11.5.2 半整体桥抗震问题

从 4.1.2 节半整体桥与整体桥的比较可知,整体桥的整体性好于半整体桥,因此其抗震性能优于半整体桥。然而,从我国的实际国情出发,半整体桥因不需要采用 H 型钢桩等柔性桩,在我国具有比整体桥更好的应用前景。但另一方面,我国又是地震多发国家。所以研究半整体桥的抗震性能具有极其重要的意义。

尽管半整体桥的抗震性能不如整体桥,但一般而言它还是优于有缝桥梁,如通过端横梁可将一部分地震能量耗散在台后土中。国内外对半整体桥的研究成果,目前主要集中在常规荷载(如温度等变形)作用下纵桥向受力变形性能分析和计算方法的探讨,这为其在正常使用荷载作用下的合理设计和施工提供了必要的基础和经验。但对其地震作用下的力学性能理论分析和试验研究较少,同时开展常规荷载和偶然地震荷载共同作用的研究更少。半整体桥结构与构造极其丰富,目前对其缺乏系统的定量研究,如台后土的种类、端墙高度、桥梁结构形式对抗震性能的影响等,均需开展研究。因此,有必要选择一些推广价值好的结构与构造形式,进行系统的抗震性能研究,以供我国抗震区推广新建和改造半整体桥时参考,并在此基础上研发新型的适用于我国的半整体桥结构与构造形式。

有关半整体桥抗震性能的研究工作主要有:Wilson 在美国一个地震区桥梁设计项目中采用了图 4-30b)所示的一种半整体桥台结构。有限元数值计算分析表明:半整体式桥台背墙能很有效地将地震能量耗散到回填土中,使中间桥墩的地震力减小到只有常规有伸缩缝桥的 1/5,但没有涉及桥梁在正常使用极限状态下温度变形的吸纳方法、结构次内力的影响程度和桥台后区域沉降空穴的通病,也没有涉及桥梁的整体完整性和抗震性能的系统试验研究。

云南省交通厅在中国-加拿大政府合作项目"西部道路发展—桥梁抗震设计"中对一座位于楚雄境内的石羊江桥(7 度地震设防区)进行了抗震加固改造,将原有桥台由传统结构改成半整体结构,桥面由原来的简支变为连续结构,取消了原来准备设置的 5 道伸缩缝。此桥经加固后,桥面平整、无缝,而且抗震防灾能力明显提高。

在有限的几本无缝桥设计指南中都没有提及半整体桥是否适用于地震区,也没有任何有关其抗震能力的分析和计算方法。究其原因是由于常规的半整体桥的整体性相对较差;如用于地震区,尚有很多关键技术没有解决:例如,上部结构与下部结构的连接方式(是铰接还是滑动面连接),如何按抗震要求计算和设计此连接;在地震作用下背墙/桥台与台后土的动力非线性相互作用;斜翼墙与台后回填土的动力非线性相互作用和引板、连接板的摩阻作用等。

11.5.3 延伸桥面板桥抗震问题

延伸桥面板桥的抗震问题目前还缺乏深入的研究。Russo 等人将一座简支旧桥进行了抗震改造,采用了外包式延伸桥面板桥台(图 4-52),并在桥端设置双排钢筋混凝土桩(没有采用预扩孔等处理)。这种方法虽然可提高桥梁的抗震能力,但忽略了桥梁在正常使用极限状态下温度变形的吸纳问题和由此而产生的可能较大的结构次内力问题,也没有研究结构构件与土体间的动力相互作用,更没有进行系统的理论分析和设计方法研究。

延伸桥面板桥的抗震性能要弱于整体桥和半整体桥。通过在引板下设置微型桩支承,有望提高其抗震性能。福州大学正在开展相关的研究。

11.6 台后引板的变形

对于有缝桥,在桥梁寿命周期内,桥面因时间和温度效应而产生的胀缩变形,可通过第 1 章和第 2 章的方法算得桥末端的位移伸缩量,然后设置具有满足其伸缩需要的伸缩装置来吸收桥梁纵向位移。一般以主梁末端的位移来确定桥台处伸缩装置的类型和尺寸。

图 11-2 是文献[290]给出的典型混凝土桥面末端位移 u 与附加应变 $\varepsilon_{imp} = \varepsilon_{\Delta T} + \varepsilon_{cr} + \varepsilon_{c,sh}$ 的变化规律图。由于存在徐变变形 ε_{cr} 和收缩变形 $\varepsilon_{c,sh}$,位移 u 在结构完成后的第一年内增加

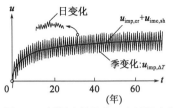

图 11-2 桥梁末端位移 u 和桥梁末端附加应变 ε_{imp} 随时间的变化规律

特别明显。

11.6.1 桥头引板末端的沉降

对于图 11-3 所示的整体桥,设主梁末端的位移为 u,桥台由于与桥面纵向连接而受到附加的位移 $u_{imp} = u$,并产生变形和内力。此位移同时也改变了台后土压力 σ_h 的分布和大小,并传至桥头引板,在土中产生局部变形,使引板末端附近地面产生沉降,从而降低了道路铺装层的平整度和使用者的舒适度,也影响了使用极限状态。文献[265]采用有限元软件模拟整体桥桥台附近的土-结构相互作用,对这一现象进行了分析。

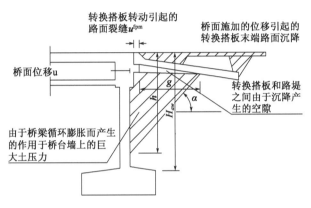

图 11-3 整体桥桥台受力与引板沉降

研究中,桥台系统由 3 种材料组成:第 1 种材料是路堤的颗粒状材料(碎石回填料);第 2 种材料是用于桥头引板、桥台墙体和桥面的钢筋混凝土;第 3 种材料是沥青路面表层。桥台墙体背后的区域用一个二维(2D)平面应变模型来模拟(图 11-4)。为了避免边缘效应,路堤的有限元网格划分范围扩大至长×高 = 17.2m×7.5m,而结构本身尺寸仅为 7 m×2m。单元网格的大小是逐步减小的,从边缘的 0.9m×0.9m 到最大变形区的 0.03×0.03m。该模型共有 3000 多个单元,其中约 2000 个都集中在桥头引板的末端附近。

11.6.2 路面平整度极限状态计算结果分析

为了量化路面平整度,采用了瑞士规范制定的坡度系数准则 χ(图 11-4b))。该准则考虑了沉降的深度和长度,为道路使用者的舒适度相关的局部曲率提供了一种有效的评估方法。由公式(11-2)所定义的坡度系数 χ 必须始终低于极限值 χ_{adm}。根据瑞士规范,普通公路的 χ_{adm} 值为 28‰,高速公路的 χ_{adm} 值为 20‰。

$$\chi(x) = \frac{w(x) - w(x-1)}{1} - \frac{w(x+1) - w(x)}{1}$$

$$= \frac{2w(x) - w(x-1) - w(x+1)}{1} \leqslant \chi_{adm}(x) \tag{11-2}$$

该桥头引板假定的几何参数同瑞士规范对整体式桥梁桥头引板的建议数据是一致的（图 11-4a））。因此，$l_{TS} = 6m$、$\alpha_{TS} = 10\%$、$h_{TS} = 0.3m$ 以及 $e_{TS,0} = 0.1m$。沥青路面的厚度为 $0.07m$。道路坡度 α_{road} 假定为零。由于定义 α_{TS} 时已经考虑到了 α_{road}，故最后一项假定对研究结果没有影响。

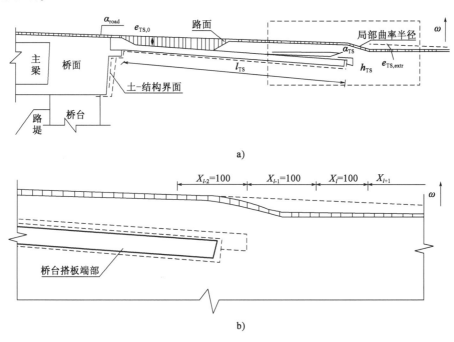

图 11-4 桥头引板末端沉降的数值分析模型（尺寸单位：cm）

研究中，所考虑的时间 t_0 为桥头引板已竣工且纵向连接到桥面上的时间。特征时间 t_k 为当徐变和收缩已充分得到发展且温度 T_k 为最低值时的时间。

为了确定附加位移是否可为道路使用者所接受，也就是说，如果它满足容许坡度变量 χ_{adm}，那么可以采用图 11-5 中的曲线进行设计。具体的方法是绘制桥头引板附近 χ 的最大值及最小值与变量 u_{imp} 的关系图。此关系图还可以用来确定在某一给定 χ_{adm} 下最大容许位移值 $u_{imp,adm}$。在本项研究的所有情况下，"凹陷"都得以在控制范围内。对一标准几何桥头引板，该曲线显示其高速公路上容许附加位移值 $u_{imp,adm}$ 为 $43mm$。因此，根据瑞士国家规范，如果假定混凝土桥面的总附加应变 $\varepsilon_{imp} = -0.8mm/m$（在温度 $\Delta T = -25℃$ 时 $\varepsilon_{cr} = -0.2$、$\varepsilon_{c,sh} = -0.35$ 和 $\varepsilon_{\Delta T} = -0.25mm/m$ 的总和），则被研究的桥台和桥梁固定点之间的最大距离 d_{fp} 为 $54m$。在这种情况下，固定点位于中部的混凝土桥梁的最大可能长度为 $108m$。在对已建成的混凝土桥梁端部作翻新改造时，可以将常规桥梁改造成整体式或半整体桥。在这种情况下，徐变和收缩变形已经基本

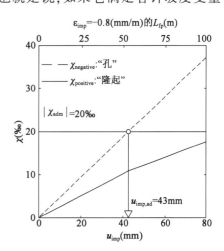

图 11-5 根据瑞士规范，在 $\chi_{adm} = 20\%o$ 时容许附加位移 $u_{imp,adm}$ 的确定

完成,只需要考虑残余值。因此,对于容许附加位移 $u_{imp,adm} = 43mm$,且假设总附加应变 $\varepsilon_{imp} = -0.4mm/m$ 的情况下,改造后的整体式桥台和固定点之间的最大可能距离为 $d_{fp} = 108m$。因此,对于具有两个改造过的桥台且固定点位于中部的桥梁,其最大可能长度为216m。对于钢桥($\Delta T = -35℃$,$\varepsilon_{imp} = \varepsilon_{\Delta T} \approx -0.35mm/m$),其最大可能桥长甚至能达到246m。

控制工况通常是远离桥台的位移(土主动失效)。相反,调查表明被动压力方向的工况对沉降问题影响很微妙,原因是激活被动塑性机制所需的位移比激活主动塑性机制的要大很多。另外,对于混凝土桥梁,ε_{imp} 包括由徐变和收缩在主动方向引起的变形分量。

11.6.3 桥头引板末端埋置深度对容许附加位移的影响

为了调查桥头引板的几何尺寸和回填料类型对容许附加位移 $u_{imp,adm}$ 的影响,进行了参数研究。几何参数的研究结果——容许附加位移 $u_{imp,adm}$ 与高速公路桥头引板末端的埋置深度 $e_{TS,extr}$(由式(11-3)定义,见图11-4b))的函数关系曲线见图11-6。

$$e_{TS,extr} = e_{TS,0} + \alpha_{TS} l_{TS} \qquad (11-3)$$

图11-6中的灰色区域明显地表明了增加 $e_{TS,extr}$ 对容许附加位移 $u_{imp,adm}$ 具有有利的影响。当 $e_{TS,extr}$ 大于0.6m时这一影响特别显著。对于附加位移 u_{imp} 大于43mm的整体式或半整体桥,桥头引板的几何参数 e_{TS} 可以根据图11-6进行调整,直到符合要求的路面平整度值。也可以通过增加 α_{TS} 或 l_{TS} 来实现,见公式(11-3)。α_{TS} 限制在5%到20%的范围内,较低的值用来实现从路堤到桥梁的良好过渡,而较大的值可以用来避免桥头引板上部回填料的常规性滑移,此滑移可能会导致产生严重的路面使用性问题。

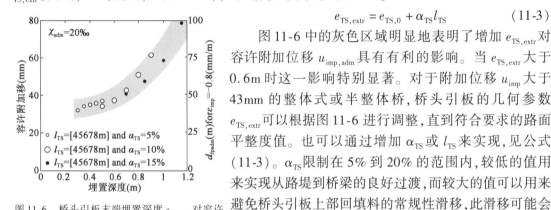

图11-6 桥头引板末端埋置深度 $e_{TS,extr}$ 对容许附加位移 $u_{imp,adm}$ 的影响

11.6.4 桥头引板和桥台间改进连接构造

桥头引板的附加位移 u_{imp} 会导致桥头引板和桥面板连接位置的路面产生裂缝,如图11-7所示,该桥是建于1986的半整体桥——赖兴瑙岛桥。这些裂缝通常出现在由于低的环境温度导致路面变脆的冬季,也偶尔出现在设有伸缩缝的常规桥梁中。这些裂缝是由两个因素引起的:第一,附加位移 u_{imp} 引发桥台墙体后路堤的整体沉降,并导致连接处桥头引板的转动;第二,随后的汽车荷载引起桥头引板的弯曲变形。以下介绍一种可以避免这些裂缝产生的新型连接构造。

图11-8a)显示了格劳宾登州 Graubünden/CH 土木工程部给出的带伸缩缝桥台和桥头引板之间的连结构造。该桥头引板绕钢螺栓转动。这种转动位移向上扩展、穿越路面铺装层最终到达道路表面,形成集中裂缝。这一方案的优点是防水层被覆盖在其上的大体积混凝土所保护而不被撕裂。但该连接构造不适合于整

图11-7 桥面和桥头搭板连接处的路面裂缝

体桥或半整体桥,因为其螺栓连接太弱而不能传递附加位移 u_{imp} 引起的纵向力。

图 11-8b)显示的是目前瑞士所建议的整体式桥台连接构造。连接钢筋能够传递由附加位移 u_{imp} 产生的内力。另外,它又有利于控制裂缝,原因是桥头引板的环绕中心同连接钢筋在同一层面上,因而靠近道路表面。然而,该连接的施工很困难,原因是连接钢筋必须在铺设沥青层和沥青滑动层之前配置。

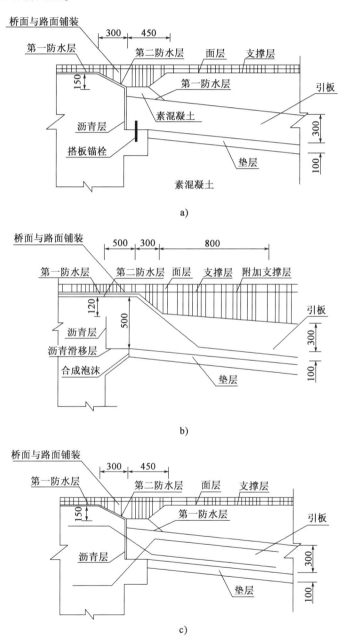

图 11-8 桥台和桥头引板之间连接图(尺寸单位:mm)

图 11-8c)展示的是改进型的连接构造,它是一个通过设置对角连接钢筋来防止剪切破坏

的混凝土铰,其施工比图 11-8b)的要简单,同时其桥头引板的转动位移分散在整个混凝土铰长度 l_{CH} 上。最终产生的裂缝尺寸很小,不足以扩展到路面。

此构造的有效性已通过试验进行了验证,结果证明,如果连接构造的配筋率 ρ 在 0.3% 左右,那么总是可以达到混凝土铰所需要的转动能力。配筋率相对较低的情况也可保证具有良好的裂缝分布。

11.7　整体桥极限长度分析

随着整体桥在全世界的应用越来越多,其长度纪录也在不断被刷新。同时,一部分国家或州、省出版了关于整体桥的设计准则,对于整体桥的最大总长度、最大斜交角等提出了不同的建议值。其中整体桥的最大总长度是一个很值得研究的问题,目前许多规范的建议值是不大于 100m。然而在实际工程中,整体桥不仅仅应用于总长度较短的桥梁,同样也应用于一些总长度较长的桥梁。为了探讨整体桥的极限长度,文献[261]对此开展了研究。根据分析得到,整体桥的总长度值主要受到因温度荷载所引起的土体与结构之间的相互作用影响,并以 Isola della Scala 桥为背景工程,通过建立理想化模型和相应的有限元分析,给出整体桥极限长度的计算方法。有关 Isola della Scala 桥的总体布置情况,详见第 7.4.2 节介绍。

11.7.1　温度位移计算方法

11.7.1.1　整体桥的非线性模型

Isola della Scala 桥是一座简支梁桥改造为整体桥的特殊例子,此结构的边界条件非常不同于其他典型的整体桥。在决定将此简支梁桥建造为整体桥前,此桥的墩台已经建造完成,而且桥台刚度很大。故在此桥的分析模型中,通过在关键截面,如桩顶、墩底和梁台连接处,引入一系列塑性铰来考虑结构的非线性响应。分析结果显示,墩基础下面的桩受到的变形很小,可以忽略不计,而刚性台承受了大部分的内力。

大多数整体桥中,墩、台间的内力匀分是通过限制桥台的刚度而得到保证的。细长墩/细长台整体桥的简化模型见图 11-9。

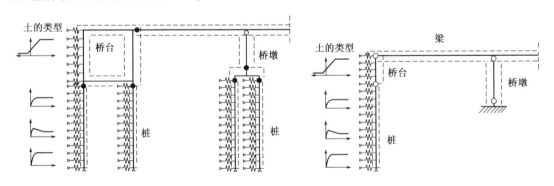

a)Isola della Scala 桥的理论模型　　　　b)细长台整体桥的简化模型

图 11-9　整体桥分析模型

11.7.1.2 土-结构相互作用

土-结构相互作用现象在整体桥中非常重要。土压力分布、基础桩和桥台背墙的主要影响因素实质上都是非线性的,它们随深度、背墙位移量和位移形式而发生变化。为了模拟这种土-结构相互作用,文献[261]采用 National Cooperative Highway Research Program (NCHRP)和American Petroleum Institute (API)的曲线来模拟非线性土弹簧的特性。它们具体的计算方法,请参见相应的文献,在此不作详细的介绍。

11.7.1.3 温度荷载

整体桥中没有伸缩缝和支座,上部结构的伸缩导致墩、台承受水平荷载作用。桥台的移动使桩、台后填土受到水平加载、卸载的循环作用。文献[261]在 FEM 分析时采用 Eurocodes 规定的温度场取值:等效的线性温度场和竖向的非线性温度场。

11.7.1.4 有限元分析

有限元分析采用细长台整体桥的简化模型(图 6-48b))。理想化模型的跨长设置为每跨30m,共 13 跨。其余参数均按照该桥实际数据选取,同时采用欧洲规范中所规定的升温 20°C (包括标准的沿纵梁截面高度的温度梯度)作为唯一的分析荷载工况。另外,有限元模型中,采用基于 Timoshenko 梁理论的梁单元模拟纵梁、墩、台和桩。纵向和转动弹簧单元分别用来模拟土-结构相互作用和塑性铰。图 11-10 为 Isola della Scala 桥的部分有限元模型。

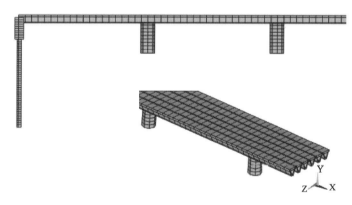

图 11-10 Isola della Scala 桥的部分有限元模型

为了便于后续分析,对于常用参数定义如下:E 为混凝土弹性模量;A 为主梁横截面积;L 为桥梁总长;K_i 为第 i 跨桥墩侧向刚度。当桥跨总数量分别为奇数和偶数两种不同情况时,桥梁在温度变化作用下位移计算公式不同,下面分别考虑。

当桥的总跨数为奇数时,即总跨数 $n_s = 2n - 1$,考虑到桥梁的对称性,对称点为最中间一跨的中部。所有跨的变形情况和静力平衡图示都列于图 11-11 中。

对于第 1 跨,根据变形协调方程和水平方向的力平衡条件,可以获得公式(11-4)和(11-5):

$$N_1 = EA\left(\alpha\Delta T - \frac{2\Delta L_1}{L}\right) \tag{11-4}$$

$$N_2 = N_1 - V_1 = EA\left(\alpha\Delta T - \frac{2\Delta L_1}{L}\right) - K_1\Delta L_1 \tag{11-5}$$

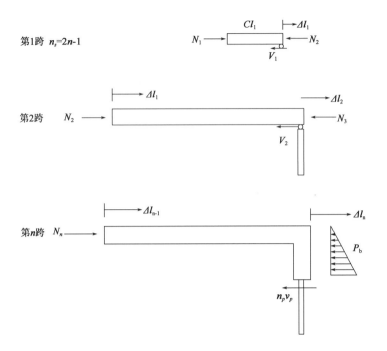

图 11-11　总跨数为奇数的各跨受力图

对于第 2 跨,同样根据变形协调方程和水平方向的力平衡条件,可获得公式(11-6)和(11-7):

$$N_2 = EA\left(\alpha\Delta T - \frac{\Delta L_2 - \Delta L_1}{L}\right) \tag{11-6}$$

$$N_3 = N_2 - V_2 = EA\left(\alpha\Delta T - \frac{\Delta L_2 - \Delta L_1}{L}\right) - K_2\Delta L_2 \tag{11-7}$$

联立公式(11-5)和(11-6),可得到在温度变化作用下第 1 跨和第 2 跨位移之间的关系,见式(11-8):

$$\Delta L_2 = \left(3 + \frac{K_1 L}{EA}\right)\Delta L_1 \tag{11-8}$$

根据公式(11-8),可以推导出对于第 i 跨,在温度变化作用下的位移计算公式(11-9):

$$\Delta L_i = \left(2 + \frac{K_{i-1} L}{EA}\right)\Delta L_{i-1} - \Delta L_{i-2} \tag{11-9}$$

因此,可以总结出,当跨数为奇数时整体桥,在温度变化作用下,桥跨的位移计算公式(11-10)。而当跨数为偶数时,即 $n_s = 2n$,考虑到桥梁的对称性,对称点为最中间的桥墩处。采用跨数为奇数时类似的推导方式,可以总结出,对于跨数为偶数的整体桥,在温度变化作用下,桥跨的位移计算公式(11-11)如下

$$\Delta L_i = \begin{cases} \Delta L_1 & i = 1 \\ \left(3 + \dfrac{K_1 L}{EA}\right)\Delta L_1 & i = 2 \\ \left(2 + \dfrac{K_{i-1} L}{EA}\right)\Delta L_{i-1} - \Delta L_{i-2} & 3 \leqslant i \leqslant n \end{cases} \tag{11-10}$$

$$\Delta L_i = \begin{cases} \Delta L_1 & i=1 \\ \left(2 + \dfrac{K_1 L}{EA}\right)\Delta L_1 & i=2 \\ \left(2 + \dfrac{K_{i-1} L}{EA}\right)\Delta L_{i-1} - \Delta L_{i-2} & 3 \leqslant i \leqslant n \end{cases} \quad (11\text{-}11)$$

将公式(11-10)和(11-11)联合考虑,可以获得公式(11-12):

$$\Delta L_i = c_i \Delta L_1 \quad (11\text{-}12)$$

其中,c_i是与K_{i-1},L,EA均有关的参数:$c_i = f_i(K_{i-1}L/EA)$。对于混凝土的开裂和收缩徐变可以通过改变弹性模量E来进行考虑。

11.7.2 全桥极限长度计算公式

从图11-11中第n跨的变形协调条件以及公式(11-12),可以推导出公式(11-13):

$$N_n = EA\left(\alpha\Delta T - \frac{\Delta L_n - \Delta L_{n-1}}{L}\right) = EA\left(\alpha\Delta T - (c_n - c_{n-1})\frac{\Delta L_1}{L}\right) \quad (11\text{-}13)$$

同时根据文献[52],第n跨的水平力可以采用公式(11-14)进行保守计算,即当桥台达到最大剪力和弯矩的时候,其桩基础达到最大的塑性弯矩承载力。

$$N_n = P_b + n_p V_p \quad (11\text{-}14)$$

式中:n_p——桩的数量;

V_p——桩的最大抗剪能力;

P_b——桥台后土层的压力。

P_b简化为三角形分布:$P_b = \dfrac{1}{2}K_s\gamma H_b^2 w_b$;根据文献[72]:$K_s$为桥台后土压力系数,可以通过图11-12中的$K_s - (\Delta L/H_b)$曲线获得。当只考虑升温影响的时候,其计算公式变为$P_b = \dfrac{1}{2}\left(K_0 + k_p\dfrac{\Delta L_n}{H_b}\right)\gamma H_b^2 w_b$,详细参数说明见文献[73]。

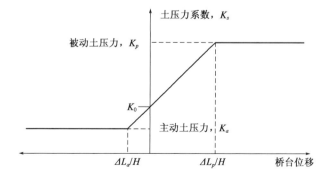

图11-12 土压力系数-桥台位移关系图

联立公式(11-13)和(11-14),就可以获得 ΔL_1 的计算公式(11-15),而对于第 n 跨的位移 ΔL_n 可以通过公式(11-10)和(11-11)分别计算获得。

$$\Delta L_1 = \frac{EA\alpha\Delta T - n_p V_p - \frac{1}{2}K_0\gamma H_b^2 w_b}{EA(c_n - c_{n-1}) + \frac{1}{2}k_p c_n \gamma H_b L w_b} \cdot L \qquad (11\text{-}15)$$

对于采用公式(11-10)、(11-11)和(11-15)计算得到的每一跨位移都必须满足桥墩的转动性能,第 n 跨最大位移需要满足公式(11-16):

$$\Delta L_n \leq \frac{c_n}{c_{n-1}} \theta_{pr} H_{pr} \qquad (11\text{-}16)$$

式中:θ_{pr}——桥墩的转动性能;

H_{pr}——桥墩高度。

而对于桥台处的最大位移,假设其桩基础在早期就达到最大塑性铰,但是其仍然可以承受一定的内力。考虑到在某些情况下,桥台的剪力和弯矩有可能比桥墩更早达到极限状态。桥台受力图如图 11-13 所示,极限剪力和极限弯矩的计算公式(11-17)和(11-18)如下:

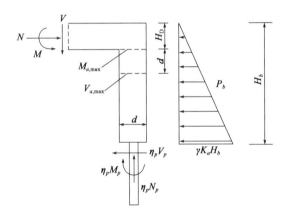

图 11-13 桥台受力图

$$V_{a,cr} \geq V_{a,\max} = \frac{1}{2}K_s\gamma[H_b^2 - (h_D + d)^2]w_b + n_p V_p \qquad (11\text{-}17)$$

$$M_{a,cr} \geq M_{a,\max} = K_s\gamma\left[\frac{(H_b - h_D)^3}{3} + \frac{h_D(H - h_D)^2}{2}\right]w_b + n_p[M_p + V_p(H - h_D)] \qquad (11\text{-}18)$$

根据公式(11-17)和(11-18),同样考虑升温影响的时候,第 n 跨的极限长度计算公式(11-19)和(11-20)如下:

$$\Delta L_n \leq \frac{2(V_{a,cr} - n_p V_p)H_b}{k_p \gamma[H_b^2 - (h_D + d)^2]w_b} - \frac{K_0 H_b}{k_p} \qquad (11\text{-}19)$$

$$\Delta L_n \leqslant \frac{M_{a,cr}H_b - n_p H_b [M_p + V_p(H_b - h_D)]}{k_p \gamma \left[\frac{(H_b-h_D)^3}{3} + \frac{h_D(H_b-h_D)^2}{2}\right]w_b} - \frac{K_0 H_b}{k_p} \quad (11\text{-}20)$$

综上所述,整体桥的极限长度值由公式(11-16),(11-19)和(11-20)的最小值所决定。根据这些公式可以计算出整体桥的最大跨数,根据 $L_s = n_s L$ 得到全桥极限长度。

11.7.3　简化计算公式与有限元模型结果对比及修正

将前面提出的整体桥第 n 跨的极限长度计算公式结果与三个有限元模型(理想化模型不考虑塑性铰,理想化模型考虑塑性铰和实桥模型)进行对比,结果见图11-14。对比发现计算公式结果与理想化模型不考虑塑性铰情况吻合较好。为了使简化计算结果更加精确且保守,通过对桥墩侧向刚度系数进行折减,$K_{i,m} = \frac{K_i}{i^{1.5}}$,来对计算公式进行修正。

修正后的整体桥第 n 跨的极限长度计算公式结果与三个有限元模型的对比图,见图11-15。可以发现修正后的计算公式与理想化模型考虑塑性铰吻合很好且偏于保守,适用于预估整体桥的极限长度。

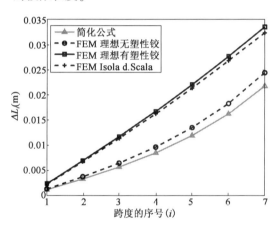

图11-14　未修正简化公式与有限元结果比较

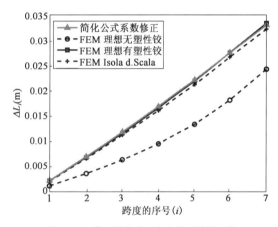

图11-15　修正简化公式与有限元结果比较

11.8　无缝桥发展方向

11.8.1　无缝桥需要研究的主要问题

美国各次的调查结果得出的建议与结论主要有:

(1)结合现有整体桥领域的研究成果,尽力发展技术标准。这些标准应该涉及有些州所面临的问题、设计指南和范例。2004年调查中发现的在整体桥的设计和细部上不统一的地方有:

①整体桥所选用的准则;

②整体式桥台及其桩基设计选用的荷载和压力;

③整体式桥台桩的朝向；
④整体式曲线桥的设计；
⑤引板的构造——与桥连接部位及与路面连接部位。
(2)出台须采用整体桥的全国性政策,特别针对那些将来也不想采用整体桥的州；
(3)制订技术指南/提供其他信息,鼓励使用连续无缝/连续桥面简支跨结构,只要条件许可；
(4)制订指南/提供其他信息,引导使用延伸桥面板无缝桥,以取消既有桥梁桥台处的伸缩装置；
(5)制订力学稳定挡土墙(MSE wall)周围整体式桥台构造设计的指南/其他信息；
(6)制订处理整体式桥台后背填土的指南/其他信息；
(7)制订引板构造设计的指南/其他信息,使开裂现象极小化并减轻引板与道路交界处下沉问题；
(8)制订旧桥改造指南/其他信息,消除墩台处的连接缝或伸缩缝；
(9)进行新一轮的全面调查,以澄清2004年调查中未明确的内容。

11.8.2 研究方向

根据无缝桥发展现状与存在的问题,本书的作者拟提出如下今后的研究方向。

11.8.2.1 大量的推广应用

以整体桥和半整体桥为主的无缝桥从美国开始,迄今已在全世界得到广泛的应用,积累了极为丰富的经验。当前,所有新建和现有桥梁的耐久性、可持续发展已经成为全世界都关注的重要课题。这个问题关系到现有桥梁的管理、使用期间的服务性能、养护维修费用等。整体桥或半整体桥减少甚至完全取消了桥梁的支座和伸缩缝,从而达到节约建设投资、减少长期养护费用、保持较好的服务水平的目的。因此,自20世纪30年代以来,无缝桥经过近80年的发展,逐渐呈现出加速发展的趋势。

我国经过改革开放以来40年的建设,桥梁事业得到了极大的发展,技术水平不断提高,修建了大量的新桥,其中不乏大规模、大跨度的桥梁；然而对于量大面广的中小型桥梁的重视不够,无缝桥梁没有利用这个机会得到发展,修建的大量中小型桥梁仍属于有缝桥梁,将给今后的养护维修带来极大的问题。无缝桥至今没有在我国大量推广应用的可能原因,一是我国目前正处于大规模建设时期,对于正常运营情况下伸缩缝损坏的维修养护问题、极端环境条件下桥梁抗灾能力问题重视不够,对于无缝桥梁的研究投入不足；二是目前在中国对建设速度的要求较高,导致业主与设计人员对无缝桥梁等新桥型的采用存在对工期担心而不敢采用的问题。国外无缝桥的发展是伴随着高速公路的发展而迅速发展的。相比较而言,我国已建的无缝桥梁更多地是在普通道路上。高速公路受理念的影响、建设速度要求等因素的制约,对于无缝桥等新技术接受程度低,严重影响了此项新技术在我国的应用,使我国桥梁建设的机会优势,没有变成我国桥梁技术发展的现实优势。

在经过长期大规模发展后,我国桥梁建设面临着从规模发展向内涵发展的转变,从重数量、速度到重质量、寿命性能的转变。在此形势下,加快我国无伸缩缝桥梁的研究与应用,不仅是我国经济社会发展的需要,交通事业发展的需要,也是实现我国从桥梁大国向桥梁强国进军的需要。从第1章介绍可知,无缝桥的研究与应用,以经济发达国家应用为主,发展中国家应用较少。这反映了经济发达国家对提高桥梁耐久性、减少维修养护费用、提高服务质量等桥梁可持续发展的重视,而发展中国家重视还不够。我国在从桥梁大国迈向桥梁强国的进程中,仅一味地强调大跨径是不够的,还应在理念、观念上跟上世界发展的趋势,应突出桥梁的可持续发展。无缝桥是体现桥梁可持续发展理念的一种重要桥型和重要技术。

在整体桥与半整体桥等无缝桥已在国外大量应用的背景下,我国要开展此项的研究与应用,首先应该充分了解此项技术在国际上的发展情况,大量介绍国外的经验,以供我国工程技术人员借鉴,这也是本书编写的一个重要目的。当然,本书收集的资料还非常有限,今后还将不断地收集补充,翻译、介绍给我国的桥梁工程界。其次,我国已有福州大学、湖南大学、苏交科、云南省交规院、东北林业大学等多家单位开展无缝桥梁的研究与应用,迄今已有了40余座无缝桥的修建经验。因此,可对已建无缝桥的技术总结与宣传推广,以促进无缝桥的发展。

我国虽然错过了在过去40年大量新建桥梁中大面积应用无缝桥的良机,但毕竟我国还处于大建设时期,今后仍有大量的新桥需要修建。同时,我国大量的既有桥梁中,伸缩缝装置易损长期困扰着桥梁管理与养护部门。对既有桥梁无缝化改造,既是现实的需要,也深受桥梁管理养护者的欢迎。因此,应注重既有桥梁无缝化的技术推广,并以此带动新建无缝桥梁的发展。国外在既有桥梁无缝化应用与研究方面刚刚起步,因此,选择从既有桥梁无缝化为突破口的发展战略,可实现无缝桥梁的跨越式发展,走出具有中国特色的发展道路。

我国的中小跨径桥梁以钢筋混凝土与预应力混凝土为主,应集中精力开展适合于这些桥梁的无缝化桥梁研究。其中,铰接空心板梁在中小跨径梁桥中得到大量的应用,它的连续化和无缝化改造,较之梁桥要复杂得多,国内也少有此类桥梁改造的实例。目前我们结合福建漳州十里桥、锦埔桥改造开展了相应的研究。铰接空心板梁桥在重载交通作用下,铰缝破坏出现的单板受力问题突出,因此,在此类桥梁的连续化和无缝化改造中,还可结合横桥向整体化改造来进行。我国在应用桥面连续技术上修建了一大批结构简支桥面连续桥,但出现了许多的病害,在这些桥梁的维修加固时,如何将其进行结构连续化改造,也是一个值得研究的课题。此外,随着我国经济社会的发展和劳动力费用的提高,钢-混凝土组合梁桥的应用也日益增多,结合组合结构的发展,适时引入整体桥的概念,促进二者的同步发展也是十分有意义的。

我国的既有桥梁中,桥台基础以刚性扩大基础和钻孔灌注桩基础为主。在既有桥梁无缝化研究中,应针对我国的既有桥梁的实际情况,选择典型的桥梁,开展应用研究。混凝土桩的水平变形能力明显低于钢桩,在主梁温度变形影响下可能出现开裂而导致钢筋的腐蚀,因此,在深入研究合理的半整体桥结构形式的同时,应开展混凝土桩耐久性的研究。

我国是地震、山洪多发国家,结合防灾减灾加固改造需要,与抗震抗洪加固改造相结合,开展既有简支梁桥的无缝化、连续化改造,也是我国桥梁无缝化研究与应用的一个重要方向。

11.8.2.2 设计规范与标准

整体桥或半整体桥等无缝桥,虽然在世界各地得到不断的发展与应用,但目前规范与标准的制定相对滞后。虽然从第1章的介绍可知,目前已有一些规范或指南出版,但并不成熟。以美国为例,虽然整体桥或半整体桥的应用最多,但目前尚无全国统一的规范,多个州制订了自己的指南或规范,但不尽相同。欧洲许多国家也都还没有专门的无缝桥的规范,有些国家只是在桥梁规范中加入了相关的内容,但条文较少,远不能满足实际工程的需要。无缝桥的设计与当地的气候条件、地基条件、工程习惯与经验有很大的关系,这是统一规范出台困难的重要原因。规范与标准的不健全,加上人们对无缝桥梁结构性能的认识不足,导致设计方法和要求不一致,影响了管理人员和业主对无缝桥的认可,妨碍了其推广应用。

目前,无缝桥缺少统一的规范和标准,其原因不仅包括各地气候、地质的变异性,桥梁结构的复杂性,还有一个重要的原因是无缝桥在各个地区的发展过程中工程师们所积累的工程经验不同,导致了规范和标准难以统一。相对来说,我国的无缝桥还处于发展的初期,如果能在总结各国经验的基础上,从现在开始就注意及时地交流和总结各地的工程经验,从地方标准制定入手,加以推广和提高,制订全国性的规范与标准,就具有相对的优势。目前,在编制福建省和河北省地方标准的基础上,由福州大学与苏交科集团有限公司牵头,有云南交规院、天大、东北林大、福建省漳州公路局和福建省公路一公司等单位参加,正在编制 CECS 的"公路无伸缩缝桥梁技术规程"。相信该规程的编制,将极大地推动我国无伸缩缝桥梁的发展。

11.8.2.3 设计计算理论

由于各地的气候条件、地基条件等的差异性,使得对无缝梁的最大长度标准、斜桥斜交角的限制、平面弯桥的曲率限制,各国各地的相关规定也有所不同,甚至相差很大;温度、湿度、收缩及徐变对无缝桥的影响计算,目前也没有统一认可的方法。

在设计理论中,最大的问题可能是台后土与结构的共同作用机理、台后土压力的计算,目前缺乏有关权威的规范和方法,这可能是无缝桥发展缓慢的根本原因之一。土压力受土的颗粒、组成、水分、运动趋势等影响极大,计算方法繁多且结果各异,有时差别还很大。被动土压力的产生和对台背的作用,压缩与膨胀的循环改变,是需要研究的。目前的土压力计算仍然是基于理想化和简化假定基础上的,预测的结构还不够精确。

无缝桥中,台后土压力与结构的相互作用,受温度周期性反复作用,使得问题更加复杂。这一问题成了整体桥或半整体桥的研究重点。桥台与台后填土之间的土压力取值不同的设计者、不同的规范规定不统一。有些设计者使用相当于整个被动土压力50%的土压力,而其他设计者则完全忽略不计。因此,土压力与土与结构的共同作用,仍将是今后研究的一个重要内容。

由于桩、桥台与周围土体复杂的相互作用很难用准确的力学模型来分析,目前并没有一种被广泛认可的、复杂程度适中、可以用于设计层面上的计算模型来模拟桩土之间的相互作用数学模型;对于桩侧位移引起桩的应力,美国有些州要求计算而有些则不要求。另外,整体桥中柔性桩大幅度的反向位移(大变形),对桩的承载能力和稳定性产生的影响,桥台与台后土体,台-桩-土系统的非线性相互作用和简化计算方法等,都还需进一步研究。

11.8.2.4 结构设计与施工

无缝桥梁的主梁梁端与桥台台身顶部整体相连。当温度发生变化和混凝土梁体收缩、徐变时,结构(主梁、桥墩、桥台和桩基础)将作为一个整体来承受梁体的伸缩变形。由于整体结构为超静定结构,以及桥台受台后回填土的约束,这部分变形将在结构内产生较大的附加力,并在桥台中达到最大。研究有效地减少、克服这种附加力产生的约束应力(约束应力的大小由上、下部结构的弯曲抗力和周围土的特性共同决定),是无缝桥结构设计研究的一个内容。

无缝桥设计的关键之一在于桥台结构的选择。什么时候采用半整体桥,什么时候采用整体桥,墩与梁是固结还是可移动的,目前选择的准则不统一。对于整体式桥台支承桩的朝向问题,其弱轴是垂直于桥纵轴线还是平行于桥纵轴线,虽然大多数设计者采用前者,即在纵梁发生纵向变形时桩应该绕弱轴转动,但至今没有定论,也有相当多的设计者采用后者。整体式桥梁的桥台下支承桩的高应力对桩本身及整个桥梁结构性能的影响尚未完全研究清楚。弱轴垂直于桥纵轴线时,桩具有较大的变形能力,然而,抵抗弯矩的能力也相应小了。反之,弱轴平行于桥纵轴线时,桩的变形能力小但抗弯承载力相应也大。所以,桥台与桩结构的合理形式也还有待进一步的研究。

主梁与桥台的节点、主梁端部构造是整体桥与半整体桥的关键构造。实际工程中有各种各样的构造,而且新的构造还在不断地出现。对这些节点与构造开展广泛的调查,收集资料,进行分析评价,在此基础上,推荐若干合理的构造供工程师选用;或进行适当改进,开发出更加合理的构造;这也是今后需要研究的一个重要内容。

对于半整体桥来说,除了与整体桥一样有台后引板与道路相接的缝外,主梁与桥台处一般还有一道可以滑动的缝,或是可转动变形的铰,因此实际上比有缝桥还多了一道缝,当然没有了桥面的伸缩缝。

当然,相对于在道路上,桥上的伸缩装置的功能要求要高,其损坏后雨水渗到支座、桥台的害处要大,养护、维修与更换的难度也大;而无缝桥中的缝毕竟是在道路上,相对要简单得多,病害也少,养护、维修也容易得多。然而,引板与道路之间的接缝,它不能简单地视为道路的胀缝,它所受的胀缩量要大于一般的道路胀缝,如果处理不好,这条缝或与之相邻的道路胀缝,将出现病害,这也是整体桥或半整体桥最常见的病害。因此可以说整体桥或半整体桥中至今没有解决的最重要的问题,可能就是找到经济合理、耐久性好的循环控制缝(cycle-control joint),即台后引板与路面之间的缝。

对于不长的无缝桥,最常用的循环控制缝是预制的填缝材料(也常常被误称为胀缝)。对于长桥,则可以采用带有路缘石和排水槽的梳齿板伸缩装置。然而,对于中等长的无缝桥,目前还没有合适的循环控制缝。压条封缝、条状封缝和其他弹性体制成的循环控制缝都有应用,但还不太理想。

不同于常规有伸缩缝桥梁的引板,整体式桥梁两端的引板需要考虑传递纵梁的变形和相应的拉、压应力,故应进行专门设计,但目前缺乏专门、详细的整体式桥梁引板的设计方法。目前的无缝桥中发现有的引板与桥台之间因连接设计不合理,出现分开的现象,使得水侵入桥台后部;有些则是在桥端连接区和台背填土区,引板的细部构造设计不完善;为了防止寒冷天气下的开裂,引板和桥台间要有有效的连接机构;台后填土的沉降常导致引板的架空。美国亚利桑那州的交通部门自从建造了一些整体桥以后,决定在将来不再采用整体桥,据称原因是就是由于它的纵向位移造成桥台引板沉陷而导致使用上出现问题。所以,有关引板的这些问题,也有待于今后的深入研究。

由于整体化后土压力的增加,无缝桥的桥台与翼墙,易产生开裂,应按照较大荷载进行设计,以防止开裂;桥台附近的排水问题也应认真考虑;靠近端隔板的纵梁附近的桥台裂缝,特别是斜桥,应该防止;桥台梁侧边的桥面可能出现横向裂缝;桥梁缩短时台后填土沉陷嵌入桥台和后填土间的空隙中,导致桥梁伸长时填土被动土压力的大幅度增加,从而产生对主梁结构很不利的次内力;等等。这些也都需要认真研究,并在工程设计中予以解决。

虽然我国的无缝桥应用还不是很多，但在应用与研究过程中，以创新为导向，也研发形成和正在研发一些极具特色与优势的技术，如全无缝桥、Z形引板、阶梯桩、微型桩支撑引板、UHPC桩等。我们要继续推动这些研究与应用，并根据实际需要，不断创新，不断进步。

无缝桥的发展过程，还有赖于合理的施工工序、施工工艺等。由于无缝桥主要应用于中小跨径梁桥，不存在复杂的施工问题，已有较为成熟的施工技术。只要按照第9章中介绍的做法，一般来说施工质量是可以保证的。

附录　我国已建和在建无伸缩缝桥梁一览表

（截至 2017 年 3 月统计）

序号	桥名	建成年份	地区	类型	上部结构	下部结构	桥长(m)	桥长考虑搭板(m)	总跨径(m)	跨数	桥面宽度	设计荷载	弯桥半径	斜交角	备注
1	益常高速跨线天桥	1998	湖南益阳	半整体桥	11.4m+33.2m+11.4m连续梁	薄壁桥台			56	3	—	汽车-10级			
2	堡镇港桥	1999	上海	延伸桥面板桥	2×12m+20m+2×12m空心板简支梁，桥面连续	桩柱式桥墩，埋置式桥台，基础为 30cm×35cm 的混凝土预制桩	69.02		68		—	—		10°	斜桥
3	四九桥	2000	广东清远	整体桥	9m+2×16m+9m钢筋混凝土实心板连续刚构	双柱式轻型桥墩，挖孔桩基础，桥台为柔性墙和柔性单桩的结合体	53.4	78.48	50	4	8.5m	汽车-20级，挂-100级		15°	斜桥
4	李贯河桥	2000	河南周口	延伸桥面板桥	3×16m装配式预应力混凝土简支空心板，桥面连续	双柱式桥墩，U形桥台，钻孔灌注桩基础	48.4	67.96	48	3	13m	汽车-20级，挂-100级		15°	斜桥
5	石龙河桥	2000	河南平顶山	延伸桥面板桥	4×16m装配式预应力混凝土简支空心板，桥面连续	双柱式桥墩，U形桥台，钻孔灌注桩基础	64.6	84	64	4	13m	汽车-20级，挂-100级		15°	斜桥

续上表

序号	桥名	建成年份	地区	类型	上部结构	下部结构	桥长(m)	桥长考虑搭板(m)	总跨径(m)	跨数	桥面宽度	设计荷载	弯桥半径	斜交角	备注
6	上坂桥	2004	福建泉州	整体桥	4×30m 预应力混凝土连续T梁	双柱式桥墩,扩大基础,柱式桥台,桥台采用单排四根沿弱轴弯曲的矩形柱桩,并用砂局部扩孔	128.2	137.1	120	4	8.5m	汽车-20级,挂-100级			
7	那角桥	2005	广西南宁	延伸桥面板桥	4×20m 预应力混凝土连续梁	一侧为重力式桥台,另一侧为轻型桥台			80	4		—	—		弯桥
8	大木町桥	2005	湖南衡阳	延伸桥面板桥	4×16m 预应力混凝土简支空心板,桥面连续	柱式桥墩,桩基础,肋板式轻型桥台,桩基础	69.46	81	64	4	双幅,每幅宽13m	汽车-20级,挂-100级	—	35°	斜桥
9	大浦互通D匝道桥	2005	湖南衡阳	延伸桥面板桥	3×25m 预应力混凝土连续空心板桥	肋板式轻型桥台			75	3	—	—			弯桥
10	龙塘桥	2006	广东清远	延伸桥面板桥	2×11.4m+11.1m+11.65m+4×9.15m+2×13.55m 钢筋混凝土I型梁,肋同钢板连接,桥面连续	重力式桥墩,重力轻型桥台	121.2	109.25	10	8m					
11	石羊江桥	2006	云南新平	半整体桥	5×21.6+14.8m 钢筋混凝土T梁,桥面连续	柱式桥墩,重力式桥台;台后为砖石路面	131		122	6	—	汽车-10级,挂-80级	—		旧桥改造
12	227省道1号桥	2008	江苏苏州	半整体桥	3×16m 预应力混凝土空心板简支梁,桥面连续	桩柱式墩台	52		48	3	双幅,每幅宽13m	公路-I级			旧桥改造

附录 我国已建和在建无伸缩缝桥梁一览表

续上表

序号	桥名	建成年份	地区	类型	上部结构	下部结构	桥长(m)	桥长考虑搭板(m)	总跨径(m)	跨数	桥面宽度	设计荷载	弯桥半径	斜交角	备注
13	富裕工业园桥	2009	黑龙江齐齐哈尔	整体桥	4×16m 预应力混凝土空心板	桩柱式桥台	70		48	4	12m	公路—Ⅰ级			
14	河口中桥	2010	广西田林	延伸桥面板桥	4×20m 预应力混凝土连续箱梁	双柱式桥墩，明挖扩大基础，重力式U形桥台	93	96	80	4	10.7m	公路—Ⅱ级	109m	36°/3.65°	弯斜桥
15	扣门小桥	2010	广西宁明	延伸桥面板桥	1×16m 后张法预应力混凝土空心板桥	重力式U形桥台			16	1	—	公路—Ⅱ级			
16	馗颐小桥	2010	广西宁明	延伸桥面板桥	1×10m 钢筋混凝土空心板	重力式U形桥台			10	1	—	公路—Ⅱ级			
17	新圩小桥	2010	广西宁明	延伸桥面板桥	1×16m 预应力混凝土空心板	重力式U形桥台			16	1	—	公路—Ⅱ级			
18	馗罗小桥	2010	广西宁明	延伸桥面板桥	1×10m 钢筋混凝土空心板	重力式U形桥台			10	1	—	公路—Ⅱ级			
19	念兑中桥	2010	广西宁明	延伸桥面板桥	1×20m 预应力混凝土空心板	重力式U形桥台			20	1	—	公路—Ⅱ级			
20	那迈小桥	2010	广西宁明	延伸桥面板桥	1×10m 钢筋混凝土空心板	重力式U形桥台			10	1	—	公路—Ⅱ级			
21	板塔中桥	2010	广西宁明	延伸桥面板桥	1×16m 后张法预应力混凝土空心板	重力式U形桥台	86.68		32	2	双幅，每幅宽16.25m	公路—Ⅱ级			
22	李河村桥	2010	云南昆明	延伸桥面板桥	4×20m 预应力混凝土空心板连续梁	桩柱式桥墩，桩柱式桥台，钻孔灌注桩基础		96	80	4		公路—Ⅰ级		20°	斜桥

—357—

续上表

序号	桥名	建成年份	地区	类型	上部结构	下部结构	桥长(m)	桥长考虑搭板(m)	总跨径(m)	跨数	桥面宽度	设计荷载	弯桥半径	斜交角	备注
23	兴隆一号桥	2010	云南昆明	延伸桥面板桥	3×20m预应力混凝土空心板简支梁,桥面连续	桩柱式桥墩,桩柱式台,钻孔桩基础			60	3	—	—	1317.15m		弯桥
24	小海口桥	2010	云南昆明	半整体桥	8×20米预应力混凝土空心板简支梁,桥面连续	桩柱式桥墩,桩柱式台,钻孔桩基础	166	172	160	8	—	—			
25	钱径河桥	2010	江苏苏州	半整体桥	3×13m混凝土空心板简支梁,桥面连续	桩柱式墩台	42		39	3	双幅,每幅宽16.25m	公路—Ⅰ级			
26	苏虞张快速化1号辅道桥	2010	江苏苏州	半整体桥	3×13m混凝土空心板简支梁,桥面连续	桩柱式墩台	42		39	3	12m	公路—Ⅰ级			
27	苏虞张快速化2号辅道桥	2010	江苏苏州	半整体桥	3×13m混凝土空心板简支梁,桥面连续	桩柱式墩台	42		39	3	12m	公路—Ⅰ级			
28	排洪沟中桥	2012	宁夏银川	延伸桥面板桥	4×20m装配式混凝土连续箱梁	桩柱式桥墩,桩柱式台,钻孔桩基础	86	90	80	4	双幅,每幅宽13m	公路—Ⅰ级	7000m	5°	弯斜桥
29	贯圩桥	2012	浙江湖州	半整体桥	7×16m预应力混凝土空心板简支梁,桥面连续	—	117.08		112	7	—	公路—Ⅱ级			右偏30°
30	英武路严家桥	2014	江苏泰州	半整体桥	1×20m预应力混凝土空心板	桩柱式墩台	24		20	1	40m	公路—Ⅰ级		10°	

附录　我国已建和在建无伸缩缝桥梁一览表

续上表

序号	桥名	建成年份	地区	类型	上部结构	下部结构	桥长(m)	桥长考虑搭板(m)	总跨径(m)	跨数	桥面宽度	设计荷载	弯桥半径	斜交角	备注
31	十里桥	2014	福建漳州	延伸桥面板桥	6×16m,预应力混凝土空心板,简支改连续	浆砌块石重力式桥墩,桥台与明挖扩大基础	111.85	112	96	6	12.5m	汽车-20级,挂车-100级			旧桥改造
32	锦浦桥	2014	福建漳州	整体桥	3×16m预应力混凝土空心板,简支改连续	双柱式桥墩,桩基础	52.8	64	48	3	30m	汽车-20级,挂车-100级			旧桥改造
33	南三路桥	2014	河北邯郸	延伸桥面板桥	3×30m预应力混凝土连续箱梁	柱式桥墩,柱式桥台,钻孔灌注桩基础	98.5	108.5	90	3	双幅,每幅宽21m	公路—Ⅰ级			斜桥
34	马义线桥	2014	河北邯郸	延伸桥面板桥	3×20m预应力混凝土连续箱梁	柱式桥墩,柱式桥台,钻孔灌注桩基础	66.6	78.6	60	3	双幅,每幅宽17.25mm	公路—Ⅰ级		25°	
35	柳楠一号桥	2014	福建泉州	半整体桥	4×20米的装配式预应力混凝土空心板连续梁	柱式桥墩,柱式桥台,钻孔灌注桩基础	85.04	95.04	80	4	7.99m	公路—Ⅱ级			摆梁搭板
36	沙洲西路桥	2014	江苏张家港	半整体桥	1×20m预应力混凝土空心板	桩柱式墩台	24		20	1	32m	公路—Ⅰ级			
37	张庄路桥	2015	江苏泰州	半整体桥	1×20m预应力混凝土空心板	桩柱式墩台	24		20	1	46m	公路—Ⅰ级		5°	
38	英武南路中桥	2016	江苏泰州	半整体桥	3×13m预应力混凝土空心板	桩柱式墩台	39		42	3	56m	公路—Ⅰ级			
39	马峦立交桥	在建	广东深圳	整体桥	3×30m预应力混凝土连续箱梁	桥墩墩柱采用两根180×120cm的矩形墩,桥台下钻孔灌注桩	87.92	104	90	3	双幅,每幅宽17m	公路—Ⅰ级			

续上表

序号	桥名	建成年份	地区	类型	上部结构	下部结构	桥长(m)	桥长考虑搭板(m)	总跨径(m)	跨数	桥面宽度	设计荷载	弯桥半径	斜交角	备注
40	息塘桥	在建	浙江湖州	延伸桥面板桥	9.65m+10m+9.65m耐候工字钢-混凝土叠合梁,桥面组成的简支叠合板组连续	桩接盖梁式桥墩,桥台,钻孔灌注桩基础	31.5	39.5	29.3	3	6m	—			
41	柳东桥	在建	福建宁德	延伸桥面板桥	2×23.7m 预应力混凝土连续箱梁	圆形独柱式桥墩,桥基础,桥台采用重力式U型桥台,钻孔灌注桩基础	54.4	64.4	47.4	2	—	—			
42	马家山小桥	设计中	陕西榆林	整体桥	1×6m 钢筋混凝土板梁	薄壁台,扩大基础			6		12.5m	公路—Ⅰ级	600m		
43	马新庄小桥	设计中	陕西榆林	整体桥	1×6m 钢筋混凝土板梁	薄壁台,扩大基础			6		12.5m	公路—Ⅰ级	—		
44	碾子沟小桥	设计中	陕西咸阳	半整体桥	1×13m 预应力混凝土空心板	重力式桥台,扩大基础			13		12.5m	公路—Ⅰ级	195m		
45	西坡小桥	设计中	陕西咸阳	半整体桥	1×13m 预应力混凝土空心板	重力式桥台,扩大基础			13		12.0m	公路—Ⅰ级	558.609m		
46	老沟渠小桥	设计中	陕西	半整体桥	1×13m 预应力混凝土空心板	重力式桥台,扩大基础			13		12.0m	公路—Ⅰ级	—		
47	南堡子沟小桥	设计中	陕西	半整体桥	1×13m 预应力混凝土空心板	重力式桥台,扩大基础			13		12.0m	公路—Ⅰ级	—		
48	范家沟小桥	设计中	陕西汉中	半整体桥	1×13m 预应力混凝土空心板	重力式桥台,扩大基础			13		13.0m	公路—Ⅰ级	181.422m		
49	两亭河中桥	设计中	陕西宝鸡	延伸桥面板桥	4×13m 预应力混凝土空心板	柱式墩台,钻孔灌注桩基础			52		12.0m	公路—Ⅰ级	169.75m		

续上表

序号	桥名	建成年份	地区	类型	上部结构	下部结构	桥长(m)	桥长考虑搭板(m)	总跨径(m)	跨数	桥面宽度	设计荷载	弯桥半径	斜交角	备注
50	羊引关小桥	设计中	陕西宝鸡	延伸桥面板桥	2×13m预应力混凝土空心板	柱式墩台，钻孔灌注桩基础			26		12.0m	公路—Ⅰ级	440m		
51	呱拉沟小桥	设计中	陕西	延伸桥面板桥	1×16m预应力混凝土空心板				16		12.0m	公路—Ⅰ级			旧桥改造
52	沟门店小桥	设计中	陕西	延伸桥面板桥	1×13m预应力混凝土空心板				13		10.5m	公路—Ⅰ级	—		旧桥改造
53	五王殿小桥	设计中	陕西宝鸡	延伸桥面板桥	2×13m预应力混凝土空心板				26		10.0m	公路—Ⅰ级	—		旧桥改造
54	丁家塬小桥	设计中	陕西	延伸桥面板桥	1×20m预应力混凝土空心板				20		10.5m	公路—Ⅰ级	—		旧桥改造
55	紫荆中桥	设计中	陕西	延伸桥面板桥	2×16m预应力混凝土空心板				32		9.0m	公路—Ⅰ级			
56	兴姜河路1号桥	设计中	江苏泰州	半整体桥	3×16m预应力混凝土空心板	桩柱式墩台	52		48		36m	公路—Ⅰ级			
57	兴姜河路2号桥	设计中	江苏泰州	半整体桥	3×20m预应力混凝土空心板	桩柱式墩台	66		60		36m	公路—Ⅰ级			
58	兴姜河路3号桥	设计中	江苏泰州	半整体桥	16m预应力混凝土空心板	桩柱式墩台	20		16		36m	公路—Ⅰ级			

参 考 文 献

[1] 中华人民共和国行业标准.JTG D60—2015 公路桥涵设计通用规范[S].北京:人民交通出版社股份有限公司,2015.

[2] 中华人民共和国国家标准.GBJ 124-88 道路工程术语标准[S].北京:中国计划出版社,1988.

[3] 中华人民共和国行业标准.JT/T 327—2004 公路桥梁伸缩装置[S].北京:人民交通出版社,2004.

[4] 中华人民共和国行业标准.JT/T 327—2016 公路桥梁伸缩装置通用技术条件[S].北京:人民交通出版社股份有限公司,2016.

[5] Cen,The European Committee for Standardization. Eurocode 1:Actions on Structures-Part 1-5:General Actions—Thermal Actions [S].(EN 1991-1-5:2003),2003.

[6] Martin P Burke. Integral & Semi-integral Bridges[M]. Wiley-Blackwell,2009.

[7] 福建省工程建设地方标准.DBJ/T13-265—2017 福建省城市无伸缩缝桥梁技术规程[S].福建省住房和城乡建设厅发布(住房城乡建设部备案号:J 13881—2017),2017.

[8] 河北省地方标准.DB13/T 2482—2017 公路无伸缩缝桥梁技术规程[S].河北省质量技术监督局发布,2017.

[9] 钱锦良.简支梁连续桥面结构无接缝桥梁在北沿公路桥梁中的应用[J].中国市政工程,2002,(1):21-23.

[10] 金晓勤,邵旭东.整体式无缝桥梁的研究与应用[J].重庆交通学院学报,2002,21(3):7-10.

[11] 金吉寅,冯郁芬,郭临义.公路桥涵设计手册——桥梁附属构造与支座[M].北京:人民交通出版社,1999.

[12] Wolde-Tinsae et al. Performance and Design of Jointless Bridge[R]. FHWA Final Report,Department of Civil Engineering,University of Maryland. 1987.

[13] 王国鼎.无桥台斜腿刚架桥——适用、经济、美观的新桥型[J].公路,2000(3):26-29.

[14] Iqbal Temor,Sherif Mansour,Ahmad Shaghasi,et al. Alternative designs of a concrete arch bridge with semi-integral abutment approach [C]. Proceedings of the 1st International Symposium on Jointless and Sustainable Bridges,May 12-13,2016,Fuzhou,China:83-95.

[15] Jiri Strasky,Tomas Romportl,Peter Kocouredk,et al. Integral Arch Bridges[C]. Proceedings of 7th International conference on arch bridges,Oct. 2013,Trogir-Split,Croatia:333-340.

[16] 陈宝春,林航,王远洋.福州大学旗山校区中轴线景观人行桥设计[J].中外公路,2014,34(5):115-118.

[17] Soltani A A,Kukreti Arrant R. Performance evaluation of integral abutment bridges[R]. Washington:National Research Council,1992.

[18] Kunin J,Alampalli S. Integral abutment bridges:current practice in United States and Canada

[J]. Journal of Performance of Constructed Facilities,2000,14(3):104-111.

[19] Najib R H. Integral abutment bridges with skew angles[D]. Maylang:University of Maryland, 2002.

[20] Maruri R,Petro S. Integral Abutments and Jointless Bridges (IAJB)2004 Survey Summary [J]. IAJB 2005,March,Baltimore,Maryland,2005:12-29.

[21] Phillip Yen, Meimiao L Kuo. Integral Abutment and Jointless Bridges Design Issues and Recommendations[C]. Proceedings of the 1st International Workshop on Integral Abutment/ Jointless Bridges,March 8-12,2014,Shijiazhuang-Fuzhou,China:1-9.

[22] Edward P, Wasserman. Integral Abutment Design—Practices in the United States[C]. Proceedings of the 1st International Workshop on Integral Abutment/Jointless Bridges,March 8-12,2014,Shijiazhuang-Fuzhou,China:10-19.

[23] Ralph G. Oesterle, Habib Tabatabai. Design Considerations for Integral Abutment/ Jointless Bridges in the USA[C]. Proceedings of the 1st International Workshop on Integral Abutment/ Jointless Bridges,March 8-12,2014,Shijiazhuang-Fuzhou,China:71-101.

[24] Andreas Paraschos, Amde M, Amde. A Survey on the status of use, problems and costs associated with Integral Abutment Bridges[R]. FHWA,2009:1-20.

[25] W. Phillip Yen,Linda M. Kuo. Factors Affecting Performance and Design Details of Jointless Bridges - Developed by AASHTO's SHRP II Project[C]. Proceedings of the 1st International Symposium on Jointless & Sustainable Bridges,May 12-13,2016,Fuzhou,China:1-20.

[26] Atorod Azizinamini et al. Design Guide for Bridges for Service Life,SHRP 2 Report S2-R19A-RW-2 [R]. NCHRP,TRB,Washington,DC,2014.

[27] Husain I, Bagnariol D. Integral-abutment bridges. Rep. SO-96-01[R]. Ontario Ministry of Transportation,St. Catharines,Ont. ,Canada,1996.

[28] Husain I, Bagnariol D & Ontario. Performance of integral abutment bridges[C]. Toronto: Queen's Printer for Ontario,Canada,2000.

[29] Alberta Transportation Bridge Structures Design Criteria V. 7. 0[S]. Appendix A:Integral Abutment Design Guidelines,2012.

[30] The Department of Transport of UK. BA 42/96,The Design of Integral Bridges[S]. Design Manual for Roads and Bridges,Vol. 1,Sec 3,Part 12 (Incorporating Amendment No. 1,2003 May).

[31] 赵长军,邬宁,雷波. 英国整体式桥梁设计[J]. 世界桥梁,2012,40(1):7-10.

[32] 徐明,刘鹏飞. 整体式桥台研究综述[C]. 第24届全国结构工程学术会议论文集(第Ⅰ册),厦门,2015:114-122.

[33] Iles D C. Integral Bridges in the UK[C]. Technical Report International Workshop on the Bridges with Integral Abutments,Lulea,Sweden.

[34] Kaufmann, Alvarez. The concrete IAB have a long-lasting tradition in Switzerland [C]. 2011.

[35] Kerokoski O, Laaksonen A. Soil-Structure Interaction of Jointless Bridges[C]. The 2005-FHWA Conference:Integral Abutment and Jointless Bridges (IAJB2005),2005.

[36] Michael Pötzl. Less is more-Design principles for joint-fewer bridges [C]. Proceedings of the 1st International Workshop on Integral Abutment /Jointless Bridges, March 8-12, 2014, Shijiazhuang-Fuzhou, China: 20-32.

[37] Roman Geier. Recent Austrian Experiences in Design, Construction and Monitoring of Integral Bridges [C]. Proceedings of the 1st International Symposium on Jointless & Sustainable Bridges, May 12-13, 2016, Fuzhou, China: 126-146.

[38] Comisu C C. Integral Abutment and Jointless Bridges, Buletinul Institutului Politechnic Din Iasi Tomul LI (LV) [J]. Fasc, 2005: 1-2.

[39] Zordan T. Attainment of an Integral Abutment Bridge through the Refurbishment of a Simply Supported Structure [J]. Structural Engineering International, 2007 (3): 228-234.

[40] Briseghella B, 薛俊青, 兰成, 等. 整体式桥台桥梁极限长度[J]. 建筑科学与工程学报, 2014, 31(1): 104-110.

[41] Petursson H, Collin P. Composite bridges with integral abutments minimizing lifetime cost [R]. IABSE Symposium Melbourne, 2002.

[42] Kerokoski O. Soil-Structure Interaction of Long Jointless Bridges with Integral Abutments, Doctor [R]. Tampere University of Technology, 2006.

[43] White H. Integral Abutment Bridges: Comparison of Current Practice between European Countries and the United States of America [R]. 2007.

[44] Franco J M. Design and Field Testing of Jointless Bridges [D]. West Virginia: West Virginia University, 1999.

[45] 即设桥梁のノージョイント工法の调查研究委员会. 即设桥梁のノージョイント工法设计施工引き(案)[R]. 东京: (财)道路保全技术セント-, 1995.

[46] 日本道路保全技术・タン一, 既设桥梁のーツヨイント工法の设计施工引き(案) [R], 1995.

[47] 王伯惠. 取消桥梁伸缩缝作法的新发展[C]. 1991年桥梁学术讨论会论文集. 北京: 人民交通出版社, 1991: 90-96.

[48] 张亮, 宁夏元. 设置小边跨的无缝连续梁桥设计[J]. 中南公路工程, 1998, 23(2): 18-20.

[49] 马竞, 金晓勤. 我国第一座整体式全无缝桥梁——广东清远四九桥的设计思路[J]. 中南公路工程, 2002, 27(2): 32-34.

[50] 邵旭东. 半整体式无缝桥梁新体系[M]. 北京: 人民交通出版社, 2014.

[51] 洪锦祥, 彭大文. 永春县上坂大桥的设计——无伸缩缝桥梁的应用实践[J]. 福建建筑, 2004, 90(5): 50-52.

[52] Dicleli M. Integral abutment-backfill behavior on sand soil-pushover analysis approach[J]. J. Bridge Eng. 10(3), 2005: 354-364.

[53] Ben Qing-guo, Hu Lei. Application of Semi-Integral Abutment Bridge[C]. Proceedings of the 1st International Symposium on Jointless & Sustainable Bridges, May 12-13, 2016, Fuzhou, China: 90-96.

[54] 浙江公路水运工程咨询公司, 等. 无伸缩缝桥梁设计与应用研究研究报告[R]. 2012.

[55] 于天来,周田,姜立东,等.升温作用下整体桥台台后土压力计算方法的探讨[J].桥梁建设,2010,(1):29-31,35.

[56] Bruno Briseghella, Baochun Chen, Junqing Xue, et al. Recent Developments on Joint-less Bridges in SIBERC Research Center[C]. Proceedings of the 1st International Workshop on Integral Abutment/Jointless Bridges, March 8-12, 2014, Shijiazhuang-Fuzhou, China:147-165.

[57] Baochun Chen, Yizhou Zhuang, Junqing Xue, et al. On the Way to Technical Specifications for Design of Jointless Bridges in Fujian Province[C]. China, Proceedings of the 1st International Symposium on Jointless & Sustainable Bridges, May 12-13, 2016, Fuzhou, China:21-32.

[58] 交通运输部.2014年交通运输行业发展统计公报[R].2015.

[59] 中华人民共和国行业标准.JTG D60—2004 公路桥涵设计通用规范[S].北京:人民交通出版社股份有限公司,2015.

[60] Edward P, Wasserman. Integral Abutment Design(Practices in the United States)[C].1st US-Italy Seismic Bridge Workshop, Pavia, Italy, April 19-20,2007.

[61] 金晓勤,邵旭东.半整体式全无缝桥梁研究[J].土木工程学报,2009(9):68-73.

[62] 董桔灿,陈宝春,Bruno Briseghella,等.多跨空心板简支梁桥整体化改造设计[J].建筑科学与工程,2015年9月,32(5):73-80.

[63] Zhen Xu, Baochun Chen, Yizhou Zhuang, et al. Rehabilitation and Retrofitting of a Multispan Simply-supported Adjacent Box Girder Bridge into a Jointless and Continuous Structure[J]. J Perform. Constr. Facil.,32(1),04017112.

[64] White H. Integral abutment bridges: comparison of current practice between European countries and the United States of America[M]. New York: Transportation Research and Development Bureau, New York State Department of Transportation,2007.

[65] Ramberger G. Structural Bearings and Expansion Joints for Bridges[R]. International Association for Bridge and Structural Engineering,2002.

[66] 李扬海,程潮洋,鲍卫刚,等.公路桥梁伸缩装置[M].北京:人民交通出版社,2007.

[67] 陈宝春,黄冀卓,余印根.浅谈桥梁抗倒塌设计[J].重庆交通大学学报(自然科学版),2014,33(1):1-7.

[68] Pascal Savioz. Advanced research, development and testing of large bridge expansion joints[C]. the 20th national bridge academic conference, Wuhan-May 15th to 17th,2012, Mageba.

[69] Ralph J. Expansion Joints, Superstructures in Bridge Engineering Handbook (2nd Edition) edited by Wai-Fah Chen and Lian Duan[S]. CRC Press,2013.

[70] 中华人民共和国行业标准.JT/T 327—1997 公路桥梁橡胶伸缩装置[S].北京:人民交通出版社股份有限公司,2017.

[71] 陈宝春.桥梁工程[M].3版.北京:人民交通出版社股份有限公司,2017.

[72] Bao-Chun Chen. Inspection and Strengthening of the Wulongjiang Bridge[C]. Proceedings of 8th International Conference on Inspection, Appraisal, Reparis & Maintenance of Structures,18-19 December,2003, Singapore,41-46.

[73] 王丛蓉.桥梁接缝破损原因分析及主要技术处理措施[J].辽宁交通科技,2004:54-55.

[74] Lin T Y. Investigation of Factors Causing the Damage of Bridge Expansion Joint[D]. Chaoyang University of Technology,2004.

[75] 蒲广宁.桥梁伸缩装置破损状况评价方法[D].西安:长安大学,2005.

[76] 上海市市政工程管理处,等.上海市城市桥梁技术状况分析报告[R],上海,2011.

[77] 陈曦.山区公路桥梁伸缩装置行车安全评估技术研究[D].重庆:重庆交通大学,2011.

[78] 王剑波.桥梁伸缩装置的研究——埋设式伸缩缝的应用[J].国外桥梁,1990(4):57-65.

[79] Wolde-Tinsae A M, Klinger J E. Integral abutment bridge design and construction[S]. Baltimore, Maryland, USA: Maryland State Highway Administration. 1987.

[80] Wallbank E J. The Performance of Concrete in Bridges: a survey of 200 Highway Bridges [R]. London, UK: Her Majesty's Stationery Office (HMSO). 1989.

[81] João Marques Lima, Jorge de Brito. Inspection survey of 150 expansion joints in road bridges [J]. Engineering Structures,2009:1077-1084.

[82] Johnson I D, Cuninghame J R. The performance of expansion joints: a survey of 250 joints on highway bridges[R]. In: Proc. Bridge Management 2. 1993:110-7.

[83] 中华人民共和国行业标准.JTG T F50—2016 公路桥涵施工技术规范[S].北京:人民交通出版社股份有限公司,2016.

[84] 中华人民共和国行业标准.JTG H11—2004 公路桥涵养护规范[S].北京:人民交通出版社,2004.

[85] 中华人民共和国行业标准.CJJ 99—2017 城市桥梁养护技术规范[S].北京:中国建筑工业出版社,2017.

[86] http://dura.com.my/completed-projects/2017-projects/136-the-world-longest-multiple-span-uhpdc-composite-road-bridge.

[87] Springman S M, Norrish A R M. Soil-structure interaction: centrifuge modeling of integral bridge abutments[C]. In: Continuous and Integral bridges, London: E&FN Spon, 2-6 Boundary Row,1994,B. P. Pritchard:252.

[88] 马竞,金晓勤.我国第一座整体式全无缝桥梁——广东清远四九桥的设计思路[J].中南公路工程,2002,27(2):32-34.

[89] Parsons J D. Continuous Steel and Composite Bridges, In: Continuous and Integral bridges, London: E&FN Spon,2-6 Boundary Row, B. P. Pritchard,1994:88-90.

[90] Bridge Design Aids[S]. Californian department of transportation,1988.

[91] 董桔灿,陈宝春,Bruno BRISEGHELLA,庄一舟.某多跨简支空心板梁桥整体化改造设计[J].中外公路,2015,35(4):170-174.

[92] 中华人民共和国行业标准.JTG B01—2014 公路工程技术标准[S].北京:人民交通出版社,2014.

[93] Dicleli M, Albhaisi S M. Estimation of length limits for integral bridges built in clay[J]. Journal of Bridge Engineering,2004,9(6):572-581.

[94] Low A M. The contribution of the road pavement in absorbing horizontal movements in an

embankment[C]. In:Continuous and Integral bridges,London:E&FN Spon,2-6 Boundary Row,B. P. Pritchard,1994:265-272.

[95] Zordan T,Briseghella B,Lan C. Analytical Formulation for Limit Length of Integral Abutment Bridges[J]. Structural Engineering International,2011,21(3):304-310.

[96] NEXCO. Companies,Design Guidelines Part II [S]. Mar,2006.

[97] SD0002 Integral abutment bridge design guidelines (2nd edition)[S]. the State of Vermont, Agency of Transportation,2008.

[98] Transportation Research Board of the National Academics. SHRP 2 Report S2-R19A-RW-2 Design Guide for Bridges for Service Life [R]. October,2014.

[99] Ptursson H,Collin P. Innovative solutions for integral abutments[C]. International Workshop on the Bridges with Integral Abutments. Luleå,Sweden,Luleå University of Technology,2006.

[100] 陈洪,薛俊青,Bruno Briseghella,等. 某整体式桥台桥梁的设计与施工[C]. 第26届全国结构工程学术会议论文集(第Ⅱ册),湖南长沙,2017.10.20-22.

[101] Husain I,Huh B,Low J,et al. Moose Creek Bridge-Case Study of a Prefabricated Integral Abutment Bridge in Canada[C]. IAJB 2005,March,Baltimore,Maryland:148-160.

[102] 庄一舟,钱海敏,韩裕添,等. 温度荷载下半整体无缝斜桥搭板的力学性能研究[J]. 福州大学学报(自然科学版),2016,44(4):480-486.

[103] 贲庆国. 组合式桥台无伸缩缝桥梁的技术与应用[J]. 现代交通技术,2017,14(3):50-52.

[104] Jayakumaran S,Bergmann M,Ashraf S,Norrish C. Case Study:A Jointless Structure to Replace the Belt Parkway Bridge Over Ocean Parkway[C]. IAJB 2005,March,Baltimore, Maryland.

[105] 薛俊青,陈宝春,Briseghella Bruno,等. 高速公路延伸桥面板桥设计、施工与监测[J]. 中外公路,2018,38(06):76-82.

[106] BD-667M. Integral Abutment[S]. Bridge Design Standards,Penn DOT.

[107] Wasserman E P.,Walker J H. Integral Abutments for Steel Bridges[M]. American Iron and Steel Institute,Highway Structures Design Handbook,USA. 1996.

[108] Husain I,Bagnariol D. Design and Performance of Jointless Bridges in Ontario-New Technical and Material Concepts[R]. Transportation Research Record 1696,Ministry of Transportation of Ontario,Canada.

[109] Kenneth F Dunker,Dajin Liu. Foundations for Integral Abutments[J],Practice Periodical on Structural Design and Construction,ASCE,February 2007.

[110] Sherafati A,A Azizinamini. Flexible Pile Head in Jointless Bridges:Experimental Investigation[J]. Journal of Bridge Engineering. 2014. 20 (4):04014071-1-12.

[111] Illinois State Toll Highway Authority. Structure Design Manual[R]. March 2013.

[112] BDC10MB-01. Design Manual for Bridges and Structures[R]. New Jersey Department of Transportation,March 24,2010.

[113] Yannotti A P,Alampalli S,White H L. New York State Department of Transportation's

Experience with Integral Abutment Bridges[R],2004 Survey Summary,IAJB 2005,March, Baltimore,Maryland.

[114] Abendroth R E,Greimann L F,Ebner P B. Abutment Pile Design for Jointless Bridges[J], ASCE J. Struct. Engrg. ,1989,115(11):2913-2929.

[115] 林毅标.整体桥扩孔隔震桩—土相互作用试验研究[D].福州:福州大学,2016.

[116] 中华人民共和国行业标准.JTG D63—2007 公路桥涵地基与基础设计规范[S].北京: 人民交通出版社,2007.

[117] 中华人民共和国行业标准.JTG 3362—2018 公路钢筋混凝土及预应力混凝土桥涵设计规范[S].北京:人民交通出版社,2018.

[118] Aktan H,Attanayake U,Ulku E. Combining Link Slab,Deck Sliding over Backwall,and Revising Bearings[R],2008,RC-1514,MDOT.

[119] Weakley K. Integral Bridge Design Guidelines, Integral Abutment and Jointless Bridges (IAJB 2005)[R]. VDOT,March 16-18,2005,Baltimore,Maryland.

[120] Burke M P, Jr. Structure Movement Systems Approach to Effective Bridge Design, Transportation Research Record 1594[R],Transportation Research Board,Washington D C, 1997.

[121] Alampalli S,Yannotti A P. In-Service Performance of Integral Bridges and Jointless Decks. Transportation Research Record 1624[R],Paper No. 98-0540,1998.

[122] Nicholson B A,J M Barr,R S Cooke,et al. Integral Bridges:Report of a Study Tour to North America. Concrete Bridge Development Group[R], Blackwater, Camberley, Surrey, United Kingdom. 1997.

[123] 盛洪飞,马俊,孙航,等.桥梁墩台与基础工程(第二版)[M].人民交通出版社,2014.

[124] Thorburn S. The interaction between bridges and embankments and the use of run-on slabs. In:Continuous and Integral bridges [C]. London:E&FN Spon,2-6 Boundary Row, B. P. Pritchard,1994.

[125] Anad J Puppala,Bhaskar C S Chittoori,Sireesh Saride. Chapter 17 Approach Slabs,in Bridge Engineering Handbook—Superstructure Design (2nd Edition)[S]. edited by Wai-Fah Chen and Lian Duan,CRC Press,2013.

[126] White II H,Pétursson H,Collin P. Integral Abutment Bridges:The European Way [J]. ASCE Practice Periodical on Structural Design and Construction,Vol. 15,No. 3,August 1,2010.

[127] 陈宝春,庄一舟,董桔灿.一种采用摆梁的无缝桥新构造及其施工方法[P].中国专利: CN,103194964 B 2015-07-01.

[128] 陈宝春,薛俊.Z形桥头搭板构造[P].中国发明专利:CN 205000232 U,2016-01-27.

[129] Gangarao, H V S, H K. Thippeswamy. Study of Jointless Bridge Behavior and Development of Design Procedures [R]. Report No. FHWA-WV89. West Virginia Department of Transportation,Charleston. 1996.

[130] 张培权.无缝桥面板式搭板工作机理研究[D].福州:福州大学,2014.

[131] 陈宝春,付甍,庄一舟,等.中国无伸缩缝桥梁应用现状与发展对策[J],中外公路,2018

(01):87-95

[132] 田伟.半整体桥梁搭板的内力计算方法研究[D].福州:福州大学,2013.

[133] Reid R A,Soupir S P,Schaefer V R. Mitigation of Void Development under Bridge Approach Slabs Using Rubber Tire Chips,Recycled Matls[R]. in Geotech App,C Viupulanandan and D J Elton,ASCE,1998:37-50.

[134] AASHTO. LRFD Bridge Design Specifications[S]. 4th Ed,Washington,DC,2007.

[135] Horvath J S. Controlled Yielding Using Geofoam Compressible Inclusions:New Frontier in Earth Retaining Structures [J]. Geotech. Engr. for Trans. Proj. ,ASCE,2004:1925-1934.

[136] Horvath J S. Integral-Abutment Bridges:Geotechnical Problems and Solutions Using Geosynthetics and Ground Improvement[J],2004 Survey Summary,IAJB 2005,March,Baltimore,Maryland,2005:279-291.

[137] Edward J H. Field Study of Integral Backwall with Elastic Inclusion,2004 Survey Summary [J]. IAJB 2005,March,Baltimore,Maryland,2005:257-269.

[138] Reeves J N,Filz G M. Earth Force Reduction by a Synthetic Compressible Inclusion,report submitted to GeoTech Systems Corp. and Virginia's Ctr. for Innovative Tech[R]. Virginia Tech,Dept. of Civil Engineering,2000.

[139] Bijan Khaleghi,W Phillip Yen. Design And Construction Challenges Of Jointless Bridges In Seismic Regions[C]. Proceedings of the 1st International Symposium on Jointless and Sustainable Bridges[J]. May 12-13,2016,Fuzhou,China:97-117.

[140] Briseghella B,Zordan T. Integral abutment bridge concept applied to the rehabilitation of a simply supported concrete structure[J]. Structural Concrete,2006,No 0:1-9.

[141] Arsoy S,Duncan J M,Barker R M. Behavior of a Semiintegral Bridge Abutment under Static and Temperature-Induced Cyclic Loading [J]. Journal of Bridge Engineering,2004,9(2):193-199.

[142] Cross,H. Analysis of Continuous Frames by Distributing Fixed-End Moments[C]. Proceedings of the American Society of Civil Engineers,May,1930.

[143] 上官萍,房贞政,付东阳.先简支后连续结构体系的应用研究[J].福州大学学报(自然科学版),2000,28(5):77-81.

[144] 成宇飞.先简支后连续梁的结构特性与施工工艺研究[J].城市建设,2010(15):140-141.

[145] 陈宝春,张伟中,汤意.中空夹层钢管混凝土无风撑拱桥的设计构思[C].中国公路学会桥梁和结构工程学会2006年全国桥梁学术会议论文集,人民交通出版社,2006:229-234.

[146] 周海峰.芷江舞水大桥钢管混凝土拱桥关键施工技术[J].湖南交通科技,2011,02:113-115.

[147] Caner A,Zia P. Behavior and design of link slabs for jointless bridge decks [J]. PCI Journal,1998,43(3):68-80.

[148] 王虎,胡长顺,王秉纲.简支梁桥梁端处桥面连续铺装层结构计算分析[J].西安公路交

通大学学报,2000,20(4):1-3.

[149] Wing K,Kowalsky M. Behavior,analysis,and design of an instrumented link slab bridge[J]. Journal of Bridge Engineering,2005,10(3):331-344.

[150] Au A,Lam C,Au J,et al. Eliminating deck joints using deboned link slabs:Research and field tests in Ontario[J]. Journal of Bridge Engineering,2013,18(8):768-778.

[151] Okeil A,ElSafty A. Partial continuity in bridge girders with jointless decks[J]. Practice Periodical Structural Design and Construction,2005,10(4):229-238.

[152] Charuchaimontri T,Senjuntichai T,Ožbolt J,et al. Effect of lap reinforcement in link slabs of highway bridges[J]. Engineering Structures,2008,30(2):546-560.

[153] 丁勇,黄奇,黄剑源.连续桥面简支梁桥静动力特性的理论分析方法研究[J].工程力学,2015,32(9):100-110.

[154] John Connal. Integral Abutment Bridges-Australian and US Practice[J]. Maunsell Australia Pty Ltd,1-19.

[155] Kumar A. Deck slab continuity for composite bridges[J]. The Structural Engineer,Vol. 76, Nos. 23 & 24,December 1998,447-458.

[156] Zuk W. Jointless bridges,Virginia Highway and Transportation Research Council Report [R]. Charlottesville,Virginia,1981.

[157] Wolde-Tinsae,et al. Performance and Design of Jointless Bridge[R]. FHWA Final Report, Department of Civil Engineering,University of Maryland. 1987.

[158] Li V C,Fisher G,Kim Y,et al. Durable link slabs for jointless bridge decks based on strain-hardening cementitious composites[R]. Report to MDOT,Michigan University,2003.

[159] Li V C,Lepech M,Li M. Field demonstration of durable link slabs for jointless bridge decks based on strain-hardening cementitious composites[R]. Report to MDOT, Michigan University,2005.

[160] Li V C,Yang E H,Li M. Field demonstration of durable link slabs for jointless bridge decks based on strain-hardening cementitious composites-phase 3:shrinkage control[R]. Submitted to Michigan Department of Transportation,2008.

[161] 陈宝春,季韬,黄卿维,等.超高性能混凝土(UHPC)研究综述[J].建筑科学与工程学报,2014,31(3):1-24.

[162] Gaston Doiron,Paul White. UHPC Link Slab Solution in North America[C]. AFGC-ACI-fib-RILEM Int. Symposium on Ultra-High Performance Fibre-Reinforced Concrete,October 2-4, 2017,Montpelier,France:975-982.

[163] Burke M P Jr. Integral Bridges,Transportation Research Record 1275 [R]. Washington,D. C.,1990.

[164] Freyermuth C L. Design of Continuous Highway Bridges with Precast,Prestressed Concrete Girders[J]. PCI Journal,Vol. 30,No. 2.,1969:14-39.

[165] 刘涛.简支转连续梁法在钢筋混凝土简支T型梁桥加固中的应用[J].山西交通科技, 2012(2):68-69,83.

[166] 张树仁.简支转连续加固——提载加固的最佳选择[C].全国中小桥梁病害诊断及维修加固技术研讨会.2013.

[167] 靳欣华,姚启明,张澎涛.简支变连续梁加固多跨T梁桥效应分析[J].重庆交通学院学报,2006,25(2):4-7.

[168] 宋仙云,唐小兵,刘世健,等.简支转连续梁桥双支座对梁受力影响分析[J].交通科技,2010,239(2):4-7.

[169] 中华人民共和国行业标准.JTG/T H21—2011 公路桥梁技术状况评定标准[S].北京:人民交通出版社,2011.

[170] 中华人民共和国行业标准.JTG/T J21—2011 公路桥梁承载能力检测评定规程[S].北京:人民交通出版社,2011.

[171] 中华人民共和国行业标准.JTG D40—2011 公路水泥混凝土路面设计规范[S].北京:人民交通出版社,2011.

[172] 中华人民共和国行业标准.公路桥涵标准图[S].北京:人民交通出版社,2006.

[173] 中华人民共和国行业标准.JTG/T J22—2008 公路桥梁加固设计规范[S].北京:人民交通出版社,2011.

[174] Jayaraman R. Integral Bridge Concept Applied to Rehabilitate an Existing Bridge and Construct a Dual-use Bridge[C].26th Conference on Our World in Concrete & Structures, 26-28 August, Singapore, 2006.

[175] 邵旭东,金晓勤,马竞.龙塘桥—中国第一座翻新改造的全无缝桥梁[J].中国科技论文在线,2006:1-5.

[176] 金晓勤.新型全无缝桥梁体系设计与试验研究[D].湖南:湖南大学,2007.

[177] 高岩,柯在田.泥岗立交桥病害原因分析、加固及效果评定[J].中国铁道科学,2003,24(6):74-78.

[178] 朱建斌,顾海明.黄鹤立交匝道桥加固技术[J].广东公路交通,2002:183-186.

[179] Akiyama, H. Fundamentally Structural Characteristics of Integral Bridges [D]. Kanazawa University, January, 2008.

[180] Campbell T, Richardson B. A Long Curved Post-Tension Concrete Bridge without Expansion Joints [J]. Canadian Journal of Civil Engineering, Vol. 2(3), Ontario, Canada:262-269,1975.

[181] Recording and Coding Guide for the Structure Inventory and Appraisal of the Nation's Bridges[R]. Report No. FHWA-PD-96-001.

[182] Zhuang Y Z. Skew bridge behaviors and issues:Load distribution and deck cracking [D]. Wayne State University, Michigan, 2007.

[183] Burk M P Jr. Semi-Integral Bridges:a concept whose time has come:Continuous and Integral bridges [R]. London:E&FN Spon,2-6 Boundary Row,1994:213-224.

[184] Steinberg P E E, Sargand S M, and Bettinger C. Forces in wing walls of skewed semi-integral bridges [J]. Journal of Bridge Engineering,2004,9(6):563-571.

[185] Abendroth R E, Greimann L F, LaViolette M D. An Integral Abutment Bridge with Precast

Concrete Piles [R]. Iowa State University, Final Report, May 2007.

[186] 刘扬. 延伸桥面板混凝土无缝桥温度变形研究[D]. 福州：福州大学, 2016.

[187] Briseghella B. Cyclic behavior of a nonconventional composite steel and concrete joint[D]. University of Trento. 2005.

[188] Shekar V, Aluri S, GangaRao H. Integral Abutment Bridges with FRP Decks-Case Studies [C]. West Virginia University, IAJB 2005, March, Baltimore, Maryland: 113-124.

[189] AASHTO-LRFD Bridge Design Specifications, Customary Units-Second Edition [S]. American Association of State Highway and Transportation Officials, 1998.

[190] Lopez R A. Analysis and Design of Orthotropic Plates Stiffened by Laminated Beams for Bridge Superstructures[D]. Morgantown: West Virginia University, 1995.

[191] Knickerbocker D, Basu P K, Holloran M, et al. Recent Experience with High Performance Concrete Jointless Bridges in Tennessee [C]. TRB Annual Meeting, 2003.

[192] Richard P, Cheyrezy M. Reactive powder concretes with high ductility and 200-800MPa compressive strength [J]. ACI SP, 1994, 144(24): 507-518.

[193] Larrard D F, Sedran T. Optimization of ultra-high-Performance Concrete by the Use of A Packing Model[J]. Cement and Concrete Research, 1994, (24): 997-1009.

[194] 杜任远, 黄卿维, 陈宝春. 活性粉末混凝土桥梁应用进展[J]. 世界桥梁, 2013, 41(1): 69-74.

[195] Bao-chun Chen, Ming-zhe An, Qing-wei Huang, et al. Application of Ultra-High Performance Concrete in Bridge Engineering in China[C]. Proceedings of the 1st International Interactive Symposium on UHPC, 2016.

[196] 陈宝春, 黄卿维, 王远洋, 等. 我国第一座超高性能混凝土（UHPC）拱桥的设计与施工[J]. 中外公路, 2016, 36(1): 67-71.

[197] Yen Lei Voo, Stephen J Foster, Design and Construction of the 100 metre Span UHPC Batu 6 Segmental Box Girder Bridge[C]. Proceedings of 4th International Symposium on UHPC and High Performance Construction Materials, March 2016, Kassel, Germany.

[198] K W Ng, J Garder, S Sritharan. Investigation of ultra-high performance concrete piles for integral abutment bridges[J]. Engineering Structures, 2015 (105), 220-230.

[199] Suleiman M T, Vande Voort T, Sritharan S. Behavior of driven ultra-high performance concrete H-Piles subjected to vertical and lateral loadings [J]. J Geotech Geoenviron Eng 2010; 136(10): 1403-1413.

[200] Mahmoud SAYED-AHMED1, Khaled Sennah. Development of Ultra-High Performance Concrete for Jointed Precast Decks And Concrete Piles In Integral Abutment Bridges [C]. Proceedings of the 1st International Symposium on Jointless & Sustainable Bridges, May 12-13, 2016, Fuzhou, China: 188-202.

[201] Bridge R, S Griffiths, G Bowmaker. The Concept of a Seamless Concrete Pavement and Bridge Deck [C]. In Australian Structural Engineering Conference 2005 (M. G. Stewart and B. Dockrill, eds.) Sydney, New South Wales, Australia.

[202] Javier Rui-Wamba, Carlos García-Acón, Imma Estrada, et al A Spanish Perspective on Integral High-Speed Railway[J]. Structural Engineering International,2011(3):341-345.

[203] 中华人民共和国行业标准. JTJ/T F50—2011 公路桥涵施工技术规范[S]. 北京:人民交通出版社,2011.

[204] Canadian Precast/Prestressed Concrete Institute (CPCI) [EB/OL]. http://www.cpci.ca/?sc = potm&pn = monthly102006.

[205] 彭大文,陈朝慰,林志平,等. 无伸缩缝桥梁荷载横向分布系数研究[J]. 公路交通科技,2007,24(9):51-56.

[206] AASHTO. LRFD Bridge Design Specifications[S]. American Association of State Highway and Transportation Officials. Washington D. C. 1994.

[207] Barker R M,et al. NCHRP Report 343 Manuals for the Design of Bridge Foundations[R]. Transportation Research Board,Washington D. C. 1991.

[208] Chen Yohchia. Important Considerations,Guidelines,and Practical Details of Integral Bridges [J]. Journal of Engineering Technology,1997,(14),16-19.

[209] 傅珠梅. 无伸缩缝整体式桥台桥梁的抗洪性能研究[D]. 福州:福州大学,2012.

[210] 中华人民共和国行业标准. JTJ021-89 公路桥涵设计通用规范[S]. 北京:人民交通出版社,2011.

[211] 中华人民共和国行业标准. TB10002.3-99 铁路桥涵钢筋混凝土和预应力混凝土结构设计规范[S]. 北京:中国铁道出版社,2005.

[212] Goh C T. The behaviour of backfill to shallow abutments of integral bridges[D]. University of Birmingham,2001.

[213] Kerisel J,Absi E. Active and Passive Earth Pressure Tables[M]. Rotterdam:Balkema,1990.

[214] Draft for development DD ENV 1997-1:1995[S]. Eurocode 7:Geotechnical design,Part 1. General rules (together with United Kingdom National Application Document).

[215] Hambly E C, Nicholson B A. Prestressed Beam Integral Bridges[J]. The Structural Engineer,Vol. 68,No. 23,1990.

[216] Hayward A. Continuous and jointless steel bridges[J]. Transp. Res. Lab. Rec. 19,Crowthorne U. K.,1992:83-90.

[217] Burke M P Jr. Integral bridges:attributes and limitations,Transportation research record,No. 1393[R]. Washington,DC:Transportation Research Board,National Research Council,1993.

[218] Burke M P Jr. The design of concrete integral bridges[J]. Concrete International,June 1993.

[219] Dicleli M. Simplified model for computer-aided analysis of integral bridges[J]. Journal of Bridge Engineering,5(3),2000:240-248.

[220] 胡大琳,王天利,陈峰,等. 半整体式桥台无伸缩缝桥静力分析[J]. 交通运输工程学报,2006,6 (1):52-56.

[221] Faraji S. Behavior of Integral Abutment Bridges in Massachusetts-Year I[R]. Report to the Massachusetts Highway Department, University of Massachusetts Transportation Center,

Amherst, Massachusetts, 1996.

[222] 洪锦祥,彭大文. 桩基础的整体式桥台桥梁受力性能研究[J]. 中国公路学报, 2002, 15(4): 43-48.

[223] George England, Neil C M Tsang, David I Bush. Integral Bridges—A fundamental approach to the time-temperature loading problem[M]. Thomas Telford Publishing, 2000.

[224] 洪锦祥. 桩土共同作用对整体式桥台的无伸缩装置桥梁受力性能影响的研究[D]. 福州: 福州大学, 2002.

[225] Matlock H. Correations for Design of Laterally Loaded Piles in Soft Clay[C]. Offshore Technology Conference Paper No. OTC 1204, 1907.

[226] Reese L C, Cox W R, Koop F D. Analysis of Laterally Loaded Piles in Sand[C]. Offshore Technology Conference, Paper No. OTC 2080, 1974.

[227] American Petroleum Institute (API). Recommended practice for planning, design, and constructing fixed offshore platforms-Working stress design[S]. 20th Ed., API RP2A-WSD, Washington. D. C. 1933.

[228] Sulivan W R, Reese L C, Fenske C W. Unitied Method for Analysis of Laterally Loaded Piles in Clay[C]. Conference on Numerical Method in Offshore Piling, London, Inst Civ Engrs No 17, 1979.

[229] Greimann L, Wolde-Tinsae A. Design Model for Piles in Jointless Bridges[J]. J Struct Eng, 1988, 114(6): 1354-1371.

[230] 凌治平,易经武. 基础工程[M]. 北京: 人民交通出版社, 1997.

[231] 林志平,彭大文. 引道板对无伸缩缝桥梁受力性能的影响分析[C]. 第十三届全国结构工程学术会议论文集(第Ⅱ册), 2004, 522-530.

[232] 田伟. 半整体桥梁搭板的内力计算方法研究[D]. 福州: 福州大学, 2013.

[233] CAN/CSA-S6-00. Canadian Highway Bridge Design Code[S]. 2000.

[234] North Shotton overbridge[EB/OL] http://www.lusas.com/case/bridge/north_shotton.html.

[235] Mahesh Tandon. Recent integral bridges; international workshop on innovative bridge decktechnologies[C]. Winnipeg, Canada, 14-15 April, 2005.

[236] Mahesh Tandon. Glimpses of structural design of DELHI METRO[C]. 29th Conference on Our world in concrete & structures, Singapore, 2004.

[237] 陈善勤,麻文燕. 简支转连续梁桥特点及单(双)支座受力分析[J]. 重庆交通大学学报(自然科学版), 2007, (26): 14-21.

[238] 中华人民共和国行业标准. JT/T 4—2004 公路桥梁板式橡胶支座[S]. 北京: 电子工业出版社, 2004.

[239] 陈宝春,徐爱民,孙潮. 钢管混凝土拱桥温度内力计算时温差取值分析[J]. 中国公路学报, 2000, 13(2): 52-56.

[240] 陈津凯,陈宝春,刘振宇,等. 钢管混凝土拱均匀温差设计取值研究[J]. 土木工程与管理学报, 2013, 30(4): 1-7.

[241] Kim W, Laman J A. Seven-Year Field Monitoring of Four Integral Abutment Bridges[J]. Journal of Performance of Constructed Facilities, 2012, 26(1):54-64.

[242] Tlustochowicz. Optimized Design of Integral Abutments for a Three Span Composite Bridge [D]. Luleå: Luleå University of Technology, 2005.

[243] Shah B R. 3D finite element analysis of integral abutment bridges subjected to thermal loading [D]. Manhattan: Kansas State University, 2007.

[244] Emre Kalayci, Scott A, Civjan, et al. Parametric Study on the Thermal Response of Curved Integral Abutment Bridges[J]. Engineering Structures, 2012, (43):129-138.

[245] 马旭涛,徐沛宁.栗怀广,等.整体式桥台无伸缩缝桥梁结构详细分析[J].四川建筑,2015,(3):130-133.

[246] 彭大文,陈晓冬,袁燕.整体式桥台桥梁台后土压力的季节性变化研究[J].岩土工程学报,2003,(02):135-139.

[247] 陈玲芳,樊华,顾祥生,等.温度荷载下整体式桥台斜板桥的受力性能研究[J].山西建筑,2007,33(31):25-26.

[248] 梁才,刘梦麟,李甲宝,等.半整体式斜交无缝化桥梁温度受力性能分析[J].西部交通科技,2013,(2):58-65.

[249] 吴俊杰.常温下混凝土T梁温度变形实验与计算方法研究[D].福州:福州大学,2004.

[250] 赖秀英.钢管混凝土拱桥收缩徐变效应研究[D].福州:福州大学,2016.

[251] Dicleli M. A Rational Design Approach for Prestressed-Concrete-Girder Integral Bridges[J]. Engineering Structures, 2000, 22(3):230-245.

[252] Huntley S A, Valsangkar A J. Behaviour of H-Piles Supporting An Integral Abutment Bridge [J]. Canadian Geotechnical Journal, 2014, 51(7):713-734.

[253] Frosch R J, Lovell M D. Long-Term Behavior of Integral Abutment Bridges[R]. West Lafayette, Indiana: Joint Transportation Research Program, 2011.

[254] Huntley S A, Valsangkar A J. Field monitoring of earth pressures on integral bridge abutments[J]. Canadian Geotechnical Journal, 2013, 50(8):841-857.

[255] Kirupakaran K, Muraleetharan K K, and Miller G A. Soil-Structure Interactions in a Skewed Integral Abutment Bridge[J]. American Society of Civil Engineers, 2015:309-318.

[256] 徐明.整体式桥台后粗粒土填料力学特性的试验研究[J].土木工程学报,2010,(05):136-141.

[257] Bloodworth A G, Xu M, Banks J R, et al. Predicting the Earth Pressure on Integral Bridge Abutments[J]. Journal of Bridge Engineering, 2012, 17(2):371-381.

[258] Diclelim, Albhaisi S M. Performance of Abutment-Backfill System under Thermal Variations in Integral Bridges Built On Clay[J]. Engineering Structures, 2004, 26(7):949-962.

[259] Dicleli M. Integral Abutment-Backfill Behavior on Sand Soil-Pushover Analysis Approach [J]. Journal of Bridge Engineering, 2005, 10(3):354-364.

[260] Kim W, Laman J A. Integral Abutment Bridge Response under Thermal Loading[J]. Engineering Structures, 2010, 32(6):1495-1508.

[261] Faraji S, Ting J M, Ernst H. Nonlinear Analysis of Integral Bridges: Finite-Element Model [J]. Journal of Geotechnical and Geo-environmental Engineering, 2001, 127(5): 454-461.

[262] Zordan T, Briseghella B, Lan C. Parametric and Pushover Analyses on Integral Abutment Bridge[J]. Engineering Structures, 2011, 33(2): 502-515.

[263] 洪锦祥, 彭大文. 桥台刚度对整体式桥台桥梁受力性能的影响研究[J]. 公路交通科技, 2006, (01): 77-81.

[264] Deng Y, Phares B M, Greimann L, et al. Behavior of Curved and Skewed Bridges with Integral Abutments[J]. Journal of Constructional Steel Research, 2015: 115-136.

[265] Razzaq M K, Sennah K, and Ghrib F. Effect of Sequence of Construction on the Moment Distribution of Skewed Integral Abutment Bridges[C]. Proceeding of the 1st International Symposium on Jointless & Sustainable Bridges. Fuzhou, China: Fuzhou University, 2016: 42-53.

[266] Hoffman J, Phares B. Thermal Load Design Philosophies for Horizontally Curved Girder Bridges with Integral Abutments[J]. Journal of Bridge Engineering, 2014, 19(5): (04014008-1 - 04014008-11).

[267] Kalayci E, Civjan S A, Brena S F. Parametric Study on the Thermal Response of Curved Integral Abutment Bridges[J]. Engineering Structures, 2012, 43: 129-138.

[268] Brena S F, Bonczar C H, Civjan S A, et al. Evaluation of Seasonal and Yearly Behavior of an Integral Abutment Bridge[J]. Journal of Bridge Engineering, 2007, 12(3): 296-305.

[269] Civjan S A, Kalayci E, Quinn B H, et al. Observed Integral Abutment Bridge Substructure Response[J]. Engineering Structures, 2013, 56: 1177-1191.

[270] Fennema J L, Laman J A, Linzell D G. Predicted and Measured Response of an Integral Abutment Bridge[J]. Journal of Bridge Engineering, 2005, 10(6): 666-677.

[271] 彭大文, 陈朝慰, 洪锦祥. 整体式桥台桥梁的桥台结点受力性能研究[J]. 中国公路学报, 2005, (01): 50-54.

[272] Razmi J, Ladani L, Aggour S M. Finite Element Simulation of Pile Behaviour under Thermo-Mechanical Loading in Integral Abutment Bridges[J]. Structure and Infrastructure Engineering, 2014, 10(5): 643-653.

[273] Lafave J, Fahnestock L, Jarrett M, et al. Numerical Simulations and Field Monitoring of Integral Abutment Bridges[J]. Structures Congress, 2015: 561-572.

[274] 于天来, 赵云鹏, 孙小龙, 等. 在水平荷载下整体式桥台桥梁受力分析[J]. 沈阳建筑大学学报, 2014, 4(30): 600-608.

[275] Razmi J, Ladani L, Aggour M S. Fatigue Crack Initiation and Propagation in Piles of Integral Abutment Bridges[J]. Computer-Aided Civil and Infrastructure Engineering. 2013, 28(5): 389-402.

[276] Erhan S, Dicleli M. Effect of Dynamic Soil-Bridge Interaction Modeling Assumptions on the Calculated Seismic Response of Integral Bridges[J]. Soil Dynamics and Earthquake Engineering, 2014: 42-55.

[277] 金晓勤.新型无缝桥梁研究与应用[D].长沙:湖南大学,2000.

[278] 黄福云,庄一舟,付毳,等.无伸缩缝梁桥抗震性能与设计计算方法研究[J].地震工程与工程振动,2015,35(5):15-22.

[279] 石丽峰,徐明.整体式桥台地震反应机理分析[J].岩土力学,2014,35(11):3289-3297.

[280] Erhan S, Dicleli M. Comparative Assessment of the Seismic Performance of Integral and Conventional Bridges with Respect to the Differences at the Abutments[J]. Bulletin of Earthquake Engineering,2015,13(2):653-677.

[281] Itani A M, Pekcan G. Seismic Performance of Steel Plate Girder Bridges with Integral Abutments[R]. FHWA-HIF-11-043,2011.

[282] Vasheghani-Farahan R, Zhao Q, Burdette E. Seismic Analysis of Integral Abutment Bridge in Tennessee, Including Soil-Structure Interaction[J]. Transportation Research Record:Journal of the Transportation Research Board,2010,2201:70-79.

[283] Spyrakos C, Loannidis G. Seismic Behavior of a Post-Tensioned Integral Bridge Including Soil-Structure Interaction (SSI)[J]. Soil Dynamics and Earthquake Engineering,2003,23(1):53-63.

[284] Mylonakis G, Papastamation D, Psycharis J, Mahmoud K. Simplified modeling of bridge response on soft soil to non-uniform seismic excitation[J]. Journal of Bridge Engineering, ASCE,2001,Vol.6,No.6:587-597.

[285] 彭大文,汪新惠,洪锦祥.无伸缩缝桥梁的动力特性研究[J].地震工程与工程振动,2003(04):95-99.

[286] Goel R K. Earthquake Characteristics of Bridges with Integral Abutments[J]. Journal of Structural Engineering,1997,123(11):1435-1443.

[287] Wilson J C. Stiffness of non-skew monolithic bridge abutments for seismic analysis[J]. Earthquake Engineering Structure Dynamic,1988,16:867-883.

[288] 李桓兴,杨春雷,郑罡,江建平.云南石羊江桥抗震性能评估及加固设计[J].世界桥梁,2007,19(3):66-68.

[289] Russo G, Bergamo O, Damiani L. Retrofitting a Short Span Bridge with a Semi-integral Abutment Bridge[C]. The Treviso Bridge[C]. Structural Engineering International Feb. 2009:137-141.

[290] Damien Dreier, Olivier Burdet, Aurelio Muttoni. Transition Slabs of Integral Abutment Bridges[C]. Structural Engineering International, Feb 2011:144-150.

[291] Tiefbauamt Graubünden. Projektierungs-grundlagen für die rojektierung und Ausführung von Kunstbauten[C]. Tiefbauamt Graubünden. Chur,Switzerland,2005.

[292] Fedro. Détails de construction deponts:directives[C]. FEDRO,Swiss Federal Road Office, Bern,Switzerland,2010.